中国资本市场争议解决

前沿问题与法律实务

吴则涛——著

法律出版社 LAW PRESS · CHINA

Preface | 序　言

余凡致力于民商法学习研究工作逾四十年，依然认为民商法是法律浩瀚星空中最闪耀的一颗明星。在余学习民商法之初，适逢我国改革开放，国家经济体制出现重大变革，资本市场也应运而生。

“立善法于天下，则天下治。”法律，尤其是民商事法律在我国资本市场的建立和完善过程中具有基础作用，资本市场是一国经济的晴雨表，脱离法治轨道的资本市场对于国民经济而言是一场灾难。随着我国社会经济的发展，以《公司法》《证券法》为基础的资本市场法律体系日臻完备，基本实现了资本市场参与主体有法可依。

徒法不足以自行，实施是法律的灵魂和生命，法学学科大概是最需要理论与实践紧密结合的学科之一。争议解决机构通过适用法律对纠纷进行裁判是法律实施最为重要的路径，在此过程中裁判者和法律服务提供者，甚至是争议解决的参与者，都对法律的解释和实施做出了一份贡献。将这些实践素材进一步总结研究，则对社会法治进步大有裨益。

资本市场争议解决是一个新兴且复杂的研究领域，研究这一课题除了要熟识民商法学基础理论以外，往往还要结合证券法学、金融法学、刑法学、诉讼法学等部门法学以及经济学、会计学、社会学等独立学科，在我国经济下行压力和资本市场大幅震荡的背景下，针对由此引发的争议解决问题进行研究具有重大意义。

推动民商事法律发展大致有两种方法：一种是自上而下的方法，即法学家和立法者通过对抽象的法典条文结合社会中民商事法律行为，进行进一步的总结研究；另一种则是自下而上的方法，对争议解决案例进行提炼升华，从而影响裁判趋势，进而反向促进理论研究和立法进步。

律师作为法律实务界的中坚力量，在自下而上学习研究法律方面，具有得天独厚的优势。本书的作者吴则涛律师，很好地运用了这一优势，在诉讼代理活动和相关法律实务工作中注重研究，借助民商法学理论的基础研究方法，就我国资本市场面临的主要争议问题进行了比较全面的梳理，并从法律实践的角度充分归纳，有利于法律实务经验的积累和资本市场争议解决领域的发展。

相信本书的出版，会引起民商事领域法律实务界的广泛关注，进而使以审判人员、检察人员、律师和法学家为代表的法律职业共同体加入学习、研究、实践、探讨资本市场争议解决问题中来，让这个法学的新兴领域茁壮成长。同时，我们也希望本书可以引起非法律职业人员，尤其是资本市场相关从业人员的兴趣，使他们可以了解资本市场争议解决的基本法学原理和运行规则，并运用在日常工作的思考之中，推动法治的发展。

是为序。

中国社会科学院学部委员　梁慧星

Contents | 目 录

第一章

资本市场争议解决概况

一、资本市场争议解决概述

资本市场争议解决系近年来兴起的法学领域新兴交叉课题。从法律服务提供方的角度而言,其由资本市场法律业务延伸而来,即基于传统资本市场非诉讼业务,延伸出现的争议解决问题。自 2015 年以来,全球经济增长持续走低,我国经济下行压力加大。这一经济现象在资本市场所引发的后果就是资金短缺、资金链断裂、现金流压力增大、违约事件显著增加。那么,由于经济领域的传导效应在法律实务层面出现了诸多新问题、新情况,资本市场争议解决这个新兴课题引起了学界广泛关注,从法律的层面对其进行深入研究已成为法律实务界的共识。

(一)资本市场概述

1. 资本市场的概念

谈到资本市场的概念,就不得不谈其在宏观经济学意义上的上位概念——金融。"金融"一词系舶来品,与英文中"Finance"一词相对应,而英文中的该词又源于古法语的"Finer",意为结束或债务清算;同时也有认为其词源于拉丁语"Finare",意为结束。汉语"金融"作为词汇则来源于日本,日本三省堂出版的《新辞林》对"金融"的解释为:资金的融通,资金的需求和供给关系,资金的流动。这也就是传统意义上,将金融解释为资金融通的原因。① 随着经济学理论的发展,对金融这一概念不再以资金融通论作为通用定义,而是出现了金融资源论、金融产业论、金融工具论、金融媒介论等百家争鸣的定义方法。其中,黄达教授指出,中文"金融"所涵盖的范围有广义和狭义之分:广义金融指与物价有紧密联系的货币供给,银行与非银行金融机构体系,短期资金拆借市场,证券市场,保险系统,以及通常以国际金额概括的这诸多方面在国家之间的存在。② 狭义金融指有价证券及其衍生物的市场,是指资本市场。由此可知,资本市场有狭义金融之说。20 世纪 70 年代末,美国的金融产品及各种衍生品快速发展,在一定范围内形成了由直接金融取代间接金融的趋势,货币市场、金融市场概念逐渐淡化,资本市场概念得到强化。③ 但同时有学者指出,"金融经济"是相对于"实体经济"的概念,资本市场的概念无法涵盖金融的概

---

① 王国刚:《资本市场导论》(第 2 版),社会科学文献出版社 2014 年版,第 17 页。

② 黄达:《黄达文集(1952 - 1998)》,中国人民大学出版社 1999 年版。转引自王国刚:《资本市场导论》(第 2 版),社会科学文献出版社 2014 年版,第 18 页。

③ 王国刚:《资本市场导论》(第 2 版),社会科学文献出版社 2014 年版,第 19 页。

念。因此，从不同角度出发，“金融”一词存在不同的定义方式。

金融市场是借助金融工具实现金融交易的各种机制、过程和场所的关系总和。若以交易对象的期限特征为依据，可以将金融市场分为货币市场和资本市场，两者期限通常以1年为界，期限短于1年为货币市场，长于1年为资本市场。① 由此，“资本市场”作为“货币市场”的对应概念，可以理解为进行中长期（1年以上）资金（或资产）借贷融通活动的市场。这种分类方法可以帮助我们进一步认识经济学意义上的资本市场。

资本市场由证券市场和非证券市场组成。证券市场包括债券市场、政府债券市场、股票市场等基础性证券市场；基金证券、可转换债券、资产证券化债券、信用衍生品等证券衍生品市场；期货、期权等交易类衍生品市场。非证券市场主要包括财务顾问、投资顾问、股权投资、资产管理、产权交易、并购、重组等市场。通过以上对资本市场涵盖范围的列举，可以更加明确在法律服务意义上的资本市场概念，即传统非诉讼法律服务意义下的资本市场概念的厘定。本书所讨论的资本市场意指我国以证券市场为基础的多层次资本市场体系。

2. 资本市场起源与发展

资本市场最初交易的并不是股票，而是公债。虽然公债有确定的利息，但因为存在不能履行债务以及价格变动的风险，使其成为一种投机性的证券，也是证券市场最早的商品。由于公债的发行额度很大，其也成为证券市场成立的基础。1602年，荷兰出现了第一只可以买卖的股票，即东印度公司，该股票可以自由交换和买卖，具备了近代股票的特征。1609年，阿姆斯特丹证券交易所成立，成为世界上第一个可以进行股票交易的证券交易所。1773年，伦敦证券交易所在伦敦乔纳森咖啡馆成立，最初主要交易政府债券，之后公司债券和股票陆续上市。1792年，24位中介商人经过协商，制定了“梧桐树协定”（Buttonwood Agreement），纽约证券交易所（New York Stock Exchange）的前身宣告成立。随着全球化的加速，世界各地的金融市场体系逐步建立，并形成了国际资本市场。

我国第一家证券交易所是北京证券交易所②，设立于1918年。由于当时的中国为北洋政府执政时期，国内战乱频繁，设立证券交易所的目的主要是交易政府公债，服务战争和偿还外债。1919年，在上海设立了上海证券物品交易所；1921年，上

---

① 王国刚：《资本市场导论》（第2版），社会科学文献出版社2014年版，第33页。

② 因中华民国政府承认清政府签订的对外条约，因此香港当时是属于英国属地。虽然香港股票经纪协会于1891年成立，早于北京证券交易所，但一般不认为是中国最早的证券交易市场。

海华商证券交易所开业。[①] 此后,上海的证券市场非常活跃,成为远东重要的金融中心。1933 年,闽浙赣省苏维埃银行股票是新民主主义革命时期红色政权发行的第一只股票,被称作"红色股票"。至此,我国以各地证券交易所为基础的早期资本市场逐步形成。此后,由于抗日战争的爆发,各地的证券交易所纷纷歇业。解放战争更是使国民经济到达崩溃的边缘,加之政权的更迭,资本市场始终未能恢复。

中华人民共和国成立之初,一度恢复了北京、天津等地证券交易所,但由于社会主义经济制度的确立和计划经济体制的实施,至 1952 年年底,各地证券交易所相继关闭,资本市场的发展全面停滞。从 20 世纪 70 年代末开始实施的改革开放政策,启动了中国经济从计划经济体制向市场经济体制的转型。在转型过程中,国有企业改革的逐步深化和中国经济的持续发展,需要与之相适应的金融制度,资本市场在中国便有了重生的机会,并成为推动所有制变革和改进资源配置方式的重要力量。回顾改革开放以来,我国资本市场经历了三个发展阶段:第一阶段是 1978 ~ 1992 年,属于资本市场的起步阶段,沪、深两家证券交易所在这一阶段相继成立,各种金融活动在该时期内初步恢复和发展;第二阶段是 1993 ~ 1998 年,以中国证券监督管理委员会(以下简称中国证监会)的成立为标志,资本市场纳入统一监管,由区域性试点推向全国,全国性资本市场开始形成并逐步发展;第三阶段是 1999 年至今,以《中华人民共和国证券法》的实施为标志,中国资本市场的法律地位得到确立。[②]

3. 中国资本市场的范围与构成

在资本市场上,投资者和融资者都有不同的规模和主体特征,存在对资本市场金融服务的不同需求。投资者与融资者对投融资金额服务的多样化需求决定了资本市场应该是一个多层次的市场体系。自 20 世纪 90 年代发展至今,我国已经形成了场内和场外两个市场。其中,场内市场包括主板市场(含中小板)、创业板市场等,2019 年上海证券交易所新设科创板市场,作为建立多层次场内资本市场的重要补充。场外市场主要包括全国中小企业股份转让系统(以下简称新三板)、区域性股权交易市场、证券公司主导的柜台市场等,其中初具规模的区域性股权交易市场包括青海股权交易中心、天津股权交易所、齐鲁股权托管交易中心、上海股权托管交易中心、武汉股权托管交易中心、重庆股份转让系统等。以上场内市场和场外市

---

① 张春廷:《民国时期的中国证券市场》,载《证券市场导报》2001 年第 5 期。

② 中国证券监督管理委员会编:《中国资本市场发展报告》,中国金融出版社 2008 年版,第 2 ~ 8 页。

场共同构成了我国多层次资本市场体系。

（二）资本市场争议解决的概念

“争议解决”这个法律概念，在日常经济活动中最常见于合同，即争议解决条款；而争议解决的方式，传统上主要包括诉讼、仲裁、调解和和解，这些概念在下文详述。那么，资本市场争议解决是运用法律规定的手段和方式，来解决资本市场范围内的纠纷和争议。而这类纠纷和争议，往往是由交易的一方认为另一方未能全部或部分履行合同约定或法律规定的义务而引起的纠纷，在法律意义上一般归于合同纠纷或侵权纠纷。

1. 法学理论范畴[①]

正如前文所述，资本市场争议解决本身属于交叉学科，学科类别涉及法学、经济学、金融学、会计学、管理学等。那么，就法学本身而言，其涉及的主要部门法包括民商法、行政法、刑法、诉讼法与非诉讼程序法等。

民商法是规范社会民商事活动的基础性法律。我国已由第十三届全国人民代表大会第三次全体会议于2020年5月28日通过《中华人民共和国民法典》，并将于2021年1月1日起施行，但尚未建立商法典的立法时间表，传统上认为我国为民商合一立法模式的国家。民法是指调整平等主体之间财产关系和人身关系的法律规范总和。目前，我国已经施行了民法典的第一部分，即《中华人民共和国民法总则》，同时并行适用《中华人民共和国民法通则》，以及部分单行民事法律如《中华人民共和国合同法》《中华人民共和国担保法》等，作为《中华人民共和国民法典》编纂期间以及2021年1月1日生效施行前的过渡方案。随着《中华人民共和国民法典》的通过，其也成为我国第一部被称为法典的法律规范，同时将改革开放以来制定的《中华人民共和国民法通则》及单行民事法律编为一体，使我国民事法律规范更具有体系性，是我国立法过程中的里程碑事件。商法是民法中的一个特殊部分，是在民法基本原则的基础上，适应现代商事交易迅速便捷的需要发展起来的，商法是调整公民、法人之间的商事关系和商事行为的总和，我国的商事法律规范主要有《中华人民共和国公司法》《中华人民共和国合伙企业法》《中华人民共和国证券法》《中华人民共和国保险法》《中华人民共和国票据法》《中华人民共和国商业银行法》《中华人民共和国信托法》《中华人民共和国个人独资企业法》《中华人民共和

① 张文显主编：《法理学》（第3版），高等教育出版社、北京大学出版社2007年版，第130～134页。

国企业破产法》等。以上法律部门是研究资本市场争议解决在实体法方面的基础。

行政法是调整有关国家行政管理活动的法律规范的总和。我国资本市场的发展基于国家意志,出现伊始便具有强行政监管的深刻烙印。根据这一特点,在处理资本市场参与主体与行政部门及其授权机构之间的关系时,势必要充分运用行政法,具体包括《中华人民共和国行政处罚法》《中华人民共和国行政复议法》等。

刑法是规定犯罪、刑事责任和刑罚的法律规范的总和。涉及资本市场的常见罪名有职务侵占罪,挪用资金罪,骗取贷款、票据承兑、金融票证罪,非法吸收公众存款罪,内幕交易、泄露内幕信息罪,利用未公开信息交易罪,编造并传播证券、期货交易虚假信息罪,操纵证券、期货市场罪,背信运用受托财产罪,背信损害上市公司利益罪,欺诈发行股票、债券罪,等等。

诉讼法与非诉讼程序法是调整因诉讼活动或非诉讼活动而产生的社会关系的法律规范的总和。其包括民事诉讼、刑事诉讼、行政诉讼、仲裁程序、调解程序等方面的法律。在这方面的法律规定主要有《中华人民共和国民事诉讼法》《中华人民共和国刑事诉讼法》《中华人民共和国行政诉讼法》《中华人民共和国仲裁法》等。以上法律规定构成了资本市场争议解决在程序法方面的基础。

2. 域外经验

以美国的证券欺诈纠纷为例,美国自 1995 年实施证券集团诉讼改革,迄今已发生 3000 多宗证券欺诈集团诉讼案,约 19% 的美国上市公司和 14% 的在美上市外国公司被诉,而在这些诉讼的背后,往往是由律师参与并主导诉讼的进程。罗宾斯、盖勒、拉德曼和杜德律师事务所,总部设于美国加利福尼亚州圣迭戈,专门从事针对上市公司集团诉讼业务,是美国代理集团诉讼规模最大的律所之一。从 2004 年成立至今,该所已对诸多的在美上市公司提出上千起集团诉讼,其中包括美林证券、花旗银行、爱立信、戴尔、雅虎等知名企业。这部分律师一方面将律师业务专业化做了进一步的细分,另一方面也映射出美国资本市场争议解决发展日臻成熟。

3. 在中国的产生与发展

自 1990 年沪、深两家证券交易所成立起算的话,中国的资本市场在短短的 30 年间走过了西方国家 300 多年的资本市场发展历程。21 世纪初,中国资本市场持续高位增长,证券交易所的交易量屡创新高,当时的证券法律服务以传统非诉讼领域,即首次公开发行(Initial Public Offering, IPO)、新三板挂牌、投融资法律顾问等为主；甚至有观点认为在律师的保驾护航下，所签署的合同严谨完善，在资本市场不会存在争议解决业务服务市场和发展空间。然而，在经历了2009年和2015年两次股票市场的大幅下挫，以及2017年以来经济增长持续下行的压力，资本市场违约事件频发，企业非法融资的情形屡见不鲜，甚至有中介机构卷入了证券欺诈纠纷等案件。据统计，仅2018年，就有共615家A股上市公司的公司主体、参控股公司，或实际控制人、董事、监事、高级管理人员（以下简称董监高）等相关责任人，收到处罚决定1094件，处罚金额累计108.12亿元，同比增长86.85%。[①] 据不完全统计，仅证券纠纷案件一项，2018年全国各级法院共公布判决书8078份，而这一数字在2016年只有3358份，两年时间增长约240.56%。[②] 由此，在中国律师法律服务领域中，越来越多的律师开始关注资本市场争议解决，并逐渐发展成为一个新的细分法律服务市场。

二、资本市场法的渊源

"法的渊源"是法理学的一个术语，关于法的渊源，不同法学学派对其有不同的理解，鉴于分析法学派的哲学理论和方法论基础是功利主义和实证主义哲学，较自然法学派、历史法学派和社会法学派更为适宜解构资本市场争议解决法律体系。因此，本书所指法律渊源采分析法学派代表人物奥斯汀（Austin）对于法的渊源的定义，即法的渊源不同于法的形式。[③] 就我国的资本市场而言，大体存在以下几类法的渊源。

（一）立法

众所周知，中国属于成文法国家，立法是我国最直接、最主要的法的渊源。根据《中华人民共和国宪法》和《中华人民共和国立法法》的规定，全国人大及其常委会有权制定法律，而前述机构所制定的法律也是我们狭义上所称的法律。据不完全统计，截至2017年12月底，我国现行法律达到263部。[④] 在资本市场争议解决实体法领域，最为重要的两部基础性法律为《中华人民共和国证券法》和《中华人民共和

---

① 《2018资本市场关键点：监管从严615家上市公司被罚108.12亿》，载金融界网：https://baijiahao.baidu.com/s?id=1621186812870345762&wfr=spider&for=pc，最后访问日期：2020年3月25日。

② 数字来源阿尔法（Alpha）案例检索系统。

③ 周旺生：《法的渊源与法的形式界分》，载《法制与社会发展》2005年第4期。

④ 《全国人大晒出五年立法成绩单：制定25部法律、修改法律127件次》，载大河网：https://baijiahao.baidu.com/s?id=1621186812870345762&wfr=spider&for=pc，最后访问日期：2020年3月26日。

国公司法》。除此之外，我国制定与资本市场相关的实体法律已经超过20部，主要法律在上文已有阐述，在此不再赘述。

国务院作为法律规定的行政法规的立法主体，承担着大量的立法工作。在我国资本市场的起步阶段，曾经出现大量的行政法规，对于这一新兴领域进行规制，如《关于进一步加强证券市场宏观管理的通知》《股票发行与交易管理暂行条例》等。随着立法技术的完善和我国法律制度建设的成熟，不少行政法规被更高位阶的法律所取代，行政法规重新以保障法律执行的角色出现并发挥作用，如《证券公司监督管理条例》《证券公司风险处置条例》等就是为了保障《中华人民共和国证券法》的正确实施而制定的配套行政法规。由于我国资本市场起步较晚，而全国人大及其常委会的立法任务异常繁重，在一些资本市场领域仍然以行政法规的形式进行规制，如在期货领域，由于《中华人民共和国期货法》在2008年编入全国人大立法计划后迟迟没有出台，现行的《期货交易管理条例》仍然在期货领域起到基础性市场规制的作用。

国务院各部、国务院各委员会、中国人民银行、审计署和具有行政管理职能的直属机构，可以根据法律和国务院的行政法规、决定、命令，在本部门的权限范围内，制定规章。规章的法律位阶低于法律和行政法规。作为国务院的直属机构，中国证监会制定了包括《证券交易所管理办法》《上市公司重大资产重组管理办法》《期货公司监督管理办法》《首次公开发行股票并在创业板上市管理办法》等在内的大量规章。这些规章具体规制我国资本市场的日常运行，是我国资本市场法律体系的重要组成部分。

除去以上通过较为正式的程序制定的法的形式，我国还存在大量的规范性文件，也就是俗称的"红头文件"，这些规范性文件在一定的领域或一定的地域具有法律效力，是广义法的内容之一。虽然这些规范性文件的法律位阶很低，但是其作为中国资本市场多层次法律体系的一环，也起着独特的规范作用。

（二）有权解释

法律解释是指对法律的内容和含义所作的说明。① 根据《中华人民共和国立法法》的规定，我国法律的解释权属于中华人民共和国全国人民代表大会常务委员会（以下简称全国人大常委会）。在法律的规定需要进一步明确具体含义或法律制定

① 张文显主编：《法理学》（第3版），高等教育出版社、北京大学出版社2007年版，第279页。

后出现新的情况，需要明确适用法律依据时，全国人大常委会需要对该部法律作出立法解释，该解释同法律具有同等法律效力。就我国资本市场而言，尚鲜有全国人大常委会的立法解释，究其原因，应当是资本市场法律体系较为宽杂，很多规章和规范性文件规定的内容非常具体，具有直接的法律实务规制意义，对其上位法进行立法解释不再具有必要性，因此在资本市场领域甚至整个金融领域，都很少存在立法解释。

对于资本市场争议解决而言，另一类十分重要的有权解释就是最高人民法院和最高人民检察院的司法解释。根据《中华人民共和国立法法》的规定，最高人民法院和最高人民检察院可以针对审判工作和检察工作作出具体应用法律的解释。从民商事争议解决而言，司法解释可以说是代表一段时期以来审判工作的经验总结，对于法律适用中常见的问题进行总结、提炼，最终形成普遍适用的法律解释文件，对于提高法律的可预见性起到了重要作用，同时也解决了因法律语言的抽象性和局限性造成的语义不明。在本书讨论领域，常用的司法解释包括四部《中华人民共和国公司法》司法解释、最高人民法院《关于审理证券市场因虚假陈述引发的民事赔偿案件的若干规定》、两部期货相关司法解释等。需要注意的是，除司法解释文件外，最高人民法院和最高人民检察院还会发布一些类司法解释文件，如对商事审判具有重要参考意义的历次《全国法院民商事审判工作会议纪要》。虽然前述文件在法的渊源角度上不认为是司法解释，但对审判实务领域起着举足轻重的影响，是人民法院审判的重要倾向性意见，不可不察。

（三）社会组织的政策

由于中国的国家性质和执政党的领导地位，中国共产党作为一个社会团体组织，其制定的政策和决定，特别是转化为国家政策和法律的执政党政策，是我国重要的法的渊源。1992 年，党的十四大报告指出，要加快市场体系的培育，积极培育包括债券、股票等有价证券的金融市场。党的十四届三中全会通过的《中共中央关于建立社会主义市场经济体制若干问题的决定》强调，发展和完善以银行融资为主的金融市场。资本市场要积极稳妥地发展债券、股票融资。建立发债机构和债券信用评级制度，促进债券市场健康发展。规范股票的发行和上市，并逐步扩大规模。此后，中国特色社会主义市场经济体制建立。党的十八届三中全会通过的《中共中央关于全面深化改革若干重大问题的决定》指出完善金融市场体系。扩大金融业对内对外开放，在加强监管前提下，允许具备条件的民间资本依法发起设立中小型银行等金融机构。推进政策性金融机构改革。健全多层次资本市场体系,推进股票发行注册制改革,多渠道推动股权融资,发展并规范债券市场,提高直接融资比重。完善保险经济补偿机制,建立巨灾保险制度,发展普惠金融。鼓励金融创新,丰富金融市场层次和产品。推动资本市场双向开放,有序提高跨境资本和金融交易可兑换程度,建立健全宏观审慎管理框架下的外债和资本流动管理体系,加快实现人民币资本项目可兑换。这些内容都对资本市场产生了重大而深远的影响,部分内容已经上升为法律。

(四)自律组织规则

资本市场是商业社会发展到一定阶段的产物,而其自发性的发展离不开有效的规则以维持市场的秩序,那么对于金融证券市场而言,其自律规则成为显著特征之一。就中国而言,自律组织规则主要包括证券交易所规则、证券业协会规则和中国证券登记结算有限公司(以下简称中登)规则等。具体包括《上海证券交易所交易规则》《深圳证券交易所交易规则》《首次公开发行股票配售细则》《上海证券交易所纪律处分和监管措施实施办法》等。

(五)习惯

习惯是无论何种法律文化背景下都存在的一种法的渊源,法律规则中有不少规则来自习惯,立法机关可以根据习惯制定法律,司法机关可以从习惯中抽取某些规则来处理个案。在资本市场争议解决领域中,把握各方的交易习惯,并探寻该交易习惯背后折射的商业逻辑,能够更有力地剖析案件的本质,进而研究相应的争议解决策略。

(六)案例

既往案例往往为后来的审判工作提供指导和借鉴,对于一名法官而言,要熟悉本类案件既往的裁判规则除了参考司法解释之外,案例也是重要的考量因素。虽然我国是成文法国家,对于案例无法直接适用,但是,为了法律制度和司法裁判尺度统一、充分运用和总结既往的案例,最高人民法院于2010年发布了《关于案例指导工作的规定》,建立了具有中国特色的案例指导制度。最高人民法院《关于案例指导工作的规定》第七条明确规定,最高人民法院发布的指导性案例,各级人民法院审判类似案例时应当参照。因此,既往案例,尤其是经过最高人民法院整理发布的指导性案例，成为资本市场争议解决重要的法的渊源。

(七)法理学说

法理学说是法的重要来源之一。著名的维新派代表人物梁启超先生曾有言，采学说以为法律，实助长法律之进步最有力者也。罗马法所以能为法界宗主者，其所采之学说多，而所含之学理富也。[①] 总体而言，法理学说在我国的法律地位越来越突出，在立法环节，立法机关在审议法律时，征求专家学者的意见已经成为必经环节，甚至在起草审议过程中，直接将专家学者纳入相应的立法团队。在司法环节，最高人民法院遇到疑难复杂案件时，也会通过案例讨论或座谈的形式，听取多方意见。由此观之，由于资本市场新陈代谢快、新兴事物多，当法律规定出现空白或法律存在滞后的情形，法理学说便成为重要的法律渊源。

三、资本市场争议解决的特点与方式

(一)资本市场争议解决的特点

资本市场是市场化配置资源的重要平台，在鼓励创新创业、完善市场体系、推动经济转型、服务财富管理和促进社会和谐方面具有不可替代的作用。资本市场因参与主体涉及证券公司、信托公司等专业机构、上市公司及广大中小投资者，所发生的争议往往具有专业性强、类型多样、各方主体利益诉求复杂、社会影响广泛等特点，因而就资本市场争议解决而言，也呈现出一定的特性，具体表现如下：

1. 专业性强

资本市场争议涉及证券虚假陈述纠纷、内幕交易纠纷、操纵证券和期货市场纠纷、证券经纪纠纷、证券资产转让纠纷、权证交易纠纷等多种类型，随着新技术带来交易方式的不断变革，跨行业、结构化的创新业务纠纷也不断涌现。因此，在纠纷解决过程中，就需要综合运用金融、证券、法律、财务、信息技术等多方面的专业知识及行业惯例，综合理解各类纠纷的本质，厘清各方权利义务关系，从而高效、公平、妥善地解决争议纠纷。

2. 注重效率、灵活便民

资本市场尤其是与证券市场相关的纠纷数量多、标的额大、影响广、涉及主体广泛，容易对整个经济领域产生示范效应、连锁效应。尤其是针对上市公司而言，能

---

① 梁启超:《梁启超全集》，北京出版社 1999 年版，第 1308 页。

否在一个相对较短的时间内明确股权的归属、获得出资或者赔偿，从而解决公司运营或治理中的内外问题，至关重要。因此，在资本市场环境中，更加注重纠纷解决的效率问题。对于争议解决效率的要求，客观上就要求引入多种争议纠纷解决方式，并落实灵活便民的纠纷解决机制。最高人民法院和中国证监会 2016 年联合发布《关于在全国部分地区开展证券期货纠纷多元化解机制试点工作的通知》（法〔2016〕149 号，以下简称《多元化解试点通知》），直辖市、省会城市、计划单列市共计 36 个城市的法院与监管机构共同推进证券期货调解机制建设试点工作；2018 年 11 月又联合发布《关于全面推进证券期货纠纷多元化解机制建设的意见》（法〔2018〕305 号，以下简称《多元化解意见》），决定在全国联合开展证券期货纠纷多元化解机制建设工作，建立健全诉调对接工作机制、示范判决机制、委托调解机制、小额速调机制、无争议事实记载机制等，均旨在依法、公正、高效率、灵活便民地化解证券期货纠纷，有效保护投资者的合法权益。

在具体的规则层面，如证券虚假陈述案件中，针对同一被告提起的损害赔偿请求案件可以合并审理；公司决议效力纠纷案件中，具有相同诉讼请求的当事人可以作为共同原告加入案件当中等，这些规则的确立都是资本市场的争议解决注重效率、灵活便民的体现。

3. 注重保护中小投资者利益

中小投资者一直是我国资本市场的主力军。保护中小投资者的合法权益，关系到投资者对资本市场的信心，关系到资本市场的健康稳定运行，关系到社会公平正义的实现。中小投资者与其他的资本市场参与者地位悬殊，存在取证难、信息不对称、维权成本高的困境。在纠纷解决过程中，尤其需要注意对于中小投资者这一弱势群体以适当政策性的倾斜，如证券虚假陈述损害赔偿纠纷案件中，对于构成虚假陈述的发起人、发行人或者上市公司适用无过错责任原则，对于发行人、上市公司负有责任的董事、监事和经理等高管、证券承销商、证券上市推荐人及其负有责任的董事、监事和经理等高管、专业中介服务机构及其直接责任人适用过错推定原则，以减轻中小投资者的证明责任；在中小投资者难以取证的情形下，适当突破“谁主张，谁举证”的举证责任分配原则，采用举证责任倒置等规则，以减小中小投资者的维权难度和维权成本。

4. 尊重股东自治和公司自治

《中华人民共和国公司法》及《中华人民共和国合伙企业法》条文多处均规定了“公司章程另有规定的除外”或者“合伙协议另有约定的除外”，即允许公司和合伙企业在法律规定之外一定程度范围内自行创设规则；非上市公司的股东之间股权代持、投资者与公司之间的对赌协议逐步得到法院的认可；公司决议效力纠纷案件中，如决议的内容及作出的程序符合法律、公司章程的规定，即便决议的内容可能不合理甚至不符合实际情况，这通常也不属于法院的审理范围。这些纠纷解决规则的确立一定程度上体现了资本市场领域内立法者和司法裁判机关尊重股东自治和公司自治的基本思路。

5. 遵循金融监管政策

我国已逐步构建了多层次的资本市场体系，在纵向方面，建立了包括场内市场的主板市场、创业板市场和场外市场的新三板市场、区域股权交易市场、证券公司主导的柜台市场，同时市场间的转板机制也逐步建立并不断完善；在横向方面，建立了股票、债券、财富管理、衍生品等全方位的市场。在这种多层次资本市场的格局下，尤其应当在金融监管政策的指导下解决不同市场、不同主体间的纠纷，从而实现司法规制与资本市场监管的统一。

6. 预防与惩戒相结合

资本市场是行政监管机关发挥作用最为明显的市场之一。近年来，中国证监会作为资本市场领域内最高行政执法机关，继续保持重典治乱、严惩重罚的执法高压态势，充分发挥行政处罚工作的一般预防与特殊预防功能，不断净化资本市场生态环境，提升了广大投资者的信心。面对资本市场层出不穷的侵犯投资者利益、扰乱市场秩序的纠纷，这就要求行政监管机关能够采取恰当的行政处罚措施，如必要时修改行政处罚金额的上限，以充分发挥行政处罚的预防与惩戒功能。

（二）资本市场争议解决方式

1. 传统争议解决方式

（1）诉讼。目前，法院诉讼仍是资本市场纠纷解决的最重要的方式之一，是当事人维护自身合法权益最常见的公力救济手段。诉讼具有程序性、公权性、强制性等特点，为保证司法裁判的公正，法院诉讼也存在程序烦琐、周期长、成本高等不可避免的缺陷。

（2）仲裁。仲裁是指在商业交往中，当事人各方依据合同中的仲裁条款或单独的仲裁协议，自愿将现在或将来的争议提交给当事人自行选定的仲裁庭进行审理，并作出有约束力的裁决的一种争议解决方式。按照我国仲裁法的规定，平等主体的公民、法人和其他组织之间发生的合同纠纷和其他财产权益纠纷，均可以提交仲裁。仲裁的主要特点如下:①仲裁以当事人协商一致为前提。②仲裁非国家裁判行为,与法院对民事案件的裁判在性质上截然不同。同时,虽然国家承认仲裁裁决与法院判决具有同等效力,可以通过法院强制执行,但国家享有对仲裁的监督权。③仲裁的事项应当是当事人可以自由处分的部分民事权利和财产权利。④仲裁裁决一裁终局。仲裁灵活性强、效率高、保密性好、当事人有权选择仲裁员的制度设计,以及当代国际商事仲裁制度的发展使仲裁裁决更易于在国际上得到承认和执行等特点,已越来越受到当事人的青睐。

(3)调解。调解是指双方或多方当事人就争议的实体权利义务,在人民法院、人民调解委员会或有关组织的主持下,自愿进行协商,通过教育疏导,促成各方达成协议、解决纠纷的办法。调解应当是纠纷解决过程中贯穿始终的矛盾化解方式。根据第三方参与主体的不同,又可以分为诉讼调解、行政调解、机构调解和人民调解。调解的目的是促使各方最终达成协商一致的调解协议,调解协议对各方具有法律约束力,在诉讼调解中,民事调解书具有强制执行效力。

(4)和解。和解属典型的私力救济,即只涉及当事人各方,而没有中立的第三者介入,完全依靠自身或其他私人力量解决纠纷,因此,和解本身仅基于各方的真实意思表示,而并不涉及第三方。不过,当事人在诉讼过程中自行达成和解协议的,也可以依据程序性规定向人民法院申请撤回起诉。

2. 新兴争议解决方式

(1)替代性纠纷解决机制。替代性纠纷解决方式(Alternative Dispute Resolution,ADR),最早可追溯至1960年代的美国,彼时民权运动进入高潮,民众权利意识增强,法院诉讼案件增多,司法程序弊端渐渐暴露,促使非诉纠纷解决机制作为诉讼的有效补充在美国乃至世界迎来发展契机。[①] 美国有非常发达的ADR机制,在金融业,非诉讼救济的调解机构非常多,主要有联储消费者帮助中心、货币监理署、储蓄监管署、联邦贸易委员会、证券交易委员会以及商品期货交易委员会等,根据其职责范围的不同处理金融纠纷。美国于2007年成立的金融行业监管局(Financial Industry Regulatory Authority,FINRA),是美国证券业最大的自我监管组织,其成员须按客户意愿就其纠纷寻求仲裁。[②]

英国的替代性纠纷解决机制——金融申诉专员制度(Financial Ombudsman

---

① 徐阳、尹苑生:《证券民事纠纷多元化解机制研究》,载《法制博览》2017年第32期。

② 赵振华、彭瑶:《论金融消费者的替代性纠纷解决机制》,载《中国矿业大学学报》(社会科学版)2013年第3期。

Service，FOS），最早于1986年覆盖英国金融领域，2000年发布的英国《金融服务与市场法》将该制度加以完善和发展。通过金融巡视员机构，英国为金融消费者提供了一个非诉讼程序解决纠纷的制度，即由FOS的裁定员受理金融机构和消费者的纠纷，按照合理公正原则作出裁定；如果任意一方对裁定员的裁定不满意，均可向调查员申请复核。调查员作出的裁定为FOS的最终裁定，若消费者持有异议，仍可诉诸法律诉讼；若最终裁定被消费者接受，则金融机构也必须接受。①

此外，还有诸如德国的银行业协会调解专员制度②、澳大利亚的金融督察服务机构、日本的金融各行业组织、中国香港地区的金融纠纷调解中心、中国台湾地区的证券投资人及期货交易人保护中心③等制度和组织，均属于金融业和资本市场领域新兴的ADR机制，这些机构和制度的设计总体上都贯彻了纠纷解决的多元化理念，极大地发挥了替代性纠纷解决机制的优势，同时也节省了大量的时间和人力成本，适应了金融资本市场高效发展的要求。

（2）多元纠纷化解机制。2015年4月，中央全面深化改革领导小组审议通过了《关于人民法院推行立案登记制改革的意见》，提出要“进一步完善调解、仲裁、行政裁决、行政复议、诉讼等有机衔接、相互协调的多元化纠纷解决机制”。完善资本市场纠纷解决机制，畅通投资者诉求表达和权利救济渠道，是夯实资本市场基础制度的重要一环。我国在借鉴域外ADR机制的基础上，也已逐步确立和完善了多元化纠纷化解机制。

为响应多元化纠纷解决机制在资本市场领域建立，最高人民法院与中国证监会于2016年联合发布了《多元化解试点通知》，直辖市、省会城市、计划单列市共计36个城市的法院与监管机构共同推进证券期货调解机制建设试点工作，促使我国资本市场纠纷多元化解机制建设取得了实质性进展。《多元化解试点通知》中规定的证券期货纠纷多元化解机制试点调解组织包括：中国证券业协会、中国期货业协会、中国证券投资基金业协会、中国证券投资者保护基金有限责任公司、中证中小投资者服务中心有限责任公司、深圳证券期货业纠纷调解中心、广东中证投资者服务与纠纷调解中心、天津市证券业纠纷人民调解委员会共八家组织单位。关于这

① 赵振华、彭瑶：《论金融消费者的替代性纠纷解决机制》，载《中国矿业大学学报》（社会科学版）2013年第3期。

② 《投服中心纠纷调解案例证券期货纠纷小额速调机制为中小投资者维权提供便捷通道》，载《上海证券报》2017年3月22日。

③ 《台湾证券投资人及期货交易人保护中心2016年年报》，载http://www.sfipc.org.tw/WebLoadFileUse.ashxL=1&SNO=dd5pCZFCybHDSGtngVL8dA==，最后访问日期：2020年5月2日。

八家调解组织的调解范围及具体职权，有兴趣的读者可以登录其各自的官方网站进行详细了解。

2018 年 11 月，最高人民法院与中国证监会又联合发布《多元化解意见》，决定在全国联合开展证券期货纠纷多元化解机制建设工作，并对证券期货纠纷多元化解机制范围、调解协议的司法确认制度作出规定，是落实多元化纠纷解决机制改革任务的重要内容。《多元化解意见》明确了自然人、法人和非法人组织之间因证券、期货、基金等资本市场投资业务产生的合同和侵权责任纠纷，均属调解范围。证券期货监管机构、调解组织的非诉讼调解、先行赔付等，均可与司法诉讼对接。《多元化解意见》还创设性地规定了建立示范判决机制、小额速调机制、探索建立无争议事实记载机制、探索建立调解前置程序和充分运用在线纠纷解决方式。

《多元化解试点通知》和《多元化解意见》为推动人民法院多元化纠纷解决机制建设提供指导，有助于发挥司法在多元化纠纷解决机制中的引领、推动和保障作用，从而满足资本市场多元的解纷需求，最大限度地保护资本市场参与者的合法权益。

(3)证券、期货行政和解机制。行政行为在行政法与行政诉讼法中一直处于核心地位，也因此被称为行政法学中的阿基米德支点(Archimedean Point)。在当前的司法实践中，刚性行政行为一直以其高权、高效的特点在行政管理活动中发挥着重要作用。但随着行政方式的不断改革与创新，柔性行政行为越来越受到大家的关注与青睐。就资本市场争议解决领域而言，中国证监会于 2015 年 2 月 17 日正式发布《行政和解试点实施办法》，旨在证券、期货行政领域试点行政和解制度。根据《行政和解试点实施办法》的规定，行政和解是指中国证监会在对公民、法人或者其他组织(以下简称行政相对人)涉嫌违反证券期货法律、行政法规和相关监管规定行为进行调查执法过程中，根据行政相对人的申请，与其就改正涉嫌违法行为，消除涉嫌违法行为不良后果，交纳行政和解金补偿投资者损失等进行协商达成行政和解协议，并据此终止调查执法程序的行为。

《行政和解试点实施办法》中所规范的“行政和解”主要是通过行政主体与行政相对人达成行政和解协议的形式，明确双方主体之间的权利义务关系，行政相对人通过交纳一定的行政和解金用于补偿利益受损者的损失。[①] 根据《行政和解试点实施办法》的规定，可以适用行政和解制度的虚假陈述、内幕交易、操纵市场或者欺诈

---

① 肖钢:《积极探索监管执法的行政和解新模式》，载《行政管理改革》2014 年第 1 期。

客户等违反证券期货法律、行政法规和相关监管规定的行为，需要同时具备以下条件：①对于中国证监会已经正式立案，且经过了必要调查程序，但案件事实或者法律关系尚难完全明确；②采取行政和解方式执法有利于实现监管目的，减少争议，稳定和明确市场预期，恢复市场秩序，保护投资者合法权益；③行政相对人愿意采取有效措施补偿因其涉嫌违法行为受到损失的投资者；④以行政和解方式结案不违反法律、行政法规的禁止性规定，不损害社会公共利益和他人合法权益。中国证监会与行政相对人就涉嫌违法行为的处理达成一致的行政和解协议后，由行政相对人交纳行政和解金，该和解金可以用于补偿因涉嫌违法行为所遭受损害的投资者。

我国行政和解制度是在借鉴境外经验的基础上，结合我国行政执法体制作出的重大制度创新，是适应资本市场快速发展需要，切实化解有限行政资源与行政效率之间矛盾，保护投资者合法权益的重要制度安排。2019 年 4 月，中国证监会与高盛（亚洲）有限责任公司、北京高华证券有限责任公司以及高盛亚洲和高华证券的相关工作人员等 9 名行政和解申请人达成行政和解协议。根据行政和解协议，申请人已交纳行政和解金 1.5 亿元人民币，并采取必要措施加强相关公司的内控管理，证监会依照规定终止对申请人有关行为的调查、审理程序。[①] 这是中国证监会自 2015 年开展行政和解试点以来首次实践应用的案例。

四、资本市场争议解决法律服务——律师视角

（一）制度保障与实践

依法治国是我国长期的基本方略，中国共产党第十五次全国代表大会正式提出依法治国方略。1999 年，中华人民共和国第九届全国人民代表大会第二次会议通过《宪法修正案》，将依法治国，建设社会主义法治国家载入《中华人民共和国宪法》。律师的本职就是利用自己的法律专业知识服务于委托人并为其处理法律事务，而其前提是该国或该地区具有完备的法律制度以及具备法治国家的基本特征。试想，在一个非法治的社会环境中，无论何人都很难通过法律的途径维护自己的合法权益。

中国共产党第十八届中央委员会第四次全体会议审议通过了《中共中央关于

---

① 《中国证券监督管理委员会第 11 号公告》，载中国证券监督管理委员会网：http://www.csrc.gov.cn/pub/zjhpublic/zjh/201904/t20190423_354756.htm，最后访问日期：2020 年 6 月 1 日。

全面推进依法治国若干重大问题的决定》,体现了党中央全面践行依法治国的决心,是我国法治建设的又一里程碑事件。该决定第六部分指出,要加强法律服务队伍建设,提高律师队伍业务素质,完善执业保障机制。为贯彻落实全面推进依法治国战略,最高人民法院、最高人民检察院、公安部、国家安全部和司法部等五部门于2015年9月16日发布《关于依法保障律师执业权利的规定》,最高人民法院又于2015年12月29日发布《关于依法切实保障律师诉讼权利的规定》,以上制度的出台,使律师执业权利在《中华人民共和国民事诉讼法》《中华人民共和国刑事诉讼法》《中华人民共和国行政诉讼法》《中华人民共和国律师法》等法律法规规定的基础上进一步得到了有效保障。

(二)资本市场争议解决法律服务

马克思主义经济学认为,商品就是用来交换的劳动产品,而广义的商品则包括有形商品和无形商品,法律服务就是无形商品的一种。那么,律师就是提供法律服务的主体。既然作为市场上商品的一种,律师服务就应该被认为是一种法律产品。作为一名律师,我们致力于在本专业领域推广法律产品的质量管理和统一输出。

律师业与一般的服务业有所不同,有着其行业特有的属性,律师服务标准应有其特色,主要考虑以下几方面因素:(1)律师的服务是否忠实于宪法、法律;(2)律师的服务应当具备的职业水准;(3)律师办案的尽责程度;(4)律师是否忠实于委托人;(5)律师是否恪守职业道德和执业纪律;(6)律师是否具备符合其身份的商务礼仪;(7)律师提供的服务是否合法、是否可行。[①] 以上因素均可能影响律师服务法律产品的"质量"以及客户的满意度。具体到资本市场争议解决领域,我们所提供的法律服务往往不仅要符合传统诉讼领域的服务质量标准,还要在借鉴IPO、新三板挂牌等传统非诉业务领域工作习惯的基础上,针对该领域特点总结一套新的服务标准。这就涉及在传统诉讼文书写作的基础上,可能增加类似于法律尽职调查的现场证据梳理工作流程,增加案件进程中的备忘录记载工作流程,增加撰写诉讼策略分析报告、风险提示报告、诉讼案件法律意见等非诉讼相关法律文件,真正地将传统诉讼业务与传统非诉讼业务结合起来,发挥传统非诉讼积累有益经验的优势,运用在其延伸的诉讼业务中,使我们在资本市场争议解决业务领域具有雄厚的实务积累和独特的先发优势。

---

① 陈宜、崔玉麒:《建立我国律师质量管理体系的构想》,载《中国司法》2004年第5期。

（三）责任与使命

经过四十余年的奋斗，我国已经全面建成小康社会。“小康社会”一词现指一个经济、政治、文化、社会、生态全面发展的中国特色社会主义社会。而上溯东周战国时代，《礼记》中对“小康”一词的阐述为，“……礼义以为纪，以正君臣，以笃父子，以睦兄弟，以和夫妇，以设制度，以立田里，以贤勇知，以功为己……以著其义，以考其信，著有过，刑仁讲让，示民有常，如有不由此者，在埶者去，众以为殃。是谓小康。”其意为在上古大同时代之后的当下，如能在社会生活中的各领域，以礼义指示人们遵循固定的规范，便是小康。也就是说，小康社会在孔子看来，其核心要义就是“礼”，即秩序。通过研读两千年前古人的智慧结晶，我们发现，近代以来西方商业社会的根本价值追求在本质上与我国古代所指小康社会的根本价值是一致的，那就是追求在秩序的框架下各主体能够自主履行各自的权利义务，这也正是我们作为一名法律人的责任与使命。

党的十九大指出，从2020年到2035年，在全面建成小康社会的基础上，再奋斗十五年，基本建成法治国家、法治政府、法治社会。从2035年到21世纪中叶，在基本实现现代化的基础上，再奋斗十五年，把我国建成富强民主文明和谐美丽的社会主义现代化强国。资本市场作为近现代商业社会的标志性产物之一，更应遵循社会发展的一般规律，使方方面面的资本市场参与主体有制可循，使争议能够得到公平公正的解决。作为一名奋战在新时代资本市场第一线的中国律师，在法律实务工作中，我们将始终以实现法治中国为自己的责任与使命。

第二章

证券虚假陈述民事赔偿案件

第一节　证券虚假陈述民事诉讼案件

近年来，虚假陈述案件数量呈爆发式增长，中小投资者的维权意识逐渐增强，对此类案件形成规律性认识十分必要。本节首先梳理我国证券虚假陈述相关的法律体系，其次通过对证券虚假陈述民事诉讼的案件数量与地域分布、诉讼提起率、承担责任概况等大数据的分析，对此类案件形成的规律进行实证分析，并给投资者以启示。

《中华人民共和国证券法》于1998年12月通过，1999年7月1日起正式实施，该法首次以法律的形式，确立了禁止证券虚假陈述行为的原则，并制定了行政处罚的罚则。2002年，最高人民法院发布了《关于受理证券市场因虚假陈述引发的民事侵权纠纷案件有关问题的通知》（法明传〔2001〕43号，以下简称《证券市场民事侵权通知》），首次明确赋予了投资者就因虚假陈述引发的民事案件的诉权。2003年最高人民法院发布了《关于审理证券市场因虚假陈述引发的民事赔偿案件的若干规定》（法释〔2003〕2号，以下简称《证券市场民事赔偿规定》），具体规定了所涉及的名词解释、时效、管辖、诉讼方式、虚假陈述认定、归责原则与免责事由、共同侵权、损失认定等内容，成为证券虚假陈述民事诉讼领域的最主要的法律依据。

一、证券虚假陈述有关法律及司法解释的沿革

（一）证券法

1998年12月29日，第九届全国人大常委会第六次会议通过了《中华人民共和国证券法》，开启了由中央统一领导、国务院证券监督管理机构对全国证券市场实行统一监督管理的体制，该法第七十二条明确规定，禁止证券交易所、证券公司、证券登记结算结构、证券交易服务机构、社会中介结构及其从业人员，证券业协会、证券监督管理机构及其工作人员，在证券交易活动中作出虚假陈述或信息误导。该条款是第一次以法律的形式，对证券虚假陈述行为作出了禁止性规定，并在该法第一百八十九条规定了罚则，即对作出虚假陈述的行为人责令改正，处以3万元以上20万元以下的罚款。

在2005年修订的《中华人民共和国证券法》中，吸取了《证券市场民事侵权通知》和《证券市场民事赔偿规定》的一些成果，在该法第六十九条明确规定，发行人、上市公司公告的招股说明书、公司债券募集办法、财务会计报告、上市报告文件、年

度报告、中期报告、临时报告以及其他信息披露资料，有虚假记载、误导性陈述或者重大遗漏，致使投资者在证券交易中遭受损失的，发行人、上市公司应当承担赔偿责任；发行人、上市公司的董事、监事、高级管理人员和其他直接责任人员以及保荐人、承销的证券公司，应当与发行人、上市公司承担连带赔偿责任，但是能够证明自己没有过错的除外；发行人、上市公司的控股股东、实际控制人有过错的，应当与发行人、上市公司承担连带赔偿责任。第一百七十三条规定，证券服务机构为证券的发行、上市、交易等证券业务活动制作、出具审计报告、资产评估报告、财务顾问报告、资信评级报告或者法律意见书等文件，应当勤勉尽责，对所制作、出具的文件内容的真实性、准确性、完整性进行核查和验证。其制作、出具的文件有虚假记载、误导性陈述或者重大遗漏，给他人造成损失的，应当与发行人、上市公司承担连带赔偿责任，但是能够证明自己没有过错的除外。以上两个条款是对《证券市场民事侵权通知》和《证券市场民事赔偿规定》发布以来及部分司法实践的总结，确立了证券市场虚假陈述的行为人在承担行政责任的同时，还需对投资者承担民事责任。

2019 年 12 月 28 日，第十三届全国人民代表大会常务委员会第十五次会议通过了第二次修订的《中华人民共和国证券法》，并已于 2020 年 3 月 1 日正式施行。该部证券法从目录上的两大变化就可以看出，本次修订将保护投资者合法权益提升到了一个新的高度。具体而言，原目录第三章第三节“持续信息公开”在新目录中是一个专章，即第五章“信息披露”；新证券法还增加一章“投资者保护”作为第六章，专门规定。以上实际上是从两个方面进一步完善了证券市场信息披露相关法律规范，从发行人、上市公司等信息披露义务人的角度，更加严格、具体的阐释其信息披露义务，使证券市场公开透明，在阳光下运行。一旦信息披露义务人出现违反信息披露义务的行为，则可立即适用第六章投资者保护对于欺诈发行、虚假陈述或者其他重大违法行为法律后果的规定，由投资者依法维护自身合法权益。由此看出，新证券法在《中华人民共和国证券法》（2014 年）的基础上，大幅增加了有关信息披露和投资者保护的相关内容，增加了发行人、上市公司等信息披露义务人的违法成本，使投资者可以更加便捷地就证券虚假陈述案件进行维权。

（二）司法解释

自 1998 年颁布的《中华人民共和国证券法》开始，就对证券虚假陈述行为作了禁止性规定，但在《中华人民共和国证券法》（2019 年）生效前，仅有两个条款规定了证券虚假陈述的民事责任。虽然《中华人民共和国证券法》（2019 年）单独将信息披露辟为一章且增加了投资者保护专章，但是，从司法实践角度看，仍有许多法律适用具体问题有待解决。在新的配套司法解释出台前，在目前的司法审判实践中，最主要的裁判依据仍然为《证券市场民事侵权通知》和《证券市场民事赔偿规定》两部司法解释。

《证券市场民事侵权通知》于2002年1月15日正式生效，共计6条，规定了证券虚假陈述民事赔偿案件的定义、前置程序、时效、诉讼形式及管辖。《证券市场民事侵权通知》的重大意义在于其修改了最高人民法院于2001年发布的《关于涉证券民事赔偿案件暂不予受理的通知》（法明传〔2002〕406号）中人民法院对包括证券欺诈在内引发的民事赔偿案件不予受理的规定，开启我国人民法院受理、审判证券引发的民事赔偿案件的时期。

《证券市场民事赔偿规定》则是在《证券市场民事侵权通知》生效后的一年，在《证券市场民事侵权通知》的基础上，对证券虚假陈述民事赔偿案件的实体和程序有了更加全面和具体的规定。《证券市场民事赔偿规定》全文八个部分共计三十七个条文，全面而具体的规定了涉及证券虚假陈述民事赔偿诉讼的定义、名词解释、时效、管辖、诉讼方式、虚假陈述认定、归责原则与免责事由、共同侵权、损失认定等内容。

从证券虚假陈述民事诉讼角度，以《证券市场民事侵权通知》和《证券市场民事赔偿规定》为主的法律规则体系已经运行了17年，虽然近年来在理论界有许多修改的呼声，但在实务层面上，应当认可该法律规则体系的历史意义，以及对现阶段维护证券市场稳定健康发展，维护投资者，尤其是中小投资者合法权益的贡献。

我们相信随着《全国法院民商事审判工作会议纪要》（法〔2019〕254号）和《中华人民共和国证券法》（2019年）相继施行，在证券虚假陈述民事赔偿审判领域，还会出现新的配套司法解释，进一步突出发行人、上市公司、证券服务机构等信息披露责任，切实加强证券市场投资者合法权益的保护。

二、证券虚假陈述民事诉讼案件概况

（一）案件数量与地域分布

以裁判文书网为检索工具，搜索截止时间为2018年10月26日，输入案由为证券虚假陈述责任纠纷，得出12215份法律文书，其中判决书3271份、裁定书8687份。按照裁判文书网分类类目统计，一审裁判文书7579份，二审裁判文书4363份，再审裁判文书为181份。（见图2－1）

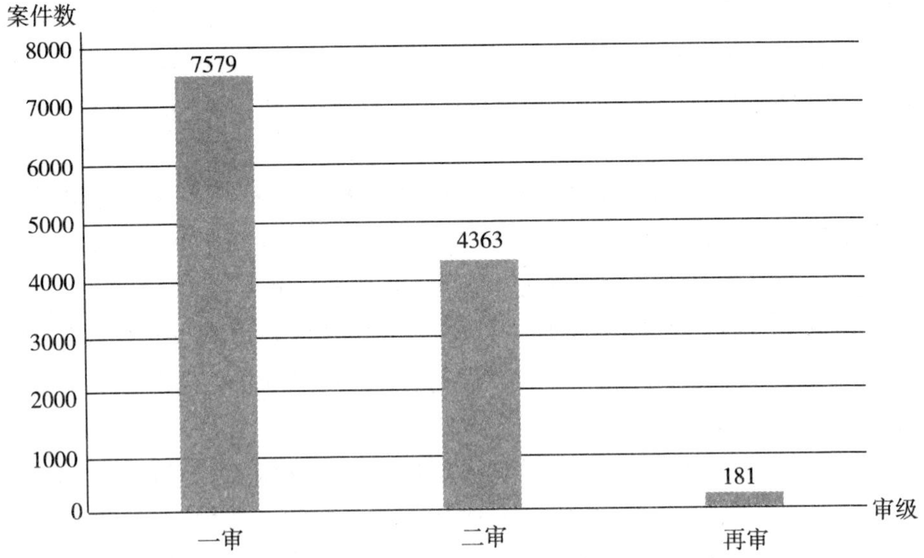

图 2－1　证券虚假陈述民事诉讼法律文书分类

该数据说明，大部分证券虚假陈述民事赔偿案件在一审阶段即宣告终结，而最惯常的做法是双方或各方和解后由原告（投资者）撤诉，进而解决纠纷。从出具法律文书的法院层级来看，中级人民法院最多达 7572 份，占到文书总数的 61.99%，因根据《证券市场民事侵权通知》第五条中级人民法院作为本类案件的第一审法院，所以也印证了上述分析。在上述 12215 份法律文书中，有关管辖的裁判文书多达 3374 份，占到文书总数的 27.62%，这是一个值得注意的现象，即被告提出管辖权异议或经法院主动审查进行移送的事件比例较高。

虽然裁判文书网是由最高人民法院举办，是具有权威性的法律文书发布网站，但为了获取不同的样本，我们又以北大法宝司法案例为检索工具，搜索截止时间为 2018 年 10 月 26 日，输入案由为证券虚假陈述责任纠纷，得出 14825 份法律文书，其中一审法律文书 8126 份，二审法律文书 4335 份。其中关于管辖的法律文书为 3931 份。上述数据与裁判文书网的数据所反映出来的信息基本可以相互印证。

从两个检索工具检索的法律文书分别为 12215 份和 14825 份，但实际发生的证券虚假陈述民事赔偿案件并没有那么多。根据上文分析，首先，要排除有关管辖的裁判文书；其次，要合并众多投资者基于同一事实起诉同一上市公司的案件；再次，要排除因和解而撤诉的准许撤诉裁定书；最后，要排除部分因检索工具问题而产生的无关法律文书。通过以上筛选，截至 2017 年 12 月，涉及被诉侵权的单位和个人 50 份。

根据《证券市场民事侵权通知》第五条、《证券市场民事赔偿规定》第九条，本类诉讼采以被告住所地为原则的地域管辖确定方式，所以从地域分布来看，江苏省、上海市、北京市的裁判文书数量位居前三，分别为 3141 份、2666 份和 1639 份，三省市法律文书占全国的 60.96%，证明本类案件主要集中在东部经济发达、上市公司众多的省份。

(二)诉讼提起率

关于诉讼提起率，首先要理解其内涵。根据《证券市场民事侵权通知》第二条的规定，人民法院受理的虚假陈述民事赔偿案件，其虚假陈述行为，须经中国证监会及其派出机构调查并作出生效处罚决定。当事人依据查处结果作为提起民事诉讼事实依据的，人民法院方予依法受理。《证券市场民事赔偿规定》第六条进一步规定，投资人除需提供有关机关的行政处罚决定或者人民法院的刑事裁判文书外，还需提供对方的身份证明文件及进行交易的凭证等投资损失证据材料。根据《证券市场民事侵权通知》和《证券市场民事赔偿规定》，提起证券虚假陈述民事赔偿诉讼的前提是：侵权人必须已经受到中国证监会、财政部或其他有关机关的处罚或已被人民法院认定为有罪，我们称为前置程序。诉讼提起率正是基于前置程序的设置而出现的概念，即在侵权人已被行政处罚或认定为有罪的前提下，潜在的诉讼提起人提起诉讼的数量占总的潜在诉讼提起人数量之比，是为诉讼提起率。

据学者统计，2003 年 1 月 1 日至 2016 年 12 月 31 日，共 289 起符合司法解释前置程序条件的虚假陈述案件，而其中只有 98 起提起了诉讼，占比约 33.91%，诉讼提起率相对较低。(见图 2－2)造成这种现象的原因有很多，一方面，投资者缺乏相关信息。根据相关司法解释的规定，本类诉讼设置了前置程序，而投资者获取该等行政处罚或刑事判决相对不易，有时只能通过新闻媒体获取该等信息，具有一定的随机性。另一方面，投资者缺乏提起诉讼的动力。大部分中小投资者一般在本类诉讼中损失不大，且须经过专业的计算，排除市场风险等因素①，加之诉讼金钱成本、时间成本、败诉风险、执行风险等，实际获得赔偿不会太多，甚至白白浪费了时间、精力和金钱。另外，一部分投资者还可能持观望态度，即如果有人提起诉讼则其作为后加入者，参加共同诉讼，但最终有可能错过了诉讼时效。

① 如陈某某等 23 名投资人诉大庆联谊、申银证券公司虚假陈述侵权赔偿纠纷案。

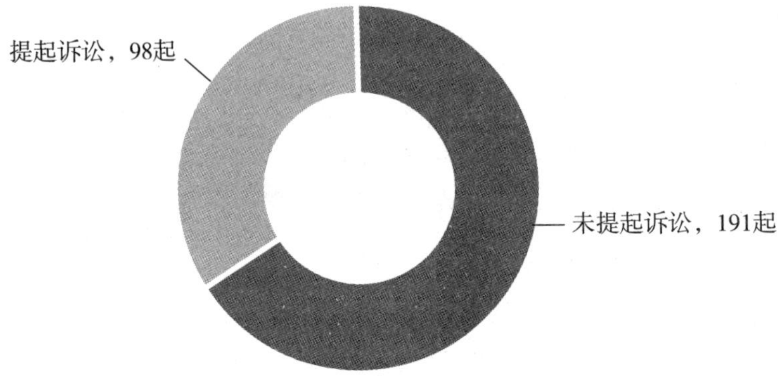

图 2－2 证券虚假陈述民事案件诉讼提起率

(三)承担责任概况

首先需要澄清的是，有些投资者认为，因司法解释设置了前置程序，侵权人已经受到证监会、财政部或其他有关机关的行政处罚，那么提起诉讼获得胜诉是必然的，这种观点是错误的。前置程序仅能证明侵权人确实作出过虚假陈述，不能当然推定为该侵权人需要对个案中的投资者承担赔偿责任。

数据显示，2003～2016 年间，提起的且已过诉讼时效的案件中，有 26 起为和解结案，35 起作出了判决，剩余 16 起尚无法明确判断。(见图 2－3)作出判决的 8 起案件为投资者集体败诉。也就是说，在以判决方式结案的案件中，有 77.14% 的侵权人承担了相应的赔偿责任，其比例相对较高。

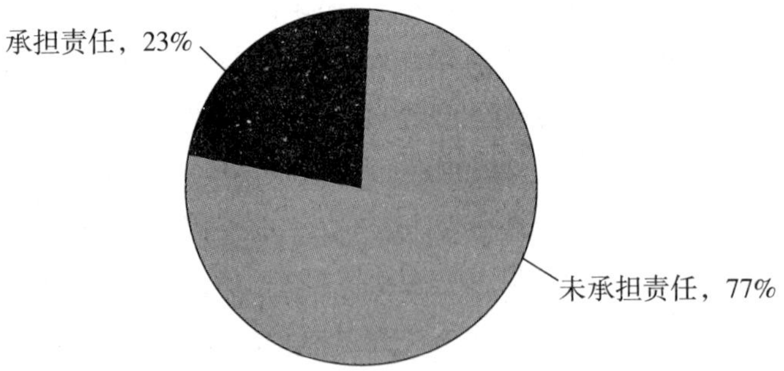

图 2－3 证券虚假陈述民事责任侵权人承担责任情况

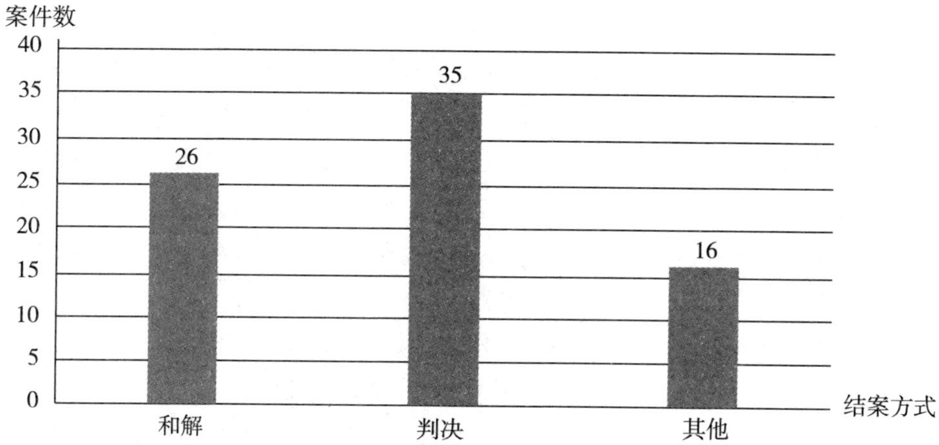

图 2-4　证券虚假陈述民事诉讼结案方式统计

另一个值得关注的数据在赔付情况方面，上述案件中有 44 起可以确定诉讼请求金额和赔付金额，其中诉讼请求总金额为 92301 万元，实际赔付金额为 31323.9 万元，赔付率为 33.94%。上述数据说明，首先，我国民事赔偿案件以实际损失为限，而鲜有惩罚性损害赔偿裁判。其次，在证券虚假陈述诉讼过程中，损失计算往往是一个重点，也是一个难点。虽然司法解释给予了损失计算一定的指导性规定，包括时间点的确定、损失范围、基本计算方法，但证券市场是专业化程度较高的领域，对于一般的投资者而言，确实难以准确计算，在这种情况下，难免在诉讼请求中将金额抬高，以便维护自身的合法权益。

三、对投资者的启示

（一）关于是否应当提起诉讼

如上文所述，证券虚假陈述民事赔偿案件的诉讼提起率约为 30%，如果按照适格原告都向侵权人发起单独诉讼计算，则该比例会更低。从趋势上看，2003～2017 年，投资者的诉讼提起率呈上升趋势。作为投资者而言，在成为适格原告的情况下，应当从速提起诉讼，基于以下几点理由：

1. 政府机关信息公开与证券市场信息披露的程度逐步加深，投资者获得前置程序信息的难度大幅降低。现行的《中华人民共和国证券法》《上市公司信息披露管理办法》等证券法律、法规及证券交易所规范性文件，均对上市公司信息披露相关事宜有明确且具体的规定。结合《证券市场民事赔偿规定》第十七条的规定，投资者通过互联网即可获取绝大部分相关监管信息，大大降低了其获取前置程序信息的成本。

2. 经过17年的司法实践，本类案件领域已经形成了较为成熟的法律服务市场，投资者可以按需选择。2002年《证券市场民事侵权通知》出台后，证券虚假陈述民事案件还是一个新生事物，不仅审判机关对其比较陌生，以律师为主的法律服务市场也没有实操经验。但是，随着司法实践的深入，本类案件领域出现了不少经典案例及与之对应的裁判规则，也涌现出一批专业律师团队，投资者的选择面可以说是越来越宽。

3. 通过积累案例而归纳的裁判规则，使本类案件在实务层面越来越具有可预见性，可有效降低诉讼风险。例如，在屠某某与贵研铂业股份有限公司上诉案①中就确立了，即便2005年《中华人民共和国证券法》进行了修订，增加了第六十九条和第一百七十三条的内容，但是2003年发布的《证券市场民事赔偿规定》中关于前置程序的规定仍然适用。那么，在这种情况下，就可以直接判断投资者是否已经成为本类案件的适格原告，进而提起诉讼。

（二）关于前置程序

《证券市场民事侵权通知》和《证券市场民事赔偿规定》均规定了提起证券虚假陈述民事赔偿案件的前置程序为侵权人必须已经受到中国证监会、财政部或其他有关机关的处罚或已被人民法院认定为有罪。关于这一设置的存废在理论界有一定的争议，但在法律实务层面，仍应按照现行有效的司法解释的规定。即便随着立案登记制的实施，人民法院不会直接采取不予受理的方式来处理立案程序，但仍然以立案后发现不符合条件为由，驳回起诉。因此，在诉讼前应当审查是否已经符合前置条件的要求，规避不必要的诉讼风险。中国证监会和财政部是两个主要作出行政处罚的机关，根据《上市公司信息披露管理办法》等法律法规的有关规定，对于上市公司涉嫌违法违规被有权机关调查，或者受到刑事处罚、重大行政处罚应当以临时报告的形式立即披露。因此，投资者应对其投资的公司所披露的相关事项密切关注。

（三）关于诉讼的形式

因《证券市场民事侵权通知》和《证券市场民事赔偿规定》均颁布于2012年修订的《中华人民共和国民事诉讼法》之前，因此，仅规定了投资者可以单独或共同诉

---

① 屠某某与贵研铂业股份有限公司证券虚假陈述责任纠纷上诉案。

讼的形式提起诉讼。在理论界已经有将本类诉讼纳入《中华人民共和国民事诉讼法》代表人诉讼之中的建议。在实务方面,一些法院通过受案后计算诉讼时效的方式,将全部适格原告纳入共同诉讼中来,在诉讼时效经过后合并审理。

最高人民法院于 2019 年 11 月 8 日发布并施行第九次《全国法院民商事审判工作会议纪要》(法〔2019〕254 号,以下简称《九民纪要》),其中第八十条规定,案件审理方式方面,在传统的“一案一立、分别审理”的方式之外,一些人民法院已经进行了将部分案件合并审理、在示范判决基础上委托调解等改革,初步实现了案件审理的集约化和诉讼经济。在认真总结审判实践经验的基础上,有条件的地方人民法院可以选择个案以《中华人民共和国民事诉讼法》第五十四条规定的代表人诉讼方式进行审理,逐步展开试点工作。就案件审理中涉及的适格原告范围认定、公告通知方式、投资者权利登记、代表人推选、执行款项的发放等具体工作,积极协调相关部门和有关方面,推动信息技术审判辅助平台和常态化、可持续的工作机制建设,保障投资者能够便捷、高效、透明和低成本地维护自身合法权益,为构建符合中国国情的证券民事诉讼制度积累审判经验,培养审判队伍。这一规定实际确认了在本类案件中开启适用代表人诉讼的尝试,究其原因,一方面可以提高审判效率,节约司法资源;另一方面可以降低当事人的诉讼成本。就目前的司法解释规定而言,代表人之诉对于投资者而言是比共同诉讼效率较高,成本较低的诉讼形式。

(四)关于法院管辖

从级别管辖看,《证券市场民事赔偿规定》第八条规定,本类案件由省、直辖市、自治区人民政府所在的市、计划单列市和经济特区中级人民法院管辖,由此排除了其他层级法院的第一审管辖权。

从地域管辖看,《证券市场民事侵权通知》第五条确立本类案件原告就被告的基本原则,即被告住所地对本类案件享有管辖权。对于投资人针对多个被告提起诉讼的,第一,由发行人或上市公司所在地有管辖权的中级人民法院管辖;第二,对发行人或上市公司以外的虚假陈述人提起诉讼的,由被告住所地中级人民法院管辖;第三,仅以自然人为被告提起诉讼的,由被告住所地中级人民法院管辖。另外,当事人不申请或者原告不同意追加发行人或上市公司为被告,而人民法院认为确有必要追加的,应当通知发行人或者上市公司作为共同被告参加诉讼,但不得移送案件。由此观之,管辖法院的确定方式比较具体且明确,投资人可以根据个案的实际情况进行审慎选择。

第二节　证券虚假陈述民事赔偿案件构成要件

证券虚假陈述民事赔偿案件是侵权责任纠纷的特殊表现形式，是在证券市场信息披露特别规定下，由于信息披露义务人未能合法合规的进行信息披露，进而导致投资者错误决策或相应股价的涨跌。那么，分析证券虚假陈述民事赔偿的诸要素，仍然要从侵权责任纠纷的四个基础法律要件出发，即以侵权行为、损害后果、行为与结果的因果关系以及过错情况为基础进行讨论。本节结合证券虚假陈述民事赔偿案件这一类纠纷的特殊性，重点分析其侵权行为的重大性和特殊因果关系。

一、证券虚假陈述民事案件中“重大事件”的标准问题

根据《证券市场民事赔偿规定》第十七条的规定，证券市场虚假陈述，是指信息披露义务人违反证券法律规定，在证券发行或者交易过程中，对重大事件作出违背事实真相的虚假记载、误导性陈述，或者在披露信息时发生重大遗漏、不正当披露信息的行为。根据该条规定，只有对重大事件作出虚假陈述的行为，才应承担民事责任。本部分将围绕证券虚假陈述中的重大事件问题展开讨论，并结合证券虚假陈述法律法规与审判趋势进行分析和讨论。

（一）问题的提出

《证券市场民事赔偿规定》第四部分以虚假陈述的认定为标题，阐释了证券市场虚假陈述触发民事赔偿案件的认定标准。其中，《证券市场民事赔偿规定》第十七条对于重大事件单独列出一款，即对于重大事件，应当结合证券法第五十九条（现第七十八条）、第六十条（现第七十九条）、第六十一条（现第七十九条）、第六十二条（现第八十条）、第七十二条（现第五十六条）及相关规定的内容认定。

针对虚假陈述中的重大事件问题，理论界的讨论一直比较充分，而在司法裁判上少有案例针对该问题进行充分的论理，大部分案例均以前置程序已经认定重大事件为由，一笔带过。

2013 年 11 月，中共十八届三中全会通过的《中共中央关于全面深化改革若干重大问题的决定》指出，完善金融市场体系，健全多层次资本市场体系，推进股票发行注册制改革。2015 年 12 月，第十二届全国人大常委会第十八次会议表决通过了全国人民代表大会常务委员会《关于授权国务院在实施股票发行注册制改革中调

整适用〈中华人民共和国证券法〉有关规定的决定》,正式决定授权国务院对拟在上海证券交易所、深圳证券交易所上市交易的股票的公开发行,调整适用《中华人民共和国证券法》关于股票公开发行核准制度的有关规定,实行注册制度。2014 年 10 月,中共十八届四中全会通过的《中共中央关于全面推进依法治国若干重大问题的决定》提出,改革法院案件受理制度,变立案审查制为立案登记制,对人民法院依法应该受理的案件,做到有案必立、有诉必理,保障当事人诉权。

为回应金融市场体系改革和人民法院立案登记制改革,2015 年 12 月,时任最高人民法院审判委员会委员、民事审判第二庭庭长杨临萍公开发表了最高人民法院《关于当前商事审判工作中的若干具体问题》一文,在证券投资类金融纠纷案件的审理问题一节指出,在立案登记制改革背景下,立案受理时不再以监管部门的行政处罚和生效的刑事判决认定为前置条件。面对这一变化,在没有前置程序认定的情况下,法院需要重新建构审理此类案件的审理思路,以一般侵权的四个构成要件为基本点,着重审查虚假陈述重大事件的认定和因果关系的认定。其中,重大事件的认定标准为违法行为对投资者决定的可能影响,其主要衡量指标是违法行为对证券交易价格和交易量的影响。由此可见,证券虚假陈述案件中的侵权行为重大性和因果关系将成为法院审判活动中实体审查的重点。

(二)现有法律法规体系及司法观点对虚假陈述行为重大事件的认定规范

1. 涉及虚假陈述重大事件问题的法律法规体系

《中华人民共和国证券法》第八十条第一款规定,发生可能对上市公司股票交易价格产生较大影响的重大事件,投资者尚未得知时,上市公司应当立即将有关该重大事件的情况向国务院证券监督管理机构和证券交易所报送临时报告,并予公告,说明事件的起因、目前的状态和可能产生的法律后果。该条文反映出的认定重大事件的法律原则是“对股票价格的影响”情况。《上市公司信息披露管理办法》《上海证券交易所股票上市规则》《深圳证券交易所股票上市规则》均与《中华人民共和国证券法》确立的重大事件判断原则保持一致。

《首次公开发行股票并在创业板上市管理办法》(证监会令第 142 号)第三十一条规定,中国证监会制定的创业板招股说明书内容与格式准则是信息披露的最低要求。无论准则是否有明确规定,凡是对投资者作出投资决策有重大影响的信息,均应当予以披露。该条文反映出的认定重大事件的法律原则是“对投资者决策的影响”情况。《公开发行证券的公司信息披露内容与格式准则第 1 号——招股说明书》有相同的规定。

2. 司法裁判原则

正如上文最高人民法院《关于当前商事审判工作中的若干具体问题》中的陈述，虚假陈述行为重大事件的判断原则是该违法行为对投资者决定的可能影响，而主要衡量指标为证券交易价格和交易量的影响。也就是说，在我国法院审判实务中采用的观点为对股价敏感的信息肯定会影响投资者的决策，反之影响投资者决策的信息显然具有股价敏感性，投资者决策考虑的信息中最主要和核心的肯定是对股价有影响的信息。① 即以虚假陈述行为对投资者决策的影响程度为基本原则，以该行为对于证券市场的影响为客观标准，综合判断某一虚假陈述内容是否构成重大事件。该裁判观点弥补了我国现行法律法规体系下重大事件认定标准不同的不足，实际采纳了英国②和我国台湾地区③适用的兼采投资者敏感性和股价敏感性的标准。

另外，最高人民法院于2019年11月8日发布并实施的第九次《全国法院民商事审判工作会议纪要》指出，审判实践中，部分人民法院对重大性要件和信赖要件存在混淆认识，以行政处罚认定的信息披露违法行为对投资者的交易决定没有影响为由否定违法行为的重大性，应当引起注意。重大性是指可能对投资者进行投资决策具有重要影响的信息，虚假陈述已经被监管部门行政处罚的，应当认为是具有重大性的违法行为。在案件审理过程中，对于一方提出的监管部门作出处罚决定的行为不具有重大性的抗辩，人民法院不予支持，同时应当向其释明，该抗辩并非民商事案件的审理范围，应当通过行政复议、行政诉讼加以解决。以上审判指导性意见，实际上再次确认了行政处罚所认定的事实当然认定具有重大性，这在此类案件的司法裁判统一上，具有重大意义。

（三）司法实践情况

长期以来，对于认定重大事件问题是否在前置程序中已经解决，是否需要法院对该事项进行实体审查，在个案裁判中存在较大差异。第一种意见认为，在人民法院受理民事赔偿案件之前，虚假陈述所涉及的重大事件应该已经在前置程序中得

---

① 廖升：《虚假陈述侵权责任之侵权行为认定》，载《法学家》2017年第1期。

② 英国金融服务局《披露规则与透明规则》。

③ 刘连煜：《内幕（线）交易之行为主体的理论与实务（上）——台湾最新案例研析》，载《证券法苑》2012年第1期。

到了解决，在民事案件审理中可不涉及而当然认定。① 由于这种观点对于审判人员来说比较简单易行，在实操层面上运用比较广泛。例如，在科龙电器案中，法院经审理认为，科龙公司披露的2002年、2003年、2004年年度报告中存在虚假记载、重大遗漏的事实，已为中国证监会16号处罚决定书所查明，应当对投资人因此造成的损失承担民事赔偿责任。② 即通过前置程序径行认定虚假陈述重大事件。

第二种意见认为，《证券市场民事赔偿规定》第十七条第二款已经指向了《中华人民共和国证券法》的相关条文，结合前置程序中的相关处罚，可以直接判断所涉虚假陈述信息是否构成重大事件。在华锐风电案中，法院经审理认为华锐风电在2011年年报中虚增营业收入2431739125.66元、虚增营业成本2003916651.46元、虚增利润总额277861363.6元，占2011年利润总额的37.58%。由此可以看出，华锐风电在上市伊始的年报中即存在虚假记载，且所涉金额特别巨大，情节严重，性质恶劣。中国证监会认定华锐风电的上述虚假陈述行为违反了《中华人民共和国证券法》第六十三条的规定，构成《中华人民共和国证券法》第一百九十三条第一款所述的违法行为，并对此进行了行政处罚。③ 该案依据《证券市场民事赔偿规定》第十七条第二款所指向的《中华人民共和国证券法》第六十三条，结合前置程序的认定，最终认定华锐风电的虚假陈述构成重大事件。

第三种意见认为，法院应通过对涉案信息的分析，判断虚假陈述信息实施后股票市场的相关数据是否有明显异动，进而判断该信息是否对投资者决策产生影响。被处罚的信息披露行为所涉及的财务数据对该公司资产总额、负债及所有者权益总额、利润总额、所得税费用、净利润等报表项目影响额的大小，该信息对投资者决策的影响，行政处罚决定公开后公司的股价走势等因素，是综合判断重大事件的精要所在。在香江控股案中，法院经审理认为，财政部《十八号公告》中所涉及金额对香江控股2008年年度报告影响很微小，难以影响股票市场，也不符合《证券市场民事赔偿规定》所指的重大事件的构成条件。此外，对于投资者来说，证券市场的一般规律是"大盘看走势，个股看业绩"，即上市公司的业绩是投资者选择股票时重要考量因素，上市公司的业绩越好，越能吸引投资者投资。在香江控股被处罚的错误

---

① 李国光主编：《最高人民法院关于审理证券市场虚假陈述案件若干规定的理解与适用》，人民法院出版社2003年版。

② 姚某诉海信科龙电器股份有限公司、德勤华永会计师事务所有限公司证券虚假陈述赔偿纠纷案[(2010)粤高法民二终字第55号]。

③ 蔡某红与华锐风电科技(集团)股份有限公司证券虚假陈述责任纠纷案[(2017)京01民初222号]。

中，少计营业外收入236万元，多计2008年度财务费用374万元，对于被告来说是少计了企业利润，只会导致年报中披露的业绩比实际业绩差，不会成为吸引投资者购买被告公司股票的元素，因而对投资者不会产生误导作用。① 该案对重大事件一节进行了实质性审查，结合会计数据等进行定量分析，综合判断虚假陈述行为对投资者决策的影响，最终得出结论。

我们认为，最高人民法院发布《全国法院民商事审判工作会议纪要》虽然不是司法解释文件，不具有司法解释的法律效力，不能作为裁判的依据，但是，最高人民法院明确指出，《全国法院民商事审判工作会议纪要》发布后，人民法院尚未审结的一审、二审案件，在裁判文书"本院认为"部分具体分析法律适用的理由时，可以根据《全国法院民商事审判工作会议纪要》的相关规定进行说理。也就是说，《全国法院民商事审判工作会议纪要》规定的内容及其结论性意见，将引导规范法官的自由裁量权，间接影响裁判结果。那么，从这个文件来看，未来很长的一段时间里，有关证券虚假陈述的事实认定部分仍然由专业的证券监督管理机构来完成，人民法院仍然要以证券监督管理机构所作出的专业性结论作为依据，进行裁判。从这个角度而言，很可能会延缓废止证券虚假陈述民事赔偿案件前置程序的进程，仍将行政处罚和刑事判决作为法院调查事实和行政机关调查事实的隔离墙和边界。

现阶段法院对于重大事件的认定方式，实际是降低了对投资者的举证要求。投资者在提起证券虚假陈述民事诉讼时，仅需提交前置程序要求的行政处罚或刑事裁判，便可以认定为该事件对于投资者和市场具有重大性，并对投资者决策产生了影响。而对于信息披露义务人一方，在存有前置的行政处罚或刑事判决的情况下，就该事件的重大性方面已经很难形成有效抗辩。

总体而言，随着证券发行注册制和立案登记制两项改革的深入推进，对于与《证券市场民事赔偿规定》的衔接问题，以及审判实践中出现的新问题层出不穷。最高人民法院《全国法院民商事审判工作会议纪要》的出台，就本类案件重大事件标准的讨论画上了一个阶段性的句号。在统一裁判思路后，对于增强人民法院公信力具有重大意义。

二、证券虚假陈述民事案件中因果关系问题

侵权责任中的因果关系历来是法律研究和探讨的重点问题。证券虚假陈述作

---

① 杨某刚等与深圳香江控股股份有限公司证券虚假陈述责任纠纷案[（2013）穗中法民二初字第4号]。

为一种特殊的侵权行为，其首先影响的是证券市场，进而影响投资者作出投资决策，因此对该类案件中的因果关系认定更加复杂。诚然，《证券市场民事赔偿规定》第十八条规定了虚假陈述案件因果关系的举证规则，但在司法实践中，因果关系的认定仍存在诸如时间点的认定问题、系统性风险问题等。我们通过对《证券市场民事赔偿规定》的解读和司法案例的分析，揭示法律实务中对因果关系的认定规则。

（一）民事侵权法律关系中的因果关系概述

民事侵权责任中的因果关系是哲学上的因果关系理论在侵权责任法领域的运用。[①] 简言之，因果关系就是事物之间引起与被引起的关系。在侵权责任法律领域内，因果关系是指行为人的行为与损害事实之间存在引起与被引起的客观联系。

对于侵权法律关系中因果关系的判断历来众说纷纭，大体可以分为条件说和原因说。条件说认为，凡引起损害结果发生的现象即各种条件都为该结果发生的原因，只要无此事实，即无该结果发生，则此事实与结果之间即为有因果关系。[②] 原因说又可以分为必然因果关系说和相当因果关系说。必然因果关系说要求行为人的行为与损害后果有内在的、本质的、必然的联系。相当因果关系说要求在有同一条件可发生同种的结果时该条件才为该结果发生之原因。

在证券虚假陈述这一特殊的民事侵权领域，目前还没有统一的通说理论，从司法案例来看，主要依据《证券市场民事赔偿规定》第十八条进行有利于投资者的因果关系推定，因此在裁判文书中对于因果关系的论理主要围绕《证券市场民事赔偿规定》第十八条给出的判断标准。

（二）现有法律法规体系对证券虚假陈述因果关系的规范

1.《证券市场民事赔偿规定》第十八条关于此类案件因果关系的推定

因果关系认定的难点之一是举证问题，《证券市场民事赔偿规定》第十八条给了投资人比较明确的举证思路。《证券市场民事赔偿规定》第十八条规定，投资人具有以下情形的，人民法院应当认定虚假陈述与损害结果之间存在因果关系：（1）投资人所投资的是与虚假陈述直接关联的证券；（2）投资人在虚假陈述实施日及以后，至揭露日或者更正日之前买入该证券；（3）投资人在虚假陈述揭露日或者

---

① 《侵权责任构成中因果关系理论的反思》，载中国民商法律网：http://old.civillaw.com.cn/article/default.asp? id=60570http://old.civillaw.com.cn/article/default.asp? id=60570。

② 姚志明：《侵权行为法研究（一）》，元照出版有限公司2002年版，第139～176页。

更正日及以后，因卖出该证券发生亏损，或者因持续持有该证券而产生亏损。

关于《证券市场民事赔偿规定》第十八条第（一）项，在林某涛与西南证券公司案中，法院给出了明确的意见，法院认定西南证券公司为鞍山机器公司的并购重组提供财务顾问服务时，在其出具的独立财务顾问报告中存在虚假记载情形，因此，与西南证券公司虚假陈述直接关联的证券应为鞍山机器公司的股票，而林某涛投资的是西南证券公司的股票。法院认为，西南证券公司为鞍山机器公司资产重组出具的财务顾问报告，直接关联的是鞍山机器公司的股票，该财务报告并不针对西南证券公司的财务情况，也不影响西南证券公司投资者的投资决策。林某涛于2017年2～3月期间投资西南证券公司的股票，西南证券公司为鞍山机器公司所作财务报告中的虚假记载与林某涛投资的证券之间没有直接联系，不符合《证券市场民事赔偿规定》规定的因果关系成立要件。[①] 也就是说，只有投资人所投资的证券与虚假陈述行为指向的证券一致，才能被法院认定为虚假陈述行为与投资人损失之间存在因果关系；否则，不能认定为具有法律上的因果关系。

关于《证券市场民事赔偿规定》第十八条第（二）项和第（三）项的前半句，阐释的是时间点问题，即投资人在虚假陈述实施日及以后，至揭露日或者更正日之前买入该证券，且在虚假陈述揭露日或者更正日及以后卖出或持有。该项规定实质上是通过买入、卖出或持有虚假陈述所指向证券的时间点，来推定损害结果与虚假陈述侵权行为存在因果关系，因此，本条款将争议焦点指向了《证券市场民事赔偿规定》第二十条规定的虚假陈述实施日、虚假陈述揭露日及虚假陈述更正日等三个时点，下一部分将对虚假陈述中的时间点进行详述。

关于《证券市场民事赔偿规定》第十八条第（三）项的后半句，要求投资人出现了实质性的损失，才能认定虚假陈述行为与损害结果存在因果关系。从该项规定来看，只有在揭露日或更正日之后，证券价格低于买入时价格，才会被认定为虚假陈述造成了投资者损失，从而排除了预期可得利益损失的认定。另外，结合第（二）项、第（三）项中关于时间点的规定，第十八条排除了诱空型虚假陈述的民事责任，仅对诱多型虚假陈述的受害投资人予以保护。以上不足也是《证券市场民事赔偿规定》被学界广为诟病的重要原因之一。

2.《证券市场民事赔偿规定》第十九条关于本类案件因果关系的否定

因果关系推定本质上倾向于保护投资者，基于投资者与虚假陈述行为人的信

---

① 林某涛与西南证券股份有限公司证券纠纷案[（2018）渝民终129号]。

息不对称。但该种信息不对称是相对的，当虚假陈述行为人通过举出相反证据，证明其虚假陈述行为与投资人损害结果之间不存在因果关系时，依然可以因不符合侵权行为的基本构成要件而免于承担民事赔偿责任。《证券市场民事赔偿规定》第十九条正是基于以上原理，给虚假陈述行为人提供了反向举证的思路。《证券市场民事赔偿规定》第十九条规定，被告举证证明原告具有以下情形的，人民法院应当认定虚假陈述与损害结果之间不存在因果关系：(1)在虚假陈述揭露日或者更正日之前已经卖出证券；(2)在虚假陈述揭露日或者更正日及以后进行的投资；(3)明知虚假陈述存在而进行的投资；(4)损失或者部分损失是由证券市场系统风险等其他因素所导致；(5)属于恶意投资、操纵证券价格的。

《证券市场民事赔偿规定》第十九条第(一)项、第(二)项探讨的是时间点的问题，第(三)项、第(五)项探讨的是投资人主观过错的问题，而第(四)项涉及的是系统风险的问题。时间点问题的争议主要涉及虚假陈述实施日、揭露日或更正日的确定，主观过错问题主要涉及投资人的投资行为及相关因素，系统性风险主要涉及证券市场总体情况、所在行业板块情况和类似个股情况等。

(三)虚假陈述案件因果关系认定中的重点问题

1. 时间点问题

根据上文分析，《证券市场民事赔偿规定》第十八条第(二)项、第(三)项，第十九条第(一)项、第(二)项均提出了有关时间点的问题，即符合第十八条规定则认定存在因果关系，符合第十九条则认定不存在因果关系。在此前提下，关于时间点的认定作为一个确认因果关系的延伸性问题显得尤为重要。

《证券市场民事赔偿规定》第二十条对三个重要的时间点分别作出了定义。虚假陈述实施日是指作出虚假陈述或者发生虚假陈述之日。根据《证券市场民事赔偿规定》第十七条的规定，虚假陈述类型包括虚假记载、误导性陈述、重大遗漏和不正当披露。从形式上看，可以分为积极的作为和消极的不作为。对于积极作为型的虚假陈述一般比较容易判断，可以结合行政处罚或刑事判决的前置程序，对其处罚内容进行分析，基本可以判断其虚假陈述实施日的具体日期。这里需要说明的是，虚假陈述行为的实施不能等同于虚假陈述所指向的行为的实施。在鸿基地产案中，鸿基地产于 1993 ~ 1994 年通过股票转让交易、资金运作及账务处理等方式，名义上转让了多只股票，但实质上是转为代持。2007 年 3 月，鸿基公司发布《澄清公告》未如实说明该情况，且未在 2006 ~ 2009 年年度报告中如实披露代持股问题。[①] 在该案中，就存在代持股票行为的实施日和因掩饰代持股票而进行虚假陈述的实施日两个日期，法院最终依据《证券市场民事赔偿规定》第二十条规定，认定第二个日期，即虚假陈述行为的实施日为虚假陈述实施日。对于消极不作为型的虚假陈述，要结合《中华人民共和国证券法》《上市公司信息披露管理办法》中法定信息披露的期限，如果超期未披露的，则法定期限的最后一日的次日为虚假陈述实施日。

虚假陈述揭露日是指虚假陈述在全国范围发行或者播放的报刊、电台、电视台等媒体上，首次被公开揭露之日。虚假陈述更正日是指虚假陈述行为人在中国证监会指定披露证券市场信息的媒体上，自行公告更正虚假陈述并按规定履行停牌手续之日。以上两个时间点可以认为是虚假陈述行为被外部或内部进行了足以影响市场的警示，即令虚假陈述行为不再具有欺诈性作用。揭露日相较于更正日更加难于认定，其原因在于更正日所依据的虚假陈述行为人的公告或监管机构作出处罚决定具有较高的确定性，且有明确的出具日期，而揭露日所依据的媒体报道，缺少权威性且警示强度相对较弱，对市场和投资者的影响有限。[②] 在科龙电器案中，法院阐明适用《证券市场民事赔偿规定》第二十条第二款必须同时具备三个要件：揭露虚假陈述内容、发表于全国性媒体、首次公开披露，并进一步阐释了虚假陈述被揭露的本质是对证券市场发出警示信号，提醒投资者重新判断股票价值，进而对市场价格产生影响。[③] 这一思路体现了揭露行为对投资者或股票市场的影响原则，从程度来讲应当达到警示市场和投资者的程度，使虚假陈述信息对市场的影响开始下降直至全部消除。

2. 系统风险问题

“风险”这一概念出自金融学，一般指产生损失的可能性或不确定性。金融风险按能否分散的标准，分为系统风险和非系统风险。系统风险又称“不可分散风险”或“不可回避风险”，具体包括宏观经济风险、购买力风险、利率风险、汇率风险和市场风险等。《证券市场民事赔偿规定》第十九条第（四）项所指证券市场系统风险在立法层面上没有给出明确的定义，但在华锐风电案中，北京市第一中级人民法院给出了一个定义，即所谓系统风险，是指对证券市场产生普遍影响的风险因素，

---

① 林某英与宝安鸿基地产集团股份有限公司证券虚假陈述责任纠纷案［（2015）粤高法民二终字第 1028 号］。

② 张勇健：《论虚假陈述侵权行为的几个时间点》，载《法律适用》2003 年第 4 期。

③ 何某皓诉海信科龙电器股份有限公司证券虚假陈述赔偿纠纷案［（2010）粤高法民二终字第 66 号］。

其特征在于系统风险因共同因素所引发，对证券市场所有的股票价格产生影响，这种影响为个别企业或行业所不能控制，投资人亦无法通过分散投资加以消除。[①] 这一定义与金融学上的证券市场系统风险的定义基本保持了一致。

系统风险作为因果关系的介入因素，通常是被告的重要抗辩思路。人民法院在审理本类案件中，也逐渐摸索出了一套较为固定的分析证券市场系统风险的方法论。在南通科技案中，法院开宗明义称，系统风险存在与否，可以透过证券市场的综合指数、流通股总市值、股票所在行业板块指数及市值等数据的变动情况加以判断。该判决进一步指出，关于证券市场系统风险所致的损失数额如何确定当前立法与司法解释皆无规定。在此法律背景下，既然系统风险的考虑因素涵盖了四类相关数据，那么对于损失的数额也应在上述四类数据变动基础上综合加以把握。[②] 基于该案可以看出，系统风险介入因素主要考虑的是虚假陈述所指向的证券个股走势与证券市场的综合指数、流通股总市值、股票所在行业板块指数及市值等数据的变动情况，从而得出系统风险作为因果关系的介入因素，对于因果关系的成立与否有多大影响。

在佛山照明案中，法院还基于《证券市场民事赔偿规定》第十九条第（四）项的规定，形成了损失中要扣除系统风险因素部分的计算方法，该判决指出本院结合本案的实际情况，确定以深证成份指数作为参数，以买入平均价 × 损失计算数 ×（1 – 卖出时的深证成份指数/买入时的平均深证成份指数）计算系统风险致损金额。在扣除系统风险致损的金额之后，原告余下的投资差额损失仍应由被告承担。[③] 该计算方法虽未经过立法确认，但已成为部分法院的重要司法观点。

证券市场虚假陈述案件中投资者的损害结果与信息披露义务人的虚假陈述行为之间的因果关系一直以来都是法院审查的重点和难点。基于投资人与信息披露义务人之间的信息不对称，《证券市场民事赔偿规定》第十八条设置了因果关系推定的规则。基于民法公平原则，《证券市场民事赔偿规定》第十九条设置了信息披露义务人反证不存在因果关系的规则。在目前的司法实践中，上述两个规则对双方均有重大的指导意义。但对于一些具体问题，如虚假陈述实施日、揭露日的确定，系统风险对于因果关系的介入程度问题等，法院仍有一定的自由裁量空间。

---

① 蔡某红与华锐风电科技（集团）股份有限公司证券虚假陈述责任纠纷案［（2017）京 01 民初 222 号］。

② 苏某福诉南通科技投资集团公司虚假证券信息案［（2007）苏民二终字第 0112 号］。

③ 邬某瑛与佛山电器照明股份有限公司证券虚假陈述责任纠纷案［（2013）穗中法金民初字第 5 号］。

三、证券虚假陈述民事案件中信息披露人的归责原则

《证券市场民事赔偿规定》第十七条第一款规定，证券市场虚假陈述，是指信息披露义务人违反证券法律规定，在证券发行或者交易过程中，对重大事件作出违背事实真相的虚假记载、误导性陈述，或者在披露信息时发生重大遗漏、不正当披露信息的行为。该定义所包含的信息量很大，包括主体、法律适用、侵权内容、行为方式等。我们将围绕《证券市场民事赔偿规定》第十七条中提到的信息披露人及其归责原则展开，结合现行法律法规进行分析和讨论。

民事法律关系的主体，又称民事权利义务的主体，是指享有民事权利承担民事义务的法律资格。① 根据《中华人民共和国民法总则》的规定，我国民事主体主要分为自然人、法人及非法人组织。《证券市场民事赔偿规定》第十七条关于证券市场虚假陈述的定义中，将信息披露义务人列为证券虚假陈述民事诉讼案件中的责任主体。结合《中华人民共和国证券法》（2019 年修订）第七十八条、第八十五条以及第一百六十条、《上市公司信息披露管理办法》、《证券市场民事赔偿规定》等有关法律法规的规定，这里的信息披露义务人可以分为以下六类：(1) 发行人、上市公司与发起人；(2) 证券服务机构；(3) 证券管理机构；(4) 控股股东、实际控制人；(5) 相关自然人；(6) 其他人。

关于证券虚假陈述民事责任的性质，在理论界仍有争论，主要有区分说、合同责任说、侵权责任说、违约责任与侵权责任竞合说和法定责任说。② 目前，比较主流的观点认为，有关人员违反的是法定的信息披露义务，而不是合同约定的义务；认为侵权责任说更具有优势。基于侵权责任的基本理论，其构成要件为行为、过错、损害结果和因果关系；其中，在侵权的主观方面，才有讨论过错即归责原则的必要。当下，多元主义的侵权责任归责原则占据了民法理论的主导地位，以过错责任原则为承担侵权责任的一般标准，其与无过错责任共同构成侵权行为的归责体系，而公平责任与过错推定责任则是现代归责原则发展的产物；③多元主义的侵权责任归责原则也整体适用于证券虚假陈述民事案件中的信息披露人。

---

① 梁慧星：《民法总论》（第 3 版），法律出版社 2007 年版，第 58 页。

② 万苏春、禹良：《证券虚假陈述的民事责任及诉讼救济》，载《宜春学院学报》2010 年第 11 期。

③ 王利明、郭明龙：《民事责任归责原则新论——过错推定规则的演进：现代归责原则的发展》，载《法学论坛》2006 年第 6 期。

（一）信息披露人归责原则详述

发行人、上市公司与发起人——无过错责任。

发行人是证券发行权利义务关系的当事人，也是证券发行后果与责任的重要承担者。[①] 上市公司是证券交易市场权利义务的当事人，应当对本公司的证券交易承担相应的法律责任。发行人、上市公司是证券发行、交易过程中，最主要的民事责任承担者。从侵权法律概念上讲，根据《中华人民共和国证券法》（2019 年修订）第八十五条规定，发行人、上市公司对其虚假陈述行为承担无过错责任。由于发行人、上市公司在证券发行、交易中享有最主要的权利，承担最主要的义务，其也成为唯一一类在实施证券虚假陈述行为后需要承担无过错责任的主体类型。

根据《股票发行与交易管理暂行条例》的规定，股票发行人必须是具有股票发行资格的股份有限公司，包括已经设立的有限公司和经批准拟成立的股份有限公司。《证券市场民事赔偿规定》规定的发起人应当限缩理解为募集设立股份有限公司的发起人。基于此，发起人在募集设立股份有限公司的设立过程中，作出虚假陈述行为并给投资人造成损失的，应当承担相应的民事责任。

发起人作为承担责任的主体主要涉及两个方面的问题。第一，发起人的虚假陈述民事责任是否可以归于成立后的公司？第二，发起人是否应当承担与发行人、上市公司相同的无过错责任？针对第一个问题，最高人民法院《关于适用〈中华人民共和国公司法〉若干问题的规定（三）》（以下简称《公司法司法解释三》）给出了一个明确的结论，发起人因履行公司设立职责造成他人损害，公司设立后，受害人向公司可以主张权利；公司未设立，受害人可以向全体发起人主张权利。公司或者无过错的发起人承担赔偿责任后，可以向有过错的发起人追偿。《公司法司法解释三》的规定，同时解释了上述的第二个问题。发起人在募集设立股份有限公司的过程，同发行人、上市公司发行、交易证券过程中所起的作用是相似的，可能出现的虚假陈述文件，皆由发起人、发行人、上市公司负责起草，因此，发起人亦应当承担最为严格的无过错责任。

（二）证券服务机构

1. 证券承销商与证券上市推荐人——过错推定责任

根据《中华人民共和国证券法》（2019 年修订）第二十六条相关规定，发行证券

---

① 赖武：《证券虚假陈述民事责任的认定》，载《法制与社会发展》（双月刊）2003 年第 2 期。

采取承销方式的，应当同证券公司签订承销协议。根据该法第二十九条的规定，证券公司承销证券，应当对公开发行募集文件的真实性、准确性、完整性进行核查；发现有虚假记载、误导性陈述或者重大遗漏的，不得进行销售活动；已经销售的，必须立即停止销售活动，并采取纠正措施。据此，采取承销方式销售证券的，作为承销商的证券公司，在证券对外销售前已经对其招股说明书、公司债券募集办法、财务会计报告等信息进行了先期核查，在此情况下，仍出现了证券市场虚假陈述的情况，那么，法律推定其存在过错，进而需要承担责任；如果证券承销商能够证明其没有过错，则无须承担责任。

同理，在证券上市过程中，证券上市推荐人同样会在证券上市前对拟发行证券的材料文件进行核查，因此其应当承担与证券承销商类似的民事责任。

2. 专业中介服务机构——过错推定责任

根据《中华人民共和国证券法》(2019 年修订)第一百六十条的规定，服务机构主要包括会计师事务所、律师事务所以及从事证券投资咨询、资产评估、资信评级、财务顾问、信息技术系统服务的证券服务机构，以上七类机构基本构成了证券专业中介服务机构。专业中介服务机构与证券承销商、上市推荐人在证券发行、交易过程中的作用略有不同。专业中介机构往往针对其自身的专业领域，提出专业化的意见，形式上一般有审计报告、评估报告、法律意见书等。因此，《证券市场民事赔偿规定》将专业中介机构的责任限缩为就其负有责任的部分承担责任。也就是说，各中介机构针对其自己出具的报告或意见书承担相应的责任，该承担责任的方式符合权利义务相一致的原则。通常而言，专业中介机构要与发行人、上市公司或发起人签署合同，约定负责就证券发行、交易中的某一专业领域出具相应的报告或意见书，由发行人支付相应的对价。那么，基于民法的公平原则、责任自负原则，作为专业中介服务机构理应仅对自己出具的意见负责，而无须承担过重的责任。理论界对于专业中介服务机构需承担过错责任和过错推定责任一直有争论。但就目前的司法实践而言，专业中介服务机构的归责原则与证券承销商、证券上市推荐人一致，为过错推定责任。

(三)证券管理机构——过错责任

根据《中华人民共和国证券法》(2019 年修订)第五十六条第二款的规定，证券交易所、证券登记结算机构、证券业协会、证券监督管理机构均不得在证券交易活动中作出虚假陈述或信息误导。证券管理机构作出虚假陈述的情形十分罕见，在现有的案例中尚未有公开的明确先例。但根据《证券市场民事赔偿规定》第二十五条的兜底性条款，证券管理机构作出虚假陈述，给投资人造成损失的，应当承担赔偿责任。根据民法的相关规定，侵权责任以过错责任为一般条款，其他归责为特殊条款。那么，证券管理机构应承担一般适用的过错责任归责原则。

（四）控股股东、实际控制人——过错责任

“控股股东”的概念在法律规定上比较统一，依据《中华人民共和国公司法》的有关规定，控股股东是指其持有的股份占股份有限公司股本总额 50% 以上的股东；或持有股份比例虽然不足 50%，但依其持有的股份所享有的表决权已足以对股东会、股东大会的决议产生重大影响的股东。该定义说明，通过公开的工商企业登记信息或证监会、证券交易所的披露信息，可以直接确定公司的控股股东。

而实际控制人的概念在《中华人民共和国公司法》、《上市公司收购管理办法》（证监会令第 108 号）、《公开发行证券的公司信息披露内容与格式准则第 1 号——招股说明书（2015 年修订）》（证监会公告〔2015〕32 号）、《〈首次公开发行股票并上市管理办法〉第十二条“实际控制人没有发生变更”的理解和适用——证券期货法律适用意见第 1 号》（证监法律字〔2007〕15 号）等多部法律法规及规范性文件中均有规定，简言之，即发起人、控股股东及通过其他法律关系控制发行人或上市公司的单位和个人，实际控制人应披露到最终的国有控股主体或自然人为止。

控股股东、实际控制人在证券虚假陈述案件中的归责原则应为过错责任归责原则。[①] 这符合《中华人民共和国公司法》中公司法人人格独立的基本精神，以股东在其出资范围内承担责任为原则，以股东自身承担责任为例外。如果控股股东、实际控制人在证券发行、交易过程中，作出了虚假陈述，造成投资者损失的，仍应就其自身的侵权违法行为承担相应的民事赔偿责任。而此时，控股股东、实际控制人与发行人、上市公司形成不真正的连带责任，投资者可以直接向控股股东主张权利，亦可以直接向公司主张权利，再由公司向控股股东追偿。

---

① 陈朝阳：《我国证券侵权民事责任归责分析——原则：立法与司法的冲突与协调》，载《西南政法大学学报》2003 年第 5 期。

（五）相关自然人——过错推定责任

1. 发行人或上市公司负有责任的董事、监事和经理等高管及其他直接责任人员

根据《中华人民共和国证券法》和《证券市场民事赔偿规定》的相关规定，发行人、上市公司作出虚假陈述行为后，发行人、上市公司负有责任的董事、监事和经理等高管及其他直接责任人员，应当与发行人、上市公司承担连带责任，但没有过错的可以免责。虚假陈述行为的作出者，通常认为是发行人、上市公司，但所有公司都是由若干自然人组成的。证券虚假陈述行为中的各种报告或意见，均是由具体的自然人起草，经董事会或股东大会审议通过，并最终公告。因此，法律和司法解释设置了上述自然人应对证券虚假陈述行为承担连带责任。而不同于实际控制人的责任，《证券市场民事赔偿规定》并未规定当公司或某个自然人承担责任之后，相互追偿的问题。也就是说，该条款主要侧重于保护投资者的合法权益，使其起诉对象可以宽泛化，但却忽略了被起诉一方作为自然人层面的法律保护。①

从归责原则角度看，上述自然人应承担过错推定责任。从法律和司法解释的行文来看，民事责任的承担者应限定于负有责任的董事、监事、高管（以下简称董监高）或其他直接负责人员，其背后的立法原意是彰显责任自负原则。

2. 证券承销商或证券上市推荐人负有责任的董事、监事和经理等高管

区别于证券专业中介服务机构人员，证券承销商或上市推荐人会对发行人、上市公司的全部资料事先进行核查，对于重要的信息披露文件，如招股说明书、公司债券募集办法等报告文件进行全面的核查，并进行证券上市前的全面督导，其承担责任的范围应当及于全部的虚假陈述报告。因此，《证券市场民事赔偿规定》将证券承销商或上市推荐人中负有责任的董事、监事和经理等高管对其所在服务机构承担的赔偿责任负连带责任。

上述人员的归责原则为过错推定责任，因其服务内容的成果主要体现为各种书面报告或申请，该等主体无疑是这些报告或申请的起草、审定者，理应承担相应的民事责任。

3. 证券专业中介服务机构直接责任人

证券专业中介服务机构的组织形式多为人合型，尤其是会计师事务所和律师

① 王利明：《试论虚假陈述民事责任制度的完善》，载《证券法苑》2015 年第 1 期。

事务所。那么基于这种组织特点，司法解释将承担具体责任的自然人限于直接责任人，通俗来讲，就是各种报告或意见的签字人。证券发行、交易过程中所需的各种专业报告和意见，通常由专业中介机构中的直接责任人及其团队完成，虽然名义上是由发行人、上市公司与专业中介机构签署服务合同，但具体起草者仍为该签字人，根据责任自负的原则，其理应承担责任。

上述人员的归责原则为过错推定责任，因其仅对证券发行、交易中的专业问题进行表述，因此，责任范围应限缩于其自身专业领域范围内，例如，律师应仅对其出具的法律意见书中的陈述承担责任，而不应对审计报告、资产评估报告等文件中所陈述的内容承担责任。

（六）其他人——过错责任

《中华人民共和国证券法》和《证券市场民事赔偿规定》还对证券虚假陈述行为人作出了兜底性的规定，即"其他作出虚假陈述的机构或者自然人"。这里的"其他人"大致还可以细分为三类，即传播媒介及其从业人员、国家工作人员和有关人员。

传播媒介及其从业人员主要指从事证券财经报道方面的新闻媒体及其从业人员。[①] 作为普通投资者，尤其是中小投资者，其获取证券相关信息主要通过新闻媒体在广播、电视、互联网、报纸、杂志等载体上的报道，该等新闻报道极易引导中小投资者作出投资决策。有鉴于此，传播媒介及其从业人员的相关行为应当一体纳入证券虚假陈述法律规范的范畴之内。

关于国家工作人员，应当主要指中国证监会、财政部等与证券发行、交易相关的国家机关或管理性事业单位的国家工作人员。该等国家工作人员通过公开渠道发布消息应对其发表的信息和言论负责。当然，这里的发表行为仍区分是其职务行为还是其个人行为。如果是职务行为，则应当归入证券管理机构的行为，由证券管理机构承担责任。如果是个人行为，则应对其个人公开发表的信息负责。

最后一类就是法律规定的兜底性条款，即其他的自然人、法人或其他组织，实施证券虚假陈述行为，给投资人造成损失的，应当承担赔偿责任。因为语言的局限性，法律条文中不可能实现无限穷举的方式，有鉴于此，法律设置了兜底性条款，从而将实施证券虚假陈述行为的行为人，全部纳入需要承担民事赔偿责任的主体范

---

① 张鸿霞：《媒体在证券市场虚假陈述的法律问题研究》，载《经济理论研究》2006 年第 1 期。

围内。

上述主体的归责方式应为过错责任。该等人员并不直接参与发行人、上市公司的证券发行、交易行为，并不具备实施虚假陈述行为的原始动因，因此，在侵权责任归责原则方面，适用一般的过错责任原则。

了解证券市场虚假陈述民事诉讼案件的主体对于诉讼各方均有重大意义。对投资者而言，选择什么样的被告作为适格被告是起诉前需要确定的基本法律问题。对于发行人、上市公司或发起人而言，需要考虑是否存在承担了不真正连带责任的问题，是否有可能就损失继续追偿的问题。对证券服务机构、专业中介机构而言，需要考虑自身出具的报告或意见应在什么范围内承担责任，是否在服务过程中存在过错。对于各主体中的董监高、直接责任人员而言，需要考虑自己在虚假陈述行为中处于什么角色，可能会承担什么责任。对于其他人而言，需要考虑如何规制自身的行为，如何在法律框架范围内披露证券相关信息。

目前的证券市场虚假陈述民事诉讼案件主体的归责原则还是以保护投资者为原则，尽量对被告的范围进行宽泛化解释，可以由原告进行选择；但是，这种制度也是“双刃剑”，一旦投资者选择的被告不符合其诉讼目标或诉讼策略，则有可能付出额外的时间和金钱成本。因此，当涉及该类诉讼案件时，建议投资者咨询资本市场争议解决方面的专业律师，以防造成不必要的损失。

四、虚假陈述民事案件中损失赔偿问题

法律的一个重要特征就是可预测性，证券虚假陈述民事案件的相关法律也不例外。就证券虚假陈述的损失赔偿问题，《证券市场民事赔偿规定》第七部分的第二十九条至第三十五条作了专门规定。上述条款也成为证券虚假陈述民事案件中的被侵权人主张损失赔偿的具体法律依据。我们拟结合司法实践中的典型案例，从损失赔偿的前提、认定及影响因素等角度展开思考，并对该类案件损失赔偿制度的司法实践情况予以剖析。

（一）探讨证券虚假陈述民事案件损失认定的前提

根据民事侵权法学理论的通说，一般侵权行为的法律构成要件是：第一，侵权人的违法行为；第二，侵权行为造成了损害后果；第三，侵权人的违法行为与损害后果之间存在因果关系；第四，侵权人存在过错。从上述构成要件可知，认定虚假陈述民事案件损失的前提为虚假陈述行为是导致该损害后果的原因，即应排除因果关

系中的介入因素，且虚假陈述行为给投资者造成了损害后果。

从因果关系的角度讲，虚假陈述种类应当分为诱多型虚假陈述和诱空型虚假陈述。诱多型虚假陈述，通常是指虚假陈述行为人故意违背事实真相发布虚假的利多信息，或者隐瞒实质性的利空信息未予披露或未及时披露等，使投资人在股价处于相对高位时进行投资追涨的行为。诱空型虚假陈述，通常是指虚假陈述行为人发布虚假的消极利空信息，或者隐瞒实质性的利好信息未予披露或未及时披露等，使投资人在股价向下运行或处于相对低位时，因受其虚假陈述影响而卖出股票，在虚假陈述被揭露或者被更正后股价上涨而投资人遭受损失的行为。[①]结合《证券市场民事赔偿规定》第十八条第（三）项规定，要求投资者需因卖出证券发生亏损，即实质损失，才能认定虚假陈述行为与损害结果之间存在因果关系，实际上在司法实践中排除了对诱空型虚假陈述的保护。另外，诱空型虚假陈述的表现形式就是投资者在虚假陈述实施后，股价运行低位时卖出股票，而后股价出现上涨，导致投资者未能获得相应的利益。而《证券市场民事赔偿规定》第十八条要求虚假陈述实施日后，至揭露日或者更正日之前买入该证券，将会认定虚假陈述行为与损害后果之间存在因果关系；第十九条规定，在虚假陈述揭露日或更正日之前已经卖出证券，将认定不存在因果关系。也就是说，《证券市场民事赔偿规定》上下文的行文设计，已经排除了对诱空型虚假陈述受害投资者的法律保护。

从造成损失的角度讲，《证券市场民事赔偿规定》第十八条第（三）项明确规定了投资者必须因卖出相应证券发生亏损。在创兴资源案[②]中，法院经审理查明原告购入股票的买入均价为 14.86 元/股，而基准价为 15.12 元/股。因此，即便虚假陈述实施日后案涉股票的股价一度跌至 7.76 元/股，但根据《证券市场民事赔偿规定》第三十二条的计算方法，投资者不存在投资差额损失，进而判决驳回原告的诉讼请求。也就是说，《证券市场民事赔偿规定》中所指的损失是需要经过法定计算方法而得出的计算结果，而不能自行、任意地计算。

因此，虚假陈述行为人实施诱多型虚假陈述，且根据法定的计算方法得出投资者买入相应股票价格与基准价存在差额的算数结论是本类案件损失认定的前提。投资者投资证券市场的根本目的在于获取高额收益，当虚假陈述行为致使投资的预期收益减少，虚假陈述行为人亦应承担投资者的全部损失，因此现行法律法规体

---

① 《律师办理证券虚假陈述民事赔偿诉讼业务操作指引》，载中国律师网：http://www.acla.org.cn/article/page/detailById/21821，最后访问日期：2020 年 5 月 5 日。

② 李某奇诉上海创兴资源开发股份有限公司证券虚假陈述责任纠纷案［（2016）沪 01 民初 65 号］。

系的损失认定前提设置已不符合我国快速发展的资本市场，这同时也体现了《证券市场民事赔偿规定》在制定时存在的局限性。

（二）现有法律法规体系对证券虚假陈述损失赔偿的认定

1.《证券市场民事赔偿规定》关于本类案件损失范围的规定

《证券市场民事赔偿规定》第三十条第一款第一句对损失范围作了原则性规定，即虚假陈述行为人在证券交易市场承担民事赔偿责任的范围，以投资人因虚假陈述而实际发生的损失为限。《证券市场民事赔偿规定》第二十九条规定，虚假陈述行为人在证券发行市场虚假陈述致投资人损失的，可以按照第三十条主张权利。《证券市场民事赔偿规定》第三十条第一款第二句和第二款具体规定了“实际发生的损失”的范围包括投资差额损失、投资差额损失部分的佣金和印花税以及前述金额的利息。根据前述法律规定及上文的分析，本类案件的损失排除了投资者主张交易中的期待利益、惩罚性损失赔偿以及精神损害赔偿的可能性。

2.《证券市场民事赔偿规定》关于本类案件投资差额损失的计算方法

《证券市场民事赔偿规定》第三十一条和第三十二条规定了在损失计算基准日前后卖出或仍持有证券的投资人，其投资差额损失计算的原则方法。根据《证券市场民事赔偿规定》第十八条的规定，只有在虚假陈述实施日后至揭露日前买入，在揭露日后卖出或持有，造成亏损的，才能认定虚假陈述与投资者损失之间存在因果关系，如图 2－5 所示。

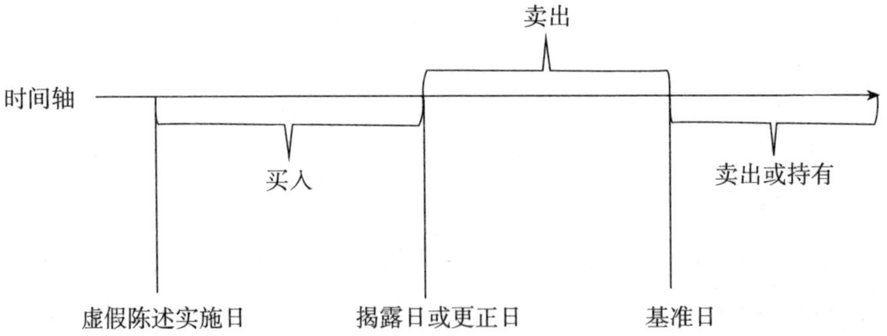

图 2－5　认定虚假陈述与投资者损失之间存在因果关系的情况示意图

在此情况下，《证券市场民事赔偿规定》将该三种情况分别设置了两种计算原则，即揭露日后至基准日前卖出的，以买入均价与卖出均价之差，乘以股票数量；基准日后卖出或持有，以买入均价与揭示露至基准日间均价之差，乘以股票数量。

(1)买入证券平均价格的计算

在司法实践中,计算投资者的买入证券平均价格的方法主要有算数平均法、先进先出法、加权平均法和移动加权平均法四种。[①] 算数平均法是指将在法定期间内每次证券交易价格相加除以总的交易数量,这种方法比较简单,但有可能受到期间中某次或某几次过高或过低值的影响,而不能反映真实的交易价值。先进先出法是指以先购入的证券应先卖出这样一种流动假设为前提,对平均价格计算的一种方法,通过这种计算方法得出的结论具有很大的不确定性,尤其是在投资者多次交易的情况下。加权平均法是指先计算法定期间内投资者持有证券的总成本,然后除以投资者主张的总的证券数量,由此得出买入案涉证券时的平均单价,该种方法在裁判文书中最为常见,但也存在无法准确剔除在虚假陈述实施日前买入,而在揭露日前或后卖出部分股票。移动加权平均法是指以各笔交易买入价格和虚假陈述实施日以前买入的价格为权数,计算平均单位成本的一种方法,因其采用逐笔加权平均的方法,最后计算的平均价格所依据的持股数量正好等于可索赔股票数量,使买入平均价和卖出平均价所依据的股票数量对等,前后除权或复权的条件平衡,计算结果更加科学、客观,但是该算法的缺陷在于过于烦琐和复杂。

在银河科技案[②]中,一审法院采取的是先进先出法和算数平均法相结合的计算方法来计算投资者对相应股票在虚假陈述期间的买入均价,而投资者上诉时使用的是加权平均法,二审法院最终采取的是更为科学、客观的移动加权平均法。在同一起案件中,投资者、一审法院和二审法院采用了三种不同算法来计算买入均价,足见在司法实践中对于投资者证券买入均价的具体计算方法并未形成统一意见。

(2)卖出或持有证券平均价格的计算

根据《证券市场民事赔偿规定》第三十一条、第三十二条的规定,计算卖出证券平均价格的情形分为三种:第一,揭露日后至基准日前投资者全部卖出了相关证券;第二,基准日后卖出或持有全部证券;第三,部分证券按第一种情形卖出,部分证券按第二种情形卖出或持有。多次卖出案涉相关证券的具体计算方法,与上文所述买入平均价格的几种计算方法一致,在此不再赘述。

在上述第二、三种情形出现时,基准日和基准均价的确定将成为影响卖出均价的重要因素。认定投资差额损失计算的基准日的本质目的在于在虚假陈述揭示日后的合理期限内,排除虚假陈述行为对股价的影响,进而判断相应股票的真实市场

---

① 凌然:《从损失计算看我国证券虚假陈述赔偿制度的不足》,载《区域金融研究》2018 年第 5 期。

② 何某敏诉北海银河高科技产业股份有限公司等虚假陈述案[(2008)桂民二终字第 56 号]。

价值。根据《证券市场民事赔偿规定》第三十三条的规定，列出了四种基准日的确定方法，以该条第（一）项为认定的原则性方法，以后续三项为补充，形成了较为完整的基准日确定法律体系。其中，第（一）项规定，揭露日或更正日起，至被虚假陈述影响的证券累计成交量达到其可流通部分100%之日。但通过大宗交易协议转让的证券成交量不予计算。因基准日的确定是以揭露日的确定为基础，且可以通过客观数据直接得出结论，因此，在司法实践中，对于基准日的确认争议较小，主要是通过诉讼双方对于揭露日的不同观点，进而影响基准日的确定，两者之间实际上是联动的关系，即揭露日间接影响基准日。

（三）虚假陈述案件中影响损失赔偿的因素

1. 时间点因素

《证券市场民事赔偿规定》第十八条第（二）项、第（三）项和第十九条第（一）项、第（二）项均提出了有关时间点的问题，即符合第十八条规定则认定存在因果关系，符合第十九条则认定不存在因果关系。与此同时，几个重要时间节点的确定也影响着买入均价和卖出均价的计算，进而影响最终的损失赔偿金额。

就虚假陈述实施日而言，在计算买入价格时，虚假陈述实施日以前的卖出的股票要剔除在外。那么，显然虚假陈述实施日越接近股价峰值，则买入均价越高，对投资者越有利；反之，则对投资者不利。

就虚假陈述揭露日而言，在计算投资者损失时，揭露日以前卖出的股票价格要剔除在外。因此，如果案涉股票的总体趋势是下行趋势而揭露日后股价有所反弹时，则揭露日在接近股价谷底时，对投资者越有利，如图2－6所示：

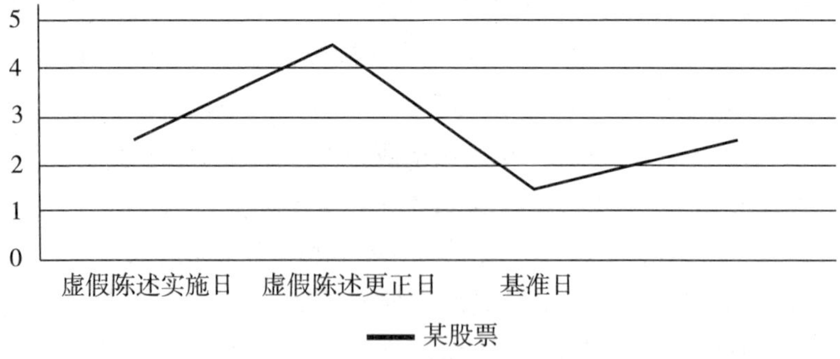

图2－6　股票走势

因此，涉及虚假陈述期间及揭露日之后多次买卖案涉相关证券的案件，应当重点关注几个时间点的确认问题。

2. 系统风险扣除因素

证券市场的系统风险既是本类案件认定虚假陈述行为与损害结果之间因果关系的重要方面，也是在损失计算时的扣除因素。近年来，越来越多的司法案例在计算出投资者损失金额后，再行扣除因系统风险导致的股价下跌损失，得出最终的判决结果金额。

在系统风险作为因果关系的介入因素，已经经法院认定的情况下，司法案例中仍有至少三种计算系统风险扣除方法，即统一确定系统风险直接比例法、统一确定系统风险相对比例法和个案计算系统风险直接比例法。①

(1)统一确定系统风险直接比例法是指对同一个虚假陈述行为人的所有投资者提起的民事赔偿案件根据大盘或板块或其结合的跌幅统一确定系统风险的直接影响比例。② 在南通科技案③中，法院认为，系统风险扣除时，应结合上海证券综合指数(以下简称上证指数)、沪市全部 A 股流通股总市值、纵横国际(南通科技在一审时的名称)所在的机械类行业板块指数、机械类行业 A 股流通股总市值这四类数据变动情况加以综合把握。在上述四类数据中，纵横国际股票所处的机械类行业板块指数及板块市值变动情况与纵横国际股价最具关联性，最能体现出系统风险对纵横国际股价的实际影响力，故应将其作为计算系统风险损失的优先考虑因素。法院认定，自投资人两次买入案涉股票至揭露日，上证指数分别下跌了 30.17% 与 29.81%，沪市 A 股流通股总市值下跌了 27.69%，纵横国际所在的普通机械制造业行业 A 股流通股总市值分别下跌了 26.26% 与 25.82%。综合考虑上述各因素，法院最终确定证券市场系统风险造成纵横国际股价下跌的幅度为 26%。即投资者买入价格减去卖出价格，跌幅超过 26% 的部分，为虚假陈述导致投资者实际损失的部分。

(2)统一确定系统风险相对比例法是指对同一个虚假陈述行为人的所有投资者提起的民事赔偿案件统一确定系统风险直接影响比例，同时计算出上市公司自身的股价波动率，将系统风险直接影响比例与上市公司个股的股价波动率相除，得出系统风险影响相对比例。在恒天海龙案④中，法院认为，自揭露日 2011 年 6 月 2

---

① 《证券虚假陈述责任纠纷案件的审理难点及对策分析》，载 https://mp.weixin.qq.com/s/gGHnJ3XcMKCPaL531CGAqg，最后访问日期：2020 年 6 月 1 日。

② 《上海法院首次判决认定证券虚假陈述案件中的系统风险》，载北大法宝网：http://blog.sina.com.cn/s/blog_8f30351d0102x09m.html，最后访问日期：2020 年 6 月 1 日。

③ 苏某福与南通科技投资集团公司虚假证券信息纠纷上诉案[(2007)苏民二终字第 0112 号]。

④ 叶某涛诉恒天海龙股份有限公司证券虚假陈述责任纠纷案[(2016)鲁 01 民初 1987 号]。

日至基准日2012年4月23日，深市A股流通总市值下跌10%，化学纤维A股流通总市值下跌23%，恒天海龙股票流通总市值下跌了30%。在揭露日至基准日期间，以行业板块“化学纤维A股总市值”为参照对象，按照揭露日至基准日期间化学纤维A股的下跌幅度/揭露日至基准日期间恒天海龙的下跌幅度计算，系统风险的影响因素为76.67%（23%/30%）；以大盘“深市A股流通总市值”为参照对象，揭露日至基准日期间深市A股的下跌幅度/揭露日至基准日期间恒天海龙的下跌幅度计算，影响因素为33.33%（10%/30%）。如果综合考虑化学纤维板块和大盘的影响因素，系统风险的影响比例为55%＝[（33.33%＋76.67%）/2]。

（3）个案计算系统风险直接比例法是指根据每个投资者的投资时点所对应的指数信息分别计算系统风险直接影响比例。在佛山照明案中，法院基于该案的实际情况，确定以深证成份指数作为参数，以买入平均价×损失计算数×（1－卖出时的深证成份指数/买入时的平均深证成份指数）计算系统风险致损金额。在扣除系统风险致损的金额之后，原告余下的投资差额损失仍应由被告承担。①

以上几种系统风险扣除计算方法，在审判实践中都出现过，统一确定系统风险相对比例法适用相对频繁一些。因从立法层面尚未解决统一适用的系统风险扣除计算方法，所以在未来的一段时期里，几种方法仍将同时存在，法院适用哪种方法进行计算，需要根据具体案情进行自由裁量。

证券市场虚假陈述案件中投资者的损失计算问题历来困扰着本类诉讼案件当事人以及法官、律师等相关法律从业者。不仅因为在立法层面没有给出具体的计算方法，还因为该等计算涉及大量的金融证券专业问题和烦琐的数学问题。未来的虚假陈述案件争议解决市场将不仅要求律师要有对案件定性准确而专业的判断，即具体个案是否具备虚假陈述案件损失赔偿的前提，还要求能够拿出具体且可预见的损失计算结果，包括损失结果的直接计算和其他影响因素的考量。

第三节　证券虚假陈述民事案件中的管辖

民事诉讼中的管辖，是指各级人民法院之间和同级人民法院之间受理第一审民事案件的分工和权限。②《证券市场民事赔偿规定》第二部分专门规定了有关证

---

① 邬某瑛与佛山电器照明股份有限公司证券虚假陈述责任纠纷案[（2013）穗中法金民初字第5号]。

② 江伟主编：《民事诉讼法学》（第3版），北京大学出版社2015年版，第119页。

券虚假陈述案件的受理与管辖问题。但是在司法实践中,本类案件仍存在大量的管辖权异议。本节将从现有司法解释出发,并结合实践案例与法院设置的趋势进行分析和讨论。

一、证券虚假陈述民事案件管辖争议现状

我们登录中国裁判文书网,点击"高级搜索",输入案由"证券虚假陈述责任纠纷",共搜索出现 14588 个结果。其中,左列"按关键词筛选"一栏中,前三名分别为"虚假陈述"、"投资"和"管辖"。"虚假陈述"作为本类案件的核心词汇,出现在第一名的位置上不足为奇,而虚假陈述的原因往往和上市公司的投资有关,因此,"投资"一词列为第二名也实属正常,但《证券市场民事赔偿规定》第二部分第八条至第十条明确规定了本类案件的管辖问题,不可谓不具可操作性,结合《中华人民共和国民事诉讼法》及其司法解释的有关规定,应当可以明确确定本类案件的管辖法院,"管辖"一词仍列第三名,不免令人感到诧异。

我们进一步对 5112 条有关证券虚假陈述管辖问题的裁判文书进行分析,发现适用法律条文前三名的为《证券市场民事赔偿规定》第八条、《中华人民共和国民事诉讼法》第一百七十一条①和《中华人民共和国民事诉讼法》第一百七十条第一款第(一)项②。在当事人层面,潘某(佛山照明董事长)、佛山照明、海润光伏、李某人(海润光伏董事长)、金亚科技名列裁判文书数量的前五名。两相对比,我们发现,"管辖"这一关键词之所以出现在搜索案例前三名的位置上有其一定的道理。第一,本类案件往往涉及上市公司和股民,而本类案件尚不受理代表人之诉,导致从本类案件的原告上看,只能是单一原告。这就导致如果上市公司或其他被告逐一提起管辖权异议,则形成了数量较大的管辖权异议案件。第二,在部分案件中,原告起诉时并未将上市公司列为被告,而其他被告提请追加上市公司为被告后,导致移送管辖。第三,确有部分投资者,因法律知识有限,而将本类案件的被告诉至没有管辖权的法院。

综上,证券虚假陈述案件中的管辖权问题,既困扰着法院,使其无法正常快速审理本类案件;又困扰着当事人,使诉讼时间大幅延长,导致诉累的结果。那么,研

---

① 《中华人民共和国民事诉讼法》第一百七十一条:"第二审人民法院对不服第一审人民法院裁定的上诉案件的处理,一律使用裁定。"

② 《中华人民共和国民事诉讼法》第一百七十条第一款:"第二审人民法院对上诉案件,经过审理,按照下列情形,分别处理:(一)原判决、裁定认定事实清楚,适用法律正确的,以判决、裁定方式驳回上诉,维持原判决、裁定;……"

究如何解决上述问题就具有了一定的必要性。

二、现有法律、法规及司法解释对本类案件管辖权的规范

我国现行《中华人民共和国民事诉讼法》将管辖分为级别管辖、地域管辖、移送管辖和指定管辖四大类，其中级别管辖和地域管辖属于法定管辖，而移送管辖和指定管辖为裁定管辖，上述四类管辖均适用本类案件，而《证券市场民事赔偿规定》根据《中华人民共和国民事诉讼法》的规定并结合本类案件的特点，对本类案件的管辖作出了进一步的规定。

（一）级别管辖

级别管辖是指按照一定的标准，划分上下级法院之间受理第一审民事案件的分工和权限。我国法院分为四个级别，从低到高依次为基层人民法院、中级人民法院、高级人民法院和最高人民法院。根据《中华人民共和国民事诉讼法》第十八条第（三）项的规定，最高人民法院可以将部分案件的第一审管辖权划归中级人民法院。据此，《证券市场民事赔偿规定》第八条规定，虚假陈述证券民事赔偿案件，由省、直辖市、自治区人民政府所在的市、计划单列市和经济特区中级人民法院①管辖。也就是说，第一，该规定排除适用了《中华人民共和国民事诉讼法》规定的基层人民法院受理第一审案件的原则性规定；第二，排除适用了最高人民法院《关于调整高级人民法院和中级人民法院管辖第一审民商事案件标准的通知》中规定的高级人民法院和中级人民法院依据案件标的额所确定的管辖权范围，即本类案件无论标的额高低均由有管辖权的中级人民法院受理第一审案件。

（二）地域管辖

地域管辖是指按照各人民法院的辖区和民事案件的隶属关系来划分诉讼管辖。根据《中华人民共和国民事诉讼法》的规定，地域管辖分为一般地域管辖、特殊地域管辖、专属管辖、共同管辖、选择管辖和协议管辖。据此，《证券市场民事赔偿规定》第九条规定了本类案件的地域管辖原则，即第一，由发行人或者上市公司所

---

① 哈尔滨中院、长春中院、沈阳中院、大连中院、北京中院（一中院、二中院）、天津中院（二家）、石家庄中院、呼和浩特中院、太原中院、郑州中院、济南中院、青岛中院、合肥中院、南京中院、杭州中院、宁波中院、上海金融法院、南昌中院、福州中院、厦门中院、广州中院、深圳中院、珠海中院、汕头中院、海口中院、南宁中院、武汉中院、长沙中院、贵阳中院、昆明中院、成都中院、重庆中院（五家）、西安中院、兰州中院、银川中院、西宁中院、乌鲁木齐中院、伊宁中院、喀什中院、拉萨中院。

在地有管辖权的中级人民法院管辖。但有本规定第十条第二款规定的情形除外。第二,对发行人或者上市公司以外的虚假陈述行为人提起的诉讼,由被告所在地有管辖权的中级人民法院管辖。第三,仅以自然人为被告提起的诉讼,由被告所在地有管辖权的中级人民法院管辖。

本类案件的性质虽在学术上仍有争议,但在一般意义上认为证券虚假陈述民事案件为侵权案件。那么,根据《中华人民共和国民事诉讼法》的规定,侵权案件的地域管辖原则为侵权行为地或被告住所地有管辖权的人民法院管辖。也就是说,《证券市场民事赔偿规定》第九条实际上排除了侵权行为地这一侵权案件地域管辖原则,而更为明确地规定了由被告住所地法院管辖本类案件。根据《证券市场民事赔偿规定》第七条的规定,虚假陈述证券民事赔偿案件的被告,应当是虚假陈述行为人,包括:(1)发起人、控股股东等实际控制人;(2)发行人或者上市公司;(3)证券承销商;(4)证券上市推荐人;(5)会计师事务所、律师事务所、资产评估机构等专业中介服务机构;(6)上述第(2)(3)(4)项所涉单位中负有责任的董事、监事和经理等高级管理人员以及第(5)项中直接责任;(7)其他作出虚假陈述的机构或者自然人。在如此多有可能成为被告的人之中,《证券市场民事赔偿规定》将其优先确定为发行人或上市公司,且《证券市场民事赔偿规定》第十条第一款规定,当事人追加发行人或上市公司为共同被告时,本类案件将移送发行人或上市公司所在地有管辖权的法院。由此可知,当以发行人或上市公司为被告或被告之一时,其所在地的法院具有管辖权。当然,如果发行人或上市公司所在地不在省、直辖市、自治区人民政府所在的市、计划单列市和经济特区时,依据有管辖权的法院辖区确定管辖法院。当本类案件被告中没有发行人或上市公司时,则由被告所在地有管辖权的法院进行管辖;当出现多个被告时,数个被告各自所在地的法院均有管辖权。根据《中华人民共和国民事诉讼法》第三十五条的规定,两个以上人民法院都有管辖权的诉讼,原告可以向其中一个人民法院起诉;原告向两个以上有管辖权的人民法院起诉的,由最先立案的人民法院管辖。

除此之外,《证券市场民事赔偿规定》第十条第二款规定了一种特殊的情形,当事人不申请或者原告不同意追加,人民法院认为确有必要追加的,应当通知发行人或者上市公司作为共同被告参加诉讼,但不得移送案件。这类情形是在发行人或上市公司作为被告参加诉讼的情况下,仍有可能由非其所在地的人民法院受理管辖。

(三)移送管辖

移送管辖是指法院在受理民事案件后,发现受理的案件不属于本院管辖的,应当移送有管辖权的人民法院。本类案件从移送管辖的角度出发，有两种常见的移送管辖案例：一种是由于本类案件仅能由省、直辖市、自治区人民政府所在的市、计划单列市和经济特区的中级人民法院管辖，而除了以上情况，仍有很多城市的法院对本案没有管辖权。在尔康制药案①中，就发生了上述情况，法院最终裁定移送长沙市中级人民法院审理。另一种是《证券市场民事赔偿规定》第十条第一款规定的情形，人民法院受理以发行人或者上市公司以外的虚假陈述行为人为被告提起的诉讼后，经当事人申请或者征得所有原告同意后，可以追加发行人或者上市公司为共同被告。人民法院予以追加后，应当将案件移送发行人或者上市公司所在地有管辖权的中级人民法院管辖。在方正证券案中，被告北大方正集团有限公司申请追加方正证券股份有限公司为被告，法院准许追加方正证券，并因方正证券为本案相关上市公司，最终依法移送至方正证券所在地法院管辖。

（四）指定管辖

指定管辖是指上级法院以裁定方式指定其下级法院对某一案件行使管辖权。在证券虚假陈述这一领域，指定管辖的情况比较少，主要涉及两种情况：一种情况是遇到了法律规定的管辖权冲突。在九发股份案②中，2008年9月11日，青岛市中级人民法院受理了首批33位投资者诉九发股份证券虚假陈述民事赔偿案。2008年9月19日，九发股份发布公告称公司第一大股东山东九发集团公司已向烟台市中级人民法院提出破产申请并已受理③。2008年9月29日，烟台市中级人民法院裁定受理九发股份进入破产重整程序。本案系由《中华人民共和国企业破产法》与《证券市场民事赔偿规定》之间存在管辖权冲突而引发的管辖权异议案件，本案最终由最高人民法院以复函的形式指定烟台市中级人民法院受理管辖。2013年9月16日，最高人民法院《关于适用〈中华人民共和国企业破产法〉若干问题的规定（二）》施行，特别就上述情形进行了规定，受理破产申请的人民法院，如对有关债务人的海事纠纷、专利纠纷、证券市场因虚假陈述引发的民事赔偿纠纷等案件不能行

---

① 湖南尔康制药股份有限公司、郭某梅证券虚假陈述责任纠纷案[（2019）湘民辖终685号]。

② 韩婧如、李岚：《从＊ST九发虚假陈述案看我国证券民事诉讼的几点完善》，载《法制与社会》2012年第4期。

③ 《中华人民共和国企业破产法》第三条："破产案件由债务人住所地人民法院管辖。"第二十一条："人民法院受理破产申请后，有关债务人的民事诉讼，只能向受理破产申请的人民法院提起。"

使管辖权的，可以依据《中华人民共和国民事诉讼法》第三十七条①的规定，由上级人民法院指定管辖。另一种情况出现在执行层面上。在海润光伏执行案②中，投资人取得胜诉判决后，依法向南京市中级人民法院申请执行，南京市中级人民法院依据江苏省高级人民法院《关于调整省法院、中级法院执行局实施处部分工作职能及实行集中指定管辖的通知》（苏高法电〔2017〕73 号），裁定本案指定南京市鼓楼区人民法院执行。

三、司法实践中的现实问题及司法改革的趋势

（一）专业法院的出现

2014 年 8 月 31 日，第十二届全国人民代表大会常务委员会第十次会议表决通过了全国人大常委会《关于在北京、上海、广州设立知识产权法院的决定》。2017 年 6 月 26 日，中央全面深化改革领导小组第三十六次会议审议通过了《关于设立杭州互联网法院的方案》；2017 年 8 月 18 日，杭州互联网法院揭牌。在继知识产权法院、互联网法院成立之后；2018 年 4 月 25 日，中央全面深化改革委员会第一次会议审议通过《关于设立上海金融法院的方案》；8 月 21 日，上海金融法院正式挂牌，第一个工作日立案 20 件，受理案件标的总额超过 10 亿元。根据最高人民法院《关于上海金融法院案件管辖的规定》（法释〔2018〕14 号）的规定，上海金融法院管辖上海市辖区内应由中级人民法院受理的证券、期货交易、信托、保险、票据、信用证、金融借款合同、银行卡、融资租赁合同、委托理财合同、典当等纠纷。金融法院的出现，使包括证券虚假陈述民事赔偿纠纷在内的金融经济纠纷可以统一集中管辖，即可避免因管辖权异议案件而造成诉累，亦可实现同案同判和司法统一。相信在不远的将来，在深圳、北京等地亦会出现金融法院。

（二）示范诉讼的探索

所谓“示范诉讼”，是指某一诉讼的纷争事实，与批量多数案件的主要事实相同，该诉讼事件经法院判决后，其结果可以成为其他时间在诉讼上或诉讼外处理的

---

① 《中华人民共和国民事诉讼法》第三十七条：“有管辖权的人民法院由于特殊原因，不能行使管辖权的，由上级人民法院指定管辖。人民法院之间因管辖权发生争议，由争议双方协商解决；协商解决不了的，报请它们的共同上级人民法院指定管辖。”

② 刘某强与海润光伏科技股份有限公司证券纠纷执行案［（2018）苏 01 执 804 号］。

依据，该判决就被称为示范判决，形成示范判决的程序就称为示范诉讼。① 这一制度对需要批量处理的证券虚假陈述管辖权异议案件尤为适宜。对于群体性管辖权异议纠纷，法院目前的做法是一人一案、分案处理的方式，这就造成了重复的程序性实务烦冗，牵掣司法资源。示范案件的操作机制为示范案件审理终结前，其他案件经当事人同意，暂时中止审理，等待示范案件对于相同事实作出认定后，直接适用。与案件的实体审理不同，管辖权异议案件具有较强的共通性，在本类案件中，如个案中的被告全部相同，即便分批起诉，管辖权异议的裁定结果一般也可以普遍适用。因此，在证券虚假陈述民事赔偿案件中，引入示范诉讼制度有利于解决目前的管辖权异议案件数量突出的问题。

（三）证券多元调解机制的探索

参考香港《证券及期货条例》中的证券期货和解制度、美国行政和解制度、英国金融申诉专员制度和德国银行业协会调解专员制度，②，我国针对证券纠纷也应加速构建具有中国特色，符合中国实际的证券多元调节机制。2016 年，最高人民法院和中国证券监督管理委员会联合下发《多元化解试点通知》，在全国 31 个市进行试点。2018 年 11 月 13 日，为贯彻中共中央办公厅、国务院办公厅《关于完善矛盾纠纷多元化解机制的意见》、国务院办公厅《关于进一步加强资本市场中小投资者合法权益保护工作的意见》和最高人民法院《关于人民法院进一步深化多元化纠纷解决机制改革的意见》，最高人民法院和中国证监会在总结试点工作经验的基础上，决定在全国联合开展证券期货纠纷多元化解机制建设工作，并下发了《多元化解意见》。从管辖的意义上讲，多元调解机制是由当事人，主要由投资者自主选择，该机制与诉讼有特有的衔接机制。因此，可以大幅降低证券虚假陈述民事案件中管辖权异议出现的概率。

证券虚假陈述案件中的管辖权异议高发的情况有其内在的原因，除去部分人为原因外，从多个角度出发，在制度的层面上进一步进行完善，是可以逐步解决这个问题的。在这个既要考虑证券虚假陈述民事赔偿案件的实体方面问题，又要考虑民事诉讼程序方面法制统一的复杂问题中，还是应当通过探索建立专业化法院及专业化的审判队伍、探索示范诉讼和探索多元纠纷解决机制，来逐步缓解本类案件管辖权异议高发的困境。

---

① 沈冠伶：《诉讼权保障与裁判外纠纷处理》，元照出版有限公司 2006 年版，第 210 页。

② 钟芸：《我国证券期货纠纷多元化解机制探讨》，载《中国证券期货》2019 年第 1 期。

第四节　证券民事纠纷多元争议解决机制

现代社会创设了各种解决民事纠纷的制度，以解决民事纠纷、保护合法权益。证券民事纠纷作为民事纠纷中比较特殊的一类，有其固有的特征。随着近年来证券民事纠纷案件数量的爆发式增长，诉讼作为比较单一的证券民事纠纷争议解决方式已不堪重负，证券虚假陈述民事纠纷作为证券纠纷中的侵权纠纷，亦不同于证券合同纠纷，更加独特，那么就证券虚假陈述民事纠纷探索多元争议解决机制就成为重要课题。

一、我国证券民事纠纷案件争议解决机制的现状

传统争议解决机制可以概括表述为三个大类，即私力救济、社会救济和公力救济，其中，前两种可称为非诉讼纠纷解决机制，在国外被称为替代性纠纷解决方式(Alternative Dispute Resolution，ADR)。[①] 具体而言，纠纷解决方式包括和解、调解(包括人民调解、行业调解、行政调解、诉讼调解)、仲裁、诉讼等。

《中华人民共和国证券法》、《中华人民共和国民事诉讼法》、最高人民法院《关于适用〈中华人民共和国民事诉讼法〉的解释》(法释〔2015〕5号，以下简称《民诉解释》)以及《证券市场民事侵权通知》、《证券市场民事赔偿规定》共同构建了我国证券虚假陈述民事赔偿案件的诉讼程序法律体系。

根据《中华人民共和国民事诉讼法》、《民诉解释》、《证券市场民事赔偿规定》第四条以及《多元化解试点通知》、《多元化解意见》的相关规定，我国正在建立覆盖全国的证券纠纷多元化解机制。其中，重点是指建设覆盖全国范围的证券纠纷调解机制。

在仲裁领域，由于我国尚未建立专门化的证券仲裁法律体系和制度，而证券虚假陈述民事纠纷一般被认定为侵权责任纠纷，因此，双方很难在争议解决环节达成一致的仲裁协议。根据《中华人民共和国仲裁法》的有关规定，当事人采用仲裁方式解决纠纷，应当经双方自愿，达成仲裁协议。没有仲裁协议，一方申请仲裁的，仲裁委员会不予受理。因此，仲裁一般仅能适用证券合同纠纷，而非证券侵权纠纷。又因仲裁本身的程序和法律文书均不公开，样本或案例的获取很难实现。基于此，

---

① 江伟主编：《民事诉讼法学》(第3版)，北京大学出版社2015年版，第1页。

证券虚假陈述民事纠纷案件几乎没有仲裁的先例。

在和解方面，该争议解决方式属典型的私力救济，即只涉及投资者和证券虚假陈述行为人，而没有中立的第三者介入，完全依靠自身或其他私人力量解决纠纷，因此，和解本身只基于双方的真实意思表示，而并不涉及程序性规定。

二、域外多元争议解决机制概况

（一）英国金融申诉专员制度与德国银行业协会调解专员制度

2001年，在《金融服务与市场法案》的指导下，英国金融服务监管署设立了金融申诉专员有限公司，并以该公司为主体建立FOS制度，译为“金融申诉专员制度”或“金融巡视员制度”。该制度起源于英国，后迅速被其他各国借鉴。申诉制度，原是公共领域用于处理一般民众对政府部门申诉的制度，[①]是指既有调解又有裁定的纠纷调解机制，当调解不成功的前提下，由第三方权威机构作出裁定；后该制度逐渐扩展至私法领域，在金融领域形成了一种重要的纠纷解决机制，即金融申诉专员制度。[②] 经过数十年的发展，英、法、德、澳大利亚、新加坡等国就FOS调整的业务领域范围、承担纠纷解决职能的机构、成本的分担、管辖范围等形成了一套成熟运行体系。以英国为例，FOS制度实行保险、银行、证券行业统一调整，由法人团体或具有公共属性的公司（独立于行政监管机构、行业协会）承担纠纷化解职能，实行向金融机构收取案件受理费，而向投资者免费的运营模式。[③]

欧洲各国在普通民事诉讼制度的基础上，倾向于依托银行业协会等行业协会或设立专门的投资者保护机构，建立专门化的纠纷调解组织，承担调解特定金融纠纷的职能，如德国银行业协会的调解专员。1992年德国银行业协会出台《德国银行业协会客户调解条例》，正式建立德国银行业协会主导的调解专员制度，将其作为专门协调处理自然人、法人及其他组织与银行业协会会员之间相关金融纠纷的民间机构。对于银行等机构与投资者之间小额纠纷，可由调解员使用简易快速裁决程序处理，一般在5000欧元以下的纠纷可适用该快速程序。该制度非依据明确的成文法法律规定来推进，而是主要依据银行等行业协会会员自愿加入，并承认其裁

---

① See Alexandros Tsadiras, “The European Ombudsman's remedial powers: an Empirical analysis in context”, *E. L. Rev*, 2013(38): 1.

② 杨东：《金融申诉专员制度之类型化研究》，载《法学评论》2013年第4期。

③ 徐阳、尹苑生：《证券民事纠纷多元化解机制研究》，载《法制博览》2017年第32期。

决的约束力来维持。[①] 这一制度虽然在德国仅适用于银行业，但其小额速裁的程序性机制却值得我国证券多元纠纷解决机制借鉴。

（二）日本金融专业调解制度

在日本，金融专业调解制度首次正式被提起是在2000年金融厅金融审议会《面向世纪金融新体系》的报告中，该报告将构建金融领域的诉讼外纠纷解决体系作为金融服务法的重要组成部分，肯定了行业团体在完善投诉处理纠纷解决模式中的重要作用，以该报告为基础，由消费者行政机关、消费者团体、行业团体、自律规制机关、律师协会、金融机构等组建了自律性组织——金融纠纷联络协调协议会，以完善金融领域的非诉讼纠纷解决制度。2007年4月起开始施行作为日本司法制度改革重要环节的《关于促进利用诉讼外纠纷解决程序的法律》，规定了诉讼外纠纷解决程序方面的基本理念，导入了法务大臣对有关民间纠纷解决程序业务的认证制度。2007年9月起施行的《金融商品交易法》导入了认定利用者保护团体的制度，以此作为以投资性商品为对象的纠纷处理、斡旋的体系框架全面推进制度。[②]

（三）我国香港地区证券期货和解制度

香港《证券及期货条例》于2003年4月1日生效，它兼容吸纳我国香港地区过去10年证券期货市场的法律法规的精华，是目前香港证券与期货市场的“基本法”地位的法律之一。根据其相关规定，香港证监会只要认为和解行为有利于维护投资大众或公众利益，就可以与相对人进行和解，而且和解的程序和时间要求相当灵活，在采取纪律处分、启动案件前或是移送司法机关的各个程序中均可采用。较之中国大陆以证监会《行政和解试点实施办法》为标志的证券期货领域行政和解制度，我国香港地区证券期货和解制度的适用范围更为广泛，提出和解的主体不只限于当事人，也包括香港证监会，各项具体操作也更为灵活。[③]

（四）我国台湾地区投资者专门机构调解制度

投资者可向证券投资人及期货交易人保护中心投诉涉及证券期货经营机构的

---

① 《投服中心纠纷调解案例证券期货纠纷小额速调机制为中小投资者维权提供便捷通道》，载《上海证券报》2017年3月22日。

② 张华东：《完善证券调解机制化解证券纠纷矛盾》，载《中国证券报》2011年12月12日，第15版。

③ 香港证监会网站发布《证券及期货条例》。

纠纷。保护中心首先要求被投诉单位提供说明或者协助双方解决争议，如果案情复杂则建议投资者申请调解。当调解协议达成后，由保护中心下设的调解委员会将调解结果送请法院审核，经法院核定后，调解结果就具有与民事判决同等效力，对双方均有法律约束力。截至 2016 年年底，保护中心受理调解申请 511 件，其中 47 件送请法院核定，32 件当事人自行和解。①

三、我国证券民事纠纷多元争议解决的发展方向

（一）证券虚假陈述民事纠纷的特点

证券虚假陈述民事纠纷作为资本市场争议解决中比较特殊的一类纠纷，其大致特点如下：第一，纠纷主要涉及经济利益，但大多数纠纷的金额不大；第二，纠纷专业性强；第三，纠纷双方在财力、专业能力上普遍相差悬殊；第四，纠纷涉众性强，敏感度高，市场影响大。② 在基于以上证券民事纠纷特点的基础上，借鉴域外成熟经验，我国已开始初步探索符合我国社会制度和资本市场实际的多元争议解决机制。

（二）证券民事纠纷调解与诉调衔接新机制的探索

2016 年和 2018 年，最高人民法院、中国证监会联合发布了《多元化解试点通知》和《多元化解意见》，证券民事纠纷多元调解机制由全国 36 个市试点在总结经验的基础上向全国铺开。《多元化解意见》对证券期货纠纷多元化解机制范围、调解协议的司法确认制度作出规定，指出自然人、法人和非法人组织之间因证券、期货、基金等资本市场投资业务产生的合同和侵权责任纠纷，均可纳入调解范围。证券期货监管机构、调解组织的非诉讼调解、先行赔付等，均可与司法诉讼对接。经调解组织主持调解达成的调解协议，具有民事合同性质，经调解员和调解组织签字盖章后，当事人可以申请有管辖权的人民法院确认其效力。③《多元化解意见》第十条明确指出，证券侵权责任纠纷属于调解范围，这意味着证券虚假陈述民事纠纷也被一并纳入证券期货多元化解机制之中。此外，《多元化解意见》还创设性地作出了建立示范判决机制、小额速调机制、探索建立无争议事实记载机制、探索建立调解

---

① 《台湾证券投资人及期货交易人保护中心 2016 年年报》，载 http://www. sfipc. org. tw/WebLoadFileUse. ashx？ L = 1&SNO = dd5pCZFCybHDSGtngVL8dA = = ，最后访问日期：2020 年 6 月 1 日。

② 范愉：《中小投资者保护与证券业纠纷解决机制的构建》，载《投资者》（2018 年第 2 辑），法律出版社 2018 年版。

③ 《最高法证监会联合印发意见全面推进证券期货纠纷多元化解机制建设》，载 https://www. chinacourt. org/article/detail/2018/11/id/3593809. shtml. ，最后访问日期：2020 年 6 月 1 日。

前置程序和充分运用在线纠纷解决方式等原则性规定。上述机制的建立,有利于引导投资者选择更为经济和高效的多元纠纷化解机制,而不是单一选择民事诉讼去解决争议。

(三)中小投资者保护机制的探索

2014年12月5日,中证中小投资者服务中心(以下简称投服中心)经中国证监会批准设立,该中心是由证监会直接管理的证券金融类公益机构。投服中心主要业务是持股行权、纠纷调解、诉讼与支持诉讼、投资者教育等。具体包括:公益性持有证券等品种,以股东身份行权和维权;受中小投资者委托,提供调解服务;为中小投资者自主维权提供法律服务等;面向中小投资者开展公益性宣传和教育;代表中小投资者,向政府机构、监管部门反映诉求;中国证监会委托的其他业务。其中,为履行投服中心的调解职能,其还设置了包括正式发起纠纷调解申请,纠纷审核、征询及受理,选择调解员及申请调解员回避,纠纷调处流程及期限,调解协议效力保障等内容的调解程序性规定。

另外,投服中心借鉴上文提及的德国银行业协会调解专员制度,建立了小额速调机制。2016年1月,投服中心与81家证券公司北京地区的327家营业部共同签署了关于北京地区证券经营机构与投资者之间纠纷解决的工作备忘录,在北京地区试点推出了金额5000元以下证券纠纷解决小额速调机制。目前,金额已提升至50000元以下。[①]

在未来一段时间内,证券虚假陈述民事纠纷数量还将呈现上升的趋势,而建立多元争议解决机制,改变现有单一的证券虚假陈述民事诉讼机制势在必行。那么,在新机制的选择和运行中,仍然会存在诸多的挑战。多元化解纠纷机制的确立,给投资者维护自身合法权益提供了多种渠道,而这也必将给这一领域的法律服务提供者以新的机遇。

第五节　公司债券虚假陈述责任纠纷

公司债的证券虚假陈述责任纠纷中主要涉及的问题是案件受理及管辖权问题、债券持有人主张损失赔偿的范围、债券虚假陈述责任因果关系认定的问题和各

---

① 《投服中心纠纷调解案例证券期货纠纷小额速调机制为中小投资者维权提供便捷通道》,载http://www.isc.com.cn/mediate/201705/t20170517_171508.shtml.,最后访问日期:2020年6月1日。

方主体的责任承担的问题。

一、案件受理及管辖权的问题

（一）不以行政处罚、刑事判决为案件受理前提

依据《全国法院审理债券纠纷案件座谈会纪要》（2020年7月15日，以下简称《债券纠纷纪要》）第九条的规定，债券持有人、债券投资者以自己受到欺诈发行、虚假陈述侵害为由，对欺诈发行、虚假陈述行为人提起的民事赔偿诉讼，符合《中华人民共和国民事诉讼法》第一百一十九条规定的，人民法院应当予以受理。欺诈发行、虚假陈述行为人以债券持有人、债券投资者主张的欺诈发行、虚假陈述行为未经有关机关行政处罚或者生效刑事裁判文书认定为由请求不予受理或者驳回起诉的，人民法院不予支持。

（二）中级人民法院管辖

依据《债券纠纷纪要》第十一条的规定，债券持有人、债券投资者以发行人、债券承销机构、债券服务机构等为被告提起的要求承担欺诈发行、虚假陈述民事责任的侵权纠纷案件，由省、直辖市、自治区人民政府所在的市、计划单列市和经济特区中级人民法院管辖。多个被告中有发行人的，由发行人住所地有管辖权的人民法院管辖。

（三）集中管辖

依据《中华人民共和国证券法》（2019年修订）第九十五条的规定，投资者提起虚假陈述等证券民事赔偿诉讼时，诉讼标的是同一种类，且当事人一方人数众多的，可以依法推选代表人进行诉讼。对按照前款规定提起的诉讼，可能存在有相同诉讼请求的其他众多投资者的，人民法院可以发出公告，说明该诉讼请求的案件情况，通知投资者在一定期间向人民法院登记。人民法院作出的判决、裁定，对参加登记的投资者发生效力。投资者保护机构受50名以上投资者委托，可以作为代表人参加诉讼，并为经证券登记结算机构确认的权利人依照前款规定向人民法院登记，但投资者明确表示不愿意参加该诉讼的除外。依据《债券纠纷纪要》第十四条的规定，为节约司法资源，对于由债券持有人自行主张权利的债券违约纠纷案件，以及债券持有人、债券投资者依法提起的债券欺诈发行、虚假陈述侵权赔偿纠纷案件，受诉人民法院可以根据债券发行和交易的方式等案件具体情况，以《中华人民共和

国民事诉讼法》第五十二条、第五十三条、第五十四条,《中华人民共和国证券法》第九十五条和《最高人民法院关于适用〈中华人民共和国民事诉讼法〉若干问题的解释》的相关规定为依据,引导当事人选择适当的诉讼方式,对案件进行审理。

二、债券持有人主张损失赔偿的范围

依据《债券纠纷纪要》第二十二条的规定,债券信息披露文件中就发行人财务业务信息等与其偿付能力相关的重要内容存在虚假记载、误导性陈述或者重大遗漏的,欺诈发行的债券认购人或者欺诈发行、虚假陈述行为实施日及之后、揭露日之前在交易市场上买入该债券的投资者,其损失按照以下方式计算:

1. 在起诉日之前已经卖出债券,或者在起诉时虽然持有债券,但在一审判决作出前已经卖出的,本金损失按投资人购买该债券所支付的加权平均价格扣减持有该债券期间收取的本金偿付(如有),与卖出该债券的加权平均价格的差额计算,并可加计实际损失确定之日至实际清偿之日止的利息。利息分段计算,在 2019 年 8 月 19 日之前,按照中国人民银行确定的同期同类贷款基准利率计算;在 2019 年 8 月 20 日之后,按照中国人民银行授权全国银行间同业拆借中心公布的贷款市场报价利率(LPR)标准计算。

2. 在一审判决作出前仍然持有该债券的,债券持有人请求按照本纪要第二十一条第一款①的规定计算损失赔偿数额的,人民法院应当予以支持;债券持有人请求赔偿虚假陈述行为所导致的利息损失的,人民法院应当在综合考量欺诈发行、虚假陈述等因素的基础上,根据相关虚假陈述内容被揭露后的发行人真实信用状况所对应的债券发行利率或者债券估值,确定合理的利率赔偿标准。

三、公司债券虚假陈述责任因果关系认定

依据《债券纠纷纪要》第二十四条的规定,债券持有人在债券信息披露文件中的虚假陈述内容被揭露后在交易市场买入债券的,对其依据本纪要第二十二条规定要求发行人承担责任的诉讼请求,人民法院不予支持。

债券投资人在债券信息披露文件中的虚假陈述内容被揭露后在交易市场买入该债券,其后又因发行人的其他信息披露文件中存在虚假记载、误导性陈述或者重

---

① 该款规定了发行人的违约责任范围。债券发行人未能如约偿付债券当期利息或到期利息的,债券持有人请求发行人支付当期利息或者到期利息,并支付逾期利息、违约金、实现债权的合理费用的,人民法院应当予以支持。

大遗漏导致其信用风险进一步恶化所造成的损失，按照本纪要第二十二条的规定计算。

人民法院在认定债券信息披露文件中的虚假陈述内容对债券投资人交易损失的影响时，发行人及其他责任主体能够证明投资者通过内幕交易、操纵市场等方式卖出债券，导致交易价格明显低于卖出时的债券市场公允价值的，人民法院可以参考欺诈发行、虚假陈述行为揭露日之后的十个交易日的加权平均交易价格或前三十个交易日的市场估值确定该债券的市场公允价格，并以此计算债券投资者的交易损失。

发行人及其他责任主体能够证明债券持有人、债券投资者的损失部分或者全部是由于市场无风险利率水平变化（以同期限国债利率为参考）、政策风险等与欺诈发行、虚假陈述行为无关的其他因素造成的，人民法院在确定损失赔偿范围时，应当根据原因力的大小相应减轻或者免除赔偿责任。

人民法院在案件审理中，可以委托市场投资者认可的专业机构确定欺诈发行、虚假陈述行为对债券持有人和债券投资者损失的影响。

四、各方主体的责任承担

《债券纠纷纪要》认为，对于债券欺诈发行、虚假陈述案件的审理，要按照证券法的规定，严格落实债券承销机构和债券服务机构保护投资者利益的核查把关责任，将责任承担与过错程度相结合。债券承销机构和债券服务机构对各自专业相关的业务事项未履行特别注意义务，对其他业务事项未履行普通注意义务的，应当判令其承担相应法律责任。

（一）受托管理人的赔偿责任

依据《债券纠纷纪要》第二十五条的规定，受托管理人未能勤勉尽责公正履行受托管理职责，损害债券持有人合法利益，债券持有人请求其承担相应赔偿责任的，人民法院应当予以支持。

（二）债券发行增信机构与发行人的共同责任

依据《债券纠纷纪要》第二十六条的规定，债券发行人不能如约偿付债券本息或者出现债券募集文件约定的违约情形时，人民法院应当根据相关增信文件约定的内容，判令增信机构向债券持有人承担相应的责任。监管文件中规定或者增信文件中约定增信机构的增信范围包括损失赔偿内容的,对债券持有人、债券投资者要求增信机构对发行人因欺诈发行、虚假陈述而应负的赔偿责任承担相应担保责任的诉讼请求,人民法院应当予以支持。增信机构承担责任后,有权向发行人等侵权责任主体进行追偿。

(三)发行人与其他责任主体的连带责任

依据《债券纠纷纪要》第二十七条的规定,发行人的控股股东、实际控制人、发行人的董事、监事、高级管理人员或者履行同等职责的人员,对其制作、出具的信息披露文件中存在虚假记载、误导性陈述或者重大遗漏,足以影响投资人对发行人偿债能力判断的,应当与发行人共同对债券持有人、债券投资者的损失承担连带赔偿责任,但是能够证明自己没有过错的除外。

依据《债券纠纷纪要》第二十八条的规定,对发行人的执行董事、非执行董事、独立董事、监事、职工监事、高级管理人员或者履行同等职责的人员,以及参与信息披露文件制作的责任人员所提出的其主观上没有过错的抗辩理由,人民法院应当根据前述人员在公司中所处的实际地位、在信息披露文件的制作中所起的作用、取得和了解相关信息的渠道及其为核验相关信息所做的努力等实际情况,审查、认定其是否存在过错。

(四)债券承销机构的责任承担

依据《债券纠纷纪要》第二十九条的规定,债券承销机构存在下列行为之一,导致信息披露文件中的关于发行人偿付能力相关的重要内容存在虚假记载、误导性陈述或者重大遗漏,足以影响投资人对发行人偿债能力判断的,人民法院应当认定其存在过错:(1)协助发行人制作虚假、误导性信息,或者明知发行人存在上述行为而故意隐瞒的;(2)未按照合理性、必要性和重要性原则开展尽职调查,随意改变尽职调查工作计划或者不适当地省略工作计划中规定的步骤;(3)故意隐瞒所知悉的有关发行人经营活动、财务状况、偿债能力和意愿等重大信息;(4)对信息披露文件中相关债券服务机构出具专业意见的重要内容已经产生了合理怀疑,但未进行审慎核查和必要的调查、复核工作;(5)其他严重违反规范性文件、执业规范和自律监管规则中关于尽职调查要求的行为。

依据《债券纠纷纪要》第三十条的规定,债券承销机构对发行人信息披露文件中关于发行人偿付能力的相关内容,能够提交尽职调查工作底稿、尽职调查报告等证据证明符合下列情形之一的，人民法院应当认定其没有过错：(1)已经按照法律、行政法规和债券监管部门的规范性文件、执业规范和自律监管规则要求，通过查阅、访谈、列席会议、实地调查、印证和讨论等方法，对债券发行相关情况进行了合理尽职调查；(2)对信息披露文件中没有债券服务机构专业意见支持的重要内容，经过尽职调查和独立判断，有合理的理由相信该部分信息披露内容与真实情况相符；(3)对信息披露文件中相关债券服务机构出具专业意见的重要内容，在履行了审慎核查和必要的调查、复核工作的基础上，排除了原先的合理怀疑；(4)尽职调查工作虽然存在瑕疵，但即使完整履行了相关程序也难以发现信息披露文件存在虚假记载、误导性陈述或者重大遗漏。

（五）其他债券服务机构的责任承担

依据《债券纠纷纪要》第三十一条的规定，信息披露文件中关于发行人偿付能力的相关内容存在虚假记载、误导性陈述或者重大遗漏，足以影响投资人对发行人偿付能力的判断的，会计师事务所、律师事务所、信用评级机构、资产评估机构等债券服务机构不能证明其已经按照法律、行政法规、部门规章、行业执业规范和职业道德等规定的勤勉义务谨慎执业的，人民法院应当认定其存在过错。

会计师事务所、律师事务所、信用评级机构、资产评估机构等债券服务机构的注意义务和应负责任范围，限于各自的工作范围和专业领域，其制作、出具的文件有虚假记载、误导性陈述或者重大遗漏，应当按照证券法及相关司法解释的规定，考量其是否尽到勤勉尽责义务，区分故意、过失等不同情况，分别确定其应当承担的法律责任。

（六）责任追偿

依据《债券纠纷纪要》第三十二条的规定，发行人的控股股东、实际控制人、发行人的董事、监事、高级管理人员或者履行同等职责的人员、债券承销机构以及债券服务机构根据生效法律文书或者按照先行赔付约定承担赔偿责任后，对超出其责任范围的部分，向发行人及其他相关责任主体追偿的，人民法院应当支持。

综上所述，债券市场虚假陈述责任纠纷案件虽然是证券市场虚假陈述责任纠纷案件的子概念，但该类纠纷存在一定的特殊性与股票市场虚假陈述责任纠纷案件不尽相同，不能当然全部适用《证券市场民事赔偿规定》。

第三章

股票质押式回购交易案件

第一节　股票质押式回购纠纷案件裁判观点解析

股票质押式回购业务从2013年开始正式实施，经过近五年的发展，已经成为资本市场上较为成熟的业务类型。但近两年，因股市低迷等原因，多家上市公司股价惨遭"腰斩"，股票质押风险也开始急剧攀升。2017年以来，"股价下跌""质押股票触及平仓线"等声音不绝于耳，股票质押市场可谓是警报频发。本节拟通过对股票质押式回购纠纷案件以往裁判案例进行总结、分析，并为各方在开展股票质押式回购业务、处理股票质押式回购纠纷案件方面提供参考。

一、股票质押式回购业务基本概念及交易流程

《股票质押式回购交易及登记结算业务办法》（以下简称《业务办法》）第二条规定，股票质押回购交易是指符合条件的资金融入方（以下简称融入方）以所持有的股票或其他证券质押，向符合条件的资金融出方（以下简称融出方）融入资金，并约定在未来返还资金、解除质押的交易。融出方一般包括证券公司、资产管理子公司管理的集合资产管理计划或定向资产管理客户。究其本质，股票质押式回购交易实则为通过股票质押进行借款的融资模式。图3－1为股票质押式回购业务基本交易流程：

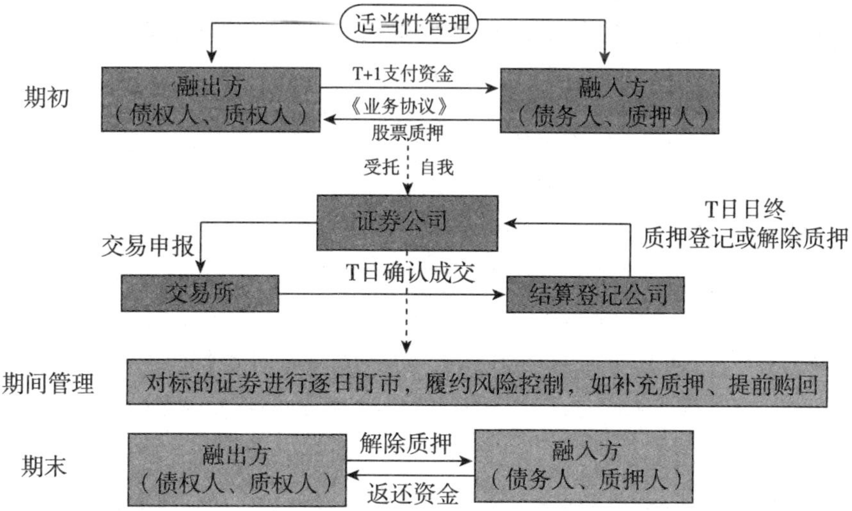

图3－1　股票质押式回购业务基本交易流程

二、股票质押式回购业务纠纷案件常见问题及主要裁判观点

我们通过威科先行法律信息库，分别输入"证券回购合同纠纷"、"股票回购合同纠纷"、"股票质押式回购纠纷"以及"股票质押回购交易"等关键词，截至2018年7月26日，检索得到155篇裁判文书。研究发现股票质押式回购纠纷案件常见问题主要集中在五个方面：(1)融出方同时主张利息、违约金等诉讼请求过分高于其损失，是否应予调整，如何调整？(2)在具备平仓条件时，证券公司未及时平仓导致资金融入方利息及罚息损失的，是否应予赔偿，如何赔偿？(3)融入方能否以融出方未向其明示合同条款为由，主张融出方的强制平仓行为造成其财产损失，要求赔偿？(4)融出方对质押股票享有优先受偿权，在融入方逾期回购的情况下，融出方未行使优先受偿权，进而通过诉讼主张逾期回购违约金，是否应予支持？(5)融入方、融出方事先已经约定违约处置费、律师费等费用由融入方承担的，与该笔交易相关的维权费用是否均可向融入方主张？具体裁判观点如下。

（一）关于融出方双重主张利息和违约金问题

融出方既主张逾期利息又同时主张违约金的，如合计利率过分高于其损失，应予调整，折算后超过中国人民银行同期贷款利率四倍的部分，不予支持，未超过的，将予以支持。

案例1：招商证券股份有限公司（以下简称招商证券公司）与王某、何某股票回购合同纠纷案［（2015）东民（商）初字第11735号］

案情简介：被告王某向原告招商证券公司申请融资，与原告签订了《股票质押式回购交易业务法律协议》；协议约定，被告王某（甲方）作为融入方以其所持有的股票或其他证券质押，向原告招商证券公司（乙方、融出方）融入资金，并约定未来返还资金、解除质押。协议履行过程中，被告王某未按约支付利息。原告招商证券公司将王某起诉至法院，主张其返还本息，并承担违约责任。

裁判要旨：股票质押回购交易在性质上实为股票质押借款，被告未按指定期限履行提前购回义务即未按时还款，给原告造成的损失主要为融资资金占用期间的利息损失。现原告既主张逾期利息又同时主张两项违约金，经过折算，已过分高于其损失。依据最高人民法院《关于适用〈中华人民共和国合同法〉若干问题的解释（二）》第二十九条之规定，当事人约定的违约金超过造成损失的百分之三十的，一般可以认定为《合同法》第一百一十四条第二款规定的"过分高于造成的损失"。现

被告王某请求对违约金予以减少，理由正当，应予支持。综上，结合被告王某违约造成的损失，兼顾合同的履行情况、当事人的过错程度以及预期利益等因素，审理法院根据公平原则、诚实信用原则依法对双方约定的违约金进行调整，对原告主张的逾期利息与违约金，折算后超过中国人民银行同期贷款利率四倍的部分，不予支持。

案例2：湘财证券股份有限公司（以下简称湘财证券公司）与庄某、余某股票质押式回购纠纷案[（2017）湘民初31号]

案情简介：被告庄某（甲方）与原告湘财证券公司（乙方）签订《股票质押式回购交易业务协议》，约定：①甲乙双方同意依据本协议的条款和条件进行股票质押式回购交易。甲方同意将其持有的标的证券按照一定的质押率质押给乙方，融入初始交易金额，并于约定的期限或者条件下，甲方向乙方支付购回交易金额，解除质押标的证券。②甲方与乙方进行股票质押式回购交易，并委托及授权乙方办理股票质押式回购交易、登记结算以及其他与股票质押式回购交易有关的事项。此后，庄某并没有偿还前述协议约定的本金及利息。

裁判要旨：自2017年9月20日起，以所欠本金398770000元为计算依据，按照日万分之五的标准支付至债务清偿完毕之日止。原告所主张的利息及违约金的总额没有超过24%的年利率，审理法院依法予以支持。

关于此裁判观点相关的审判指导意见，还可参考最高人民法院《关于进一步加强金融审判工作的若干意见》第二部分规定："严格依法规制高利贷，有效降低实体经济的融资成本。金融借款合同的借款人以贷款人同时主张的利息、复利、罚息、违约金和其他费用过高，显著背离实际损失为由，请求对总计超过年利率24%的部分予以调减的，应予支持，以有效降低实体经济的融资成本。"

（二）关于证券公司未及时平仓致融入方损失的赔偿问题

在具备平仓条件时，证券公司未及时平仓导致资金融入方利息及罚息损失的，应按照双方过错责任情况，适当予以赔偿。

案例3：原告侯某与被告某证券有限责任公司河北分公司、某证券有限责任公司股票质押式回购纠纷案[（2016）冀0105民初299号]

案情简介：原告在被告网站交易平台"券e融"质押600739辽宁成大股票2万股，质押期限3个月，融资金额4000万元，利息340万元，购回应付金额4340元，预警线115%，平仓线110%。之后，质押股票市值跌破平仓线110%，被告通知原告补充质押或者购回，原告称无力偿还，如果涨不上去，公司就平仓。被告未及时平仓导致原告产生利息及罚息64万余元。

裁判要旨：根据《券e融业务协议》约定，履约保障比例平仓线是指当履约保障比例达到或低于该值时，交易进入触发状态，客户应在进入触发状态的下一个交易日上午10点之前，提交补充质押或其他履约保障措施，否则证券公司有权根据《券e融业务协议》约定，对标的证券采取违约处置措施。通过上述短信内容及通话记录内容可以看出，在2015年7月6日股票市值达到平仓线时，被告在7月7日上午10点之后未及时进行平仓，次日诉争股票因重大事项停牌。虽然对于停牌的风险，双方均不可预测，但在具备平仓条件时，被告未及时平仓，存在一定责任。双方均认可停牌期间，原告利息及罚息损失为64万元，根据公平及诚信原则，被告应适当予以赔偿，以32万元为宜。

（三）融出方明示合同条款的认定适用推定原则

在没有相反证据的情况下，应认定融出方已经向融入方明示了合同条款，融入方主张证券公司的强制平仓行为造成其财产损失应予赔偿，不予支持。

案例4：原告史某与被告海通证券股份有限公司、海通证券股份有限公司上海普陀区宜川路证券营业部股票交易纠纷案［（2017）沪0107民初18596号］

案情简介：原告史某在看了被告海通证券股份有限公司在网上发布的广告后，按照广告上快融宝业务的介绍，用东方证券、洪都航空、华兰生物三只股票进行了融资，还没到期限，原告的证券账户就被被告海通证券股份有限公司上海普陀区宜川路证券营业部单方面进行了强制平仓操控，账户上的东方证券、洪都航空、华兰生物被抛掉。原告主张，注册网上账户时，被告并未向其明示强制平仓等合同条款，被告的行为致使原告利益受损，被告存在不讲诚信和欺诈的行为，应对原告的损失进行赔偿。

裁判要旨：本案的争议焦点在于被告有无向原告明示合同条款及被告对原告质押的股票强制平仓是否具有依据。本案中，原告系通过网络操作在被告处开通快融宝业务，从被告方提供的业务操作流程以及原告自己的陈述来看，客户阅读合同条款是进入下一步的必经步骤，在原告申请开通该项业务后，被告方也对原告进行了电话回访，原告称仅看到了快融宝广告中“速度快、门槛低、期限活、用途广”的介绍与事实不符，至于其称在申请开通该项业务时，对具体的条款内容记不清，也不能归责于被告方，审理法院认为，考虑到原告具备一定的证券交易经验，平时也在网上进行证券交易，原告开通这项业务后曾通过股票质押的方式向被告方进行过融资，在没有相反证据的情况下，应认定在原告开办快融宝业务的过程中被告方已向原告明示了合同条款，故双方订立的《海通证券股份有限公司股票质押式回购交易业务协议》是双方真实意思的反映，对原、被告双方均有约束力。该协议中约定，待购回期间，T日日终清算后履约保障比例达到或低于最低履约保障比例的，原告未按本协议约定提前购回且未提供履约保障措施的，被告海通证券股份有限公司有权自当日起向证券交易所提交违约处置申报指令或违约处置申请。违约处置申报或申请处理成功的次一交易日起，被告海通证券股份有限公司有权通过集合竞价交易系统、大宗交易系统或其他方式出售原告违约涉及的原交易及其相关补充交易所涉及的标的证券。被告海通证券股份有限公司有权自主选择卖出标的证券的价格、时机、顺序。

（四）关于融出方未行使优先权而主张违约金的问题

融出方对质押股票享有优先受偿权，在融入方逾期回购的情况下，融出方未行使优先受偿权，进而通过诉讼主张逾期回购违约金，应予支持，无证据证明违约金约定过高的，不予调减。

案例5：原告东海证券股份有限公司（以下简称东海证券公司）与被告练某某融资融券交易纠纷案[（2016）苏民终1228号]

案情简介：被告将所持有2500万股股票出质给东海证券公司并融入资金2亿元，在被告返还资金后解除质押。到期后被告并未如期回购，并两次签署延期购回业务协议，双方在延期购回业务补充协议中约定了违约金。延期回购协议约定的期限到期后，被告仍未按约回购，原告将被告诉至法院要求被告支付融资本金、利息、违约金及律师费等。一审法院对原告诉讼请求基本予以支持，被告不服，二审上诉认为东海证券公司对质押股票享有优先受偿权，即使上诉人逾期回购，东海证券公司所损失的仅是借款利息。一审法院不仅支持了东海证券公司的利息主张，还支持了其违约金的诉请，明显不公，且双方违约金约定比例过高。

裁判要旨：上诉人未如期购回股票并支付本息，构成违约，应当按照约定承担违约金。至于约定的违约金是否过高，《中华人民共和国合同法》第一百一十四条规定的违约金制度已经确定违约金具有补偿和惩罚双重性质，该条第二款明确规定“约定的违约金过分高于造成损失的，当事人可以请求人民法院或者仲裁机构予以适当减少”，据此，应当解释为只有在“过分高于造成损失”的情形下方能适当调整违约金。上诉人在原约定购回期限届满、经东海证券公司同意延期，其二度承诺

“延期到期后练某某不得再次延期”的情况下，仍未能依约履行，属于故意违约，加之没有证据证明日万分之三收取违约金属于过高情形，故《股票质押式回购交易第二次延期购回业务补充协议》约定的日万分之三违约金不能被认为过高。上诉人关于酌减违约金的请求，不予支持。

（五）维权费用的承担从合同约定

融入方、融出方事先已经约定违约处置费、律师费等费用由融入方承担的情况下，融出方向融入方主张与该笔交易相关的维权费用应予以支持。

案例6：刘某与平安证券股份有限公司（以下简称平安证券公司）、平安证券股份有限公司上海分公司融资融券交易纠纷案［（2017）沪02民终7081号］

案情简介：被告刘某将其所持股票质押给平安证券公司用于融资，双方签署有《股票质押式回购交易业务协议》，到期后，刘某未能按期回购。平安证券公司将刘某起诉至法院，主张刘某归还本息以及违约处置费用（包括律师费、差旅费等）。一审法院支持了平安证券公司关于律师费的主张，包括刘某关于该交易另案起诉平安证券的律师费用。刘某不服，上诉至二审法院。

裁判要旨：关于律师费的计算依据问题。经查，《券e融协议》第三十三条第（三）项约定：乙方对甲方提交的质押券执行违约处置时，处置产生的相关费用（包括并不限于律师费、交易手续费等）由甲方承担。该协议第一条第（十七）项对“违约处置”解释为：甲方违约时，乙方根据《平安证券有限责任公司股票质押式回购交易业务协议》的约定处置质押标的证券的行为。据此，本案律师费、交易手续费等的承担，在双方网签的《券e融协议》中有明确约定，根据前述，律师费、交易手续费等的承担并非采取书面约定才有效。其中，本案律师费的计算包括另案刘某因不服平安证券对其违约行为进行处置而起诉平安证券、平安证券聘请律师应诉而产生的费用，该费用在本案中计入律师费一并主张，尚属合理并有依据。而上诉人关于本案律师费包含被上诉人在另案提出反诉但自行撤诉所支付律师费的主张，则缺乏事实依据，不予支持。

虽然现阶段股票质押式回购纠纷案件的发生呈上升趋势，但由于该业务模式出现的时间不长，公开的相关裁判案例数量有限，加上规制该交易模式的法律法规不多且在法律体系中的位阶较低，已有案例的裁判观点尚不能覆盖该模式项下出现的诸多法律问题，股票质押回购纠纷案件的有效解决，仍有赖于该业务的进一步完善及法律实务界的进一步研究。

第二节　股票质押式回购纠纷案件中限售流通股的处置

质押股票的司法处置是股票质押式回购纠纷案件中经常面临的重要问题。股权分置改革完成后,质押股票主要分为非限售流通股和限售流通股两种。非限售流通股的处置争议不大,一般通过二级市场卖出的方式进行变现;就限售流通股的处置问题,由于存在法律规定和行业监管政策等方面的限制,导致实践中存在不同的认识与处理方法,本节专门针对相关问题进行分析。

一、限售流通股概述

限售流通股,是指在一定期限内或者特定条件下被限制交易的股票。① 限制流通股属于流通股的一种,和非限售流通股一样已经上市和发行,仅是限于法律规定、行业监管政策等的限制暂时不能进行交易。主要类型如图 3－2 所示。

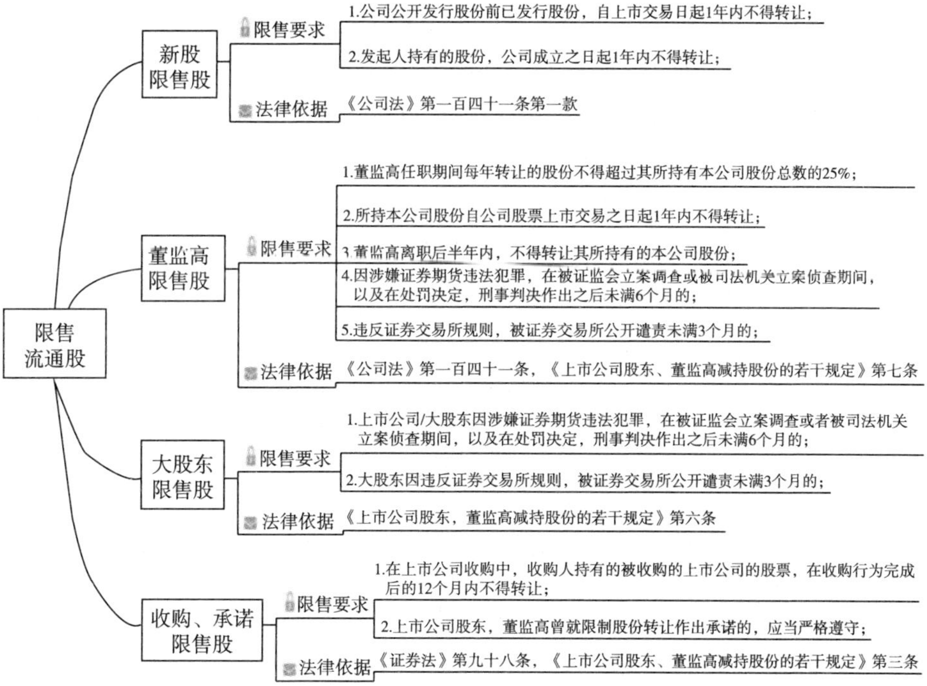

图 3－2　限售流通股主要类型

---

① 任静:《限售流通股质押的法律问题研究》,载《洛阳理工学院学报》(社会科学版)2016 年第 6 期。

二、关于限售流通股质押的法律效力分析

关于以限售流通股设定质押的法律效力问题，存在不同观点。一种观点认为，限售流通股设定质押违反《中华人民共和国物权法》《中华人民共和国公司法》《中华人民共和国证券法》等有关股份转让的限制性规定，质押行为无效。另一种观点认为，限售流通股在限制期内不得转让，其性质与不得让与之财产权有别，以此等股票设定质权尚非股份转让，故其性质上仍为设定质权。唯其质权之实行，须符合相关法律有关限制转让期限的规定。换言之，对限售流通股在限制期未届满之时设定质权，并非质权因标的物不合格而无效，而是对质权的行使附加限制条件，必须待限制期满方可行使质权。①

第一种观点的法律依据主要来源于《中华人民共和国物权法》第二百二十三条②第（四）项以及《股票质押式回购交易及登记结算业务办法》（2018 年修订）第六十四条之规定。根据前述规定，限售流通股在股票质押到期后仍处于限售期的，其不具有可转让性，而只有可以转让的股份才可由债务人或者第三人进行出质，因此出质行为无效。第二种观点主要从立法本意出发，认为《中华人民共和国公司法》《中华人民共和国证券法》等规定的限售股，只是在一定期限或者特定条件下不能转让，并不属于禁止转让范畴。对于此观点，我们也检索到相应的案例依据，在银江股份诉浙商资管案③中，关于限售流通股质押效力的认定，浙江省杭州市中级人民法院认为："案涉质押股票系限售股属实，但仅是禁售期内限制在二级市场买卖的流通股，并非法律、法规禁止流通的财产，具有可转让性，因此浙商资管与李某之间的质押融资行为系双方真实意思表示，也未违反法律法规的强制性规定，不存在无效的情形。"在招商证券与王某峰、何某股票回购合同纠纷案④中，北京市东城区人民法院认为："限售股是限制转让的，但不限制质押，违法质押可能涉嫌违规，但并不构成质押合同无效的情形。被申请人招商证券与被申请人王某峰签订的股票质押式回购交易业务法律协议未违反法律、行政法规的强制性规定，应属合法有效。"

---

① 陈敦：《上市公司限售流通股质押的法律风险及效力》，载《区域金融研究》2010 年第 7 期。

② 本条将被《中华人民共和国民法典》（2021 年 1 月 1 日起施行）第四百四十条替代。

③ 银江股份有限公司诉浙江浙商证券资产管理有限公司、李某案外人执行异议之诉案［（2016）浙 01 民初 899 号］。

④ 北京华谊嘉信整合营销顾问集团股份有限公司股票回购合同纠纷申诉、申请民事裁定案［（2017）京 0101 民申 2 号］。

司法实践中，对质押的限售流通股采取执行措施的案例很多。同时，最高人民法院执行办公室《关于执行股份有限公司发起人股份问题的复函》中亦提道："《中华人民共和国公司法》第一百四十一条中关于发起人股份在1年内不得转让的规定，是对公司创办者自主转让其股权的限制，其目的是防止发起人借设立公司投机牟利，损害其他股东的利益。人民法院强制执行不存在这一问题。"我国虽非判例法国家，该函亦不具有司法解释的适用效力，但以上事实均可体现法院对于限售流通股质押效力的基本态度。

三、关于限售流通股司法处置操作分析

前文已经提到，对于非限售流通股，一般通过二级市场直接卖出或者司法拍卖的方式进行处置，争议不大。对于限售流通股的处置，虽然现阶段尚缺少全国统一、明确的规定，但部分地方法院已经走在前面，出台了相应规定。江苏省高级人民法院在《江苏省高级人民法院关于执行疑难问题的解答》(苏高法〔2018〕86号)中对限售流通股的处置进行了明确。其中，第六点"被执行人的股权(股份如何处置)"指出："执行被执行人所持上市公司限售流通股(股票)，可以先将限售流通股强制扣划至申请执行人账户，待限售股办理解禁手续转为流通股后再行处置。在此过程中，执行法院视情形可以冻结申请执行人该账户，防止变价款高于执行标的额时申请执行人转移变价款损害被执行人利益。"

司法实务中，将限售流通股强制扣划至申请执行人账户的案例很多。在陈某红与凌某琴、韦某扬执行案①中，江苏省无锡市中级人民法院作出执行裁定，被执行人凌某琴与申请执行人陈某红协商后，一致同意以70068618元为保留价(2017年8月25日上午收盘价为33.57元/股)，请求本院依法拍卖上述凌某琴持有的凯众股份2595134股(证券代码603037，证券类别限售流通股)及孳息。因无人应价而流拍。申请执行人陈某红向本院提出以第一次拍卖保留价70068618元的价格接受抵债的书面申请，并先行垫付过户所需缴纳的一切税费，然后再与被执行人进行最终结算，被执行人凌某琴表示同意。本院裁定：被执行人凌某琴持有的2595134股凯众股份(证券代码603037，证券类别限售流通股)归申请执行人陈某红所有。在鑫旺工会与旭飞公司、鑫旺公司执行案②中，福建省高级人民法院裁定："解除对执行保

---

① 陈某红与凌某琴、韦某扬执行案，(2017)苏02执436号之一、之二。

② 厦门市鑫旺经济开发公司工会委员会与深圳市旭飞实业有限公司、深圳市旭道房地产开发有限公司合同纠纷、申请承认与执行法院判决、仲裁裁决案件执行案[(2015)闽执监字第5号]。

证人新鑫旺公司持有的11479628股厦门旭飞投资股份有限公司(股票代码：000526)限售流通股及产生的红股、转增股与配股的冻结，将执行保证人新鑫旺公司持有的11540000股厦门旭飞投资股份有限公司(股票代码：000526)限售流通股股权过户给鑫鼎盛公司所有。”在东方证券与李某国公证债权文书纠纷案[①]中，北京市第二中级人民法院裁定：“二、将被执行人李某国持有的皇氏集团股份有限公司58410000股限售流通股(证券简称：皇氏集团；证券代码：002329)作价人民币三亿零六十九万四千六百八十元，交付申请执行人东方证券股份有限公司抵偿被执行人李某国在本案中所欠的相应债务。皇氏集团股份有限公司58410000股限售流通股(证券简称：皇氏集团；证券代码：002329)的所有权及其他权利自本裁定送达申请执行人东方证券股份有限公司时起转移。三、申请执行人东方证券股份有限公司可持本裁定书到登记机构办理相关产权过户登记手续。”

因此，实践中对于限售流通股的司法处置一般通过司法扣划、划转等非交易直接过户至申请执行人名下，而不受转让比例、转让价格下限等方面的限售制约，待限售流通股办理解禁手续转为流通股后再行处置。此种操作既尊重了司法执行的强制力，同时也能够保证证券市场的稳定，避免大股东及董监高利用股票质押融资业务恶意规避限售相关规定。

四、关于防范限售流通股质押融资业务风险的建议

结合前文分析可知，限售流通股在限售期内无法在二级市场上卖出兑现，如在此期限内跌破平仓线，融出方便无法通过强制平仓方式回收资金，只能待限售期届满后才能处置或者通过司法救济途径解决。但司法程序往往耗时较长，且存在诸多不确定因素，为降低此类风险，我们提出两点建议。

(一)办理强制执行公证

资金融出方在办理限售流通股质押融资业务时，可以预先了解对应管辖法院对强制执行公证的认可度如何，经检索相关案例发现，北京、上海、广东、浙江等经济发达地区法院对该类型案件认可度较高。具体到某一地区，经评估后如认为该操作可行，则可以在办理业务时预先设计强制执行公证措施。如此一来，当违约处置情形发生时，可直接向法院申请强制执行，以减少诉累。

---

① 东方证券股份有限公司等公证债权文书案，(2017)京02执546号之一。

另外,办理强制执行公证也需要注意两个问题:一是费用问题,办理公证一般会产生融资金额千分之一至千分之三不等的公证费,融入方是否愿意承担该笔费用是个问题;二是管辖问题,根据最高人民法院发布的《关于审理涉及公证活动相关民事案件的若干规定》内容,融出方只能向被执行人住所地或被执行财产所在地法院申请强制执行,可能会面临地方保护主义风险。以上两点问题需事先评估考虑。

(二)设计明确的提前回购条款

一般情况下,融出方在股票质押融资业务协议中大多会设计提前回购条款,当出现特定不利情形时,融出方有权要求融入方提前回购,以及时止损。对于提前回购条款的效力问题,基本没有争议,实践中,存在较多问题的是不利情形的范围约定的不够明确或者不利情形发生的认定标准不明晰,融入方往往以此进行抗辩提前回购条件尚未满足。因此,融出方在设计提前回购条款时,应做到明确、具体。

前期金融市场环境较好的情况下,利用限售流通股进行质押融资的情况普遍存在,以至于在当前阶段产生的股票质押式回购纠纷案件中,质押标的为限售流通股的情况较为普遍。现阶段,各券商对于股票质押融资业务虽有收紧,但并未停止,除以上两点建议需要把握之外,融出方在接受限售流通股作为质押标的进行融资的情况下,需注意限售流通股的限售期是否早于合同履行届满期,主债务合同约定的债务履行期届满后,用于出质的限售流通股已全部解禁并且可以在二级市场上自由流通。但由于股票市场风险的不确定性,融出方有可能在债务履行期届满前遭遇前文所述风险,因此融出方对签订此类限售流通股质押合同仍应持审慎态度。

第三节 股票质押式回购纠纷案件中的违约处置

违约处置是指在股票质押式回购交易中,当融入方发生违约情形需处置质押标的证券时,证券公司按约定向证券交易所提交违约处置申报,通过交易系统对标的证券进行处置的程序。可以说,违约处置是保护交易各方合法权益的关键举措。在场内交易模式下①,交易协议一般都约定证券公司负有交易申报、盯市管理及违

---

① 《浅析场内外交易模式下的股票质押式回购纠纷案件办理要点》,载北大法律信息网:http://article.chinalawinfo.com/ArticleFullText.aspx? ArticleId = 106536&listType = 0,最后访问日期:2020 年 6 月 1 日。

约处置等管理义务①。那么,当违约情形发生时,证券公司应如何进行违约处置?涉及股份减持限制的,对违约处置会产生哪些影响?未及时进行违约处置,而后发生标的证券价格下跌导致交易各方利益损失的,证券公司是否应承担赔偿责任?本节专门就前述问题作以下分析。

一、违约处置程序

上海证券交易所(以下简称上交所)、深圳证券交易所(以下简称深交所)分别于2018年1月12日与中国证券登记结算有限责任公司(以下简称"中登")联合发布《股票质押式回购交易及登记结算业务办法》(2018年修订)(上证发〔2018〕4号,深证会〔2018〕27号,以下统称《业务办法》)。两家交易所发布的《业务办法》中关于违约处置程序的规定内容基本一致。以上交所为例,其《业务办法》第七十八条规定,融入方违约,根据《业务协议》的约定须处置质押标的证券的,对于无限售条件股份,通过上交所进行处置的,交易各方应当遵守中国证监会部门规章、规范性文件及上交所业务规则等关于股份减持的相关规定,按以下程序处理:(1)证券公司应及时通知交易双方并报告上交所。(2)T日证券公司根据《业务协议》约定,向上交所交易系统提交违约处置申报。(3)T日违约处置申报处理成功后,T+1日起证券公司即可根据《业务协议》的约定处置标的证券,卖出成交后,证券公司应当在当日根据中登上海分公司的要求提交申报数据,处置所得优先偿付融出方;证券公司应当根据《业务协议》的约定将偿付资金划付到融出方对应的账户。(4)违约处置后,证券公司应向上交所提交终止购回申报。质押标的证券及相应孳息如有剩余的,中登上海分公司根据终止购回申报解除剩余标的证券及相应孳息的质押登记。(5)违约处置完成后,证券公司向上交所、中登上海分公司和中国证券投资者保护基金有限责任公司提交违约处置结果报告。详见图3-3。

由图3-3可知,标的证券的处置在不需要获得国家相关主管部门的批准或备案(如国有股需要)且不涉及减持限制的情况下,违约处置程序是由证券公司主导,不需要融出方、融入方的配合。

---

① 《股票质押式回购交易及登记结算业务办法》(2018年修订)附件1第十一条:"业务协议应当由乙方负责申报、盯市、违约处置等事宜。"

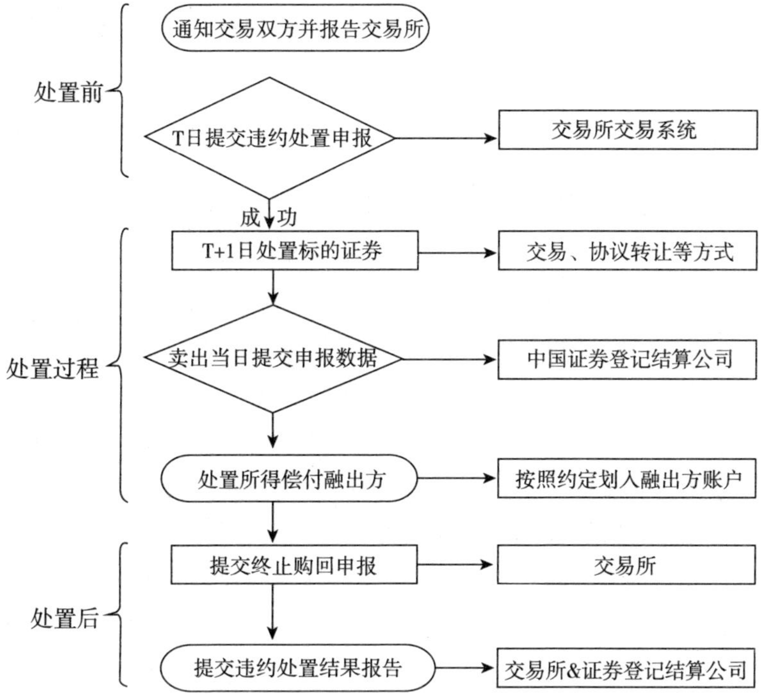

图3－3　违约处置流程图

二、减持规定对违约处置的影响

《上市公司股东、董监高减持股份的若干规定》(中国证监会公告〔2017〕9号，以下简称《减持规定》)第二条①明确其适用范围。那么，当标的证券的违约处置需要适用《减持规定》时，《减持规定》又会对违约处置程序的推进产生哪些影响呢?我们认为，主要有以下两点。

(一)需履行信息披露义务

《减持规定》第八条规定，上市公司大股东、董监高计划通过证券交易所集中竞价交易减持股份，应当在首次卖出的15个交易日前向证券交易所报告并预先披露减持计划，由证券交易所予以备案。即此种情况下，融入方要配合履行信息披露义

① 《上市公司股东、董监高减持股份的若干规定》第二条第一句："上市公司控股股东和持股5%以上股东(以下统称大股东)、董监高减持股份，以及股东减持其持有的公司首次公开发行前发行的股份、上市公司非公开发行的股份，适用本规定。"

务。需要注意的是，该项义务的履行以证券公司启动违约处置程序为前提，理应由其督促融入方履行信息披露义务。

（二）处置标的证券的数量限制

《减持规定》第九条规定，上市公司大股东在3个月内通过证券交易所集中竞价交易减持股份的总数，不得超过公司股份总数的1%。需要注意的是，采取协议转让进行违约处置的，并不受此比例限制。

因此，标的证券的违约处置适用《减持规定》的，原则上会受到上述两点影响。展开讨论，在融入方不配合履行信息披露义务的情况下，是否会对违约处置程序推进构成实质性障碍？答案是否定的。根据《上海证券交易所股票质押式回购交易业务会员指南》（2019年1月修订）第四章违约处置“四、信息披露”中规定，根据规定需要进行信息披露的，会员（指证券公司）应督促融入方要求上市公司做好相关信息披露工作，并对督促过程进行留痕。会员应当在违约处置报告信息披露情况栏目中，准确填写信息披露情况。如上市公司未配合进行信息披露，或信息披露不充分的，除违约处置报告外，会员还应当一并提交已履行督促义务的相关证明材料。违约处置报告及相关证明材料提交3个交易日后（不含提交当日），上市公司仍未进行信息披露的，会员可以根据协议约定进行违约处置。即在融入方或者上市公司未配合履行信披义务的情况下，证券公司依然可以根据协议约定进行违约处置。也就是说，《减持规定》对违约处置的影响主要体现在对标的证券处置数量的限制，在可处置范围内，并不以融入方是否配合为前提。

三、证券公司未及时处置造成损失的违约赔偿

《业务办法》附件2《股票质押式回购交易业务协议必备条款》第十一条规定，业务协议应当约定由丙方（证券公司）负责交易申报、盯市、违约处置等事宜，第十五条规定，业务协议应当约定丙方的权利义务，①负责盯市管理，在履约保障比例达到或低于约定数值时，按照协议约定通知甲乙双方；②甲方（融入方）违约时，根据协议约定（一般为标的证券价格低于平仓线）处置相应质押标的证券。因此，及时进行违约处置是证券公司的合同义务。《业务办法》附件3《股票质押式回购交易风险揭示书必备条款》第二条规定：“融出方为集合资产管理计划或定向资产管理客户时，相关风险揭示书中至少应包括下列内容：……（五）【未履行职责风险】证券公司未按照约定尽职履行交易申报、合并管理、盯市、违约处置等职责从而损害客

户利益的风险。”因此，客观上也存在证券公司未依约进行违约处置从而损害客户利益的可能。

《中华人民共和国合同法》第一百零七条①规定：“当事人一方不履行合同义务或者履行合同义务不符合约定的，应当承担继续履行、采取补救措施或者赔偿损失等违约责任。”具体到股票质押式回购交易业务中，证券公司在整个交易过程中，通过履行交易申报、合并管理、盯市、违约处置等职责获得相应收益，在其不履行义务或者履行义务不符合约定的情况下，即构成违约，理应承担赔偿损失的违约责任。在侯某某与某某证券有限责任公司河北分公司、某某证券有限责任公司质押式证券回购纠纷案②中，法院裁判认为：根据《券 e 融业务协议》约定，履约保障比例平仓线是指当履约保障比例达到或低于该值时，交易进入触发状态，客户应在进入触发状态的下一个交易日上午 10 点之前，提交补充质押或其他履约保障措施，否则证券公司有权根据《业务协议》约定，对标的证券采取违约处置措施。通过短信内容及通话记录内容可以看出，在 2015 年 7 月 6 日股票市值达到平仓线时，被告在 7 月 7 日上午 10 点之后未及时进行平仓，次日诉争股票因重大事项停牌。虽然对于停牌的风险，双方均不可预测，但在具备平仓条件时，被告未及时平仓，存在一定责任。双方均认可停牌期间，原告利息及罚息损失为 64 万元，根据公平及诚信原则，被告应适当予以赔偿，以赔偿 32 万元为宜。

另外，深圳市中级人民法院 2015 年发布的《关于审理场外股票融资合同纠纷案件的裁判指引》第十条规定，股票市值触及平仓线，配资方未按照合同约定强行平仓，配资方起诉融资方赔偿实际借款本息费用与股票实际平仓市值减扣后不足部分损失的，人民法院不予支持。对于处理此类案件，同样具有参考价值。

证券公司的业务风险控制能力和风险承受能力是证券交易所确认其具备股票质押回购交易权限的基本要求。在融入方出现违约情形时，如证券公司能够做到依约及时对标的证券进行违约处置，既能最大限度地保障融出方本息利益的收回，又能避免标的证券价格下跌导致融入方利益的减损。另外，证券公司在股票质押回购交易业务中，享有收取相应费用的权利，自然应尽职履行相应义务，未依约履行义务造成相关方利益损失的，理应承担相应赔偿责任。证券公司的该等责任既符合法律规定，又有合同依据。

---

① 本条将被《中华人民共和国民法典》(2021 年 1 月 1 日起施行)第五百七十七条替代。

② 侯某某与某某证券有限责任公司河北分公司、某某证券有限责任公司质押式证券回购纠纷案[(2016)冀 0105 民初 299 号]。

第四节　实现担保物权特别程序在股票质押式回购纠纷案件中的适用

在股票质押式回购交易中，融出方在融出资金的同时成为融入方所质押股票的质权人，对质押股票处置所得享有优先受偿权。就融入方违约时，融出方能否通过实现担保物权特别程序，直接向人民法院申请对质押股票进行处置问题，本节具体分析如下。

一、实现担保物权特别程序相关基础问题

根据《中华人民共和国民事诉讼法》第一百九十六条的规定，实现担保物权特别程序是指，担保物权人以及其他有权请求实现担保物权的人依照物权法等法律，向担保财产所在地或者担保物权登记地基层人民法院提出申请，不经诉讼或仲裁程序，直接由受理法院裁定对担保物进行司法处置的程序。2012 年 8 月修订的《中华人民共和国民事诉讼法》首次规定了“实现担保物权特别程序”，最高人民法院 2014 年 12 月 18 日通过《民诉解释》对实现担保物权特别程序更多细节问题进行了明确，该特别程序在 2017 年 6 月新修订的《中华人民共和国民事诉讼法》中得以延续。为便于实务操作，我们对该程序相关基础问题进行如下归纳、分析。

（一）关于申请费用

根据《民诉解释》第二百零四条的规定，受理法院裁定处置担保财产的，申请费用由被申请人负担；裁定驳回申请的，申请费用由申请人负担，申请人另行起诉的，已经交纳的申请费可以从案件受理费中扣除。

关于申请费的收取标准，由于实现担保物权特别程序是 2012 年《中华人民共和国民事诉讼法》修改后的新增内容，现行的《诉讼费用交纳办法》对如何收费并未有明确规定。浙江省高级人民法院发布的《关于审理实现担保物权案件的意见》第七条规定：实现担保物权案件不收取案件申请费用。申请人向人民法院申请强制执行的，按照执行金额收取执行申请费，由被执行人负担。北京市高级人民法院发布的《关于立案工作中适用〈民事诉讼法〉若干问题的解答》规定，申请实现担保物权的，应比照财产案件受理费标准的 1/3 交纳申请费。实践中，上海法

院关于此类型案件的收费标准与北京地区法院一样。重庆市高级人民法院发布的《实现担保物权特别程序若干问题的解答》规定:实现担保物权案件暂实行按件收取申请费。国务院规定,《诉讼费用交纳办法》进行修订后以该办法的规定为准。因此,各地法院关于实现担保物权案件的申请费用收取标准有所区别,尚不统一。

(二)关于申请主体

《民诉解释》第三百六十一条明确了除抵押权人外,质权人与留置权人亦可作为实现担保物权案件的申请人,并明确了其他有权请求实现担保物权的人的范畴,包括抵押人、出质人、财产被留置的债务人或者所有权人等。

(三)关于管辖法院

《中华人民共和国民事诉讼法》第一百九十六条规定,实现担保物权案件,由担保财产所在地或者担保物权登记地基层人民法院管辖。需要提请关注的是,实现担保物权特别程序不适用管辖异议制度。被申请人如对管辖有异议,虽可向受理法院提出,但受理法院无须以裁定方式予以处理,一般向被申请人释明即可。对于同一债权上存在多个担保物且所在地不同的情形,根据《民诉解释》第三百六十四条的规定,申请人分别向有管辖权的人民法院申请实现担保物权的,人民法院应当受理,也即申请人选择其中一个有管辖权的法院对全部担保物申请实现担保物权特别程序的,法院也应受理。

(四)关于财产保全

《民诉解释》出台前,认为实现担保物权特别程序本身就具有担保物权的优先权没有进行财产保全必要的法院不在少数。为此,《民诉解释》第三百七十三条明确规定,法院在受理申请后,申请人对担保财产提出保全申请的,可以按照《中华人民共和国民事诉讼法》关于诉讼保全的规定办理。在具体案件中,为避免担保人恶意转移担保财产的情形发生,担保权人及时采取财产保全措施可以有效规避该风险的发生;同时担保权人掌握首封权,亦可争取到最有利的担保物的处置权。

(五)关于实质性争议

根据《民诉解释》第三百七十二条的规定,是否存在实质性争议是实现担保物权特别程序能否得以支持的关键。无实质性争议且实现担保物权条件全部成就，则法院裁定准许处置担保财产；否则将裁定驳回，由申请人另行起诉。

二、实现担保物权特别程序在股票质押式回购纠纷案件中的适用

《证券公司参与股票质押式回购交易风险管理指引》出台之前，股票质押业务大致可分为两类：一类是面向中小投资者通过标准化产品形式体现的小额股票质押；另一类是针对上市公司大股东大规模融资定制的需要逐笔审核的大额股票质押。以标准化产品形式体现的小额股票质押业务，出于对成单效率的追求和成本管控，融入方和证券公司等融出方往往不会签署书面的业务合同，基本通过交易软件或者网络形式进行操作，这类业务一旦发生纠纷，由于融出方无法提供双方签字或者盖章的书面合同，很难适用实现担保物权特别程序。我们就实现担保物权特别程序在上市公司大股东股票质押式回购纠纷案件中适用的若干基础问题，分析如下。

（一）关于管辖法院

和通过一般诉讼或者仲裁程序可以适用约定管辖不同，根据前文内容，通过实现担保物权特别程序实现对质押股票的司法处置由担保财产所在地或者担保物权登记地基层人民法院管辖。

关于担保物权登记地的确定，实践中存在两种不同的观点：一种观点认为是登记机关住所地，另一种观点认为应该是登记行为发生地。从更利于确定管辖的原则出发，我们倾向于认为登记机关住所地更具稳定性和确定性，应由登记机关住所地基层人民法院管辖更符合立法初衷。上市公司股票的质押登记统一由中国证券登记结算有限责任公司办理。股票质押式回购纠纷案件中，质押股票为在上交所上市公司的，其登记机关为中登上海分公司，其住所地位于上海市浦东新区；质押股票为深交所上市公司的，其登记机关为中登深圳分公司，其住所地位于深圳市福田区；质押股票为新三板挂牌公司的，其登记机关为中登北京分公司，其住所地位于北京市西城区。因此，可根据质押股票所对应登记机关，选择相应地区法院申请实现担保物权特别程序。

那么质押股票作为担保财产，其所在地该如何确定呢？参照最高人民法院执行局《关于法院能否以公司证券登记结算地为财产所在地获得管辖权问题的复函》（〔2010〕执监字第16号），复函主要内容："本院认为，证券登记结算机构是为证券

交易提供集中登记、存管与结算服务的机构，但证券登记结算机构存管的仅是股权凭证，不能将股权凭证所在地视为股权所在地。由于股权与其发行公司具有最密切的联系，因此，应当将股权的发行公司住所地认定为该类财产所在地。”同时，最高人民法院2017年发布的《人民法院办理执行案件规范》第三条第二款规定，被执行的财产为股份或股权的，该股份或股权的发行公司住所地为被执行的财产所在地。因此，股票质押式回购纠纷案件中的质押股票所在地应为上市公司住所地。

（二）关于财产保全

如前述内容，在申请实现担保物权特别程序被法院受理后，可以向受理法院提出财产保全申请。值得注意的是财产保全申请范围，由于实现担保物权的裁定内容限于处置担保物，在股票质押式回购纠纷案件中即为质押股票，因此保全申请范围亦限定在质押股票范围内。

（三）关于实质性争议

如前所述，除股票质押业务的融资人全力配合证券公司法律行动的情形以外，一般情况下，被申请人均会对申请人实现担保物权特别程序提出异议。即便被申请人不主动提出异议，根据《民诉解释》第三百七十一条规定，受理法院亦应就主合同的效力、期限、履行情况、担保物权是否有效设立、担保财产的范围、被担保债权的范围、债权是否已届清偿期等担保物权实现的条件以及其他是否损害他人合法权益等内容进行审查。

何为“实质性争议”，实践中并无明确的划分标准，通过检索相关案例发现，构成实质性争议的情形主要有两种：其一，无法根据法律法规直接得出确定性判决，需要法官行使自由裁量权，比如，对逾期付款违约金和逾期利息同时主张、罚金标准太高以及不满足提前回购条件等提出异议；其二，需要借助第三方鉴定或者评估结论确定事实争议问题。在（2015）深福法民二担字第6号案件中，某证券公司在深圳市福田区人民法院通过实现担保物权特别程序，对融资人出质的湘鄂情股票（后变更为“中科云网”）5000万限售A股股票成功进行了司法处置。福田区人民法院认为，双方所签质押合同系真实意思表示，且不违反法律及行政法规的强制性规定，应认定合法有效。值得注意的是，此案中被申请人对申请人证券公司的请求事项未提出异议。经检索相关案例发现，因被申请人提出异议，受理法院经审查认定构成实质性争议，裁定驳回申请的案例居多。

三、实现担保物权特别程序在股票质押式回购纠纷案件中适用的法律风险

根据以上分析，虽然在股票质押式回购纠纷案件中，通过实现担保物权特别程序可以达到快速处置质押股票的目标，但同时该程序也存在以下几方面的法律风险。

（一）不能及时对质押股票采取保全措施的风险

虽然《民诉解释》第三百七十三条明确规定，法院在受理申请后，申请人对担保财产提出保全申请的，可以按照《中华人民共和国民事诉讼法》关于诉讼保全的规定办理。但实践中，仍有很多承办法官认为实现担保物权特别程序本身就具有担保物权的优先权，而且实现担保物权特别程序的期限仅为短短的1个月，完全没有必要进行保全而不予配合。此种情况下，则存在导致融出方错失质押股票首封权的可能，从而丧失对质押股票的处置主导权。

（二）被裁定驳回的风险

此类风险因个案情况不同而有所差异，综合来看，由于立法关于实质性争议的规定较为笼统，司法实践对此问题的判断亦无明确的划分标准，案件是否存在实质性争议难以事先有效预测。由前述案例亦可知，在资金融入方积极配合融出方法律行动的情形下，通过实现担保物权特别程序成功对质押股票进行司法处置的可能性较大。若融入方配合意愿不强，股票质押式回购纠纷案件中又涉及多个需要法官行使自由裁量权方能确定最终结果的事项，一旦融入方提出异议，往往导致申请实现担保物权特别程序被裁定驳回，使融出方为此做出的努力付诸东流，反而增加诉累。

（三）不能足额获得清偿的风险

受近两年股市低迷等因素影响，多家上市公司股价惨遭“腰斩”，质押股票价值连续出现下滑，虽然质押股票中流通股占多半，但其中多为限售流通股，通过司法处置程序进行拍卖、变卖，其评估价值通常大打折扣，存在融出方通过实现担保物权特别程序后仍然不能获得完全清偿的可能。

（四）效力范围仅及于质押股票，或诱发被申请人及时转移其他财产的风险

由于实现担保物权的裁定内容限于处置质押股票，而无要求资金融入方履行其他给付债务的义务。所以，在执行此类裁定时，即便质押股票不能完全清偿债务，也不宜对除质押股票以外的其他被执行人的财产或被执行人本身采取其他强制执行措施。此种情况下，则存在被申请人在资金融出方另行向法院申请对被申请人其他财产采取保全措施之前将其转移的风险。

随着各地方法院对于股票质押式回购纠纷案件适用实现担保物权特别程序的接受度不断加深，以及最高人民法院会同证监会开展的通过网络查询、冻结被执行人证券试点工作的开展，通过适用担保物权特别程序实现质押股票的司法处置的前景越来越明朗，该类案件的执行效率也越来越高。但如前述内容，股票质押式回购纠纷案件适用实现担保物权特别程序的法律风险仍客观存在，不容忽视。

第五节 场内外交易模式下的股票质押式回购纠纷案件办理要点

股票质押式回购业务分为场内、场外两种交易模式，两种交易模式在业务办理流程、法规依据、违约处置等方面存在较大区别。这些区别具体到股票质押式回购纠纷案件中，对案件诉讼策略的制定将产生一定影响，需要重点关注。2018 年，受宏观环境、市场波动等多种因素影响，相当数量的股票质押式回购业务出现违约，进而导致大量纠纷的发生。① 在此背景下，本节通过案例研究方法，对场内外交易模式下的股票质押式回购纠纷案件办理要点进行分析。

一、场内外交易模式概述

（一）场内交易

“场”指交易所。场内交易，即指融入方将持有的股票质押，向符合条件的登记在交易所的证券公司或其成立的资管计划（融出方）融入资金，未来返还资金、解除质押的交易。场内交易的基本流程系由证券公司根据融入方和融出方的委

① 深交所:《2018 年度股票质押回购风险分析报告》,2019 年 1 月 18 日。

托向交易所交易系统进行交易申报。交易系统对交易申报按相关规则予以确认，并将成交结果发送中国证券登记结算有限公司。中国证券登记结算有限公司依据交易所确认的成交结果为股票质押式回购提供相应的证券质押登记和清算交收等业务处理服务。场内交易的特点是在场内（即交易所内）完成股票质押交收，可以在场内直接处置，但必须按照交易所发布的相关业务管理办法进行交易。如图3－4所示。

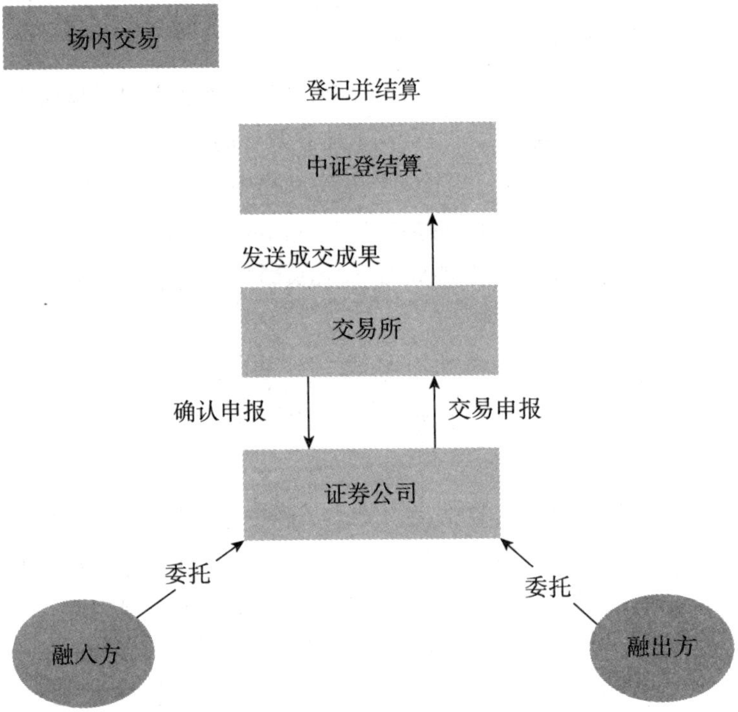

图3－4　场内交易流程图

（二）场外交易

场外交易，是指融入方将所持有的股票质押，向银行、信托等融入资金，未来返还资金、解除质押的交易。场外交易的操作主体不限于证券公司，还包括银行、信托、保险公司、基金子公司等。场外交易不通过交易所系统，而是直接到中国证券登记结算有限公司办理登记。场外交易不能在场内交收和处置股票，相较于场内交易更为灵活，不需要遵循标准化流程。如图3－5所示。

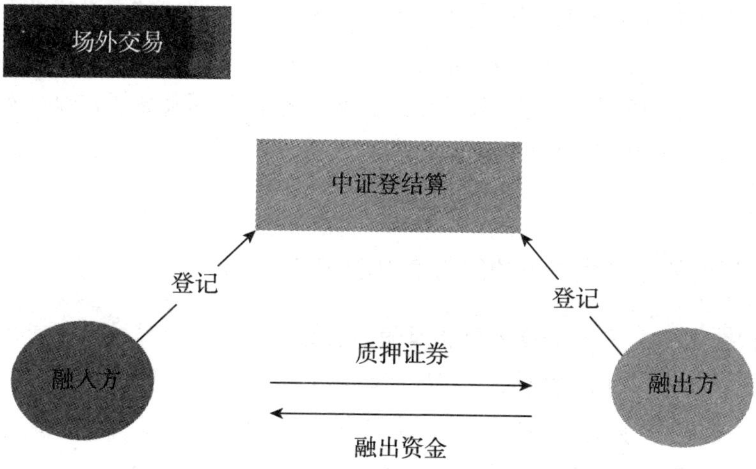

图3－5　场外交易流程图

二、场内外交易模式下的管辖法院选择

通常情况下，对于此类案件的管辖，交易双方在协议中均会进行约定；在没有约定的情况下，场内外交易模式下的管辖法院的选择有所不同。最高人民法院在《审理证券回购纠纷案件座谈会纪要》中指出，证券回购纠纷属于合同纠纷，应按照《中华人民共和国民事诉讼法》第二十三条的规定，由被告住所地或合同履行地人民法院管辖。证券交易行为在证券交易场所内进行的，融资本金交割行为的地点应为合同规定义务履行的地点，即合同履行地。关于此问题，最高人民法院在《关于如何确定证券回购合同履行地问题的批复》中进一步明确。

场内交易模式下产生的纠纷，证券交易场所所在地或者被告方所在地的人民法院有管辖权。在东海证券股份有限公司与康铨（上海）贸易有限公司管辖裁定案①中，法院裁定认为：本案中，案涉交易系场内交易，根据《最高人民法院关于如何确定证券回购合同履行地问题的批复》中的规定，深交所作为交易场所，其所在地为合同履行地。

场外交易模式下产生的纠纷，最初付款一方（融出方）所在地或者被告方所在地的人民法院有管辖权。在冒某波与邵某青、第三人江苏城中园林股份有限公司

① 东海证券股份有限公司与康铨（上海）贸易有限公司管辖裁定案[（2014）苏商辖终字第00189号]。

股票回购合同纠纷案[①]中，法院裁判认为：本案中，邵某青与冒某波之间没有达成书面协议，亦没有约定合同履行地。第三人的股票已经在全国中小企业股份转让系统终止挂牌，涉案股票回购应当发生在交易场所之外，故邵某波所在地为本案合同履行地。因邵某波住所地位于北京市朝阳区，故北京市朝阳区人民法院对本案有管辖权。

三、场内外交易模式下的原告身份确定

场内交易模式下，多数交易结构是银行、信托公司、保险等融出方通过委托证券公司成立资管计划来实现场内交易，证券公司作为通道方承担管理义务，登记为质押股票质权人。此种交易模式下，一旦发生纠纷，当证券公司不能积极配合起诉的情况下，通道结构将成为融出方直接行权的障碍，主要表现为：如何在融出方与融入方未建立直接法律关系的情况下，突破合同相对性，使融出方原告诉讼主体适格。

对于此问题，实务中，比较成熟的处理办法有二：一是权益转让模式，即基于《中华人民共和国合同法》第七十九条[②]规定，由通道方将其在交易协议项下的权利义务转让给融出方，进而在融出方与融入方之间建立直接的法律关系。在恒丰银行股份有限公司（以下简称恒丰银行）与成都门里投资有限公司（以下简称门里公司）合同纠纷案[③]中，法院裁判认为，关于原告恒丰银行是否系本案适格诉讼主体的问题。依据《中华人民共和国合同法》第七十九条关于"债权人可以将合同权利全部或部分转让给第三人"之规定，原告恒丰银行有权要求被告门里公司向其支付借款本息。本案中《委托合同》的最初签订主体虽是门里公司和兴业银行成都分行，但根据恒丰银行与招商银行海口分行、长城证券、兴业银行成都分行、门里公司等五方共同签署的《协议书》，在恒丰银行根据《协议书》履行了其向天津银行济南分行付款购买天津银行济南分行持有的全部案涉定向资产管理计划收益权后，即承接了兴业银行成都分行在《委托合同》项下的全部权益，其作为本案原告主体适格。二是隐名代理显名化模式，即基于《中华人民共和国合同法》第四百零二条[④]、第四

---

① 冒某波与邵某青、第三人江苏城中园林股份有限公司股票回购合同纠纷案[（2018）京03民辖终1650号]。

② 本条将被《中华人民共和国民法典》（2021年1月1日起施行）第五百四十五条替代。

③ 恒丰银行股份有限公司与成都门里投资有限公司合同纠纷案[（2014）川民初字第119号]。

④ 本条将被《中华人民共和国民法典》（2021年1月1日起施行）第九百二十五条替代。

百零三条①的规定，直接在融出方与融入方之间建立法律关系。如有证据证明，融入方在签署业务协议时即明知融出方与证券公司之间的委托代理关系，则根据第四百零二条规定，融出方与融入方之间直接建立法律关系自不必多言。即便签署协议时不知，融入方违约后，通道方配合向融出方出具书面函披露融入方，亦可适用第四百零三条的规定实现同样效果。在北京长富投资基金（以下简称长富基金）与武汉中森华世纪房地产开发有限公司（以下简称中森华房地产）等委托贷款合同纠纷案②中，法院裁判认为，关于长富基金是否系本案适格原告问题。审理法院认为，《委托合同》第1.4条受托人承诺中约定，“借款人不能按期偿还本金及利息时，受托人应按照委托人的书面要求以受托人的名义向借款人、担保人及相关联人提起诉讼”，该约定是受托人兴业银行武汉分行对委托人长富基金的承诺，只约束兴业银行武汉分行和长富基金，与中森华房地产公司无关；就约定内容而言，是否以兴业银行武汉分行作为原告对借款人、担保人及相关联人提起诉讼，是该约定赋予长富基金的权利，而非系限制其行为的义务，长富基金既可以自行起诉，也可要求受托人兴业银行武汉分行提起诉讼。

场外交易模式与场内交易模式有所不同，该模式下融出方通常与融入方直接签署交易协议，双方建立直接的法律关系，融出方以原告身份提起诉讼自然不存在法律障碍。

四、场内外交易模式下，股票市值触及平仓线，未及时平仓造成损失的不同处理

如前述内容，场内交易的特点是可以通过证券公司在场内直接对质押股票进行违约处置。如此一来，当股票市值触及平仓线，证券公司未按照合同约定及时平仓导致资金融入方损失的，应否予以赔偿？在侯某某与某某证券有限责任公司河北分公司、某某证券有限责任公司质押式证券回购纠纷案③中，法院裁判认为，根据《券e融业务协议》约定，履约保障比例平仓线是指当履约保障比例达到或低于该值时，交易进入触发状态，客户应在进入触发状态的下一个交易日上午10点之前，提交补充质押或其他履约保障措施；否则证券公司有权根据《业务协议》约定，对标

---

① 本条将被《中华人民共和国民法典》（2021年1月1日起施行）第九百二十六条替代。

② 北京长富投资基金与武汉中森华世纪房地产开发有限公司等委托贷款合同纠纷案[（2016）最高法民终124号]。

③ 侯某某与某某证券有限责任公司河北分公司、某某证券有限责任公司质押式证券回购纠纷案[（2016）冀0105民初299号]。

的证券采取违约处置措施。通过上述短信内容及通话记录内容可以看出，在2015年7月6日股票市值达到平仓线时，被告在7月7日上午10点之后未及时进行平仓，次日诉争股票因重大事项停牌。虽然对于停牌的风险，双方均不可预测，但在具备平仓条件时，被告未及时平仓，存在一定责任。双方均认可停牌期间，原告利息及罚息损失为64万元，根据公平及诚信原则，被告应适当予以赔偿，以赔偿32万元为宜。同时，深圳市中级人民法院发布的《关于审理场外股票融资合同纠纷案件的裁判指引》第十条规定："股票市值触及平仓线，配资方未按照合同约定强行平仓，配资方起诉融资方赔偿实际借款本息费用与股票实际平仓市值减扣后不足部分损失的，人民法院不予支持。"同样具有一定参考价值。

场外交易没有证券公司的参与，不能在场内交收和处置股票，自然不存在上述问题。

五、场内外交易模式下，关于格式条款效力的认定问题

场内交易模式下，股票质押回购交易协议一般系由证券公司提供的格式文本。既为格式文本，根据《中华人民共和国合同法》第三十九条[①]的规定，则存在格式文本效力的认定问题。在东方证券股份有限公司与贾跃民证券回购合同纠纷案[②]中，法院裁判认为，关于协议条款效力问题。被告提出协议系格式条款，字体过小导致阅读不便，数字公式确定违约责任难以理解，故主张部分格式条款无效。审理法院认为，《中华人民共和国合同法》第三十九条规定，采用格式条款订立合同的，提供格式条款的一方应当遵循公平原则确定当事人之间的权利和义务，并采取合理的方式提请对方注意免除或者限制其责任的条款，按照对方的要求，对该条款予以说明。格式条款是当事人为了重复使用而预先拟定，并在订立合同时未与对方协商的条款。从本案所涉及的《主协议》条款而言，审理法院认定其属于格式条款，该格式条款字体过小、排版过密，确认难以阅读识别，故无法认定原告"采取合理的方式提请对方注意"。因此，被告该主张有一定道理。但鉴于违约责任条款在《从协议》中再次明确，且上述条款系该类业务最为关键的条款，本案交易金额如此巨大，被告不可能不对此予以关注。因此，对于被告主张违约责任条款无效，本院不予认可。尽管如此，考虑到原告作为券商，面临众多交易相对方，包括机构与普通自然人，在今后的业务中，如原告继续使用类似本案中存在格式瑕疵的

---

① 本条将被《中华人民共和国民法典》(2021年1月1日起施行)第四百九十六条替代。
② 东方证券股份有限公司与贾跃民证券回购合同纠纷案[(2017)沪02民初505号]。

协议文本，有可能损害其他交易相对方利益，故本案中审理法院不支持原告所主张的律师费（该律师费条款在《从协议》中未有体现），并酌情认定本案诉讼费用20%由原告承担，以起到警示与惩罚之功效。可见，证券公司在交易协议中需要采取合理方式提请融入方注意文本中的关键性条款。场外交易模式更多系一事一议，因此不存在格式条款一说。

通常而言，股票质押式回购业务的交易双方多为机构，自然人也多为上市公司大股东，均系成熟的市场参与主体，尤其是作为专业从事股票质押融资业务的证券公司，从签署协议起，即对相关风险进行了完美防范。因此面对纠纷，不管站在哪一方的角度，惯性思维往往认为此类案件属于欠债还钱、争议不大。结合以上分析，具体到股票质押式回购纠纷个案，仍有很多点值得关注和研究，妥善把握或能收获“柳暗花明”的意外之喜。

第六节　执行程序中处置上市公司股票操作实务

上市公司股票作为特殊标的物，对于其在执行程序中的处置，长期以来一直是困扰司法实务界的棘手问题。2019 年 11 月，随着深圳市中级人民法院和上海金融法院陆续发布施行《广东省深圳市中级人民法院关于强制执行上市公司股票的工作指引（试行）》（以下简称《深圳中院强执股票指引》）、《上海金融法院关于执行程序中处置上市公司股票的规定（试行）》（以下简称《上海金融法院强执股票指引》）（以下合称为两指引），预判这一问题在未来司法实践中将得以极大改善。为此，有必要对该问题进行梳理。

一、两指引概述

深圳市中级人民法院、上海金融法院分别于 2019 年 11 月 7 日、21 日发布《深圳中院强执股票指引》《上海金融法院强执股票指引》，两指引的发布，对于规范深圳、上海市基层和中级两级人民法院在执行案件中对上市公司股票的处置具有重要指导作用，明确了诸多司法实务界的争议事项，均较为全面细致地对处置问题进行了相应回应。但相对而言，《上海金融法院强执股票指引》更为具体、可操作性更强。图 3 – 6 和图 3 – 7 为两指引的思维导图，供各位对指引内容作一概括性了解。

图3－6　深圳中院强执股票指引思维导图

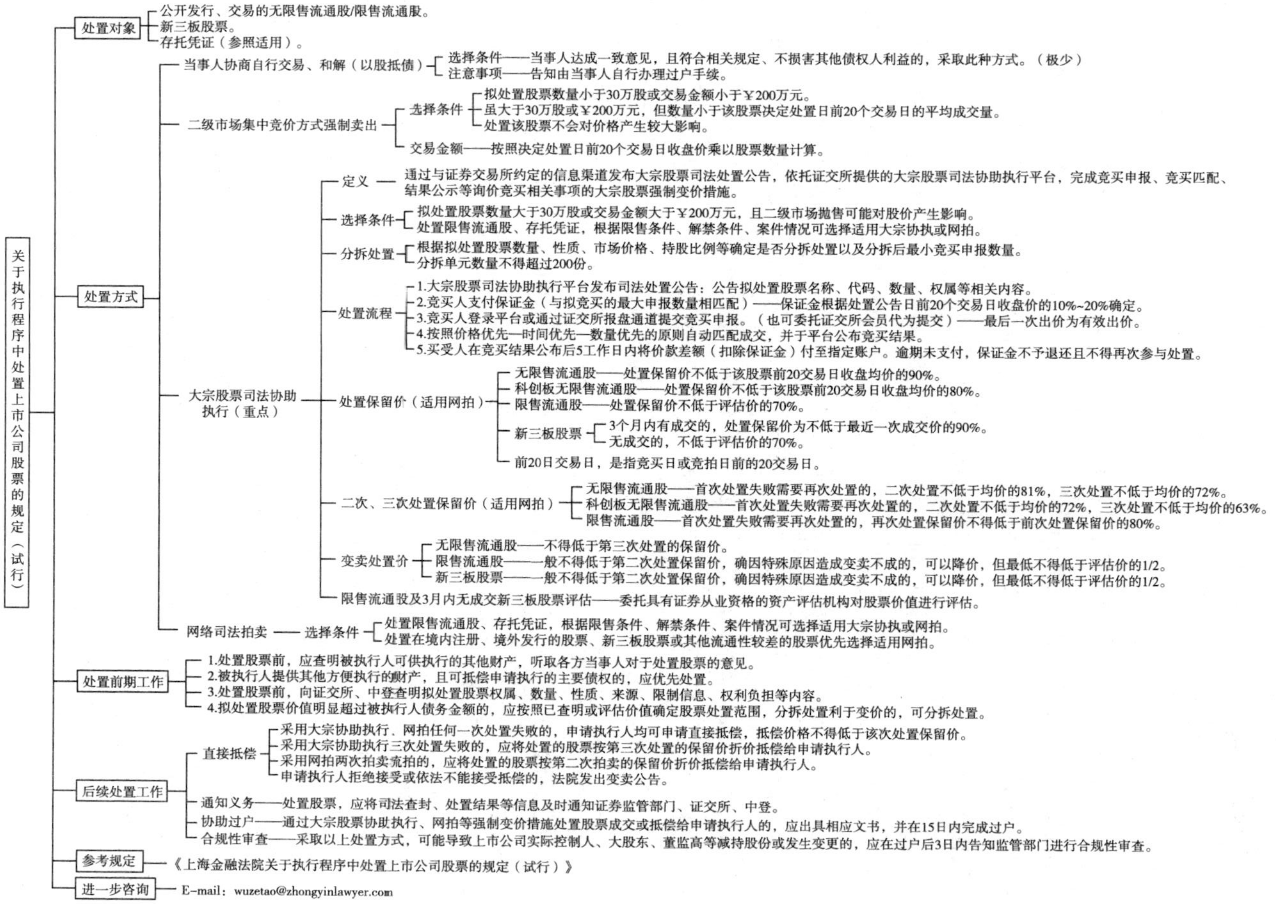

图3-7　上海金融法院强执股票指引思维导图

二、两指引重点问题解析

（一）适用范围

两指引的适用范围是需要首先明确的事项。不难看出，发文机关为深圳市中级人民法院和上海金融法院（直辖市中级人民法院组建，管辖证券、期货、信托等金融民商事纠纷以及辖区内以金融监管机构为被告的涉金融行政案件等），指引自然应仅限在深圳、上海市基层和中级两级人民法院适用。

但是，上述两指引虽仅分别适用于深圳市、上海市两级法院，但考虑到包括沪市主板、科创板、深市主板、中小板及创业板在内的股票均集中在深交所和上交所上市交易，同时上交所、深交所上市交易股票的登记（包括质押登记）、清算和交收服务又分别由中登上海分公司、中登深圳分公司负责。从《中华人民共和国民事诉讼法》关于执行管辖的规定来看，质押登记在中登上海分公司、中登深圳分公司的上市公司股票，通过实现担保物权特别程序进行救济的案件，住所地位于上海、深圳两地的上市公司以及生效判决由深圳、上海市两级人民法院作出的案件均可适用前述指引对上市公司股票进行处置。除此之外，全国其他地区法院在强制执行上市公司股票时，亦可参考两指引内容进行处置，具有重要的指导意义。

（二）处置对象

《深圳中院强执股票指引》第一条规定，本指引所称上市公司股票，是指被执行的财产系在上海证券交易所和深圳证券交易所上市交易的股票。第二十六条规定，在新三板挂牌交易的股票，符合竞价转让、做市转让条件的，可以指令主办券商在合理期限内通过全国中小企业股份转让系统进行强制变价。第二十五条规定，通过证券交易系统交易的债券、证券投资基金份额等其他有价证券的强制执行，可参照本指引中关于无限售流通股执行的内容，按照相关证券交易规则进行强制变价，并应当控制变价所得款项。第十六条规定，符合《中华人民共和国公司法》第一百四十一条第二款的规定情形的上市公司董监高所持有的相关股份不在本指引执行范围内。

《上海金融法院强执股票指引》第二条规定，本规定所称上市公司股票，是指上市公司在证券交易市场公开发行、交易的无限售流通股、限售流通股。在新三板挂牌股票、存托凭证的处置可以参照本规定。

结合以上规定，两指引处置对象可分别概括为：《深圳中院强执股票指引》可处置除《中华人民共和国公司法》第一百四十一条第二款规定情形之外的、在深市和沪市交易的股票，股票流通与否不作区分和限制，可竞价转让、做市转让的新三板股票亦可强制变价，债权、证券投资基金份额等有价证券可参考适用该指引;《上海金融法院强执股票指引》处置对象限于沪深两市交易的流通股，新三板股票、存托凭证参照适用。

（三）司法处置不受减持新规限制

中国证监会于2017年5月26日发布施行《减持规定》，规定了“上市公司大股东在3个月内通过证券交易所集中竞价交易减持股份的总数，不得超过公司股份总数的1%”以及“大股东因违反证券交易所规则，被证券交易所公开谴责未满3个月的，不得减持股份”等情形下限制上市公司持股5%以上股东、董监高减持股份的内容，且在第四条第二款明确，因司法强制执行、执行股权质押协议、赠与、可交换债换股、股票权益互换等减持股份的，应当按照本规定办理。以致执行程序中处置上市公司股票的操作长期受《减持规定》前述规定限制。

《中华人民共和国民事诉讼法》第二百四十二条规定，被执行人未按执行通知履行法律文书确定的义务，人民法院有权根据不同情形扣押、冻结、划拨、变价被执行人的财产。从法律位阶的角度判断，证监会发布的《减持规定》系规范性文件，效力低于前述民事诉讼法规定，以《减持规定》为由限制对上市公司股票的处置没有法律依据。对该争议问题，两指引明确，对于上市公司股票的处置应以法律、法规和相关司法解释为依据。证券监管部门和证券交易所经法定程序制定的与股票交易、登记、过户等有关的部门规章、规范性法律文件和业务规则，在执行中可以参照适用。

（四）当事人是否可以直接自行交易、和解（以股抵债）

两指引虽对司法处置上市公司股票给予了极大支持，但限于执行程序烦琐，被执行人可通过执行异议、执行异议之诉、案外人异议之诉等诸多方式延缓执行程序的进展，加之不可控因素较多，成本较大。题述问题的明确对于当事人双方，尤其对于申请执行人相当重要。

对此事项，两指引虽未作出限制，但根据指引内容，当事人自行交易、和解之路基本走不通。《深圳中院强执股票指引》第二十三条规定，金钱给付类案件执行过程中，当事人达成以上市公司股票抵债执行和解协议的，不得依据该协议作出以物抵债裁定。《上海金融法院强执股票指引》第十四条规定，当事人达成一致意见以被执行人、执行担保人自行卖出或以股抵债方式处置股票，且符合法律法规、司法解释、部门规章、证券交易所规则相关规定，不损害其他债权人、投资者合法权益和社会公共利益的，应当准许其自行交易，但应告知当事人自行办理过户相关手续。

根据前述指引规定，当事人达成以股抵债和解协议，执行法院应当准许，但同时明确法院不会配合作出以物抵债裁定，由当事人自行办理过户相关手续。没有法院出具的执行裁定和协助执行通知书，在托管证券公司或中登公司办理相关过户手续时显然还是会受到《减持新规》的限制。指引之所以如此规定，一方面源于限制当事人自行和解、交易没有法律依据；另一方面当事人自行和解、交易可能存在交易价格不公允损害其他债权人、投资者合法权益等情形的发生，法院不可能为此行为进行背书担责。但同时需注意的是，在网拍、大宗交易失败后，申请执行人有权选择以股抵债，且法院会配合出具裁定和协助执行通知，以便办理过户。

三、实务建议

根据两指引规定及前述分析，结合我们代理的涉及上市公司股票执行的相关案件，对于进行以上市公司股票为标的或者预见未来执行程序可能涉及上市公司股票处置的交易，我们给出以下实务建议。

（一）交易文件的争议解决条款约定在上海金融法院、深圳市中级人民法院辖区内

《中华人民共和国民事诉讼法》第二百二十四条规定，发生法律效力的民事判决、裁定，以及刑事判决、裁定中的财产部分，由第一审人民法院或者与第一审人民法院同级的被执行的财产所在地人民法院执行。另外，如前述分析，被执行的财产为上市公司股票的，该上市公司住所地为被执行的财产所在地。因此，对于生效的民事判决、裁定的执行，除上市公司住所地位于深圳、上海的之外，只有系深圳、上海辖区内法院作出的生效判决才可适用两指引规定对上市公司股票进行处置。有鉴于此，防患于未然，为便于后续对标的股票的顺利执行，建议将交易文件的争议解决条款约定在上海金融法院、深圳市中级人民法院辖区内。

（二）根据标的股票的不同类型确定不同的质押比例

《上海金融法院强执股票指引》规定，对于上市公司股票的处置，处置保留价根

据股票类型进行确定。主板、中小板、创业板无限售流通股,处置保留价不低于该股票前20交易日收盘均价的90%。科创板无限售流通股,处置保留价不低于该股票前20交易日收盘均价的80%。限售流通股,处置保留价不低于评估价的70%。新三板股票,3个月内有成交的,处置保留价为不低于最近一次成交价的90%。无成交的,处置保留价不低于评估价的70%。《深圳中院强执股票指引》同样根据股票是否存在限售,规定不同的处置价确定标准。具体到交易中,应参考两指引对不同类型股票的处置价确定标准决定交易方提供质押股票的数量。

第四章

上市公司并购重组争议解决

第一节　上市公司并购重组概述

一、上市公司并购重组的内涵

在给上市公司并购重组下定义前，先从经济学角度了解什么是“产业性并购”和“重组性并购”。在深交所创业企业培训中心编著的《上市公司并购重组问答》（第2版）一书中，将产业性并购定义为：上市公司以自身为主体，以优化产业结构为目的，横向或者纵向收购产业链上的独立第三方企业，甚至是新的业务领域中的企业，突出协同效应，实现跨越式成长的一种收购方式。将重组性并购定义为：通过注入优质资产，实现集团内资产或业务的优化组合，或者通过购买不相关的独立第三方企业，实现公司主营业务的变更转型，最终实现盘活存量资产。①

清楚了解什么是“产业性并购”和“重组性并购”后，并购重组的内涵就相对简单了。顾名思义，并购重组是由“并购”和“重组”两个词构成。首先，“并购”是指“兼并”和“收购”的统称，英文为“Mergers and Acguisitions”，简称为“M&A”。其次，企业重组是指运用经济、行政、法律等手段，对企业间原有的各类资源要素进行拆分、整合及内部优化。② 事实上，并购与重组属于产业性并购和重组性并购的经济学定义范畴。

就我国而言，并购重组不属于严格的法律概念。实务中，律师行业所称的“并购重组”是一个集合概念，即上市公司和非上市公司在国内及境外实施的股权收购、资产收购、合并分立、资产置换等某几种法律交易形态的统称。而上市公司实施并购重组的法律交易形态主要包括上市公司收购、上市公司发行股份购买资产、上市公司重大购买、出售、置换资产行为、借壳上市和上市公司分立、合并等。本章讨论的并购重组仅限于应当取得中国证监会批准或备案的法律交易形态的归集。

二、我国上市公司并购重组的现状及发展趋势

（一）我国上市公司并购重组的现状

《2014年以来沪深上市公司并购特点及未来趋势展望》一文中记载：“2014至

① 深圳证券交易所创业企业培训中心编著：《上市公司并购重组问答》（第2版），中国财政经济出版社2017年版，第3页。

② 杨桦、蔡建春主编：《全流通时代上市公司并购与重组经典案例解析》，中国和平出版社2011年版，第2页。

2018年间，我国上市公司的并购数量，各年依次为441、605、460、467和344起；并购金额，各年依次为7116.65亿元、14148.31亿元、10609.96亿元、7763.57亿元和5547.2542亿元。我国上市公司并购数量和金额大体呈现先增加后下降的趋势，无论是并购重组数量还是并购金额均在2015年达到最高点。上市公司近五年发生并购的数量和金额按照证监会行业大类统计，主要集中在制造业、信息技术和社会服务业等行业。并购交易主体控制人以民营企业为主，各年所占比例依次为74.1%、75.4%、74.8%、80.3%和81.6%。上市公司并购重组集中发生在经济发展好、创新性水平高、交通发达的长三角、珠三角、京津冀等地区，尤其是北京、上海、浙江、广东、深圳等经济发达省市，这些地区发生并购金额占总金额的50%以上。"

（二）我国上市公司并购重组的发展趋势

从我国经济增长趋势放缓的大环境来看，大量从事传统制造业的上市公司增长乏力，业绩不佳。我国经济实现可持续增长急需实现经济转型。推进企业并购重组则可集中优质资产，从而实现资源的合理配置，促进产业结构的升级，进而提高业绩增长的质量和抵御风险的能力，最终实现经济转型。另外，投资者逐步将资金投入新兴行业的上市公司，抬高了这些公司的估值，甚至出现一定的泡沫。这些高估值的上市公司随即利用自身的高估值，以发股为主、现金支付为辅的方式积极收购估值相对较低的非上市优质资产。并购完成之后，上市公司股价进一步上涨，从而进入下一轮并购，形成良性循环。信息技术等新兴行业的并购重组规模出现了爆发式增长，这主要得益于技术进步的推动。①

从国家政策来看，证监会2018年年报中提出"2018年以来，世界经济增长动能减弱，国内经济下行压力有所加大，我国资本市场面临的风险和困境明显增多。我们顶住压力、保持定力，立足国情市情，充分借鉴国际市场有益经验，加大基础制度改革力度，着力破除制约资本市场功能发挥的体制障碍……大力优化股债融资和并购重组制度，保持新股发行常态化，改革再融资制度，优化并购重组分道制审核。"②2019年9月18日，证监会作出对《上市公司重大资产重组管理办法》修改的决定，立法的目的主要为根据现行经济形势调整监管制度，从而真正实现服务实体

① 方净植、徐小俊、方重：《并购重组助推实体经济发展之功效探析》，载《经济研究参考》2017年第21期。

② 《证监会2018年年报》，载证监会官网：http://www.csrc.gov.cn/pub/newsite/，最后访问日期：2020年6月1日。

经济。

综上所述,未来上市公司的并购重组意愿会得到激发,进一步引领并购重组浪潮的发展。

三、上市公司并购重组的监管机构及主要法律规定

我国上市公司并购重组的监管机构为证监会。根据证监会内部机构职能划分,上市公司监管部的职责包括监督境内上市公司并购重组活动及监督和指导交易所、派出机构监管上市公司的信息披露工作等。发行监管部的职责包括拟订在境内发行股票并上市的规则、实施细则,以及发行可转换公司债券的规则、实施细则;审核在境内首次公开发行股票的申请文件并监管其发行上市活动;审核上市公司在境内发行股票、可转换公司债券的申请文件并监督其发行上市活动等。除此之外,若上市公司并购重组过程中涉及国有资产批复、反垄断、国家安全等相关问题,则其他主管部门一并参与审查。

我国关于上市公司并购重组的法律主要包括:《中华人民共和国证券法》《中华人民共和国公司法》《中华人民共和国合同法》[①]《上市公司重大资产重组管理办法》《上市公司证券发行管理办法》《创业板上市公司证券发行管理暂行办法》《首次公开发行股票并上市管理办法》《上市公司非公开发行股票实施细则》《上市公司收购管理办法》《上市公司并购重组审核工作规程》及其他与配套融资、定向发行股票、重大资产重组、信息披露相关的法律、行政法规、规章、其他规范性文件等。

四、上市公司并购重组的参与主体

上市公司通常基于自身的经济实力、风险承受能力、项目周期的情况以及外部资源等因素,最终决定实施并购重组的交易模式,从而导致参与主体的不同。上市公司实施并购重组一般采取三种交易模式,具体如下:

第一种,上市公司自身作为参与主体直接实施并购重组。上市公司自身作为参与主体能够采用发行股份购买资产、配套融资、现金等多种支付手段。上市公司完成并购重组后,能够提升自身经营规模和盈利能力。但此种交易模式存在一定弊端,实施并购重组后期会涉及大量资金投入,并购标的企业后期文化、制度建设、整合的投入,若短期内无法实现盈利,会造成对上市公司的拖累。

---

① 《中华人民共和国民法典》将于2021年1月1日起施行,《中华人民共和国合同法》同时废止。

第二种，借助上市公司控股股东、实际控制人分步实施并购。对于并购标的企业暂时不适合并入上市公司的情形，上市公司可以与控股股东、实际控制人建立合作，先由控股股东、实际控制人对并购标的企业实施并购、完成并购标的企业的经营规范调整，再择机并入上市公司。该种交易模式存在的弊端是，由于控股股东、实际控制人的并购操作引发证券市场的炒作，使上市公司股票价格出现异常波动，可能导致控股股东、实际控制人与上市公司产生同业竞争的情形。

第三种，与专业金融机构合作成立并购基金实施并购。目前，我国上市公司与券商、PE、信托等专业机构共同设立并购基金（或资产管理计划、信托计划），通过并购基金向外部融资，上市公司和外部投资者作为有限合伙人（或劣后级），投资机构作为普通合伙人（或优先级），由投资机构主要负责并购基金运作、项目筛选调查等职责，基金一般会支付投资机构1%～2%的顾问及管理费，并购基金在完成并购投资并将其培育成适合注入上市公司的资产后将其转让给上市公司，从而完成获利退出。除此之外，专业投资机构也通过二级市场增持、大股东受让或参与上市公司非公开发行等方式入股上市公司，并与上市公司签订战略合作意向书，由专业投资机构协助上市公司完成并购，并购完成后投资机构通过减持上市公司股份完成获利退出。[①] 该种模式的优势在于能够有效降低融资成本及压力，但同时会面临保密及内幕信息管理的问题。

五、上市公司并购重组的交易支付方式及工具

我国上市公司在并购重组中使用的交易支付方式及工具是从单一化发展至目前的多元化状态。最初上市公司主要采用的是现金方式，后期随着《上市公司重大资产重组管理办法》《上市公司收购管理办法》等相关文件的出台，上市公司开始采用发行股份购买资产的交易支付方式。2011年8月，《上市公司重大资产重组管理办法》修订后，上市公司开始采用发行股份购买资产并配套募资的交易支付方式。

2014年3月，国务院发布《关于进一步优化企业兼并重组市场环境的意见》（国发〔2014〕14号），从两方面改善企业金融服务。一方面，引导商业银行在风险可控的前提下对兼并重组企业实行综合授信，改善对企业兼并重组的信贷服务。另一方面，鼓励符合条件的企业通过发行股票、企业债券、非金融企业债务融资工具、可转换债券等方式融资。允许符合条件的企业发行优先股、定向发行可转换债券作

---

① 江苏省上市公司协会编：《上市公司并购重组流程及案例解析》（第2版），江苏人民出版社2016年版，第24页。

为兼并重组支付方式,研究推进定向权证等作为支付方式。鼓励证券公司开展兼并重组融资业务,各类财务投资主体可以通过设立股权投资基金、创业投资基金、产业投资基金、并购基金等形式参与兼并重组。2014 年 10 月,《上市公司重大资产重组管理办法》修订后,第五十条明确规定上市公司可以发行优先股或向特定对象发行可转换为股票的公司债券、定向权证用于购买资产或与其他公司合并。2019 年 6 月,《上市公司重大资产重组管理办法》修订后,取消了原来对募集部分配套资金的限制。2020 年 3 月修订的《上市公司重大资产重组管理办法》与修订前对募集部分配套资金的要求相同。

综上所述,我国目前上市公司在并购重组中可以使用的支付方式及工具为自有资金支付、发行普通股份支付、发行优先股支付、非公开发行股份募集资金支付、银行和其他金融机构的并购贷款支付等。

六、并购重组的主要交易形态

如本章我们在本节第一部分上市公司并购重组的内涵中所述,上市公司实施并购重组的法律交易形态主要包括上市公司收购,上市公司发行股份购买资产,上市公司重大购买、出售、置换资产行为,借壳上市和上市公司分立、合并等。现对以下主要形态分别进行简单介绍。

(一)上市公司收购

2002 年制定的《上市公司收购管理办法》第二条规定,上市公司收购,是指收购人通过在证券交易所的股份转让活动持有一个上市公司的股份达到一定比例、通过证券交易所股份转让活动以外的其他合法途径控制一个上市公司的股份达到一定程度,导致其获得或者可能获得对该公司的实际控制权的行为。2006 年修改后的《上市公司收购管理办法》取消了对"上市公司收购"的定义。结合现行《上市公司收购管理办法》第五条规定,法律上通常将"上市公司收购"定义为"以上市公司为客体,以取得上市公司控制权为目的,通过法律允许的途径实现上市公司控制权的转移"。[①]

在我国现行法律规定下,收购人实现控制权的方式通常包括要约收购、协议收购及其他合法方式。

---

① 张凤翔、王向前:《论上市公司要约收购制度的完善——以爱建集团要约收购案为视角》,载《证券法苑》2018 年第 1 期。

（二）上市公司重大资产重组

根据现行《上市公司重大资产重组管理办法》（2020年修订）第二条的规定，重大资产重组是指上市公司及其控股或者控制的公司在日常经营活动之外购买、出售资产或者通过其他方式进行资产交易达到规定的比例，导致上市公司的主营业务、资产、收入发生重大变化的资产交易行为（以下简称重大资产重组）。

1. 上市公司及其控股或者控制的公司购买、出售资产，达到下列标准之一的，构成重大资产重组：

（1）购买、出售的资产总额占上市公司最近一个会计年度经审计的合并财务会计报告期末资产总额的比例达到50%以上；

（2）购买、出售的资产在最近一个会计年度所产生的营业收入占上市公司同期经审计的合并财务会计报告营业收入的比例达到50%以上；

（3）购买、出售的资产净额占上市公司最近一个会计年度经审计的合并财务会计报告期末净资产额的比例达到50%以上，且超过5000万元人民币；

（4）购买、出售资产未达到前述规定标准，但中国证监会发现存在可能损害上市公司或者投资者合法权益的重大问题的，可以根据审慎监管原则，责令上市公司按照本办法的规定补充披露相关信息、暂停交易、聘请独立财务顾问或者其他证券服务机构补充核查并披露专业意见。

2. 上市公司自控制权发生变更之日起36个月内，向收购人及其关联人购买资产，导致上市公司发生以下根本变化情形之一的，构成重大资产重组，应当按照本办法的规定报经中国证监会核准：

（1）购买的资产总额占上市公司控制权发生变更的前一个会计年度经审计的合并财务会计报告期末资产总额的比例达到100%以上；

（2）购买的资产在最近一个会计年度所产生的营业收入占上市公司控制权发生变更的前一个会计年度经审计的合并财务会计报告营业收入的比例达到100%以上；

（3）购买的资产净额占上市公司控制权发生变更的前一个会计年度经审计的合并财务会计报告期末净资产额的比例达到100%以上；

（4）为购买资产发行的股份占上市公司首次向收购人及其关联人购买资产的董事会决议前一个交易日的股份的比例达到100%以上；

（5）上市公司向收购人及其关联人购买资产虽未达到前述第（1）～（4）项标

准，但可能导致上市公司主营业务发生根本变化；

（6）中国证监会认定的可能导致上市公司发生根本变化的其他情形。

3. 通过以下其他方式进行资产交易，则该等交易实质上构成购买、出售资产，且按照本办法规定的标准计算的相关比例达到50%以上的，构成重大资产重组，应当按照本办法的规定报经中国证监会核准：

（1）与他人新设企业、对已设立的企业增资或者减资；

（2）受托经营、租赁其他企业资产或者将经营性资产委托他人经营、租赁；

（3）接受附义务的资产赠与或者对外捐赠资产；

（4）中国证监会根据审慎监管原则认定的其他情形。

（三）上市公司发行股份购买资产

根据现行《上市公司重大资产重组管理办法》（2020年修订）第五章的规定，上市公司发行股份购买资产，是指上市公司直接以发行普通股或优先股为支付方式购买资产的交易行为。但发行优先股购买资产还应遵守《优先股试点管理办法》的相关规定；发行股份购买资产导致特定对象持有或者控制的股份达到法定比例的，还应当遵守《上市公司收购管理办法》的相关规定。

另外，特定对象以现金或者资产认购上市公司非公开发行的股份后，上市公司用同一次非公开发行所募集的资金向该特定对象购买资产的，视同上市公司发行股份购买资产。但上市公司按照证监会核准的发行证券文件披露的募集资金用途，使用募集资金购买资产、对外投资的行为，不属于上市公司发行股份购买资产。

（四）借壳上市

根据现行《上市公司重大资产重组管理办法》（2020年修订）第十三条的规定，上市公司自控制权发生变更之日起36个月内，向收购人及其关联人购买资产，导致上市公司发生"（二）上市公司重大资产重组"第2种情形之一的，构成借壳上市。该等交易除应符合第十一条和第四十三条的其他规定外，上市公司购买的资产对应的经营实体应当是股份有限公司或者有限责任公司，且符合《首次公开发行股票并上市管理办法》规定的其他发行条件；创业板上市公司向收购人及其关联人购买的资产应为符合国家战略的高新技术产业和战略性新兴产业资产，所购买资产对应的经营实体应当是股份有限公司或者有限责任公司，且符合《首次公开发行股票并在创业板上市管理办法》规定的其他发行条件。

（五）上市公司分立、合并

依据我国现行《中华人民共和国公司法》第一百七十二条、第一百七十五条和《国家工商行政管理总局关于做好公司合并分立登记支持企业兼并重组的意见》（工商企字[2011]226号）的相关规定，公司合并可以采取两种形式：一种是吸收合并，指一个公司吸收其他公司后存续，被吸收公司解散；另一种是新设合并，指两个或者两个以上公司归并为一个新公司，原有各公司解散。公司分立可以采取两种形式：一种是存续分立，指一个公司分出一个或者一个以上新公司，原公司存续；另一种是解散分立，指一个公司分为两个或者两个以上新公司，原公司解散。因合并、分立而解散的公司不进行清算的，注销登记可以不提交清算报告，但是合并协议、分立决议或决定中载明解散公司需先行办理清算的除外。

上市公司合并分立是上市公司兼并重组的重要方式之一。由于上市公司实施合并、分立的核心环节均为发行股份（包括上市公司公开或非公开发行新股、上市公司的子公司公开发行存量股份），根据《中华人民共和国证券法》第九条、第十二条和《上市公司重大资产重组管理办法》第五十条第一款的规定，必须报经证监会核准。

第二节　上市公司收购争议解决

上市公司收购是企业并购重组中的重要手段。何谓上市公司收购？在上市公司收购过程中，主要争议问题体现在哪些方面？如果上市公司收购方、被收购方、上市公司等相关主体能够在收购前全面了解前述问题，并愿意遵守相关交易规则，势必会避免在上市公司收购过程中发生法律风险。

一、上市公司收购概述

上市公司收购，是以取得上市公司控制权为目的，通过法律允许的途径实现上市公司控制权的转移。收购人包括投资人及其一致行动的他人。一致行动，是指投资者通过协议、其他安排，与其他投资者共同扩大其所能够支配的一个上市公司股份表决权数量的行为或者事实。

依照我国现行《上市公司收购管理办法》第八十四条的规定，有下列情形之一的，为拥有上市公司控制权：

1. 投资者为上市公司持股50%以上的控股股东；

2. 投资者可以实际支配上市公司股份表决权超过30%；

3. 投资者通过实际支配上市公司股份表决权能够决定公司董事会半数以上成员选任；

4. 投资者依其可实际支配的上市公司股份表决权足以对公司股东大会的决议产生重大影响；

5. 中国证监会认定的其他情形。

二、上市公司收购的分类

通常来讲，依据交易对象的行业类别、交易双方是否友好、交易场所不同等标准，对上市公司收购进行以下分类：

1. 以交易对象的行业为标准。交易双方同属于生产和销售相同或相似的产品的行业，则属于横向收购。交易双方属于生产过程或经营环节相互衔接、密切联系的行业，则属于纵向收购。交易双方属于不同行业企业，则属于混合收购。

2. 以交易双方是否友好为标准。敌意收购或恶意收购，通常是指收购方不顾目标公司的意愿而采取非协商购买的手段，强行收购目标公司；或者收购公司事先并不与目标公司进行协商，而突然直接向目标公司股东开出价格或收购要约。相反，经双方友好协商最终达成收购目标的，则属于善意收购。

3. 以交易场所不同为标准。要约收购是指收购方通过证券交易所的交易系统，向上市公司全体股东发出要约的收购方式。其中，强制要约收购，是指投资者持有目标公司股份或投票权达到法定比例（30%），或者在持有一定比例之后一定期间内又增持一定的比例，依照法律规定必须向目标公司全体股东发出公开收购要约的法律制度。但是，在符合某种情形下，收购方经向我国证监会申请并经豁免的，可以免除发出要约收购。协议收购，是指投资者在证券交易所之外与目标公司的股东就股票价格、数量等方面进行私下协商，购买标的公司股票，以期达到对目标公司的控股目的。

三、上市公司收购的主要交易方式

在上市公司收购过程中，收购方通常会采取一种或两种以上方式完成对上市公司的收购，具体方式包括协议收购、要约收购、直接收购、间接收购、表决权委托、集中竞价、大宗交易等二级市场交易等。除此之外，当上市公司的股东无力偿还债务时，债权人可以申请法院冻结债务人所持有的上市公司股权，而法院则可以依据生效判决对冻结的股权强制划转、变卖或者拍卖，收购方可以通过与法院或债权人协商，代债务人偿还该部分债务，从而取得该部分股权。①

四、上市公司收购所涉主要争议问题

经过对现有司法判例的检索，我们认为，在上市公司收购过程中，收购方、被收购方、上市公司等相关主体存在的主要争议问题体现为：(1)收购方为了规避法律强制性规定、政策性影响或主管机关监管而通过采取股权代持的方式间接持有上市公司股份，从而使收购方因违反信息披露义务而受到行政处罚、其他投资者以证券虚假陈述为由起诉上市公司、隐名股东与显名股东之间因违反代持协议而引起民事诉讼等；(2)收购方在上市公司收购过程中因资金、信息披露问题或其他审批流程问题单方终止收购进程，从而因违反信息披露义务而受到行政处罚、导致其他投资者以缔约过失责任为由起诉收购方承担赔偿责任；(3)表决权委托引起的诉讼纠纷；(4)因其他违约行为导致的民事诉讼纠纷。

(一)股权代持所引发的争议问题

在我国现行的证券监管制度下，不少投资者为了规避法律强制性规定、政策性影响或主管机关监管，通过股权代持的方式间接持有上市公司股份，从而获得高额收益。投资者采取股权代持的方式主要为了实现几方面的目的：一是规避法律的限制性要求，包括规避限售期的要求和将关联方非关联化从而规避履行关联交易审议程序的要求和同业竞争的审查等。二是规避上市公司收购的监管要求，包括规避信息披露、要约收购、内幕交易监管和收购主体资格审查的要求等。② 最高人民法院《关于适用〈中华人民共和国公司法〉若干问题的规定(三)》中第一次对股权代持进行了确认并就具体问题的处理方式作出明确规定，在我国司法实践中，法院对公司上市前后产生的股权代持相关争议会结合不同的交易背景采取不同的处理方式。

---

① 深圳证券交易所创业企业培训中心编著：《上市公司并购重组问答》(第2版)，中国财政经济出版社2017年版，第365页。

② 郑彧：《上市公司股份代持法律问题研究——兼论股份代持对信息披露监管制度的挑战与完善》，载《证券法苑》2012年第2期。

案例1:(2016)湘民初45号民事判决

案件概述:2008年8月20日,陈某明将其持有大康牧业公司190万股股份转让给荆某国。同日,大康牧业公司向荆某国颁发《股权证》。2008年11月13日和2008年12月30日,荆某国分两次通过银行转账的方式向陈某明汇款190万元。2008年12月30日,陈某明出具《收据》。2010年11月18日,大康牧业公司在深交所上市,股票简称为"大康牧业",股票代码"002505"。陈某明为该公司发起人、控股股东和实际控制人、董事长,在公司上市时持有大康牧业股票2358.23万股,持股比例为22.94%。在大康牧业公司首次公开发行股票招股说明书中,荆某国未登记在该公司股东名册。根据大康牧业公司2010年度至2015年度利润分配方案,截至2016年6月30日,原告荆某国受让的被告陈某明190万股大康牧业公司股票已增至2859.12万股,已派发现金红利321100元。2016年5月25日,大康牧业公司名称变更为大康农业公司;2016年5月31日,大康农业公司股票名称由"大康牧业"变更为"大康农业"。2017年2月,荆某国向法院提出诉讼请求:(1)判令被告陈某明向原告交付截至2016年6月30日大康农业公司股票(代码为002505)2859.12万股。(2)如被告陈某明不能向原告足额交付2859.12万股大康农业公司股票,请求判令陈某明按从大康农业公司上市之日起至给付之日止该股票的每股最高价6.68元作为标准给予原告2859.12万股相应的财产损失赔偿。(3)判令被告陈某明支付2859.12万股大康农业公司股票从2016年6月30日起至股票交付之日止的分红、送股、配股、转增股等派生权益。(4)判令被告陈某明向原告交付大康农业公司2016年6月30日前派发的税后现金红利321100元。(5)其他诉讼请求。法院最终判决:(1)被告陈某明于本判决生效之日起10日内向原告荆某国支付证券代码002505大康国际农业食品股份有限公司2859.12万股股票的相应财产权益(股票价格按执行之日价格确定,2016年6月30日之后产生的分红,转、赠股,配送股继续计算至执行之日止)。(2)被告陈某明于本判决生效之日起10日内向原告荆某国支付诉争股票已派发的现金红利321100元。(3)驳回原告荆某国的其他诉讼请求。

案件分析:出让方一直未按照股份转让协议履行股份交付的义务,且目标公司于2011年在深交所成功上市。出让方的违约行为直接导致受让方无法成为目标公司的股东,无法享有上市公司股东的相关权益。在出让方未按照协议将股份交付至受让方之前,实际上该等股份一直处于由出让方代受让方持有的状态。按照我国合同法及相关民事法律规定,股份转让协议已经成立、生效,且受让方已经履行完毕全部支付义务，出让方应该依约向受让方履行交付股份的义务。但由于法院在受理本案前目标公司已经于2011年在深交所成功上市，且在目标公司上市公告（股票发行说明书、法律意见书等）中并未将荆某国登记在股东名册。法院在综合考虑了证券市场的公众利益和原告的个人利益的情况下，作出如下说理：(1)根据股份有限公司首次公开发行股票的要求，目标公司有关的财务记载、股东信息已经相关行政部门审查确认，且已向社会公开披露。现荆某国要求陈某明交付2859.12万股股票，势必与目标公司首次公开募股已经行政部门审查确认的内容不一致，也与目标公司向社会公开披露的信息相悖。为维护目标公司首次公开募股的行政审查效力及对公众披露信息的确定性，对原告荆某国要求被告陈某明交付2859.12万股股票的诉讼请求不予支持。(2)在对荆某国要求陈某明交付股票的诉讼请求不予支持的情况下，荆某国基于其与陈某明之间有效的《股份转让协议》，主张受让的190万股股票所派生的财产权益应予以支持。因股票价格不断变化，宜以本判决执行之日的股票价格为计算依据。(3)而对于2859.12万股股票在2016年6月30日之后所产生的权益，则以目标公司公示资料为准。(4)对于"陈某明交付大康农业公司2016年6月30日前派发的税后现金红利321100元"，因该部分属于荆某国受让的190万股股票已经派发的红利，陈某明应向荆某国支付。

总结性意见：若股权转让协议系双方当事人的真实意思表示，内容不违反法律、行政法规的强制性规定，法院会认定为有效。但如果纠纷发生期间目标公司已经在深交所或上交所成功上市，且上市首次公告的相关文件中并未披露该等事实，受让方要求出让方返还股份，法院会基于证券市场公众利益及维持证券市场规则秩序的考量，驳回该等诉求。建议相关当事人在发生争议后尽早向违约方主张权利、向目标公司聘请的上市中介机构反映公司股权真实情况或通过诉讼维护自身权益，以免使自身陷入尴尬局面。另外，如果发生类似本案的情况，当事人向法院提起诉讼，诉讼请求应尽量全面，包括返还（转让）股份，按照判决执行当日的股票交易价格支付股份变现价款（若无法返还或转让股份），返还持有股份期间所产生的分红、送股、配股、转增股等派生权益和承担应诉讼产生的相关费用等。

案例2：(2019)豫0191民初13819号民事判决

案件概述：2014年12月至2015年1月，被告百年金海公司时任法定代表人陈某宝告知原告，百年金海公司准备上市，希望亲朋认购。为此，被告百年金海公司以认购本公司股票之名义，指示原告陈某军向被告指定的账户支付300万元。2014

年12月23日，被告百年金海公司向原告出具收据，载明收到原告认购被告百年金海公司股票款210万元。2015年1月4日，被告百年金海公司向原告出具收据，载明收到原告认购被告百年金海公司股票款90万元。2015年10月，被告科陆电子公司以现金方式收购了上海太务企业管理咨询中心(普通合伙)所持被告百年金海公司股权的100%。2015年11月24日，被告百年金海公司股东由上海太务企业管理咨询中心(普通合伙)变更为被告科陆电子公司，被告科陆电子公司享有被告百年金海公司股权100%。另外，2015年10月前后，上市公司被告科陆电子公司实施了非公开定向发行股票，被告百年金海公司时任法定代表人陈某宝以现金认购了上市公司发行的1360万股股票。2019年前后，原告向法院提出诉讼请求：(1)依法解除原告与被告百年金海公司之间的股权认购协议；(2)判令被告百年金海公司退还股权认购款300万元及利息损失(自2015年1月5日起至按年利率6%的标准计算至本息付清之日止，暂计至立案之日为73.5万元)；(3)判令被告科陆电子公司对上述第二项诉讼请求承担连带责任；(4)本案的诉讼费、保全费由被告承担。法院最终判决：(1)解除原告陈某军与被告百年金海公司之间签订的股权认购协议；(2)被告百年金海公司于本判决生效后10日内向原告陈某军退还股票认购款300万元及利息(以300万元为基数，自2015年1月5日起按照年利率6%的标准计算至债务实际清偿之日止)；(3)驳回原告陈某军的其他诉讼请求。

案件分析：本案中，原告基于无法获取被告公司股票，公司不承认原告的股东资格，认为股份认购目的已无法实现，请求法院解除认购关系，退还认购款及相应利息。法官认为，原告将全部出资款依约缴纳完成，被告向原告出具了收据，合同即依法成立，受法律保护。当事人一方不履行合同义务或者履行合同义务不符合约定的，应当承担继续履行、采取补救措施或者赔偿损失等违约责任。对于原告要求解除股权认购协议和要求被告百年金海公司退还股票认购款300万元的请求，法院予以支持。我们认为，法官在说理部分没有对以下问题作出详细阐释：公司增资行为是否通过股东会审议，原告的股东资格是否已经取得，只是没有进行工商登记备案产生对外公示效力；上市公司在收购被告公司100%股权时是否适用善意第三人制度，如果适用，则被告公司收购完成后获得被告公司100%的股权，上市公司没有义务以稀释方式让渡任何股权比例；如果不适用善意第三人制度，公司增资行为是否为公司对外承担的债务或待履行的合同义务，上市公司是否应继续履行该等义务。我们更偏向于依照最高人民法院《关于适用〈中华人民共和国公司法〉

若干问题的规定（三）》第二十六条的规定适用善意取得制度，公司作为出具收取认购股份出资款的主体，理应清楚认购人应当取得出资款对应的股份。公司及其股东与上市公司签署100%股权收购协议，可以认为，公司就认购人向公司缴纳的出资款部分或其应持有公司对应股份部分作出了无权处分。在该等股权未履行工商登记、公司股东名册记载以及未产生对外公示效力的情况下，上市公司以合理对价收购公司100%的股权，应认定为上市公司善意，并适用善意取得制度，上市公司取得公司100%的股权，上市公司没有义务以稀释方式或转让方式让渡任何股权比例。公司应此判决向原告承担认购款返还义务，如果公司在收购中将该笔债务作为债权或往来款向上市公司披露并明确披露债务由新股东承担，则该笔款项应由公司承担；如果公司在收购中未向上市公司披露该笔债务并明确未披露债务由原股东承担，则该笔款项应先由公司承担，再由原公司股东承担。

总结性意见：本案情形涉及善意取得制度的分析，同样适用于股权代持。若在股权代持期间，股权已经发生变更，实际股东无法通过诉讼请求名义股东返还股权，仅能依据违约请求赔偿损失。我们建议，投资者在签订股权转让协议、股权代持协议中应约定逾期不办理股权转让、恢复真实持股状态的违约责任并设定单方解除权利，以便在发生纠纷时更好地维护自身合同权益。另外，投资人应积极向目标公司聘请的上市中介机构反映公司股权真实情况，在一定情况下会获得预期之外的收获。

案例3：（2017）最高法民申2454号民事判决

案件概述：杨某国与林某坤于2010年10月19日签订《协议书》，杨某国以林某坤披露亚玛顿公司正运作上市作为其受让前述股权的根本前提，杨某国透过本协议拟有条件受让林某坤在目标公司的部分股权，成为附属于林某坤名下的目标公司隐名股东。杨某国受让林某坤合法持有的目标公司总股本1%（即1200万股）的股权，作为对价，杨某国应向林某坤支付受让款人民币1200万元（壹仟贰佰万元整）。2010年10月25日，杨某国与林某坤签订《委托投资协议书》，林某坤受杨某国委托，将杨某国以现金方式出资的人民币1200万元，以林某坤名义投资收购亚玛顿公司的股权，以谋求在亚玛顿公司投资所实现的资本增值；林某坤承诺以杨某国的出资额代为杨某国投资并持有亚玛顿公司总股本1%（即1200万股）的股权。2011年10月，亚玛顿公司正式在A股市场公开发行股票。公司实际控制人林某锡、林某汉、亚玛顿科技公司、林某坤均承诺，自公司股票上市之日起36个月内，不转让或者委托他人管理其已直接和间接持有的发行人股份。杨某国向一审法院起诉请求:(1)确认林某坤名下0199005574证券账户内的1200万股亚玛顿公司股票及相应财产权益为其所有;(2)判令林某坤、亚玛顿公司为其办理变更股东、签发出资证明书、记载于股东名册及公司章程、办理公司登记等相关手续;(3)判令林某坤将2011~2013年度的股票分红421.2万元返还给其,并赔偿逾期利息(自林某坤应付分红之日起按银行同期贷款利率计算至支付完毕之日止),亚玛顿公司对林金坤应返还的2013年度股票分红43.2万元承担连带给付义务;(4)由林某坤、亚玛顿公司承担本案诉讼费用。一审法院判令驳回原告全部诉讼请求。二审法院判令支持了原告第1、2项和第3项部分请求。最高人民法院再审判决撤销判决,指令江苏省高级人民法院再审本案。

案件分析:由于杨某国与林某坤签订的《委托投资协议书》及《协议书》的基础是亚玛顿公司上市之后对于股权转让的事实不予披露,双方交易的股权不予过户,该股权仍由林某坤名义持有,并由杨某国与林某坤按比例共享公司上市后的股权收益。杨某国与林某坤双方共同搭建上市公司股权代持的交易背景,从而导致上市公司首次信息披露的公告文件中无法真实反映上市公司的股权结构。法院认为,对于上市公司股权代持协议效力的认定则应当根据上市公司监管相关法律法规以及《中华人民共和国合同法》等规定综合予以判定。首先,中国证监会于2006年5月17日颁布的《首次公开发行股票并上市管理办法》第十三条规定,"发行人的股权清晰,控股股东和受控股股东、实际控制人支配的股东持有的发行人股份不存在重大权属纠纷。《中华人民共和国证券法》第十二条规定,设立股份有限公司公开发行股票,应当符合《中华人民共和国公司法》规定的条件和经国务院批准的国务院证券监督管理机构规定的其他条件……第六十三条规定,发行人、上市公司依法披露的信息,必须真实、准确、完整,不得有虚假记载、误导性陈述或者重大遗漏。中国证监会于2007年1月30日颁布的《上市公司信息披露管理办法》第三条规定,发行人、上市公司的董事、监事、高级管理人员应当忠实、勤勉地履行职责,保证披露信息的真实、准确、完整、及时、公平。根据上述规定可以看出,公司上市发行人必须股权清晰,且股份不存在重大权属纠纷,公司上市需遵守如实披露的义务,披露的信息必须真实、准确、完整,这是证券行业监管的基本要求,也是证券行业的基本共识。由此可见,上市公司发行人必须真实,并不允许发行过程中隐匿真实股东,否则公司股票不得上市发行;通俗而言,即上市公司股权不得隐名代持。本案中,实际隐瞒了真实股东或投资人身份,违反了发行人如实披露义务,为上述规定明令禁止。其次，中国证监会根据《中华人民共和国证券法》(2005 年修订)授权对证券行业进行监督管理，是为保护广大非特定投资者的合法权益。要求拟上市公司股权必须清晰，约束上市公司不得隐名代持股权，系对上市公司监管的基本要求，如对上市公司真实股东都不清晰的话，其他对于上市公司系列信息披露要求、关联交易审查、高管人员任职回避等监管举措必然落空，必然损害到广大非特定投资者的合法权益，从而损到资本市场基本交易秩序与基本交易安全，损害金融安全与社会稳定，损害社会公共利益。据此，根据《中华人民共和国合同法》第五十二条规定，本案杨某国与林某坤签订的《委托投资协议书》与《协议书》，违反公司上市系列监管规定，而这些规定有些属于法律明确应予遵循之规定；有些虽属于部门规章性质，但因经法律授权且与法律并不冲突，并属于证券行业监管基本要求与业内共识，并对广大非特定投资人利益构成重要保障，对社会公共利益亦为必要保障所在，故依据《中华人民共和国合同法》第五十二条第(四)项等规定，最高人民法院认定诉争的股权代持协议、协议书应认定为无效。

总结性意见：为了规避监管规定、违反信息披露义务等目的，投资者搭建的股权代持交易结构，会被认定构成《中华人民共和国合同法》第五十二条第(四)项"损害公共利益"的规定，相关交易协议归属无效。我们建议，投资者尽量避免采用此种方式来谋取不当利益。若发生纠纷，投资者在诉请中应将协议无效情形下如何获取返还投资款项及收益款项等事项予以明确，以防止诉讼请求落空。

(二)单方终止收购所引发的争议问题

依照我国现行《上市公司收购管理办法》第三十条和第三十一条第二款的规定，"收购人按照本办法第四十七条拟收购上市公司股份超过 30%，须改以要约方式进行收购的，收购人应当在达成收购协议或者做出类似安排后的 3 日内对要约收购报告书摘要作出提示性公告……依法应当取得批准的，应当在公告中特别提示本次要约须取得相关批准方可进行。未取得批准的，收购人应当在收到通知之日起 2 个工作日内，公告取消收购计划，并通知被收购公司。收购人作出要约收购提示性公告后，在公告要约收购报告书之前，拟自行取消收购计划的，应当公告原因；自公告之日起 12 个月内，该收购人不得再次对同一上市公司进行收购。"据此，在作出要约收购提示性公告后，在公告要约收购报告书前，收购人拟自行取消收购计划或者要约收购报告书摘要披露后未能取得有关部门批准的，应当在作出取消收购计划的决定或收到不获准的相关通知后，及时通知被收购公司，并公告收购计划取消及其原因。

2011 年 4 月 26 日，江苏熔盛重工有限公司（以下简称熔盛重工）与安徽省全椒县人民政府签订一份《产权交易合同》，约定安徽省全椒县人民政府所持安徽全柴集团有限公司（以下简称全柴集团）100%股权转让给熔盛重工。如果该份《产权交易合同》最终得以履行，则熔盛重工间接持有全柴动力 44.39%权益，超过该公司已发行股份的 30%，依照《上市公司收购管理办法》第五十六条有关收购人虽不是上市公司的股东，但通过投资关系、协议、其他安排导致其拥有权益的股份超过该公司已发行股份 30%的，应当向该公司所有股东发出全面要约之规定，熔盛重工在中国证监会行政许可后，应当向全柴动力所有股东发出全面收购股份要约。熔盛重工公告了《安徽全柴动力股份有限公司要约收购报告书（摘要）》。兴业全球基金管理有限公司（以下简称兴业基金）基于要约收购摘要的公告信息，以每股 17 元左右大量购入或继续持有全柴动力的股票。而后，熔盛重工在审批过程中自行取消了收购计划。兴业基金向法院提起诉讼并请求熔盛重工承担缔约过失的赔偿责任。该案件历经三年，经过一审、二审、再审最终尘埃落定，最高人民法院驳回了兴业基金的诉请，主要理由如下：（1）根据《中华人民共和国合同法》第四十二条的规定，当事人在订立合同过程中，不得故意隐瞒与订立合同有关的重要事实或者提供虚假情况。否则，给对方造成损失的，应当承担缔约过失责任。这就要求当事人在订立合同过程中，应履行通知、说明、保密等义务，亦即通常所说的先合同义务。熔盛重工主要履行的先合同义务，应结合案中拟订合同的性质、目的和交易习惯进行认定。熔盛重工于 2011 年 4 月 28 日发布收购提示性公告，实际系向全柴动力的股东表达缔约意向。此后，兴业基金从证券交易市场买进全柴动力股票，从而持有全柴动力股份，成为全柴动力的股东，一定程度上系向熔盛重工传递缔约意向。自此，双方实际已进入接触、磋商阶段，构成缔约关系，具有信赖利益。因此，遵循诚实信用原则，双方均应履行通知、说明、保密等先合同义务，不得故意隐瞒与订立合同有关的重要事实或者提供虚假情况。由于兴业基金在订立合同过程中是否继续持有全柴动力股票，以维系自己的缔约意向，很大程度上要依赖与熔盛重工收购全柴动力股份有关的重大信息。至于熔盛重工于 2011 年 6 月 29 日发布一份《关于延期上报有关补正材料的公告》，称待取得国资委、商务部相关批复文件后立即将补正材料上报等，系其在订立合同过程中，与兴业基金进行磋商的行为，并非熔盛重工应予履行的先合同义务。（2）熔盛重工履行上述先合同义务是否违背诚实信用原则，应根据相关法律规定进行判断。从二审查明的案件事实来看，熔盛重工自己或通过全柴动力先后于2011年4月28日、6月29日、8月9日、8月30日、8月31日、10月29日、12月27日及2012年3月29日、4月28日、7月17日、7月30日、8月7日、8月10日、8月13日、8月18日、8月22日以公告、报告的形式，真实、准确、完整地披露了与收购全柴动力股份有关的重要信息，符合《上市公司收购管理办法》第三条的规定。本案中，并无直接有效的证据证明熔盛重工披露的信息有虚假记载、误导性陈述、重大遗漏，或违反公开、公平、公正原则，二审判决认定熔盛重工适当履行了告知与收购全柴动力股份有关重要信息的先合同义务，不违背诚实信用原则，并无不当。(3)从全柴动力公开发布的公告来看，上述《产权交易合同》在国资委、商务部相关批准文件有效期内并未实施，至今亦无直接有效的证据显示熔盛重工通过其他投资关系、协议、安排，间接拥有全柴动力权益的股份超过该公司已发行股份的30%。这种情况下，强制熔盛重工发出全面收购要约的条件尚不具备，其依法仍享有自愿订立合同的权利。因此，二审判决认定熔盛重工向中国证监会撤回行政许可申请材料，取消全面要约收购全柴动力股份计划，不违背诚实信用原则正确。(4)根据《上市公司收购管理办法》第三十一条的规定，熔盛重工于2012年8月17日向中国证监会撤回行政许可申请材料，自行取消全面要约收购全柴动力股份计划，也就没有必要再依2011年6月29日发布的《关于延期上报有关补正材料的公告》所称，立即向中国证监会补正上报国资委、商务部相关批复文件等材料。

另外，中国证监会于2018年4月对孔某龙、赵某、黄某龙三人作出中国证券市场禁入的限制，并对万家文化及相关信息披露义务人作出行政处罚决定。上市公司万家文化股份收购案一时间引起了社会广泛关注。2016年12月23日，万家集团与龙薇传媒签订《股份转让协议》，向龙薇传媒转让其持有的18500万股流通股，占股29.135%。本次交易完成后，龙薇传媒将成为万家文化的控股股东。股份转让价款合计305990万元，分四笔向万家集团支付。收购资金全部来源于龙薇传媒自有或自筹资金。由于上交所的问询及龙薇传媒无法落实自筹资金，2017年2月13日，万家集团与龙薇传媒签署《关于股份转让协议之补充协议》，将转让给龙薇传媒的股份总数由原先的18500万股调整为3200万股，转让总价款调整为52928万元，股份转让比例降至5.0396%。后续，由于万家文化收到了中国证监会《调查通知书》，万家文化正被立案调查，结果无法预知，交易存在无法预测的法律风险，龙薇传媒认为交易的客观情况已经发生变化，就补充协议是否继续履行需要与万家集团协商处理，因此未能按照协议约定办理相关股份过户手续。2017年3月29日，龙薇传媒与万家集团协商一致，双方同意终止本次交易，并于2017年3月31日签署《解除协议》,双方互不追究违约责任。万家文化收购案属于收购方因自身原因无法继续履约与被收购方协商一致提前终止协议,收购方与被收购方之间没有发生诉争。但由于收购方的一系列信息披露违规行为,导致上市公司万家文化及其相关信息披露人被证监会处罚,从而引发万家文化一系列证券虚假陈述责任纠纷案。经检索①,截至2019年11月13日已经累计达370件已决案件。

(三)表决权委托所引发的争议问题

依照我国现行《上市公司收购管理办法》第十二条的规定,投资者在一个上市公司中拥有的权益,包括登记在其名下的股份和虽未登记在其名下但该投资者可以实际支配表决权的股份。投资者及其一致行动人在一个上市公司中拥有的权益应当合并计算。由于上市公司交易规则的限制,收购方通常无法一次性通过股份转让的方式取得上市公司控股权,收购方会通过受让部分表决权(即表决权委托)的方式实现对上市公司的控制。股东愿意将表决权委托给收购方或其他主体的主要原因包括:因交易规则的限制导致投资者拟通过表决权委托实现股份转让;因增持股份导致原公司股权结构发生变化,增持股份的股东拟通过表决权委托确保原控制权不变;因上市公司股权分散,大股东借助表决权委托实现巩固控制权的目的;因上市公司的母公司无法满足合并报表的控制权要求,实际控制人通过表决权委托为其凑足控制权;因为股份转让存在过渡期(签署协议到实际交割存在一定期限),通过表决权委托确保受让方在过渡期内的权益。②

根据我们的实践经验以及对上市公司表决权委托案例的检索,在《表决权委托协议》中最易引发争议的条款是表决权撤销、终止条件的约定条款,例如,委托方不可单方撤销委托,特定情形下委托方、受托方可以撤销委托,委托方可以单方撤销委托。关于委托方不可单方撤销委托约定的效力问题一直受到监管机构的重点关注。在处理上市公司委托表决权终止问题上,经常出现争议及分歧。

依照现行《中华人民共和国合同法》第四百一十条的规定:“委托人或者受托人可以随时解除委托合同。因解除合同给对方造成损失的,除不可归责于该当事人的事由以外,应当赔偿损失。”③对于普通民事委托代理关系,委托人或者受托人均有权随时解除委托合同。但对于上市公司表决权委托代理关系而言,由于其具有

---

① alpha案例库检索结果。

② 蒋学跃:《上市公司表决权委托问题研究》,载《证券市场导报》2018年第5期。

③ 将被《中华人民共和国民法典》(2021年1月1日起施行)第九百三十三条替代。

特定的商业属性及经济意义,又区别于普通民事委托代理关系。随时解除权是否可以在协议中予以排除限制,实践当中存在两种不同的意见:一种意见认为,最高人民法院民一庭在《中国民事审判前沿》中表达的意见,遵循意思自治原则,《中华人民共和国合同法》第四百一十条规定的委托合同双方当事人拥有的任意解除权不属于法律上的强制性规定,当事人可以约定排除。也就是说,上市公司表决权委托协议中约定了不可撤销,则任何一方均不可撤销,除非双方对协议进行变更。另一种意见认为,基于委托合同严格的人身属性,不可撤销委托的约定亦不适用于强制履行,违反该特别约定的一方只需要承担相应的违约责任。在回复监管机构有关不可撤销问题的意见中,中介机构的回复囊括了上述所有种类的意见。

2018年4月,上交所和深交所分别发布了《上市公司收购及股份权益变动信息披露业务指引(征求意见稿)》,分别在第二十一条和第三十一条对表决票委托作出了明确规定,投资者通过签订一致行动协议、表决权委托等方式拥有上市公司权益的股份达到或超过5%的,应当约定一致行动或表决权委托期限。提前终止协议的,在原约定期限内,投资者仍应遵守原有的法定义务等;未约定一致行动或表决权委托期限的,在相关协议公告解除后12个月内,投资者仍应遵守原有的法定义务等。终止协议的,投资者仍应继续履行其在一致行动关系或表决权委托关系存续期间向上市公司或投资者作出的承诺义务。投资者委托表决权的,受托人和委托人视为存在一致行动关系。我们认为,上交所和深交所在考虑了表决权委托的特殊商业属性、证券市场规则、信息披露规则等多种因素,将表决权委托与普通民事委托代理关系区别开来,提出制定上述规则的建议。希望业务指引能够尽快实施,从而避免因表决权委托提前解除带来的纷争。

(四)其他违约或侵权行为所引发的争议问题

交易背景不同,导致引发的争议不同。交易结构、支付方式等因素决定了交易背景的多样性。股份代持、单方终止收购和表决票委托引发的争议,上文已经阐述。除此之外,在杠杆收购中,收购方会将获取的股票质押给融出方,收购方到期无法偿还本金及收益,则收购方和融出方之间会产生纠纷;融出方和投资者之间也会产生纠纷,该等争议解决的方式包括诉讼和仲裁,归属的案由包括合同纠纷,借款合同纠纷,服务合同纠纷,保证合同纠纷,合伙协议纠纷,与公司、证券、保险、票据等有关的民事纠纷,信托纠纷等。在股票二级市场交易中,收购方通过操纵多个账户违规进行股票买卖从而实现对上市公司控股,该等行为违反了信息披露规则,会引起证监会行政处罚及证券虚假陈述责任纠纷，如（2015）沪一中民六（商）初字第66号上海兴盛实业发展（集团）有限公司诉兰州鸿祥、兰州瑞邦等证券责任纠纷案。利益追随者会根据自身的利益诉求、制度漏洞、获取利益与承担风险的比例来创造多样的、非常规的交易结构，本节无法详尽列举全部争议类型，仅就上市公司收购过程中存在的主要争议类型进行归纳总结。

第三节　上市公司重大资产重组争议解决

企业重组是指运用经济、行政、法律等手段，对企业间原有的各类资源要素进行拆分、整合及内部优化。[①] 但在我国证券监管体系中，并非企业进行的任何重组行为都应视为上市公司重大资产重组；只有符合《上市公司重大资产重组管理办法》（2020年修订）规定的情形，才能被视为上市公司重大资产重组。在我国，上市公司重大资产重组的交易形态包括上市公司重大购买、出售、置换资产行为和上市公司发行有价证券购买资产及借壳上市。

检索现有案例及上市公司公告，我们发现在上市公司重大资产重组方面引起的法律纠纷，除了信息披露违规，内幕交易违规，控股股东、实际控制人及其关联方侵占上市公司资金等引发的自律监管、行政处罚、刑事处罚，证券虚假陈述责任纠纷及其他民事侵权责任纠纷案件外，主要体现为重大资产重组盈利预测补偿纠纷案件。本节将通过盈利预测补偿的概述、盈利预测补偿纠纷的概述、盈利预测补偿纠纷产生的原因、盈利预测补偿纠纷的基本解决方式和盈利预测补偿纠纷的规范措施等方面对盈利预测补偿纠纷进行阐释，使读者对盈利预测补偿制度及纠纷有一个较为全面的认识。

一、盈利预测补偿概述

（一）盈利预测补偿的概念

《上市公司重大资产重组管理办法》（2020年修订）第三十五条第一款规定，采取收益现值法、假设开发法等基于未来收益预期的方法对拟购买资产进行评估或者估值并作为定价参考依据的，上市公司应当在重大资产重组实施完毕后3年内的年度报告

---

① 杨桦、蔡建春主编：《全流通时代上市公司并购与重组经典案例解析》，中国和平出版社2011年版，第2页。

中单独披露相关资产的实际盈利数与利润预测数的差异情况，并由会计师事务所对此出具专项审核意见；交易对方应当与上市公司就相关资产实际盈利数不足利润预测数的情况签订明确可行的补偿协议。该条第三款规定，上市公司向控股股东、实际控制人或者其控制的关联人之外的特定对象购买资产且未导致控制权发生变更的，不适用本条前二款规定，上市公司与交易对方可以根据市场化原则，自主协商是否采取业绩补偿和每股收益填补措施及相关具体安排。据此，盈利预测补偿，是指上市公司向控股股东、实际控制人或者其控制的关联人购买资产或上市公司购买资产导致控制权变更的交易中，上市公司采取收益现值法、假设开发法等基于未来收益预期的方法对拟购买资产进行评估或者估值并作为定价参考依据的，交易对方应当就相关资产在重大资产重组实施完毕后 3 年内的实际盈利数不足利润预测数的部分向上市公司作出明确可行的补偿；但上市公司向控股股东、实际控制人或者其控制的关联人之外的特定对象购买资产且未导致控制权发生变更的，上市公司与交易对方可以根据市场化原则，自主协商是否采取业绩补偿措施及相关具体安排。

上市公司重大资产重组中的盈利预测补偿是在特定情形下强制实施或协商确定的一种保护上市公司及其投资者的规范措施，亦是一种对交易定价公允性的法律约束措施。我们认为，这里的“盈利预测补偿”与通常所称的“对赌”有所区别。对赌一般在高估值交易中由交易双方协商而定，最终保护的是交易一方主体的利益，司法是其唯一的保护手段；而盈利预测补偿是监管机构为了保护上市公司及其广大投资者利益（公众利益）在上市公司重大资产重组交易定价依据符合某种情形下强制交易双方实施的定价调整机制；即便在某种情形下是交易双方协商确定的，监管机构在盈利预测补偿实施阶段也会进行强制监管并对未能如期履行补偿承诺的相关责任主体采取监管措施或列入不适当人选。

（二）盈利预测补偿制度的法律依据

在我国盈利预测补偿最早出现于 2005 年 4 月 29 日开始的股权分置改革。监管机构为了保护上市公司中小股东的权益，要求参与股权分置改革的上市公司承诺在一定的会计期间保证公司经营业绩达到一定的标准，如果未能完成该目标，则公司控股股东将向小股东追加支付对价。[①]

此后，我国在《上市公司重大资产重组管理办法》（2008 年）第三十三条、《上市

---

① 刘浩、杨尔稼、麻樟城：《业绩承诺与上市公司盈余管理——以股权分置改革中的管制为例》，载《财经研究》2011 年第 10 期。

公司重大资产重组管理办法》(2011 年修订)第三十四条、《上市公司重大资产重组管理办法》(2014 年修订)第三十五条、《上市公司重大资产重组管理办法》(2016 年修订)第三十五条和《上市公司重大资产重组管理办法》(2019 年修订和 2020 年修订)第三十五条,规定了上市公司重大资产重组盈利预测补偿制度。

在中国证监会上市公司监管部出具的问答中对盈利预测补偿具体事项进行了规范,如中国证监会上市部《关于上市公司监管法律法规常见问题与解答修订汇编》(2015 年 9 月 18 日)、中国证监会《关于并购重组业绩补偿相关问题与解答》(2016 年 1 月 15 日)、中国证监会《关于上市公司业绩补偿承诺的相关问题与解答》(2016 年 6 月 17 日)、中国证监会《关于业绩承诺方质押对价股份的相关问题与解答》(2019 年 3 月 22 日)等。

(三)盈利预测补偿制度的设立目的

盈利预测补偿制度设立的核心目的是保护中小股东利益,也就是公众利益。通常上市公司重大资产重组完成的后果在于导致上市公司的股权结构、主营业务、资产、收入发生重大变化,对上市公司未来经营产生巨大影响,而无论是上市公司的原有或新进控股股东、实际控制人及其关联方都可以通过安排重大资产重组交易而进行利益输送。借壳上市则是非上市企业在取得上市公司控制权后,由上市公司收购非上市公司的资产、业务,从而实现非上市公司的间接上市。无论是何种交易安排都会影响上市公司中小股东的利益。为了维护上市公司中小股东利益,证监会等相关部门采用了事先审核、强制设定盈利预测补偿条款和事后监管盈利预测补偿条款的执行情况等监管措施。①

二、盈利预测补偿纠纷概述

近三年来,由于全球经济下行,中国资本、金融市场遭遇了前所未有的困难,自 2016 年以来,上市公司重大资产重组盈利预测补偿到期无法兑付的情形出现爆发式增长,不仅引起监管机构的关注,还引起了司法界的关注。

我们于 2019 年 12 月 7 日在 Alpha 案例库通过输入关键词“盈利预测补偿”对在 2014 ~ 2019 年期间的盈利预测补偿纠纷案件进行检索,检索结果详见图 4 - 1、图 4 - 2。

---

① 董瑞:《论上市公司资产重组中规避监管行为之法律规制》,载《法治与社会》2016 年第 15 期。

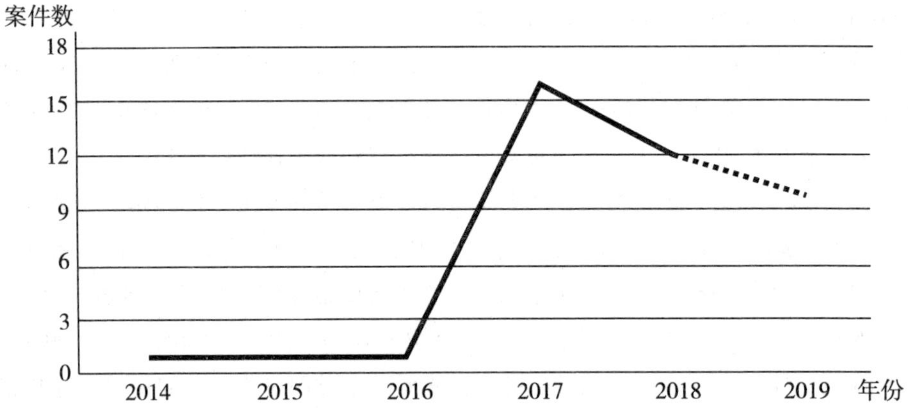

图4-1　时间分布图

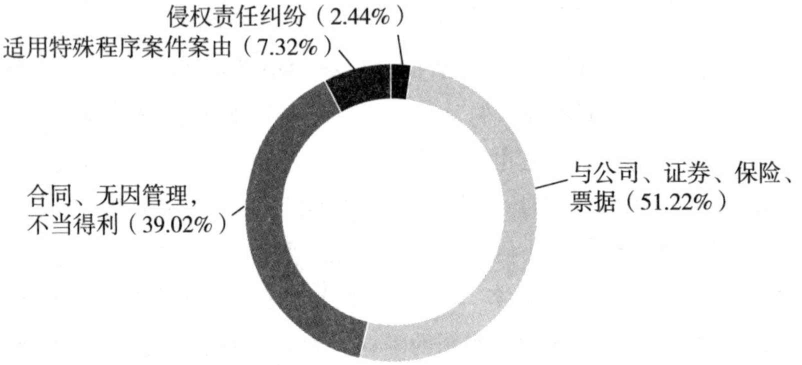

图4-2　案由分布图

通过对上市公司公告及检索案例的查阅，上市公司重大资产重组方面产生的纠纷，从案由角度可分为四大类：一是侵权责任纠纷，具体指业绩补偿义务人起诉会计师事务所侵权，请求撤销认定相关业绩未达标的审计报告；二是适用特殊程序案件案由，具体指案外人执行异议之诉，即上市公司申请终止其他案件对业绩补偿股份的执行；三是其他合同纠纷，具体指诉讼当事人在起诉时没有将盈利预测补偿协议归入具体的合同纠纷案由；四是与公司有关的纠纷，具体指股权转让纠纷以及业绩承诺人为了免除债务而提起的确认盈利预测补偿协议无效、确认股东大会决议效力或撤销股东大会决议的纠纷、投资者提起的证券虚假陈述责任纠纷等。除了当事人发生纠纷诉诸法院的纠纷外，还包括诉诸仲裁解决的案件，由于仲裁案件不对外公开，我们仅能通过上市公司公告了解部分信息，在此不作分析。

三、盈利预测补偿纠纷产生的原因

上市公司重大资产重组中涉及的盈利预测补偿到期无法兑付是引起纠纷的直接原因,但导致盈利预测无法实现及到期无法兑付的原因是引起盈利预测补偿纠纷的根本原因。

(一)盈利预测无法实现的原因

1. 宏观政策的影响。国家宏观政策调控会对标的资产所处行业造成严重影响。如弘高创意(并购弘高设计)的2016年业绩未实现的公告显示,2016年度房地产投资依然维持低位,房地产新开工面积、房屋竣工面积等继续维持低位增长,直接影响整个行业全年装饰工程的发包量和新开工面积;受行业宏观经济影响,业主方的现金流压力向上游传导,直接导致工程结算周期长,出现垫资项目比例增加等情况。[①] 前述原因直接导致2016年业绩未能实现。

2. 所处行业的影响。上市公司购买标的资产所在行业受市场整体疲软或竞争激烈等因素影响导致业绩承诺预期不能实现。如新宁物流(并购亿程信息)的2016年业绩未实现公告表示,由于新产品的不断推出和部分企业采取阶段性的价格竞争策略,亿程信息主要产品卫星定位车载设备的价格有所下降,硬件销售毛利率从2015年的49%下降到2016年的26%,原材料成本增加导致利润降低,以及其他多种因素,最终导致业绩未达标。

3. 重组后未能实现有效资源整合。重组本身是实现企业资源整合的一种手段,但由于管理理念不同等多种因素影响,重组后并未实现预期的协同效应,最终导致上市公司购买标的资产未能实现承诺业绩。

4. 承诺人涉嫌刑事犯罪。重组完成后,承诺人成为上市公司的控股股东或实际控制人。由于承诺人通过重大资产重组获取了巨额财富,一时间内缺少了对上市公司管理经营的动力,导致小部分承诺人利用股东地位占用上市公司资金或进行多方位利益输送,从而使标的资产无法实现业绩承诺。

5. 交易价格确定估值本身过高。交易前,由于信息不对称产生误判设置过高盈利预测标准而导致业绩补偿承诺明显无法实现的情况。

---

① 胡晓明、汪昊:《上市公司并购重组业绩承诺实现情况分析》,载微信公众号“金牌估值”,2019年11月22日。

(二)补偿到期无法兑付

业绩承诺补偿方式主要包括现金补偿、股份补偿、现金与股份相结合等方式，但受多种因素影响，补偿到期后承诺方无法向上市公司兑付其补偿承诺，上市公司仅能通过诉讼、仲裁的方式维护自身权益。在此情况下，承诺人不及时进行兑付的主要原因有三：一是承诺人的资金链早已出现问题，没有能力履行补偿义务；二是承诺人用于兑付承诺的股份已经于业绩承诺未到期前质押给证券公司或其他金融机构用于融资，承诺人已经无法履行补偿义务；三是承诺人具备履约能力，但承诺人认为上市公司存在违约情形，且对盈利预测无法实现负有主要责任。

四、盈利预测补偿纠纷的基本解决方式

在上市公司盈利预测无法实现的情况下，承诺人产生了业绩补偿义务。通过对上市公司公告及司法判例的检索，上市公司、承诺人等相关主体解决盈利预测补偿纠纷的方式有六种，具体如下：

第一，经过监管机构问询、上市公司催促，承诺人主动向上市公司履行业绩补偿义务。

第二，承诺人自身无法履行业绩补偿义务，通过转让所持上市公司股份或实施新的重大资产重组，由新的重组方承担业绩补偿义务。

第三，上市公司主动提起仲裁或诉讼，要求承诺人履行业绩补偿义务，承诺人以上市公司存在违约情形进行抗辩，但通常该等抗辩不会被法院采纳。

第四，承诺人以所持上市公司股份对外进行质押融资，且债权人已经办理强制执行公证、取得生效判决或已经进入法院强制执行阶段，上市公司以案外人执行异议之诉向法院申请终止其他案件对业绩补偿股份的执行，但目前上市公司取得成功的案例尚不存在。

第五，承诺人以确认盈利预测补偿协议无效、确认审议盈利预测补偿协议的股东大会决议无效或撤销该股东大会决议，以会计师事务所侵权为由起诉撤销确认盈利预测补偿未达标的审计报告等方式维护自身权益(或逃避承担补偿义务)。

第六，2016 年 6 月 17 日前，上市公司和承诺人可以依据《上市公司监管指引第 4 号——上市公司实际控制人、股东、关联方、收购人以及上市公司承诺及履行》的规定对业绩补偿承诺方案进行变更，但必须经过股东大会审议。《中国证监会关于

上市公司业绩补偿承诺的相关问题与解答》发布后，上市公司和承诺人不得再适用《上市公司监管指引第 4 号——上市公司实际控制人、股东、关联方、收购人以及上市公司承诺及履行》第五条的规定对业绩补偿方案进行变更。

五、盈利预测补偿纠纷的防范措施

结合本节所述盈利预测补偿纠纷产生的原因及承诺人采取的对策，我们提出以下防范措施，以供上市公司参考。

第一，增强对标的资产的识别能力，合理设定估值。上市公司在实施重大资产重组前应重视尽职调查阶段，重点关注标的资产的行业周期、经济规模、股本结构、财务状况、市场地位、技术水平、企业文化、抵抗风险能力等因素。上市公司在全面了解资产标的后应在交易中设定合理的估值（即盈利预测标准），避免因信息不对称导致估值过高而无法实现。

第二，加强重组完成后的协同效应，共同实现利益最大化。企业重组的目的是实现资源因素的优化配置，若重组完成后没有实现协同效应，则企业重组的目的落空，标的资产的盈利状况也势必无法达成。除此之外，重组方在获得资本市场给其带来丰厚收益的同时，应不忘初心、继续搞好实业，加强标的资产的经营管理、财务管理，从而实现企业重组的基本目的。

第三，合理设置盈利预测补偿方式及担保措施，避免补偿承诺落空。交易对方拟就业绩承诺作出股份补偿安排的，应当确保相关股份能够切实用于履行补偿义务。依据《中国证监会关于业绩承诺方质押对价股份的相关问题与解答》的规定，上市公司有权要求业绩承诺人在承诺期内质押重组中获得的、约定用于承担业绩补偿义务的股份（以下简称对价股份），且承诺人应保证对价股份优先用于履行业绩补偿承诺，不通过质押股份等方式逃废补偿义务；未来质押对价股份时，将书面告知质权人根据业绩补偿协议上述股份具有潜在业绩承诺补偿义务情况，并在质押协议中就相关股份用于支付业绩补偿事项等与质权人作出明确约定。

交易对方拟就业绩承诺作出现金补偿安排的，也应采取其他增信措施确保能够履行补偿义务，如要求承诺人增加连带保证责任人、股票质押、不动产抵押等，并事先办理强制执行公证。

盈利预测不达标时，上市公司应及时行权。在盈利预测经审计报告确认不达标、不能满足业绩承诺要求的情况下，上市公司应第一时间向承诺人主张权利，在合理时间内承诺人仍不履行义务，则上市公司应尽早进入司法程序，并采取诉前或诉中的财产保全措施，以避免取得生效判决或裁决后承诺人已经无可供执行财产。仅从解决争议的周期的角度看，建议盈利预测补偿协议的争议解决条款约定仲裁解决方式，这样更有利于在短时间内快速解决争议。

第四节　上市公司合并分立争议解决

公司合并分立是企业重组的重要手段之一，上市公司重组也不例外。上市公司通过公司合并调整经营战略、实现规模经济；通过公司分立实现公司经营的专门化、提升公司的经营效率。上市公司实施合并分立过程中会遇到一些特殊的法律问题需要格外关注，本节拟对这些特殊问题逐一进行介绍。

一、上市公司合并分立概述

（一）上市公司合并分立的概念及分类

依据《中华人民共和国公司法》第一百七十二条的规定，公司合并是指两个或两个以上公司依照法定的条件和程序，合并为一个公司的行为。公司合并包括吸收合并和新设合并两种形式。吸收合并又称“归并”，是指一个以上的原有公司并入现存公司，被吸收的公司消灭。新设合并是指两个以上原有公司合并设立一个新的公司，原有公司消灭。①

依据《中华人民共和国公司法》第一百七十五条的规定，公司分立，是指一个公司依照法定条件和程序，分裂为两个或者两个以上公司的行为。分立包括创设分立和存续分立两种形式。创设分立又称“新设分立”，是指公司分立为两个或两个以上的新的公司，原公司消灭。存续分立又称“派生分立”，是指公司分立为两个或两个以上的新的公司，但原公司仍然存续的公司分立形式。②

（二）上市公司合并分立的类型

本节我们通过巨潮资讯网对“吸收合并”“新设合并”“分立”字样进行检索，上

---

① 人民法院出版社编著：《最高人民法院民事案件案由适用要点与请求权规范指引》，人民法院出版社 2019 年版，第 701 页。

② 人民法院出版社编著：《最高人民法院民事案件案由适用要点与请求权规范指引》，人民法院出版社 2019 年版，第 702 页。

市公司不存在新设合并的案例，但吸收合并的案例较多；上市公司存在分立的案例较少，但上市公司全资子公司或控股子公司分立的案例较多。

在实践操作中，通常把上市公司吸收合并的方式分为三类。一是正向吸收合并，主要指上市公司母公司吸收合并上市公司，即上市公司母公司在境内A股实现首次公开发行股票并上市，上市公司股东成为母公司的股东（或通过行使现金选择权退出）。例如，美的集团换股吸收合并美的电器。二是反向吸收合并，主要指上市公司通过向母公司发行股份的方式吸收合并母公司，吸收合并完成后，上市公司存续，母公司注销。例如，淮河能源吸收合并淮南矿业、泰和新材吸收合并泰和集团。三是横向吸收合并，主要指一方通过向另一方发行股份的方式吸收合并另一方主体。例如，中国南车吸收合并中国北车。①

由于上市公司分立的案件本身较少，在此将上市公司分立的方式分为两类：一是上市公司自身通过新设分立或派生分立的方式分立为两个以上的公司，例如，东北高速分立为吉林高速和龙江交通。二是上市公司的全资子公司或控股子公司通过新设分立或派生分立的方式分立为两个以上的子公司。

（三）上市公司合并分立的法律依据

在我国现行监督管理体系下，上市公司实施合并分立的主要法律法规依据包括《中华人民共和国公司法》《中华人民共和国证券法》《上市公司重大资产重组管理办法》《上市公司收购管理办法》《首次公开发行股票并上市管理办法》《上市公司国有股权监督管理办法》《外国投资者对上市公司战略投资管理办法》等。

除以上主要的法律法规依据外，在具体的上市公司合并分立案例中，由于交易相对方主体的性质不同、交易标的额不同、市场占有率不同等因素，上市公司所依据的法律范围及监管机构也有所不同，大多时候还会涉及国有资产监督管理机构及国有股权变更的相关法律规定、商务部及反垄断、外资企业投资、设立、变更等相关法律规定和市场监督管理部门及市场监督管理相关法律规定等。

---

① 熊川、王振：《并购重组|上市公司吸收合并中的几个实操问题》，载微信公众号“资本市场法律服务札记”，2019年9月19日。

二、上市公司合并分立的法定程序

（一）上市公司合并的法定程序

依据《中华人民共和国公司法》（2018 年修正）第一百七十二条至第一百七十四条，《中华人民共和国公司登记管理条例》第六条、第七条、第八条和第三十八条，《上市公司重大资产重组管理办法》（2020 年修正）和《上海证券交易所股票上市规则》第七节等相关规定，上市公司合并的法定程序如下：

表 4－1 上市公司合并法定程序

步骤	具体内容
第一步	合并预案、合并方案、合并协议等经过各方内部审议程序（董事会、股东大会、监事会、职工代表大会）
第二步	合并各方通过或取得上级股东的审议或批复（如需要）
第三步	编制资产负债表及财产清单
第四步	1. 存在异议股东，异议股东选择现金退出； 2. 公司应当自作出合并决议之日起 10 日内通知债权人，并于 30 日内在报纸上公告。债权人自接到通知书之日起 30 日内，未接到通知书的自公告之日起 45 日内，可以要求公司清偿债务或者提供相应的担保
第五步	报商务部进行反垄断审查并取得通过
第六步	符合重大资产重组条件的，报证监会审核并取得核准
第七步	办理合并公司的工商变更或注销手续

（二）上市公司分立的法定程序

依据《中华人民共和国公司法》（2018 年修正）第一百七十五条、第一百七十六条，《中华人民共和国公司登记管理条例》第六条、第七条、第八条和第三十八条，《首次公开发行股票并上市管理办法》，《上市公司重大资产重组管理办法》（2020 年修正）和《上海证券交易所股票上市规则》第七节等相关规定，上市公司分立的法定程序如表 4－2 所示。

表 4－2　上市公司分立的法定程序

步骤	具体内容
第一步	分立方案等经过上市公司内部审议程序（董事会、股东大会、监事会、职工代表大会）
第二步	上市公司通过或取得上级股东的审议或批复（如需要）
第三步	编制资产负债表及财产清单
第四步	1. 存在异议股东，异议股东选择现金退出； 2. 公司应当自作出分立决议之日起 10 日内通知债权人，并于 30 日内在报纸上公告
第五步	符合重大资产重组条件的，报证监会审核并取得核准
第六步	分立后股票发行上市的，报证监会审核并获得核准
第七步	办理分立公司的工商设立、变更或注销手续

三、上市公司合并分立的异议股东保护

依据《中华人民共和国公司法》（2018 年修正）第七十四条的规定，股东对公司股东大会审议关于公司合并、分立事项的议案投反对票的，有权要求公司按照合理的价格收购其股权。若自股东大会会议决议通过之日起 60 日内，股东与公司不能达成股权收购协议的，股东可以自股东大会会议决议通过之日起 90 日内向人民法院提起诉讼。在实施合并、分立中，普通公司应以合理价格对异议股东所持公司股权进行回购；而上市公司具有公众属性，监管机构为了维护上市公司中小股东的利益，均要求上市公司在合并、分立方案中体现对于异议股东的保护措施，即要求制定具体的现金选择退出机制，符合一定条件的股东有权在特定期限内以方案中约定的公允价格选择退出。现金选择退出制度充分体现了上市公司的公众属性及保护中小股东利益的监管原则。①

四、上市公司合并分立的债权人保护

依据《中华人民共和国公司法》第一百七十三条和第一百七十四条的规定，上市公司在作出合并决议之日起 10 日内通知债权人，并于 30 日内在报纸上公告。债

① 潘霞蓉：《论公司合并项下少数股东权利的保护》，载《宁波大学学报》（人文科学版）2003 年第 3 期。

权人自接到通知书之日起30日内，未接到通知书的自公告之日起45日内，可以要求公司清偿债务或者提供相应的担保。上市公司收到债权人请求后应对债务进行清偿或提供相应的担保措施。若上市公司债权人未在法定期限内向上市公司提出清偿或提供担保的请求，则债权人有权向合并后存续的公司或者新设的公司主张债权。

依据《中华人民共和国公司法》第一百七十五条和第一百七十六条的规定，公司应当自作出分立决议之日起10日内通知债权人，并于30日内在报纸上公告。债权人通过通知或公告知晓公司分立的事实后，有权在公司分立后向分立后的两家或两家以上的任一公司主张债权。但是，公司在分立前与债权人就债务清偿达成的书面协议另有约定的除外。

依据《中华人民共和国公司登记管理条例》（2016年修订）第七十条的规定，公司在合并、分立时，不按照规定通知或者公告债权人的，由公司登记机关责令改正，处以1万元以上10万元以下的罚款。

五、上市公司合并分立的职工保护

上市公司应具备健全的治理机制、完善的职工保护制度，上市公司合并、分立方案中应包含职工安置的内容，且该等方案应当经上市公司职工代表审议通过。上市公司在合并、分立中对职工的安置应严格按照我国劳动法及劳动合同法相关规定执行。若上市公司职工安置存在变相降低职工待遇或其他工作条件等违反劳动法相关规定的行为，职工可以向合并后的主体或分立后的主体提起劳动仲裁进行维权。①

六、上市公司合并分立的争议解决

上市公司属于公众公司，但其在公司合并分立的争议解决中与普通非上市公司并无区别。在《民事案件案由规定》（2011年修正）中，与公司合并分立直接相关的案由有四类，分别为公司合并纠纷、企业兼并合同纠纷、公司分立纠纷和企业分立合同纠纷。在司法实践中，当发生公司合并纠纷时，当事人很难准确适用前述案由，公司合并纠纷和企业兼并合同纠纷案由很难区分，公司分立纠纷和企业分立合同纠纷案由同样很难区分。我们认为，如果当事人拟就公司合并或分立的一系列行为提起诉讼，应选择公司合并纠纷、公司分立纠纷案由；如果当事人拟就公司合并或公司分立的某个具

① 孙晓：《浅谈公司合并过程中职工利益的保护立法完善》，载《中国外资》2011年第2期。

体协议提起诉讼，则应选择企业兼并合同纠纷、企业分立合同纠纷案由。

（一）公司合并纠纷

1. 公司合并的法律后果

公司合并后的法律后果主要体现在两个方面：一是公司的组织结构发生变化，公司合并会导致合并主体的部分或全部消灭，并同时导致合并后主体股权结构发生变化或新设一个合并后主体；二是合并主体的权利义务全部概括转移至合并后主体。

公司合并会直接导致的上述法律后果，上述法律后果涉及合并主体的股东及债权人的直接利益，若公司合并未依照《中华人民共和国公司法》相关规定履行合并程序，势必会导致合并主体股东及债权人的利益无法得到保障。

2. 管辖法院

依据《中华人民共和国民事诉讼法》第二十六条的规定，因公司设立、确认股东资格、分配利润、解散等纠纷提起的诉讼，由公司住所地人民法院管辖，但合同已经明确约定仲裁管辖的除外。

3. 原告的诉求

原告在公司合并纠纷案件中一般提起两类诉请：一类是请求法院判令解除合并协议，理由为被告违约导致合同目的无法实现；另一类是请求法院判令公司合并无效，理由为被告没有依照公司法的相关规定履行审议程序、债权人通知和公告义

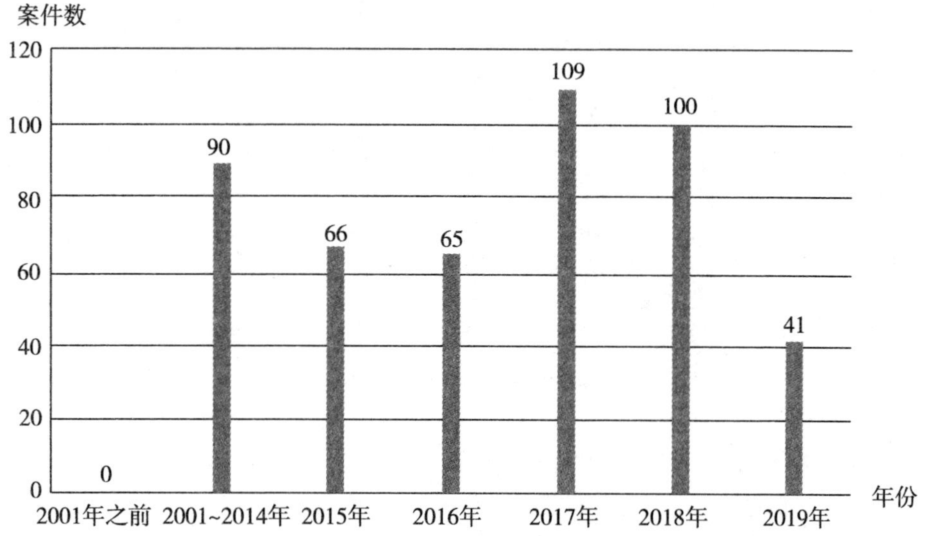

图4－3　公司合并纠纷案件数量

务、对异议股东所持公司股权进行回购、对债权人提出清偿或提供担保的请求拒绝等。若异议股东向合并后的主体主张回购股票、债权人向合并后的主体主张债务清偿或提供担保,则该类纠纷属于普通的债权债务纠纷,不属于公司合并纠纷。

(二)企业兼并合同纠纷

1. 企业兼并的概念

企业兼并是指企业结合。依据《关于企业兼并的暂行办法》第一条的规定,企业兼并是指一个企业购买其他企业的产权,使其他企业失去法人资格或改变法人实体的一种行为。企业兼并是企业合并的上位概念,企业合并是企业兼并的一种方式。企业兼并并不是全部导致企业消失。企业兼并合同纠纷是指企业在兼并其他企业过程中产生的合同纠纷。

2. 管辖法院

依据《中华人民共和国民事诉讼法》第二十三条的规定,企业兼并合同纠纷案件应当由被告住所地或者合同履行地人民法院管辖,但合同已经对管辖法院、争议解决方式作出明确约定的除外。

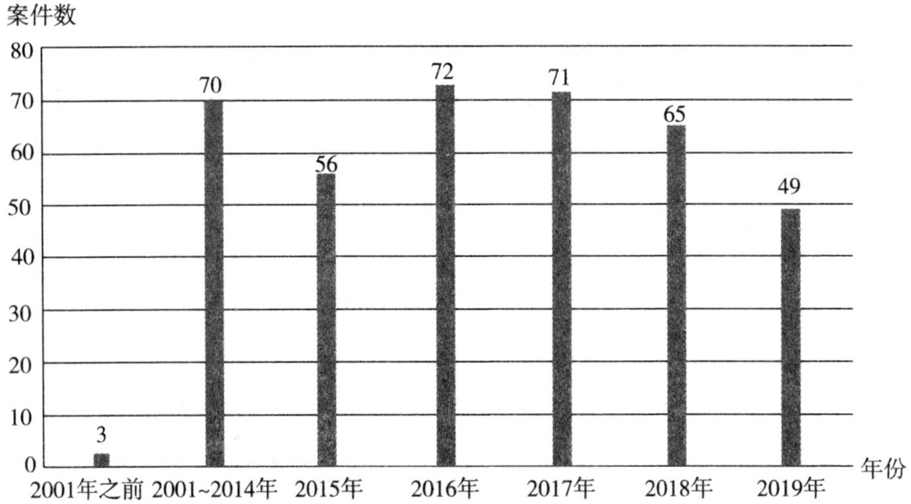

图4-4　企业兼并合同纠纷案件数量

3. 原告的诉求

原告在企业兼并合同纠纷案件中一般提起三类诉请:第一类是请求法院判令解除涉及企业兼并的协议,理由为被告违约导致合同目的无法实现;第二类是请求被告继续履约并赔偿相应损失;第三类是请求法院判令相关协议无效。

(三)公司分立纠纷

1. 公司分立的法律后果

公司分立的法律后果主要体现在两个方面:一是公司的组织结构发生变化,公司分立后会产生多个主体,并同时导致合并主体股权结构发生变化或新设一个或一个以上分立后主体;二是公司分立后的债务全部由分立后的主体承担连带责任,除非公司在分立前已经就相关债务承担与公司债权人达成一致意见。

公司分立会直接导致上述法律后果,上述法律后果会涉及分立主体的股东及债权人的直接利益,若公司分立未依照《中华人民共和国公司法》相关规定履行分立程序,势必会导致股东及债权人的利益无法得到保障。

2. 管辖法院

依据《中华人民共和国民事诉讼法》第二十六条的规定,因公司设立、确认股东资格、分配利润、解散等纠纷提起的诉讼,由公司住所地人民法院管辖,但合同已经明确约定仲裁管辖的除外。

3. 原告的诉求

原告在公司分立纠纷案件中一般提起两类诉请:第一类是请求法院判令解除分立协议,理由为被告违约导致合同目的无法实现;第二类是请求法院判令公司分立无效,理由为被告没有依照公司法的相关规定履行审议程序、债权人通知和公告义务、对异议股东所持公司股权进行回购等。若异议股东向分立后的主体主张回购股票、债权人向分立后的主体主张债务清偿,则该类纠纷属于普通的债权债务纠纷,不属于公司分立纠纷。

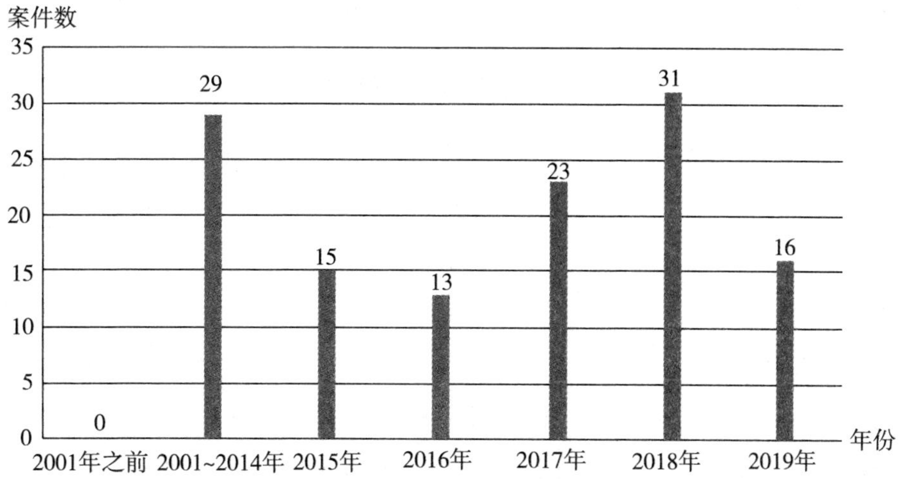

图4-5 公司分立纠纷案件数量

（四）企业分立合同纠纷

1. 企业分立合同纠纷的概念

企业分立合同纠纷系企业在分立的过程中产生的合同纠纷。

2. 管辖法院

依据《中华人民共和国民事诉讼法》第二十三条的规定，企业分立合同纠纷案件应当由被告住所地或者合同履行地人民法院管辖，但合同已经对管辖法院、争议解决方式作出明确约定的除外。

3. 原告的诉求

原告在企业分立合同纠纷案件中一般提起三类诉请：第一类是请求法院判令解除涉及企业分立的协议，理由为被告违约导致合同目的无法实现；第二类是请求被告继续履约并赔偿相应损失；第三类是请求法院判令相关协议无效。

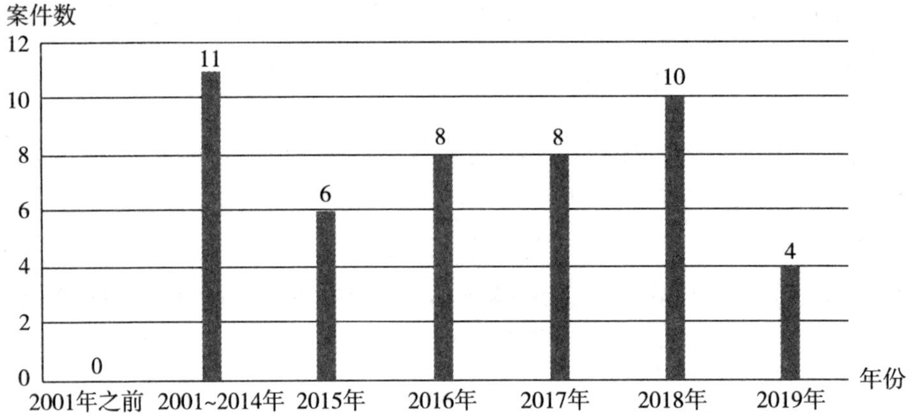

图4－6　企业分立合同纠纷案件数量

第五章

上市公司控制权法律问题

第一节　上市公司控制权概述

上市公司控制权问题源于公司两权分离理论,因上市公司的公众属性,该问题已引起上市公司及其股东、管理层,证券行政监管部门,研究机构,社会公众等的广泛关注。近年来,更是出现了国美事件、中芯国际控制权之争、宝万之争等具有重大社会影响的控制权之争案例。对于该问题的研究,以经济学、金融学、管理学、会计学等学术领域居多,基于法学方面的研究,尚存一定的空间。我们试图以上市公司控制权的概念、法律层次和特征的角度为切入点,对公司控制权之争的法学原理形成初步的理解。

一、上市公司与上市公司控制权的概念

(一)上市公司的概念

上市公司乃至公司制度体系对我国来说均系"舶来品"。1609 年,阿姆斯特丹证券交易所在荷兰阿姆斯特丹市诞生,成为世界上第一个股票交易所,而成立于 1602 年的荷兰东印度联合公司则成为第一家可以上市交易的股份公司。在证券交易所的交易框架下,公司股票实现了真正意义上的流通,荷兰人也充分意识到了股票市场具有募集生产资金、优化资源配置等优势。中国最早的证券交易所诞生于 1918 年的北京,称北京证券交易所,此后上海、汉口、天津等地纷纷成立证券交易所从事股票、债券等金融证券交易。由于历史原因,中国(除香港、澳门和台湾地区)的证券交易所及上市公司的历史进程一度中断,直至 1990 年,上交所和深交所分别成立,而延中实业等 13 家上市公司成为在沪、深两市登陆的第一批上市公司。

根据《中华人民共和国公司法》第一百二十条的规定,上市公司是指其股票在证券交易所上市交易的股份有限公司。顾名思义,股票在证券交易所上市交易的股份有限公司,称为上市公司。上市公司是股份有限公司的一类,因其上市行为,使之成为具有公开交易特性的资合性公众公司,由此将研究对象限于上市公司具有独特的社会意义。

(二)两权分离理论简述

关于两权分离的研究起源于伯利(Adolf A. Berle)和米恩斯(Gardiner C. Means)

对美国20世纪30年代经济的统计资料的研究。[①] 伯利首先发现，所有权的分散，在各大公司显然已经被推进到极端的程度，而在中等规模公司之中也已达到相当的程度。一般来说，公司越大，其所有权越会分散。[②] 但是，伯利和米恩斯当时认为，股权高度集中与股权分散的公司相比，所有人在管理经营过程中所产生的外部性实现内在化，即两权合一，企业的价值将增加。即该两名学者虽然通过客观数据创造了两权分离之理论，但其仍然认为两权合一的企业具有更高的运行效率。企业所有者外在于企业控制的原因是控制企业所需要的专业能力和所有者个人兴趣、能力的不一致。

钱德勒（Tyson Chandler）从经济史角度验证了两权分离理论。他分析了19世纪以来美国现代企业成长的过程，并认为在现代企业中，由于公司的股权分散加剧，以及大公司由专职的企业管理者经营管理，那些拥有企业管理知识并拥有企业管理信息的企业管理者实际拥有了公司的控制权。因此，公司所有权和经营权分离更能体现现代企业的特点。[③]

由此观之，两权分离理论，具体指资本所有权（表现为投资者拥有的投入资产权）和资本运作权（表现为管理者经营、运作投资者投入资产权）的分离。两权分离理论为控制权理论奠定了基础。

（三）公司控制权的概念

关于公司控制权的概念在理论界尚未形成通说，基于法律实务的考虑，我们主要着眼于立法层面的相关概念。美国法律界定公司控制权为直接或间接地对一个商业组织的管理（或经营）政策施加控制性影响力的权力。控制权可以通过对股权权益或表决权实现。控制权人一般根据合同或其他安排通过一个或几个中间人实施对公司的控制。[④] 英国《伦敦城市守则》规定，持有或合并持有公司30%或以上投票权的股份，无论该持有量是否构成实际控制权。《香港公司收购及合并守则》提出了类似的概念，除文意另有所指，控制权须当作持有或合并持有公司35%或以

---

① 蔡吉甫：《我国上市公司控制权配置现状与公司治理效率关系研究》，载《河北经贸大学学报》2005年第26卷第1期。

② ［英］阿道夫·A. 伯利：《现代公司与私有财产》，甘华鸣、罗锐、蔡如海译，商务印书馆2005年版，第130~160页。

③ 钱德勒：《看得见的手——美国企业的管理革命》，商务印书馆1987年版，第1~22页。

④ 美国法律研究院：《公司治理原则——分析与建议》（上卷），楼建波等译，法律出版社2006年版，第13~14页。

上的投票权，无论该持有量是否构成实际控制权。①

在我国，根据《中华人民共和国公司法》第二百一十六条第（三）项的规定，实际控制人，是指虽不是公司的股东，但通过投资关系、协议或者其他安排，能够实际支配公司行为的人。也就是说，实际控制就是通过投资关系、协议或者其他安排，能够实际支配公司的行为。根据《企业会计准则第 36 号——关联方披露》第三条第二款的规定，控制，是指有权决定一个企业的财务和经营政策，并能据以从该企业的经营活动中获取利益。《上市公司收购管理办法》第八十四条规定，有下列情形之一的，为拥有上市公司控制权：(1)投资者为上市公司持股 50% 以上的控股股东；(2)投资者可以实际支配上市公司股份表决权超过 30%；(3)投资者通过实际支配上市公司股份表决权能够决定公司董事会半数以上成员选任；(4)投资者依其可实际支配的上市公司股份表决权足以对公司股东大会的决议产生重大影响；(5)中国证监会认定的其他情形。从法律实务上，我国法律采纳了源于英国的控制权定义，从股权、表决权、董事会选任等方面作出了具体的定义。

二、上市公司控制权的法律层次

（一）股东控制权

股东控制权是指权利主体为控制股东的公司控制权。此种控制权是以所有权为基础，又可细分为近乎全部所有控制权、多数所有控制权、非多数合法所有控制权和少数所有控制权。② 这里的“近乎全部”、“多数”、“非多数”和“少数”均是基于该股东所持股票占公司总股本的比例。

股东控制权普遍存在于非上市公司中，因其所有权（股权）与控制权出现了重合，实际是两权合一的传统公司形态，所以较两权分离的现代公司，其形态和结构均更简单，适合非上市公司的运营和应用。但是，在上市公司领域，股东控制权型的公司比例则较非上市公司的比例要小，其原因是上市公司的股权更加分散，管理更加专业，因此，两权分离的公司形态更为集中。

（二）经营者控制权

经营者控制权，又称“内部人控制权”，是指权利主体为控制经营者的公司控制

---

① 祝红梅、王勇：《上市公司控制权市场功能研究》，中国金融出版社 2007 年版，第 6 页。

② 王志鹏：《上市公司控制权的法律规制》，湖南师范大学出版社 2016 年版，第 23 页。

权。在公司规模日趋变大、所有权分散化增强的过程中，公司控制权与作为所有者的股东整体逐渐疏离直至最终完全割裂。当最大的单一股权不足1%时，也就没有哪个股东能够仅仅凭借其持有的股票而处于对经营者施加较大压力的地位；或者以其持有的股票为核心，集中多数投票权而取得控制地位。① 虽然以上是伯利与米恩斯阐述的极端案例，但其揭示的是由传统两权合一公司向两权分离的现代公司的演进过程，即客观上，随着公司的发展，特别是上市成为具有社会属性的公众公司，公司控制权势必与公司所有权分离，并落入经营者的手中。

（三）利益相关者控制权

利益相关者控制权是指权利主体为公司利益相关者的公司控制权。② 该种控制权可以理解为一种外部控制权，即公司陷入危机，公司的债权人或其他利益相关方，甚至政府、法院等行政、司法机关均有可能介入公司，从而取得公司控制权。该种情形越来越多地被利用成为一种控制权争夺的授权，即利用上市公司深陷危机的情形，利用关联方为公司债权人的机会，通过债转股模式、诉讼—执行模式或破产模式等，对公司进行控制。

（四）共同控制权

共同控制权是指权利主体由前述几类控制权主体当中的两类或多类以相对独立平等的地位，通过相互合作的方式共同拥有的公司控制权。比如，由两个或多个强有力的持少数股权者通过某种可操作的安排来共同保有控制权，或者少数股权者与经营者联合进行控制的情况，以上公司控制权模式在美国都很常见。在这种情况下，我们认为控制权已被分割，并可以将其称为“共同控制”。③ 然而，这种控制权在中国境内上市公司中逐步减少，公司往往通过员工股权激励的方式，将经营者的股权限定在安全范围内，且将该等持股与员工在本企业的职业生涯高度黏合，实质上是排除共同控制权的一种方式。另外，公司外部利益相关者与公司控制权形成的是天然的排斥关系，只有通过诉讼的强制手段才能实现，因此利益相关者控制

---

① [美]阿道夫·A. 伯利：《现代公司与私有财产》，甘华鸣、罗锐、蔡如海译，商务印书馆2005年版，第93~95页。

② [美]阿道夫·A. 伯利：《现代公司与私有财产》，甘华鸣、罗锐、蔡如海译，商务印书馆2005年版，第100页。

③ [美]阿道夫·A. 伯利：《现代公司与私有财产》，甘华鸣、罗锐、蔡如海译，商务印书馆2005年版，第99页。

权也很难与股东控制权或经营者控制权兼而有之。

三、上市公司控制权的特征

(一)终极性

伯利和米恩斯认为,公司控制权是指挑选董事会成员或大部分董事来决定性影响公司各项活动的权力。[①] 美国的布隆伯格(Michael Bloomberg)教授持相似的观点,即选择多数董事并因此支配公司运营的权力。罗斯(Stephen Ross)教授主张对公司控制权采取更为宽泛的界定,为主导公司决策及业务经营的权力。[②] 也就是说,区别于经济学理论的层级控制权,法学理论所称公司控制权体现在公司自身的存续及全部资源所具有的排他的决定性和支配性。[③] 在此理论背景下,似乎股东控制权或股东授权下的控制权,才能真正体现公司控制权的本质,这又将引出一个重要的理论课题,即公司控制权的私利问题,本节因篇幅限制,暂不作讨论。

(二)收益正当性

取得公司控制权的目的还是获得更好的收益,首先需要澄清的是,我们讨论的收益是在法律框架下的合法收益或称正当收益,而非法律框架以外的违法收益甚至犯罪所得。近年来,上市公司实际控制人利用关联交易掏空上市公司的新闻屡见不鲜,该等行为理应受到法律的严惩并受到道德上的严厉谴责,其收益具有法律上的不正当性,非本章讨论的范畴。那么,这里所称的"收益",分为两个层面,即直接收益和间接收益。直接收益,又可称为"原生性收益"或"本身收益",如控制股东基于公司控制权而获得的共享收益(分红等)或控制经营者通过行使公司控制权来锻炼自我、完善自我、实现自我并获取高额薪酬。间接收益,亦作发展派生性收益或衍生收益。主要体现在控制股东凭借自身经济实力和社会影响力而谋取的外部发展机会以及通过转让控制权所获得的溢价收益;控制经营者获取的股票期权等金钱激励或其他社会利益。[④] 因此,人类本性中的逐利性,促使公司控制权成为炙手可热的争夺焦点。

---

① [美]阿道夫·A. 伯利:《现代公司与私有财产》,甘华鸣、罗锐、蔡如海译,商务印书馆2005年版,第79页。

② 殷召良:《公司控制权法律问题研究》,法律出版社2001年版,第178页。

③ 王志鹏:《上市公司控制权的法律规制》,湖南师范大学出版社2016年版,第27页。

④ 甘培忠:《公司控制权的正当行使》,法律出版社2006年版,第34~42页。

（三）动态性

上市公司控制权因其巨大的吸引力，使其几乎不可能一成不变，动态性由此便成为公司控制权的显著特征之一，公司控制权的争夺、转移就是动态性的具体表现。具体而言，在企业正常运行情况下，股东之间、股东与经营者之间及其二者与外部人均可能出现公司控制权之争夺或通过协议的方式转移或转让控制权；当企业经营出现债务危机时，公司外部的利益相关方主要为债权人，经法律程序取得或安排公司的控制权。而债务危机的临界点也就是公司控制权安排在股东（经营者、内部人等）与外部利益相关方（债权人等）之间转换的临界点。[①]

以上对上市公司控制权概念、层次及特征的梳理，有利于我们直观上市公司控制权争夺的动机，以及控制权私利属性的深刻烙印，也有利于我们基于对该等权力（利）的理解，去进一步探讨公司控制权的相关法律实务问题。

第二节　上市公司股东表决权限制路径

限制上市公司股东表决权的制度性安排有很多，但法律法规对此作出明文规定的却极少。[②] 股东表决权是上市公司控制权的重要体现方式，因此，在上市公司控制权争夺战中，相关各方往往通过援引《证券法》《上市公司收购管理办法》的相关规定，以"违规举牌方被采取监管措施""责令改正尚未完成"等理由企图限制违规股东所持股份表决权的行使。但遗憾的是，前述相关规定并未明确是否改正完成的标准以及限制表决权的监管主体及程序，导致相关各方维权之路困难重重。本节拟对违规举牌被采取监管措施背景下的上市公司股东表决权限制路径及可行性进行分析。

一、相关概念释义及规定汇总

所谓"违规举牌"，是指收购人未依法履行收购报告和信息披露义务购买上市公司股票的行为。[③] 违规举牌行为不仅侵害了投资者的知情权，也侵害了投资者根

① 徐向艺：《公司治理——理论与实证研究》，经济科学出版社2008年版，第56页。

② 莫壮弥：《试析违反权益披露义务的法律责任》，载《金融法苑》2016年第2期。

③ 赵国富：《"蒙面收购"监管制度之适用与完善》，载顾功耘主编：《公司法律评论》（2017年卷），上海人民出版社2017年版。

据本应披露的信息进行决策的投资决策权;对于控股股东、实际控制人而言,客观上也因此丧失了采取反收购措施的机会。对于违规举牌方的监管措施及其股东权利的限制详见于以下规定:

《中华人民共和国证券法》(2019 年修订)第二百一十三条　收购人未按照本法规定履行上市公司收购的公告、发出收购要约等义务的,责令改正,给予警告,并处以五十万元以上五百万元以下的罚款。对直接负责的主管人员和其他直接责任人员给予警告,并处以二十万元以上二百万元以下的罚款。

《上市公司收购管理办法》(2019 年修订)第七十五条　上市公司的收购及相关股份权益变动活动中的信息披露义务人,未按照本办法的规定履行报告、公告以及其他相关义务的,中国证监会责令改正,采取监管谈话、出具警示函、责令暂停或者停止收购等监管措施。在改正前,相关信息披露义务人不得对其持有或者实际支配的股份行使表决权。

第七十六条　上市公司的收购及相关股份权益变动活动中的信息披露义务人在报告、公告等文件中有虚假记载、误导性陈述或者重大遗漏的,中国证监会责令改正,采取监管谈话、出具警示函、责令暂停或者停止收购等监管措施。在改正前,收购人对其持有或者实际支配的股份不得行使表决权。

第七十七条　投资者及其一致行动人取得上市公司控制权而未按照本办法的规定聘请财务顾问,规避法定程序和义务,变相进行上市公司的收购,或者外国投资者规避管辖的,中国证监会责令改正,采取出具警示函、责令暂停或者停止收购等监管措施。在改正前,收购人不得对其持有或者实际支配的股份行使表决权。

第七十八条　收购人未依照本办法的规定履行相关义务或者相应程序擅自实施要约收购的,中国证监会责令改正,采取监管谈话、出具警示函、责令暂停或者停止收购等监管措施;在改正前,收购人不得对其持有或者支配的股份行使表决权。

细究上述规定,有三点内容值得注意:第一点,如何认定违规行为改正是否完成以及限制表决权的监管主体及程序并不明确。第二点,《证券法》(2019 年修订)第二百一十三条限制的是收购人违反公告或披露义务之后收购的股份的表决权,收购人对此前持有的股份仍是有表决权的;而《上市公司收购管理办法》限制的是违规举牌方持有的全部股份,包括违规举牌之前的股份,这显然超出了上位法《证券法》的规定范畴。第三点,上述规定限制的均仅是表决权,并不包括参加股东大会、提交议案等权利。明确以上三点,利于对后文分析内容的理解。

二、表决权限制路径及可行性分析

实践中,就本章所探讨事项,针对上市公司股东表决权的限制路径大致有四种:一是在公司章程中设置限制性规定,明确限制违规举牌方的股东表决权;二是通过董事会或者股东会决议形式对违规举牌方的表决权进行限制;三是由中国证监会以行政处罚决定或者采取其他监管措施的形式对违规举牌方的表决权进行限制;四是上市公司或其股东诉请法院判决对违规举牌方表决权进行限制。接下来,我们将结合相关案例对前述四种路径的可行性一一进行分析。

(一)公司章程设置限制性规定

成都市路桥工程股份有限公司(以下简称成都路桥公司)为对抗收购人李某的违规举牌行为,即采取了通过公司章程设置限制性规定的做法以限制其表决权。2016 年 3 月,成都路桥公司通过股东大会决议,修改其公司章程第三十七条,增设第三十七条第(五)项,将违反公告、信息披露的行为设定为永久性的"视为放弃表决权,其所持或所控制股票不享有表决权,公司董事会有权拒绝其行使除领取股利以外的其他股东权利"。

针对成都路桥公司的做法,李某向成都市武侯区人民法院提起诉讼,诉请判令成都路桥作出的上述修改公司章程的决议内容无效。① 本案经一、二审法院审理裁判确认该决议内容无效。一审法院裁判认为,《中华人民共和国公司法》第四条规定,公司股东依法享有资产收益、参与重大决策、选择管理者等权利。股东参与重大决策权和选择管理者的权利属于公司法赋予股东的固有权利,而表决权是其中最重要内容。上述股东权利非依据法律规定或股东自行放弃,不得以章程或股东大会决议予以剥夺或限制。依照《上市公司收购管理办法》第七十五条之规定,信息披露义务人存在信息披露违法行为,由证券监管机构责令改正,在改正前,相关信息披露义务人不得对其持有或者实际支配的股份行使表决权。因此,在信息披露义务人的违法行为改正后,其表决权受到限制的前提条件就不存在,其应享有完整的股东权利。成都路桥公司 2016 年 3 月 11 日股东大会决议修改章程第三十七条的内容,其中增加的第五项内容,将投资者增持公司股份过程中违反信息披露义务的行为视为永久性放弃表决权,并规定"公司董事会有权拒绝其行使除领取股利以

① (2017)川 01 民终 14529 号判决书。

外的其他股东权利"，该内容违反法律规定，依据《中华人民共和国公司法》第二十二条第一款关于"公司股东会或者股东大会、董事会的决议内容违反法律、行政法规的无效"的规定，应为无效。成都路桥公司提出，深交所对该公司上述修改章程的决议未提出异议，且其他上市公司也有类似限制违法股东权利的章程。对此审理法院认为，人民法院依照《中华人民共和国公司法》相关规定对股东大会决议效力进行个案审查，证券交易所有无对上市公司股东大会决议提出异议，以及其他上市公司是否存在类似情形，不影响法院对案涉股东大会决议效力的判断。基于以上意见，一审法院判决确认成都路桥公司修改公司章程的决议内容无效，二审成都市中级人民法院对此予以维持。

无独有偶，在ST新梅股权纠纷案中，对于目标公司是否可以通过修改章程来限制甚至剥夺违规举牌方的表决权的争议焦点，法院裁判认为："'一股一权'和股东多数决制度决定了章程内容和股东大会决议体现的是大股东的意志和多数股东的利益，中小股东的发言权往往无法得以伸张。一旦章程对表决权的限制性规定开立先例，该规则的运用很可能会背离初衷，演变为大股东借以排挤中小投资者的工具。且表决权作为股东最基本的权利，如章程和决议可轻易改弦易辙来限制和剥夺表决权，将会彻底改变公司的基本管理模式，动摇公司法律制度的根基和'股东会中心主义'的精义。"①对此，我们也认为，表决权不能以章程设定和股东会决议为转移，章程的限制性条款并不能当然剥夺股东的表决权。

（二）董事会决议限制表决权

在深圳市康达尔（集团）股份有限公司（以下简称康达尔公司）与京基集团有限公司（以下简称京基公司）公司决议撤销纠纷案②中，康达尔公司董事会于2015年11月作出的第八届董事会2015第六次临时会议决议，决议确认林某、京基公司及其一致行动人在改正其违法行为（违法增持公司股票）前不得对其持有的公司股份行使表决权。为此，京基公司将康达尔公司诉至深圳市福田区人民法院，请求确认前述决议无效。

本案历经一审、二审、再审，三级法院均支持了京基公司主张决议无效的诉讼请求。裁判意见大概可概括为三点：第一，认定京基公司是否存在证券违法行为，系

---

① 陈一新：《违规举牌股东表决权效力分析及其违规责任构思》，载《河南广播电视大学学报》2017年第2期。

② （2016）粤03民终13834号判决书。

证券监管部门职责及司法机关的权力范围，没有任何法律、行政法规授权公司董事会具有这一公法项下的权力。第二，限制股东权利应当由有权机关作出。《上市公司收购管理办法》(2014 年修订)第七十五条规定明确了作出相应处罚的机关系中国证监会，而非公司董事会。并且，康达尔公司章程第一百零七条所约定的董事会可以行使的职权中并未限制股东权利，康达尔公司也没有举证证明有法律、行政法规授权其董事会可以限制股东权利，故康达尔公司董事会作出限制股东权利的决议缺乏权力依据。第三，《中华人民共和国公司法》第四条规定，公司股东依法享有资产权益、参与重大决策和选择管理者等权利。上述法律规定的股东权利是根本性的权利，未经正当的程序不应受到非法的限制和剥夺。京基公司已经取得了相应的股东身份，依法应享有股东权利。股东参与重大决策系以表决权的方式体现，康达尔公司董事会在京基公司的股东身份不存在异议的情况下，限制京基公司股东权利，违反了前述公司法的规定，相应决议应属无效。

我们认为，前文相关规定已经明确，以违反信息披露义务为由限制股东表决权的前提条件是中国证监会已对相关股东的违法事实作出认定，且限制表决权的主体并不包括董事会。因此，自行通过董事会决议的方式禁止违规举牌方行使表决权的做法自然会被法院认定为无效。

(三)由中国证监会以决定形式限制违规举牌方表决权

通过证监会官方网站、威科先行等法律信息库查询的不完整结果显示，本章第一部分规定相关的行政处罚决定书共计 72 份，通过检索并未发现中国证监会通过行政处罚决定的形式限制违规举牌方表决权的做法。因此，该路径仅是理论上存在的一种做法。

如前文所述，现有规定对认定违规行为改正是否完成及限制表决权的主体及程序并不明确。监管措施实施后，违规举牌方未披露或重大遗漏披露的往往会在形式上进行补充披露，存在虚假披露或误导性披露的也会在形式上进行更正披露，上述补充披露、更正披露是否就可以视为改正完成？如不能，是否有进一步改正的机会？还有几次机会？改正前，限制表决权的程序又如何？在这些问题均不明确的情况下，可想而知，证监会作为监管部门也难以依法作出限制表决权的决定。

(四)诉请法院确认违规举牌方违规，不得行使表决权

在刘某秋与深圳长城汇理资产管理有限公司(以下简称长城公司)与公司有关

的纠纷案(以下简称刘某秋案)[1]中,原告刘某秋诉请判令被告长城公司在改正违法行为之前,不得对其违法持有的第三人新都酒店股票行使表决权、提案权、提名权、提议召开股东大会的权利及其他股东权利。在上海兴盛实业发展(集团)有限公司(以下简称兴盛公司)诉王某忠证券欺诈责任纠纷案[2](以下简称兴盛公司案)中,原告兴盛公司诉请判令被告王某忠在持有新梅公司股票期间,均不得享有股东权利,包括但不限于表决权(提案权和投票权)等各项权利或权能。这两个案件是通过诉请法院确认违规举牌方违规,不得行使表决权的典型案例。

刘某秋案件中,深圳市福田区人民法院裁判认为,关于本诉原告要求限制本诉被告行使表决权等股东权利是否具有法律依据的问题。本案中,本诉原告主张限制本诉被告行使表决权等股东权利的法律依据为《中华人民共和国证券法》《上市公司收购管理办法》的相关规定。从上述法律、部门规章规定可以看出,限制违规股东行使表决权属于中国证监会及其派出机构针对违规收购人采取的具体行政监管措施,属于可以申请行政复议的具体行政行为,系违规收购人应承担的行政法律责任而非民事法律责任,且限制违规股东行使的只有表决权,并不包括其他股东权利。事实上,根据《中华人民共和国证券法》《最高人民法院关于受理证券市场因虚假陈述引发的民事侵权纠纷案件有关问题的通知》《最高人民法院关于审理证券市场因虚假陈述引发的民事赔偿案件的若干规定》等相关规定,对于违反信息披露义务的责任主体,应对因此遭受损失的其他股东承担民事侵权损害赔偿责任,即受损害的其他股东享有的是要求该责任主体承担赔偿其自身财产性权益损失的民事救济权利,而非要求限制该责任主体行使股东权利的救济权利。本案中,本诉原告并未主张财产性权益损失,而是诉请人民法院判决限制本诉被告行使表决权等股东权利,不仅缺乏法律依据,而且是将应由行政监管机关作出的具体行政行为要求人民法院以民事判决的形式作出,也超出了人民法院审理民事案件的范围,本院对本诉原告上述主张不予支持。

兴盛公司案件中,上海市第一中级人民法院并未将裁判观点详细展开,裁判要旨为:"本院已充分注意到,被告违反《中华人民共和国证券法》相关规定,在未依法履行信息披露义务的情况下,违规超比例购买新梅公司股票的行为,违背了证券市场公开、公平、公正的交易原则,侵害了广大中小投资者的知情权和投资决策权,一定程度上亦不利于上市公司治理的稳定性,其违法行为也受到了证券监督管理部

① (2016)粤0304民初22334号判决书。
② (2015)沪一中民六(商)初字第66号判决书。

门的处罚。但本案中，原告作为新梅公司的投资股东，在其未能举证证明其自身任何合法权益遭受损失的情况下，要求限制被告行使股东权利并禁止其处分相应股票的诉讼请求，缺乏事实及法律依据，本院均不予支持。"

综上所述，当前并没有行之有效的限制违规举牌方的表决权的路径，以上路径的可行性不强，预期结果均不理想。虽然在西藏旅游、新华百货等案件①中，经原告方申请行为保全，法院也作出了违规举牌方在案件审理过程中不得行使相应股份表决权的裁定，但该行为保全裁定随着原告诉请被最终驳回也归于无效，无法真正实现原告方诉讼目标。

三、《中华人民共和国证券法》②的新发展

2019年，距上次重大修订近15年后，全国人大常委会经四读通过了新修订后的《中华人民共和国证券法》。作为资本市场的"根本大法"，《中华人民共和国证券法》（2019年修订）具有诸多的立法亮点，与本节讨论相关度最高的无疑是《中华人民共和国证券法》（2019年修订）第六十三条③、第一百九十六条④之规定。相较《中

---

① 《2015－085号公告》、《2016－025号公告》，载巨潮资讯网：http://w. ww. cninfo. com. cn/new/index.，最后访问日期：2020年6月1日。

② 此处指经2019年12月28日全国人大常委会第十五次会议修订通过，2020年3月1日起施行的《中华人民共和国证券法》。

③ 《中华人民共和国证券法》（2019年修订）第六十三条："通过证券交易所的证券交易，投资者持有或者通过协议、其他安排与他人共同持有一个上市公司已发行的有表决权股份达到百分之五时，应当在该事实发生之日起三日内，向国务院证券监督管理机构、证券交易所作出书面报告，通知该上市公司，并予公告，在上述期限内不得再行买卖该上市公司的股票，但国务院证券监督管理机构规定的情形除外。

投资者持有或者通过协议、其他安排与他人共同持有一个上市公司已发行的有表决权股份达到百分之五后，其所持该上市公司已发行的有表决权股份比例每增加或者减少百分之五，应当依照前款规定进行报告和公告，在该事实发生之日起至公告后三日内，不得再行买卖该上市公司的股票，但国务院证券监督管理机构规定的情形除外。

投资者持有或者通过协议、其他安排与他人共同持有一个上市公司已发行的有表决权股份达到百分之五后，其所持该上市公司已发行的有表决权股份比例每增加或者减少百分之一，应当在该事实发生的次日通知该上市公司，并予公告。

违反第一款、第二款规定买入上市公司有表决权的股份的，在买入后的三十六个月内，对该超过规定比例部分的股份不得行使表决权。"

④ 《中华人民共和国证券法》（2019年修订）第一百九十六条："收购人未按照本法规定履行上市公司收购的公告、发出收购要约义务的，责令改正，给予警告，并处以五十万元以上五百万元以下的罚款。对直接负责的主管人员和其他直接责任人员给予警告，并处以二十万元以上二百万元以下的罚款。

收购人及其控股股东、实际控制人利用上市公司收购，给被收购公司及其股东造成损失的，应当依法承担赔偿责任。"

华人民共和国证券法》(2005 年修订)第八十六条[①]、第二百一十三条及第二百一十四[②]条之规定,《中华人民共和国证券法》(2019 年修订)在多方面进行了调整。

第一,《中华人民共和国证券法》(2019 年修订)将被限制表决权股票的性质由“股份”调整为“有表决权的股份”,这样就更加准确地指向持有股份背后的争夺上市公司控制权的本质,从而也就排除没有表决权的股份,也就是对上市公司控制权稳定不具有现实威胁的股份,不适用该条款。

第二,《中华人民共和国证券法》(2019 年修订)较原《中华人民共和国证券法》增加了但书条款,即“但国务院证券监督管理机构规定的情形除外”。这样的规定意在排除无收购意图的机构投资者进行频繁大宗买卖的情形。通过这个但书条款,再次宣示了本次修订涉及收购条款的立法意图是保护上市公司控制权的稳定和交易的良好秩序。即严格规定具有收购意图的违规举牌操作,简化不具收购意图的大宗频繁交易,这种区分对于一国的成熟资本市场而言十分重要,是资本交易快速发展的重要制度性保证。

第三,将增减持上市公司 5% 有表决权的股权的限售期由公告期后两日增加至三日,同时增加了持上市公司 5% 有表决权的股份后,每增减持 1% 的权益变动信息披露要求。对于一般的货物或服务市场而言,一天的时间似乎很短暂,而对于瞬息万变的资本市场而言,一天往往可以决定投资和股价的走向。将增减持上市公司股权 5% 的限售期增加一日,不仅大幅增加了投机投资者的投资风险,且提高了上市公司权益变动披露的成本。

第四,对于违规取得上市公司具有表决权的股份,超出规定比例部分 36 个月内不得行使表决权。这一惩罚性机制,可以说是对企图通过二级市场违规举牌取得上市公司控制权的投资者形成了致命的打击。如此的制度设计,在实质上要比提

---

① 《中华人民共和国证券法》(2005 年修订)第八十六条:“通过证券交易所的证券交易,投资者持有或者通过协议、其他安排与他人共同持有一个上市公司已发行的股份达到百分之五时,应当在该事实发生之日起三日内,向国务院证券监督管理机构、证券交易所作出书面报告,通知该上市公司,并予公告;在上述期限内,不得再行买卖该上市公司的股票。

投资者持有或者通过协议、其他安排与他人共同持有一个上市公司已发行的股份达到百分之五后,其所持该上市公司已发行的股份比例每增加或者减少百分之五,应当依照前款规定进行报告和公告。在报告期限内和作出报告、公告后二日内,不得再行买卖该上市公司的股票。”

② 《中华人民共和国证券法》(2005 年修订)第二百一十四条:“收购人或者收购人的控股股东利用上市公司收购损害被收购公司及其股东的合法权益的,责令改正,给予警告;情节严重的,并处以十万元以上六十万元以下的罚款。给被收购公司及其股东造成损失的,依法承担赔偿责任。对直接负责的主管人员和其他直接责任人员给予警告,并处以三万元以上三十万元以下的罚款。”

升罚款额度更具有意义。在利益面前，我们可以看到多少公司仅将罚款视作所谓的“经营成本”，而本次新增加的表决权静默，则使投资者无法达成其商业目的，可以说是釜底抽薪之策。

现阶段，违规举牌的代价不仅是亡羊补牢式的补充披露加上缴纳一笔至多500万元的罚款，还包括长达36个月的表决权静默期。在此等制度设计下，恐怕通过原先这个制度漏洞而企图取得上市公司控制权的投机者需要重新考量和评估其收购或争夺控制权的商业目的是否能够在风险可控的情况下达成。基于以上探讨，笔者认为，监管部门应加强落实《中华人民共和国证券法》（2019年修订）的精神，加大对此类违法行为的惩处力度，让违规举牌方承担其无法承担的补救成本，从而引导投资者在法律法规框架下进行公司收购或控制权的交易，提高市场秩序公正性和透明性，以切实维护资本市场的规范有序。

第三节　从公司决议效力纠纷看上市公司董事会对股东提案的审查权

上市公司股东之间关于控制权的争夺，一直受到学术界和实务界的普遍关注，因其中反映出现代公司治理中复杂而又亘古不变的传统理论之争，如股东大会中心主义和董事会中心主义的博弈、公司经营效率与广大投资者的公共利益的矛盾、实质公平与程序公平的平衡等。就股东大会中心主义和董事会中心主义而言，在股权相对集中的公司之中，多为股东大会中心主义，体现的仍然是资本多数决原则；而在股权较分散的公司，多反映出董事会中心主义的特征，体现在股东与公司管理层之间的控制权争夺。董事会中心主义是源于物质资本的控制权随着外部权益融资的扩大而不断稀释和分散，由拥有和使用关键性资源的一方掌握控制权成为公司治理主体的最佳选择，而拥有更多关键性资源的董事会往往脱颖而出，逐渐成为公司治理的核心。[①] 这两种公司治理模式背后反映出的是经营管理层即我们通常意义上所说的董事会代表利益群体的不同，其代表大股东的利益还是公司的利益？代表的利益群体不同，董事会行使权能的侧重点不同，甚至可能出现不当延伸的现象。在我们近期代理的案件中，就发生了因董事会否决股东的临时提案进而被股东提起决议撤销之诉的纠纷，该纠纷的背后涉及股东之间的控制权之争，同

① 张华、胡海川、卢颖：《公司治理模式重构与控制权争夺——基于万科“控制权之争”的案例研究》，载《管理评论》2018年第8期。

时也涉及一个实践当中比较难把握的问题，即上市公司董事会对提案审查权的尺度和标准，该项权能的边界在哪里？本节就围绕上市公司董事会对股东提案的审查权这一问题展开论述。①

一、股东提案权概述

股东提案权，是指符合条件的股东依照法定程序提出提案作为股东大会会议审议事项的权利。现行《中华人民共和国公司法》第一百零二条第二款规定："单独或者合计持有公司百分之三以上股份的股东，可以在股东大会召开十日前提出临时提案并书面提交董事会；董事会应当在收到提案后二日内通知其他股东，并将该临时提案提交股东大会审议。临时提案的内容应当属于股东大会职权范围，并有明确议题和具体决议事项。股东大会不得对前两款通知中未列明的事项作出决议。"股东提案权属于共益权，它与表决权密切相关，即股东为维护包括自己利益在内的公司利益和全体股东利益而行使的权利。② 其目的主要是加强对股东利益的保护，赋予中小股东参与公司事务的权利可以在一定程度上避免董事会专权，实现公司权力的分享和制衡。③

股东提案权是股东参与公司治理的一项很重要的权利，但该项权利并非一开始就被赋予了股东。1993 年《中华人民共和国公司法》没有关于股东提案权的规定，2005 年《中华人民共和国公司法》修改时才增加了股东提案权。不过，股东提案权的规范最早可以追溯到 1995 年国务院《关于股份有限公司境外募集股份及上市的特别规定》第二十一条④关于股东提案权的规定。中国证监会于 2000 年修订的

---

① 我国公司法关于股东提案权的相关规定限于股份公司，并未对有限责任公司的股东作特殊规定，而上市公司针对股东提案又有一些特殊规则，因此本章在此限定为上市公司董事会。

② 肖金锋：《上市公司股东提案权制度研究》，载《江西行政学院学报》2013 年第 4 期。

③ 梁上上、加藤贵仁、朱大明：《中日股东提案权的剖析与借鉴——一种精细化比较的尝试》，载《清华法学》2019 年第 2 期。

④ 《国务院关于股份有限公司境外募集股份及上市的特别规定》（国务院令第 160 号）第二十一条："公司召开股东大会年会，持有公司有表决权的股份 5% 以上的股东有权以书面形式向公司提出新的提案，公司应当将提案中属于股东大会职责范围内的事项，列入该次会议的议程。"

《上市公司股东大会规范意见》(2006年更名为《上市公司股东大会规则》)第十二条①、第十三条②对股东临时提案权也作出了较为详细的规定。公司法在吸收该规定时做了一些调整,例如,将提案的提起股东持股比从5%降低为3%。目前,除公司法规定外,中国证监会颁布的《上市公司股东大会规则》(以下简称《股东大会规则》)第十三条③与第十四条④也对股东提案权作了规定。

二、董事会对股东提案的审查权

《中华人民共和国公司法》第一百零二条第二款规定,临时提案的内容应当属于股东大会职权范围,并有明确议题和具体决议事项。尽管该法条似乎未明确赋予董事会对股东提案的审查权,但该项权能由董事会来行使可以说有其历史传统,如中国证监会制定的1997年版《上市公司章程指引》第五十九条,该条明确规定了董事会对于股东提案的审查权,即"公司董事会应当以公司和股东的最大利益为行

---

① 《上市公司股东大会规范意见》(2000年修订)第十二条:"年度股东大会,单独持有或者合并持有公司有表决权总数百分之五以上的股东或者监事会可以提出临时提案。临时提案如果属于董事会会议通知中未列出的新事项,同时这些事项是属于本规范意见第六条所列事项的,提案人应当在股东大会召开前十天将提案递交董事会并由董事会审核后公告。第一大股东提出新的分配提案时,应当在年度股东大会召开的前十天提交董事会并由董事会公告,不足十天的,第一大股东不得在本次年度股东大会提出新的分配提案。除此以外的提案,提案人可以提前将提案递交董事会并由董事会公告,也可以直接在年度股东大会上提出。"第六条:"年度股东大会和应股东或监事会的要求提议召开的股东大会不得采取通讯表决方式;临时股东大会审议下列事项时,不得采取通讯表决方式:(一)公司增加或者减少注册资本;(二)发行公司债券;(三)公司的分立、合并、解散和清算;(四)《公司章程》的修改;(五)利润分配方案和弥补亏损方案;(六)董事会和监事会成员的任免;(七)变更募股资金投向;(八)需股东大会审议的关联交易;(九)需股东大会审议的收购或出售资产事项;(十)变更会计师事务所;(十一)《公司章程》规定的不得通讯表决的其他事项。"

② 《上市公司股东大会规范意见》(2000年修订)第十三条:"对于前条所述的年度股东大会临时提案,董事会按以下原则对提案进行审核:(一)关联性。董事会对股东提案进行审核,对于股东提案涉及事项与公司有直接关系,并且不超出法律、法规和《公司章程》规定的股东大会职权范围的,应提交股东大会讨论。对于不符合上述要求的,不提交股东大会讨论。如果董事会决定不将股东提案提交股东大会表决,应当在该次股东大会上进行解释和说明。(二)程序性。董事会可以对股东提案涉及的程序性问题做出决定。如将提案进行分拆或合并表决,需征得原提案人同意;原提案人不同意变更的,股东大会会议主持人可就程序性问题提请股东大会做出决定,并按照股东大会决定的程序进行讨论。"

③ 《上市公司股东大会规则》(2016年修订)第十三条:"提案的内容应当属于股东大会职权范围,有明确议题和具体决议事项,并且符合法律、行政法规和公司章程的有关规定。"

④ 《上市公司股东大会规则》(2016年修订)第十四条:"单独或者合计持有公司3%以上股份的普通股股东(含表决权恢复的优先股股东),可以在股东大会召开10日前提出临时提案并书面提交召集人。召集人应当在收到提案后2日内发出股东大会补充通知,公告临时提案的内容。除前款规定外,召集人在发出股东大会通知后,不得修改股东大会通知中已列明的提案或增加新的提案。股东大会通知中未列明或不符合本规则第十三条规定的提案,股东大会不得进行表决并作出决议。"

为准则，按照本节第五十八条的规定对股东大会提案进行审查”。该指引第五十八条规定，股东大会提案应当符合下列条件：(1)内容与法律、法规和章程的规定不相抵触，并且属于公司经营范围和股东大会职责范围；(2)有明确议题和具体决议事项；(3)以书面形式提交或送达董事会。同样地，2000年修订的《上市公司股东大会规范意见》第十二条、第十三条也明确规定了董事会的审核权。①

此外，从立法原意来看，本书认为董事会对股东提案应该享有审查权，因为《公司法》规定了“临时提案的内容应当属于股东大会职权范围，并有明确议题和具体决议事项”，而且《上市公司股东大会规则》(2016年修订)第十三条也规定，提案内容还应当符合法律、行政法规和公司章程的有关规定。从这些规定看，如果董事会不对股东提案进行审查，就无法知道该提案是否符合条件。另外，公司尤其是上市公司召开股东大会可以视为一种公共产品，为节约股东大会的会议时间，提高大会决议效率，需要某一机构对该公共产品加以维护，防止股东提出明显不合理的提案或者将提案权作为其权利滥用的对象。董事会作为公司股东大会的法定召集人，其对股东的提案进行审查属于其职权范围。

(一)对提出提案的时间进行审查

董事会首先应当对于股东提案提出的时间进行审查，这也是与防止股东突击提交临时提案以维持股东大会召开的稳定性和严肃性的基本理念相一致的。《中华人民共和国公司法》第一百零二条规定股东应当在股东大会召开10日前提出临时提案。针对股东提案的开始提出时间，《中华人民共和国公司法》对此未作限定，可以理解为自公司发出召开股东大会的通知或公告之日起，股东即有权开始提交相关提案，股东甚至可以在此之前先做好相关准备，因自发出股东大通知距离股东最晚提交议案的时间也仅有10天的时间，股东如希望其议案顺利提交并最终得以通过则应当注意该时间限制，把握好行使提案权的机会。

关于股东提出临时提案的最晚时间，我们在此提醒，《中华人民共和国民法总则》第二百零一条②第一款规定：“按照年、月、日计算期间的，开始的当日不计入，自下一日开始计算。”《中华人民共和国民事诉讼法》第八十二条第二款规定：“期间以时、日、月、年计算。期间开始的时和日，不计算在期间内。”所以在时间的计算上，

---

① 徐浩：《董事会对于股东提案的审查权探讨》，载《安徽大学学报》(哲学社会科学版)2012年第2期。

② 本条将被《中华人民共和国民法典》(2021年1月1日起施行)第二百零一条替代。

应当从股东提交临时提案之次日起算至股东大会开会前 1 日，算足上述 10 日期间。[①] 否则，如果股东未在上述期间内提交相关提案，则董事会有权将逾期提出的提案排除在股东大会的议案之外。

(二)对提案的内容进行审查

关于提案的内容，我国公司法是从正面角度规定了股东的提案应当符合的条件。《上市公司股东大会规范意见》(2000 年修订)曾经规定了董事会审核的原则，第十三条规定："对于前条所述的年度股东大会临时提案，董事会按以下原则对提案进行审核：(一)关联性。董事会对股东提案进行审核，对于股东提案涉及事项与公司有直接关系，并且不超出法律、法规和《公司章程》规定的股东大会职权范围的，应提交股东大会讨论。对于不符合上述要求的，不提交股东大会讨论。如果董事会决定不将股东提案提交股东大会表决，应当在该次股东大会上进行解释和说明。(二)程序性。董事会可以对股东提案涉及的程序性问题做出决定。如将提案进行分拆或合并表决，需征得原提案人同意；原提案人不同意变更的，股东大会会议主持人可就程序性问题提请股东大会做出决定，并按照股东大会决定的程序进行讨论。"但《上市公司股东大会规则》已删除了该规定，仅在《公司法》基础上增加要求提案"符合法律、行政法规和公司章程的有关规定"，这实质上体现了董事会应对提案的合法合规性进行审查。

但是，董事会对提案的合法合规性审查容易引发争议，也可能被董事会等召集人加以利用，成为拒绝将提案向股东大会提交的理由。如上市公司深圳市康达尔(集团)股份公司(以下简称康达尔股份公司)于 2017 年 6 月 16 日收到大股东京基集团有限公司(持股比例为 31.65%)送达的《关于提请深圳市康达尔(集团)股份有限公司 2016 年年度股东大会增加临时提案的通知》及附件。该函件要求在康达尔股份公司 2016 年年度股东大会增加《关于责成董事会罢免季某智总裁职务的议案》等三项临时提案。康达尔股份公司董事会审查后认为该等临时提案不符合法律、行政法规或《公司章程》等相关规定，决定不提交康达尔股份公司 2016 年年度股东大会审议，理由是《公司章程》中规定了"公司设总裁 1 名，由董事会聘任或解

---

① 华成地产集团有限公司与宁波开元华城置业有限公司公司决议撤销纠纷案，(2014)浙甬商终字第 1130 号："从平衡股东与公司的利益角度考虑，本院认为，上述法条和章程规定的十五日期间，应以开元华城公司发出通知时间为基准，在计算上，从公司发出通知之次日起算至开会前 1 日，算足上述十五日期间。按此方式，开元华城公司确未于会议召开十五日前通知华城集团公司(与规定期间相差 1 日)。故华城集团公司所主张的此项程序瑕疵成立。"

聘”,因而其提案中的提议不属于《公司章程》规定的股东大会职权范围。[①] 而提案的股东认为,“股东的临时提案只需要提案人具有提案股东资格、提案属于股东大会职权范围且具有明确议题和具体决议事项即可,董事会无权从个人利益出发对提案进行实质性审核”,“康达尔董事会无视上市公司及全体股东利益,仅从个人利益出发,滥用职权,在无正当理由的情形下拒绝本公司临时提案,侵害了股东的提案权”。[②]

我们认为,董事会应对提案的合法合规性进行审核,首先,《上市公司股东大会规则》对此有明确规定。其次,《中华人民共和国证券法》(2019 年修订)第七十八条规定,发行人、上市公司依法披露的信息,必须真实、准确、完整,不得有虚假记载、误导性陈述或者重大遗漏。《上市公司信息披露管理办法》第三条规定:“发行人、上市公司的董事、监事、高级管理人员应当忠实、勤勉地履行职责,保证披露信息的真实、准确、完整、及时、公平。”股东的提案作为上市公司信息披露的一部分,也应当遵循相关信息披露制度。因此,董事会作为上市公司的信息披露义务人,应当对股东提案的合法性、真实性和合理性进行审查,并且需要对股东的提案进行实质审查,以保证上市公司披露的信息真实、准确、完整,不得有误导性陈述等情形。

实践中,确实存在一些股东提交的提案并非认真地参与公司的经营管理,而是为了干扰公司的正常经营甚至利用提案炒高股价为其自身谋取不当利益的情形。例如,华润信托发行的华润信托·泽熙 6 期单一资金信托计划(以下简称泽熙)持有宁波联合集团股份有限公司(以下简称宁波联合)4.98% 的股权,华润信托于 2014 年 4 月 4 日向宁波联合提出《关于 2013 年度利润分配的临时提案》。该临时提案的内容为:2013 年度利润分配预案,拟以 2013 年年末总股本 302400000 股为基数,每 10 股派发现金红利 1.60 元(含税),以资本公积金转增股本方式向全体股东每 10 股转增 15 股。但是,在 4 月 25 日宁波联合的股东大会上,该私募基金的临时提案没有通过。泽熙提出高送转方案之后,宁波联合股价两天之内涨幅达到 19.57%。但该股在 28 日公布决议后股价跌停,有不少憧憬分配利好的股民因此被套。泽熙持有宁波联合 4.98% 股份,但由于低于 5%,其交易不受《中华人民共和国证券法》(2005 年修订)第四十七条关于短线交易的规制。有市场人士怀疑泽熙

---

① 《关于公司股东临时提案的法律意见书》,载巨潮资讯网:http://www.cninfo.com.cn/new/disclosure/detail? plate = &orgId = gssz0000048&stockCode = 000048&announcementId = 1203630919&announcementTime = 2017 - 06 - 20,最后访问日期:2019 年 12 月 1 日。

② 《京基集团〈澄清公告〉》,载京基集团官网:http://www.kingkey.com.cn/news.aspx? newsid = 2190&typeid = 9,最后访问日期:2019 年 12 月 1 日。

在高位出货，[1]以谋取不当利益。

再如，上市公司海润光伏原股东紫金电子等三位股东2015年1月23日在事先尚未披露公司业绩亏损的情形下，提出向全体股东每10股转增20股的高送转利好提案。其实，该上市公司净利润为负值，根本不符合分配红利的条件。三位股东则利用该误导性陈述，在提案后不到一周的时间内大规模减持股份获取利益。[2]

上述案例均反映出董事会怠于行使审查权或者故意不行使审查权，为部分股东滥用提案权谋取不当利益提供了便利。这与我国法律法规就董事会对提案的审查权规定的较为模糊且较为分散，没有形成系统的规则不无关系，使实践中对提案的审查不好把握，容易成为董事会自由裁量的工具。

对此，我们建议，我国可以参照借鉴美国法的股东提案排除制度，由董事会根据法律规定过滤掉一些明显不合理、不合法以及存在其他排除事由的提案，以提高股东大会决议的效率，同时尽量防止董事会对审核权的滥用。美国证监会（U. S. Securities and Exchange Commission，SEC）1934年制定的《证券交易法规则》14a－8(i)规定了十三种董事会可以拒绝将股东提案列入公司授权委托书征集材料（即股东提案排除）的情形。具体为：(1)提案所涉事项为不适当主题。(2)提案违反法律。(3)提案违反代理表决权规则。(4)提案出于个人恩怨与特别利益诉求。(5)提案与公司业务不相关。具体判断标准是：如果该提案涉及的运营仅仅占到公司总资产的5%以下或者最近一个财务年度净收益和总销售的5%以下，并对公司没有什么重大影响，则该提案可以被排除。(6)公司无权处理该提案。(7)提案涉及公司日常营业活动。(8)提案与董事等的选举有关。(9)与公司提案冲突。(10)该提案内容已经实质履行。若该提案已经在公司以前的运营中得到解决，则该提案将被排除。(11)雷同。如果该提案的内容与另一个将被放入委托书征集材料中的提案内容实质相同，则该提案将不被提交。(12)重新提出。若提案的内容与过去5年中提交过的提案所要解决的问题实质相同，则公司可以在该原提案被列入委托书征集材料后的3年内排除该提案。在第一次被提起时未获3%的支持，或者在第二次被提起时未获6%的支持，或者在第三次被提起时未获10%的支持，则该提案也将不被提交。(13)提案内容涉及具体的股利分配。除第八种和第十三种情形因为具有美国法的特殊性而不能适用于中国外，其余均可作为我国建立股东

---

① 熊锦秋：《堵塞漏洞完善股东提案权制度》，载《证券时报》2014年5月9日，第A08版。

② 梁上上、加藤贵仁、朱大明：《中日股东提案权的剖析与借鉴——一种精细化比较的尝试》，载《清华法学》2019年第2期。

提案排除制度的参考。①

(三)股东的救济途径

当公司出现股东控制权之争或者股东与公司经营管理层博弈的情境时,均可能发生董事会不当利用提案审查权,侵犯部分股东的权益。此时股东可以采取以下措施进行救济:

1. 司法途径

《中华人民共和国公司法》第二十二条第一款、第二款规定:“公司股东会或者股东大会、董事会的决议内容违反法律、行政法规的无效。股东会或者股东大会、董事会的会议召集程序、表决方式违反法律、行政法规或者公司章程,或者决议内容违反公司章程的,股东可以自决议作出之日起六十日内,请求人民法院撤销。”因此,如果股东认为董事会拒绝将股东的提案加入股东大会的议案当中,该董事会决议违反法律、行政法规的,其可以向法院请求确认决议无效;或者认为侵犯提案权导致股东大会的会议召集程序、表决方式违反法律、行政法规或者公司章程的,可以向法院请求撤销股东大会决议。

不过,关于召集程序、表决方式的瑕疵,最高人民法院《关于适用〈中华人民共和国公司法〉若干问题的规定(四)》[以下简称《公司法司法解释(四)》]第四条规定:“股东请求撤销股东会或者股东大会、董事会决议,符合公司法第二十二条第二款规定的,人民法院应当予以支持,但会议召集程序或者表决方式仅有轻微瑕疵,且对决议未产生实质影响的,人民法院不予支持。”对于此中所蕴含的原理,浙江省宁波市中级人民法院在(2014)浙甬商终字第1130号判决书中有一段很好的论述:“基于对公司股东特别是中小股东或者弱势股东的权益保护,《中华人民共和国公司法》第二十二条第二款规定,股东会的会议召集程序、表决方式违反法律、行政法规或者公司章程,或者决议内容违反公司章程的,股东可以自决议作出之日起六十日内,请求人民法院撤销。该规定仅赋予公司股东对存在瑕疵的股东会决议可以通过诉讼请求撤销的诉权,而不应被理解为只要股东会决议瑕疵存在,该决议就必须被撤销。而从股东会决议的性质看,股东会决议一经有效作出,即被拟制为公司的意思,对全体股东和公司具有拘束力,影响公司的经营,产生一系列法律关系。如随意撤销,不仅造成相关损失,也不利于法律秩序的稳定。因此,当股东会决议存在

① 徐浩:《董事会对于股东提案的审查权探讨》,载《安徽大学学报》(哲学社会科学版)2012年第2期。

瑕疵时，应兼顾公平与效率原则，衡平相关主体之间的利益，确定股东会决议是否有必要予以撤销。如所存在的瑕疵显著轻微，对所作决议无影响或对利害关系人并无实质损害的，则该股东会决议应无撤销之必要。”由此可见，并非所有因召集程序、表决方式存在瑕疵的股东大会决议均会被撤销，法院需对个案中的瑕疵进行实质判断。当程序瑕疵属于重大、与股东会决议结果有必然的因果关系，且与行使撤销权股东受损害的利益有相当因果关系时，该决议方可撤销。

如果股东认为董事会对股东提案故意不作出审查决议，或者不予回复、直接搁置，也可以根据《中华人民共和国公司法》第一百四十七条第一款追究董事违反勤勉义务的责任。

2. 行政途径

股东如认为董事会侵犯了其提案权，存在违法违规之处，也可以向证券主管机关或证券交易所进行举报。近年来，监管机构持续推进“依法监管，全面监管，从严监管”，强监管已成为资本市场的关键词。如交易所的《问询函》《关注函》，也成为监管机构行使监管权的重要手段之一，除了年报、半年报、季报等定期报告发布的事后问询，问询函还包括各类非定期信息披露的专项问询。① 股东的提案权若受到不当侵犯，与此相关的股东大会的召集程序、表决方式、决议内容甚至律师事务所对股东大会所发表的法律意见书均可能引发交易所的关注。当上市公司董事会无法作出合理解释或提供合理依据时，交易所可以要求其及时纠正相关违法违规行为，或者上报证监会，证监会将对上市公司的相关违规行为进行处罚。

股东提案权是保障股东将自己的意见反映到公司经营中的重要手段。但是实践中也可能出现部分股东滥用提案权为自己谋取不正当利益或者干扰公司正常经营的情形，因此董事会对提案进行必要的审查就显得尤为重要。同时，董事会在审查股东的提案时应当坚持既保障上市公司经营效率，同时又保证股东能够正常行使提案权的原则，从而正确、合理、恰当地使用其审核权。实务中出现的董事会利用审查权恶意阻止股东提案的现象，实质上反映的是股东之间、股东与管理层之间对公司控制权之争，在现代公司运营中无法避免，不能因存在这种现象就否认董事会审查制度存在的意义，正确的做法应该是健全相关制度和救济途径以防止董事会审查权的滥用。在通常的司法、行政救济之外，还可以制定详细、明确的董事会排除股东提案规则以规范股东提案权和董事会审查权的正当行使。

---

① 陈运森：《强化监管问询增加信息披露违法违规成本》，载《中国证券报》2019 年 5 月 11 日，第 A07 版。

第四节 实务中对公司决议"轻微瑕疵"的认定

《中华人民共和国公司法》第二十二条第二款规定:"股东会或者股东大会、董事会的会议召集程序、表决方式违反法律、行政法规或者公司章程,或者决议内容违反公司章程的,股东可以自决议作出之日起六十日内,请求人民法院撤销。"同时,2017年9月1日起实施的《公司法司法解释(四)》第四条规定:"股东请求撤销股东会或者股东大会、董事会决议,符合公司法第二十二条第二款规定的,人民法院应当予以支持,但会议召集程序或表决方式仅有轻微瑕疵,且对决议未产生实质影响的,人民法院不予支持。"因此,公司法在赋予公司股东对存在瑕疵的股东会决议可以通过诉讼请求撤销的诉权同时,对该权利作了一定的限缩,并非只要股东会、董事会决议有瑕疵存在,该决议就必须被撤销。但是司法解释并未对何为"轻微瑕疵"进行定义或作列举式规定,原因大概在于各公司存在的情形不尽相同,司法并不主动介入公司自治,只是在需要的时候对具体案件进行具体判断。因此我们暂且通过裁判文书网、无讼案例等数据库,用关键字"股东会决议""实质影响""公司决议撤销纠纷"筛选出132份法院判决书/裁定书(截至2019年9月26日),从中归纳总结部分的裁判规则,以供各位读者参考。

一、构成轻微瑕疵的情形

《公司法司法解释(四)》第四条中所规定的是,会议召集程序或者表决方式仅有"轻微瑕疵"且"对决议未产生实质影响",人民法院不予支持股东的撤销诉请。因此,公司决议属于不予撤销的轻微瑕疵其实包含了几个构成要件:(1)仅是会议的召集程序或者表决方式存在瑕疵,即程序上的瑕疵,而不能是决议的内容违反章程的规定;(2)该瑕疵是轻微的;(3)该瑕疵的存在不会对决议产生实质影响,这三个构成要件必须同时满足。

研究我们搜索到的案例,发现法院一般认为存在以下情形时,则该等瑕疵属于轻微瑕疵,对于股东起诉要求撤销公司决议不予支持:

1. 召开会议的通知时间稍晚于法定或章程的规定时间(如规定应提前15日通知,但实际仅提前了14日通知),但股东未提出异议且实际上参加了股东会的。如深圳市中级人民法院(2017)粤03民终7276号判决书认为:"未按法律或章程规定的时间提前通知股东参加股东会或股东大会,会议的召集程序存在瑕疵,但股东未对通知时间提出异议，且参加了股东会的，不属于严重瑕疵，之后的股东会确认了前次股东会决议内容，说明前次股东会会议的召集程序对决议未产生实质影响。”但如果通知的时间过晚，如仅在召开前一日才通知，未给参会的股东留出合理且必要的准备时间，客观上可能排除部分股东到会参加会议并行使权利，此种情形并不属于轻微瑕疵。

2. 表决方式存在瑕疵，但未损害表决权的。如分类表决出现混淆、票数统计错误，但更正后不影响决议效力的；或者无表决权股东参加表决，除去该表决之后不影响多数决的议案达成的；或者股东未对其有关议案的表决予以回避，但其表决权不影响决议效力的。资本多数决原则下，即便表决方式存在瑕疵，但不会对决议的通过产生实质影响，对于此种情形的瑕疵决议不予撤销反映了司法介入的谦抑性和公司自治原则的平衡。

3. 股东参加了股东会并进行表决，但未在会议记录上签名。股东会的会议记录仅仅是留给股东或其他机关用于备查，如确有证据证明股东参加了股东会且行使了表决权，未对决议有任何实质的影响，该种瑕疵显然属于显著轻微瑕疵。

4. 会议召开地点临时变更，已通知到各股东，但该股东经告知后未出席股东会，视为其主动放弃参加股东会的权利。实务中如会议召集人临时变更股东会的召开地点，但已通知各股东的，如股东并非由于客观原因（如果通知的时间过晚，无法赶到变更后的地址的）无法参加，则一般视为股东自愿放弃参加此次股东会，此种临时更改地址的瑕疵应当属于轻微瑕疵。

5. 股东会议的召集通知以公司名义而非董事会名义发出。《中华人民共和国公司法》第四十条规定：“股东会会议由董事会召集，董事长主持；董事长不能履行职务或者不履行职务的，由副董事长主持；副董事长不能履行职务或者不履行职务的，由半数以上董事共同推举一名董事主持……董事会或者执行董事不能履行或者不履行召集股东会会议职责的，由监事会或者不设监事会的公司的监事召集和主持；监事会或者监事不召集和主持的，代表十分之一以上表决权的股东可以自行召集和主持。”公司法规定的有权召集股东会的主体为董事会（或执行董事）、监事会（或执行监事）及代表十分之一以上表决权的股东，并且实践中一般由董事会召集召开股东会。该种轻微瑕疵，是指公司董事会已经形成了召开股东会的有效决议，只不过以公司的名义发出召集通知的情形。但如果是因法定代表人或其他无权主体掌握着公章，而未经董事会的同意，擅自以公司的名义召集召开股东会的，则一般不被认定为轻微瑕疵，因为这实质上侵害了董事会的权利，破坏了现代公司治理的规则。

二、不构成轻微瑕疵的情形

上文中列举了构成轻微瑕疵的情形,下文将从反面总结不构成轻微的情形,以便更好地理解法官的裁判思路,为实务工作提供一定的指引。

1. 未通知个别股东参加股东会的,无论股东会决议最终是否受到该股东的表决权的影响,均属于存在重大瑕疵,应当予以撤销。多数法院认为通知中遗漏个别股东导致其未能参加股东会属于重大瑕疵,所形成的决议应当予以撤销;但仍有少数法院以个别股东未参加股东会不会对股东会决议产生实质影响,而认定此种瑕疵属于轻微瑕疵。不过,最高人民法院认为,程序上的瑕疵即便完全不影响决议结果,但只要这项程序瑕疵属于对股东程序权利的重大损害,法院也不得驳回原告的诉请。① 因此,未通知全体股东参加股东会议并不属于轻微瑕疵,不存在很大的争议。因为个别股东未被通知参加股东会,这显然已经是对股东参与公司经营管理的基本权利的剥夺,直接导致个别股东无法公平地参与多数意思的形成及获取对此所需的信息。即便其参加了股东会也不会对决议产生实质影响,但如果容忍此种程序违法违章行为,则会出现但凡有控股权的股东将取消股东会制度的危险后果。据此,存在该种情形的股东会决议,不属于轻微瑕疵,股东有权请求法院予以撤销。

2. 股东会审议的内容超出通知的议题范围的。如果股东会实际审议的内容超出了会议事先通知的议题范围,一般也不被认定为轻微瑕疵。其背后的原理是,如果股东认为此次股东会仅是就通知的议题进行审议,其可以选择参加或不参加股东会,如其选择不参加股东会而实际召开的股东会又对其他议题进行了审议,实践中很可能是与该股东有利害关系的议案,则该股东的知情权和表决权均受到了侵犯。如果不允许股东撤销,则该股东会决议可能会成为大股东或股东联合起来损害小股东权利的工具。因此,股东会实际审议的内容超出了会议事先通知的议题范围时,股东有权就超出通知的范围所形成的决议,向法院请求予以撤销。

三、实务中存在争议的情形

我们在检索的案例中也发现不同的法院对于公司决议存在相类似的瑕疵时,存在不同的裁判结果的情况。当然这些不同的裁判结果一定程度上仍属于法官行

---

① 杜万华主编:《最高人民法院公司法司法解释(四)理解与适用》,人民法院出版社 2017 年版,第 117 页。

使自由裁量权的范围，因为案件事实略有不同也会促使法官在不同的侧重点上有所思考和取舍。

（一）股东会会议的召集主体存在瑕疵

《中华人民共和国公司法》第四十条规定："股东会会议由董事会召集，董事长主持；董事长不能履行职务或者不履行职务的，由副董事长主持；副董事长不能履行职务或者不履行职务的，由半数以上董事共同推举一名董事主持……董事会或者执行董事不能履行或者不履行召集股东会会议职责的，由监事会或者不设监事会的公司的监事召集和主持；监事会或者监事不召集和主持的，代表十分之一以上表决权的股东可以自行召集和主持。"因此，一般认为个别董事并无股东大会召集权，董事会须以简单多数作出决议后才能召集股东大会。并且召集股东会的职责首先由董事会来履行，只有在董事会不能履行或不履行时，才由其他有权主体来行使。

如北京市第二中级人民法院在（2017）京02民终11932号判决书认为："在本案中因华瑞公司未能提供充足证据证明华瑞公司存在2017年7月13日前华瑞公司董事会以及监事不能召集临时股东会会议的情况，在此情况下华瑞公司临时股东会会议由股东贾某、李某祥通知召集与前述法律规定相悖。金电公司起诉要求撤销华瑞公司于2017年7月13日作出的《华瑞公司临时股东会决议》具有事实和法律依据，应予支持。一审法院以即使贾某作为华瑞公司董事长在通知其他董事的方式上存在瑕疵，也仅属于华瑞公司临时股东会会议召集程序有轻微瑕疵的行为，对《华瑞公司临时股东会决议》未产生实质影响予以驳回金电公司的诉讼请求显属不妥，本院予以改判。"

对于这背后所体现的公司法原理，深圳市中级人民法院在（2018）粤03民终17373号判决书中有一段很好的论述："《中华人民共和国公司法》第四十条就此关于董事长、副董事长、董事、监事会或监事的一系列规定，是依次递进、环环相扣的程序设置，是股东自行召集主持股东会必经的前置程序，《中华人民共和国公司法》这样规定的目的，就在于通过合理的程序设置来平衡保护股东、股东会、董事会、监事会等各方权利，从而维护公司治理结构的稳定、公平和效率，股东会违反上述规定的程序瑕疵，并不属于可容忍的轻微瑕疵，其对决议结果有实质性影响，依法可予以撤销。"

但如果召集主体不是公司的董事会，而是公司的董事，是否属于重大瑕疵。我们认为,应当根据具体案件情况判断召集的董事是否能代表董事会的意志,形成有效的董事会决议。如在徐某与常州万象进出口有限公司公司决议撤销纠纷[(2018)苏0404民初802号]案中,法院认为:“本案中,虽然会议召集人是占董事成员三分之二比例的丁某大、奚某东,但根据被告公司章程对董事会会议事程序的规定,其二人所作的一致的意思表示亦可确认为被告董事会的意志,由其二人代表董事会履行召集股东义务并不会导致各股东无法公平地参与多数意思的形成以及获取对此所需的信息。且因原告持股比例为32.436%,考虑到股东会决议事项,即使重新召开股东会议再次进行表决,被告其余18位股东改变意见的可能性较低,在很大程度上也还是会以所持赞同意见占表决权67.564%的情况下通过相同的决议,因此上述股东会议召集程序的轻微瑕疵对决议并不会产生实质影响。”

因此,股东会的召集主体存在瑕疵的,也不必然导致股东会决议被撤销。总体而言,法院的核心观点是股东会的召集权首先由公司董事会来行使,而非由某些个别的主体行使,但董事会也是人的集合,个别主体一致形成董事会的意志,不因未形成有效的董事会决议而认定股东会存在重大瑕疵。此外,如上文所述,该瑕疵是否会对公司决议产生实质影响亦是法官重点考量的因素。

(二)会议通知中未载明议案的内容,仅列举议案的名称

对于会议通知中仅列举了议案名称的情形,该争议仅存在于有限责任公司,因《中华人民共和国公司法》第一百零二条关于“召开股东大会会议,应当将会议召开的时间、地点和审议的事项于会议召开二十日前通知各股东”的规定针对的是股份公司,如股份公司的会议通知未载明审议的具体内容仅列举议案的名称,应当属于重大瑕疵;但《中华人民共和国公司法》未对有限责任公司会议通知的具体内容进行明确规定。因此是否应当将议案的具体内容提前通知,各地法院存在不同的观点。

如宁波市中级人民法院在(2014)浙甬商终字第1130号判决书中认为:“我国法律并未对有限责任公司股东会会议通知的具体内容进行明确规定,开元华城公司章程也未对股东会会议的通知内容作出特别约定。涉讼通知仅记载议题,未附具体议案内容,并未违反法律、行政法规或者公司章程。股东会通知中记载了股东会待审议议题,且事后股东会会议作出的决议也未超出该通知所载明的议题范围,该情形亦不违反法律、行政法规或者公司章程,应当认为开元华城公司尽到了必要的通知义务。”

北京市朝阳区人民法院在(2018)京0105民初15755号判决书中则认为:“从决

议可撤销制度的立法宗旨来看，该制度的设立宗旨在于规范公司治理，防止中小股东的权利被架空，通过否定以违法程序假借多数决的公正意思而成立的决议的效力，抑制股东无视决议程序侵害少数股东利益的现象，有助于贯彻程序正义的原则。而法律或者公司章程关于‘召开股东会应于会议召开十五日前通知全体股东’的规定的意义，除告知股东会议召开的时间、地点等基本信息之外，更为重要的是确保股东提前获知会议议题所需要的信息，以便于提前了解会议内容、做好相应的会议准备，进而形成相关意见，参与会议表决，充分行使股东权利。因此，股东会召集过程中，公司应当将会议议题的相关内容、具体审议事项作为会议通知的一部分按照法律及公司章程规定的时间向股东送达。怡合春天公司于 2018 年 1 月 13 日向马某发送会议通知，通知内容中仅告知会议涉及的六项审议事项的名称，并未明确告知审议事项的具体内容；其虽于 2018 年 1 月 24 日向马某发送了六项审议事项的具体文件，但此时距离股东会召开仅有五天时间，在涉及多项议题且内容繁多、复杂的情况下，无法保障股东能够充分行使相应的权利。因此，该次股东会在召集程序方面存在瑕疵。怡合春天公司虽然在 2018 年 1 月 29 日当天仅针对第一项议题进行表决，后五项议题决定延期表决，但召开股东会会议的意义之一即为通过股东在会议中的发言、交换意见，使可能与己方意见不同的股东接受其主张或者通过了解其他股东的意见修正己方的主张，进而影响最终的决议内容，因此，延期表决不足以弥补怡合春天公司在股东会召集程序中存在的瑕疵。”

对此我们认为，未将议案的具体内容在会议通知中一并告知，属于轻微瑕疵还是重大瑕疵，还需紧扣“是否产生实质影响”这一判断标准。实际情况中，往往是大股东实际参与公司的经营管理，其对公司的情况及将要审议的议案内容了如指掌，而被通知的股东由于信息的不对称并不了解议案的具体内容。就如上述朝阳区人民法院的案例，如果会议的议题内容繁多且复杂，如公司拟收购某一项资产，股东需要对收购方案、收购价格、资产、财务数据等情况进行讨论和论证，如仅告知议案的名称而未将具体内容提前通知，显然实际影响到股东正确行使其表决权。再如，选举新的董事、监事，应当将候选人的姓名及简历信息等详细情况提前通知。但如果是一些常规性且不复杂的议案，可以允许在会议通知中仅告知议案的名称。

《中华人民共和国公司法》及其司法解释对决议撤销之诉在除斥期间、原告主体资格、程序违法与内容违章的撤销事由层面上作出了限定。《公司法司法解释（四）》对于决议的可撤销事由又进行了进一步限定，这体现了司法保障介入与公司自治、经营效率之间要保持适当距离的基本原则，否则将徒增决议成本与法律关系的不稳定性。理解了其中所体现的公司法原理，也就不难对公司决议的可撤销事由进行把握。我们从检索的案例中也发现，在《公司法司法解释(四)》出台之前，法院实际上已经对公司决议所存在的瑕疵进行实质判断，对于某些决议的轻微瑕疵不予认定为可撤销情形，因此《公司法司法解释(四)》只是对实务裁判规则以司法解释的形式正式确立下来。尽管实践中对于轻微瑕疵仍存在一定的争议，未有明确的标准，但通过对案例的研读基本上也能总结出一些规律和裁判规则。

第五节　司法途径取得上市公司控制权

上市公司控制权之争最重要的手段之一就是法律手段，当然法律手段既包括诉讼、仲裁等高度对抗性的方式，也包括在法律框架下的协商、谈判、博弈等柔性手段。而如果相关控制权争夺方中的一方，能够充分运用诉讼或仲裁的方式取得局部的突破，往往会占得先机，甚至取得全局的胜利。本节拟讨论较为直接的两种司法途径，在公司或其股东陷入债务危机的情况下，径直通过法律程序的方式，取得公司控制权。

一、司法途径取得上市公司控制权概述

(一)上市公司司法途径非交易过户的相关法规及司法解释

根据《上市公司收购管理办法》(2014 年修订)第八十六条的规定，投资者因行政划转、执行法院裁决、继承、赠与等方式取得上市公司控制权的，应当按照本办法第四章的规定履行报告、公告义务。以上规定虽然只是对通过司法途径取得上市公司控制权后的信息披露义务，但其已考虑到相关方通过执行法院裁决的方式取得上市公司控制权，并规定了后续法定义务。

最高人民法院《关于冻结、拍卖上市公司国有股和社会法人股若干问题的规定》(法释〔2001〕28 号，以下简称《若干规定》)是对投资人取得上市公司司法处置股份的程序性规定，对涉及股权冻结、评估、拍卖、过户等事项进行了详细的规定。其中，《若干规定》第八条第三款、第四款阐明，人民法院执行股权，必须进行拍卖。股权的持有人或者所有权人以股权向债权人质押的，人民法院执行时也应当通过拍卖方式进行，不得直接将股权执行给债权人。第十六条规定，股权拍卖过程中，竞买人已经持有的该上市公司股份数额和其竞买的股份数额累计不得超过该上市公司已经发行股份数额的 30%。如竞买人累计持有该上市公司股份数额已达到 30% 仍参与竞买

的，须依照《中华人民共和国证券法》的相关规定办理，在此期间应当中止拍卖程序。

除《若干规定》所规定的国有股和社会法人股相关执行程序，最高人民法院《关于人民法院民事执行中拍卖、变卖财产的规定》（法释〔2004〕16号，以下简称《拍卖规定》）对于司法拍卖的具体程序，作了法定的程序性规定。就司法处置上市公司股票而言，可以分为依法冻结相关上市公司股票；法院依法委托有资质的拍卖机构；法院依法选定评估机构；对案涉上市公司股票进行评估；两方对评估报告发表意见；确定拍卖保留价；拍卖公告不少于15日；竞买人预交保证金；拍卖机构于拍卖日前5日通知当事人、担保物权人、其他优先权人；拍卖机构根据其拍卖规则正式拍卖；如果第一次拍卖流拍，则在60日内再次拍卖；如果第二次拍卖再次流拍，则可以作价交申请执行人抵债或60日内第三次拍卖；如果第三次流拍且申请执行人不愿作价抵债，则发出变卖公告，价格为第三次拍卖的保留价；如果60日内，仍无人购买且申请执行人不愿作价抵债，应当解除冻结，将该财产退还被执行人等14个法定步骤。

为切实解决执行难，加快执行程序的推进以及规范网络司法拍卖行为，最高人民法院于2017年1月1日起颁布了《关于人民法院网络司法拍卖若干问题的规定》（法释〔2016〕18号，以下简称《网拍规定》）。《网拍规定》第二条明确，人民法院以拍卖方式处置财产的，应当采取网络司法拍卖方式，但法律、行政法规和司法解释规定必须通过其他途径处置，或者不宜采用网络拍卖方式处置的除外。也就是说，在一般情况下，通过拍卖形式的司法处置财产，原则上要通过网络进行拍卖。

（二）司法途径取得上市公司控制权的一般流程

近年来，资本市场通过债务诉讼并取得上市公司控制权的事件频发，要通过司法途径取得公司控制权，其基础法律关系往往是债的法律关系，即公司或其股东陷入债务危机，而债权人向其主张权利。因此，司法途径取得公司控制权的第一步就是将前述债权债务诉诸法院或仲裁机构，要求偿还债务或实现担保权利。第二步，债权人通过法律程序获取胜诉裁判文书，并依法申请法院强制执行公司的股票。第三步，由法院受理申请执行人的执行申请，并依法组织股票的司法拍卖活动。在拍卖过程中，如出现竞买人竞买后超过30%的情形，则适用《中华人民共和国证券法》的相关规定办理。第四步，拍卖确定最终的成交方，由法院出具相应的执行裁定文书。第五步，由成交方，即买受人持成交确认文书和法院执行文书等材料自行向中国证券登记结算机构申请股票过户，司法划转抵债的，债权人凭法院执行文书向中国证券登记结算机构申请股票划转，并完成过户。上市公司聘请的专业证券服务机构对相关交易进行合规性审查,上市公司披露相应的权益变动公告,从而最终完成上市公司控制权的更替及实际控制人的变更。

二、诉讼—执行模式

所谓诉讼—执行模式就是上文提到的比较典型的通过债权债务诉讼或仲裁并取得胜诉的裁判结果,或债权人在特定的情况下进入非诉讼特别程序,抑或权利人持公证文书径直进入强制执行程序等,对上市公司股东所持有的相应股票进行司法处置,进而由最终竞买人取得上市公司股票,并成为该公司的实际控制人的模式。

ST 云网案就是通过司法途径取得上市公司控制权的典型案例。ST 云网全称为中科云网科技集团股份有限公司(以下简称中科云网),于 1999 年 9 月成立,其前身为北京湘鄂情酒楼有限公司。2009 年 11 月 11 日,中科云网在深交所正式上市,证券代码 002306,是我国第一家 A 股上市的民营餐饮企业。由于市场变化,中科云网及其实际控制人孟某深陷债务纠纷。2015 年 8 月,中信证券股份有限公司(以下简称中信证券)向深圳市福田区人民法院申请实现担保物权纠纷案,由此拉开了中科云网控制权之争的序幕。在此过程中,孟某多次提出异议,以拖延股票被司法处置的时间,而与此同时控制权之争的另一方陈某所控制的公司完成了与中信证券的债权转让。最终,孟某的执行异议全部被驳回,福田区人民法院于 2017 年 12 月 13 日作出(2015)深福法执字第 8881 号之一执行裁定书,裁定准许拍卖、变卖孟某所持有的中科云网 18156 万股股票,用以支付中信证券近 7 亿元人民币的债务。福田区人民法院先后于 2017 年 12 月 26 日和 2018 年 5 月 17 日向孟某发出《通知书》,告知其有关拍卖事项。2018 年 6 月 24 日,陈某所控制的上海臻禧企业管理咨询合伙企业(有限合伙)(以下简称上海臻禧)在拍卖中以 6.79 亿余元人民币的价格成交。2018 年 7 月 13 日,孟某所持有的中科云网股票过户至上海臻禧名下。本次股权过户完成后,上海臻禧占上市公司总股本的 23.11%,成为上市公司控股股东,上海臻禧实际控制人陈某成为上市公司实际控制人,上海臻禧与陈某合计持有 1.9 亿余股股份,占总股本的 23.81%。至此,中科云网的上市公司控制权之争告一段落。该案例的主线,就是公司小股东利用上市公司及其控股股东深陷债务危机的机会,通过诉诸法律的方式实现司法处置相关股份,最终取得了上市公司控股股东的全部股份,进而实际控制了上市公司。当然中科云网的控制权之争的起点并非诉讼程序,而是法院实现担保物权的非诉特别程序,从这个角度看,其法律关系复杂性较诉讼程序更为简单。

三、破产模式

破产模式是指上市公司或其控股股东陷入债务危机，债权人依法使其进入破产程序（主要指法院主持下的破产重整程序），而后通过债转股或引进新的投资人的方式，变更实际控制人。[①] 由于自然人破产制度，在我国尚在探索阶段[②]，在本节不再单独讨论，该制度未来实施后，其背后的法律原理与法人相似。因此，本节仅讨论以法人破产制度为基础的公司控制权之争相关问题。

采取破产模式进行上市公司控制权争夺，最终往往会以和解结尾。一旦公司进入破产重整程序[③]，人民法院制定的破产管理人便临时接管公司，成为公司的临时控制权持有人。在此情形下，无论是债权人债转股，还是引入新的投资人，都相当于在控制权之上设置了一个监督角色。在法院的主持下和在管理人的监督下，公司控制权的移转必须做到平稳有序，而如果继续进行野蛮争斗，即便一方最终夺取公司控制权，也必然无法完成其预设的商业目的。因此，各方都会在这个语境下寻求商业利益的平衡，使上市公司或其控股股东完成重整计划。

当然，在某些极端情况下，控制权争夺方也有可能利用上市公司股东陷入财务危机之机，迫使其进入破产清算程序。而后通过向诉讼—执行模式中的司法处置上市公司股份的途径，取得上市公司控制权，但这种情形在实践中十分罕见。

另外，破产模式除在控制权之争的情况下有所运用，还在“和平”情况下的收购上市公司壳资源时发挥作用，而这种通过协议手段变更公司控制权的情形，也可以认为是控制权交易的一种形式。苏宁控股集团有限公司就是通过 ST 吉纸破产重整案，顺利收购 ST 吉纸控股股东吉林市国资公司持有的50.06%的股份，成为公司的控股股东，并将股票简称改为“苏宁环球”。

资本市场通过司法处置手段变更上市公司实际控制人的情形已屡见不鲜，但

---

① 姜丽丽：《司法划转变更上市公司实际控制人的监管制度研究——基于不同标准的监管衔接》，载《证券法苑》2017 年第 4 期。

② 2019 年 6 月 22 日，国家发展和改革委员会、最高人民法院、工业和信息化部、民政部、司法部、财政部、人力资源和社会保障部、中国人民银行、国务院国有资产管理委员会、国家税务总局、国家市场监督管理总局、中国银行保险监督管理委员会、中国证券监督管理委员会等 13 个部门联合印发《加快完善市场主体退出制度改革方案》（发改财金〔2019〕1104 号），提出研究建立个人破产制度，逐步推进建立自然人符合条件的消费负债可依法合理免责，最终建立全面的个人破产制度。2019 年 10 月，浙江省平阳县人民法院审结全国首例个人破产案——蔡某个人债务集中清理程序。

③ 根据《中华人民共和国企业破产法》的规定，我国企业破产包括破产和解、破产重整和破产清算三种程序。

其有一个重要前提,就是上市公司或其控股股东陷入债务危机,同时该公司仍有一定的商业价值,使潜在的争夺方愿意投入一定的成本去获取公司最终的控制权。随着公司控制权交易制度的日臻完善和交易成本的降低,一方面,司法判断权与监管部门基于行政裁量权上的管理权,在判断立场上的冲突逐步减小,上市公司控制权取得方式的利益差异逐渐减小,逐利空间进一步压缩,在非对抗性收购或对抗性较弱的上市公司控制权之争的过程中,理性商人会选择公司控制权交易协商机制来完成控制权的过渡。另一方面,当争夺各方的对抗性极强,甚至达到了商战的程度,无疑任何一方的弱点都会被无限放大,而对方就会充分利用法律的手段对其发起进攻,这也是上市公司控制权之争的残酷之处。

第六节　独立董事法律责任

独立董事制度是一项起源于美国的舶来制度。万科公司的控制权之争,使长期以来默默无闻的独立董事制度引起法学领域和社会的广泛关注,而法律实务界也从实践的角度,重新审视上市公司独立董事制度。虽然在《中华人民共和国公司法》中明确规定了建立独立董事制度,但该制度仍面临立法层级较低,法律文件分散等问题,尤其是有关独立董事法律责任这一问题,仍未有统一且具体的规定,如此既不利于独立董事的权利行使与救济,也不利于利益受损者的权利主张。本节就围绕独立董事法律责任的相关问题进行论述。

一、独立董事制度概述

(一)起源与发展

独立董事制度起源于美国没有争议,但具体由哪部法律首先提出有不同观点。有学者认为,“独立董事”一词由美国 1934 年《证券交易法》中“非雇员董事”发展而来。随着公司治理中的代理问题发展,内部人控制机制逐渐普遍适用,通过对“非雇员董事”补充独立性的规定,使独立董事制度逐步建立。① 而另一种观点认为,独立董事概念起源于美国 1940 年《投资公司法》,该法规定公司至少 40% 的董事必须来自外部,至此独立董事制度产生。② 无论哪种观点,都认可一个事实,就是独立董

---

① 张宁珊:《上市公司控制权争夺中独立董事的义务——以万华之争为例》,载《中山大学法律评论》2018 年第 1 期。

② 孟令星:《独立董事法律责任问题研究》,载《司法改革论评》2015 年第 2 期。

事制度为美国原创，在20世纪六七十年代得到了重大的发展，并于80年代在世界范围内得以推广。经济合作与发展组织(Organization for Economic Cooperation and Development，OECD，简称经合组织)在1999年的《世界主要企业统计指标的国际比较》报告中，比较了各国公司中独立董事所占公司董事会成员的比例，其中美国为62%、英国为34%、法国为29%，[①]这说明至迟在20世纪90年代，世界主要经济体已经设立独立董事制度。

我国于20世纪90年代中期引进独立董事制度。1997年，中国证监会颁布的《上市公司章程指引》，首次提到了"独立董事"一词，并作为选择性条款，列于公司章程的第112条。截至2015年10月，我国A股上市公司共计2780家，独立董事人数达到8869人，其中3633人为高校学者，1967人为在职或退休官员或行业协会负责人，1528人为具备专业知识的人。[②] 目前，独立董事制度在我国上市公司中已广泛建立，当然，这与政府通过行政手段要求上市公司建立独立董事制度不无关系。

(二)独立董事的功能与特点

独立董事作为公司董事会成员，除具有《中华人民共和国公司法》规定的董事的功能外，还具备特别的监督功能和社会资源统筹运用之功能。

谈到独立董事的监督功能恐怕是其各项职能中最具代表性，也最为特殊的功能。独立董事具有监督功能，而根据《中华人民共和国公司法》的规定，上市公司还设有监事会，这两个主体之间又如何区分？这就不得不再次谈到独立董事的起源问题。诚如上文所述，独立董事制度起源于美国，而美国推行一元制公司治理结构。所谓一元制公司治理结构就是公司只设有董事会，而不设监事会，公司的高级管理人员由董事会聘任，再结合美国公司通常具有股权分散的特点，股东在看到公司存在问题后往往选择出售持有的股票而不是去努力校正公司的错误。因此，在客观上形成了董事会实行决策、执行和监督三位一体的公司治理结构。而在这种情况下，如果董事会的监督职能无法有效发挥，则公司就会出现内部人控制和公司自我修正能力微弱的后果，最终可能使公司这艘航船偏离航道。在这个背景下，独立董事制度在美国应运而生，也就是说，在美、英等国，独立董事实际上承担了监事的功能和职责，将董事会的监督职能充分发挥，制衡公司内部人控制的局面。

---

① 陈辉：《外国独立董事制度比较研究与中国实践》，西南财经大学2005年硕士学位论文。

② 《读懂"读懂"》，载 https://wenku.baidu.com/view/aa6e1404a517866fb84ae45c3b3567ec102ddce5.html，最后访问日期：2019年12月1日。

然而,我国的公司治理模式采德国、日本及我国台湾地区的二元制公司治理结构,即在股东会或股东大会之下分设董事会和监事会。那么,在二元制模式下,必然要调整独立董事的功能和职责,使其在和监事会并存的情况下,仍然能发挥其作用。从中国证监会《关于在上市公司建立独立董事制度的指导意见》(证监发〔2001〕102 号,以下简称《指导意见》)第一条第(二)项可以看出我国独立董事制度的初衷和目的,即按照相关法律法规、《指导意见》和公司章程的要求,不受上市公司主要股东、实际控制人或者其他与上市公司存在利害关系的单位或个人的影响,维护公司整体利益,尤其要关注中小股东的合法权益不受损害。也就是说,独立董事制度的设置目的是维护公司整体利益,尤其是中小股东的合法权益。

与美国独立董事和我国公司监事会的功能相比,我国独立董事功能可以理解为是一种预设性的监督机制。即在公司决策前,通过其董事会成员的身份和独立董事的特殊地位,连接公司股东与公司经营管理层,使董事会决策更体现公司的长远利益。从这个意义上讲,实际是进一步拓宽了信息披露的渠道,是一种可以放大为全体股东在决策前进行事前监督的方式。此外,作为外部人的独立董事,对于公司决策的程序性问题应更为敏感。由于独立董事通常为与公司没有利益联结的人员,要求其对公司董事会的每一决策内容,尤其是业务方面的内容,发表实质意见并非其所长。但是,作为上市公司独立董事,应当在董事会决策程序异常敏感,即对决策程序应尽到监督和审查的重要作用。而对于《指导意见》中规定的重大事项①,还应依法发表独立意见。

另外,独立董事的另一大功能就是社会资源的统筹与运用。在社会资源方面,

---

① 《关于在上市公司建立独立董事制度的指导意见》

六、独立董事应当对上市公司重大事项发表独立意见

(一)独立董事除履行上述职责外,还应当对以下事项向董事会或股东大会发表独立意见:

1. 提名、任免董事;

2. 聘任或解聘高级管理人员;

3. 公司董事、高级管理人员的薪酬;

4. 上市公司的股东、实际控制人及其关联企业对上市公司现有或新发生的总额高于 300 万元或高于上市公司最近经审计净资产值的 5% 的借款或其他资金往来,以及公司是否采取有效措施回收欠款;

5. 独立董事认为可能损害中小股东权益的事项;

6. 公司章程规定的其他事项。

(二)独立董事应当就上述事项发表以下几类意见之一:同意;保留意见及其理由;反对意见及其理由;无法发表意见及其障碍。

(三)如有关事项属于需要披露的事项,上市公司应当将独立董事的意见予以公告,独立董事出现意见分歧无法达成一致时,董事会应将各独立董事的意见分别披露。

根据上文统计，被任命为独立董事的人员均为高校的教授、学者，现职或退职的官员、行业组织人员，抑或业内专家、会计师、律师等专业人员。以上三类人员都有一个共同的特点，就是人际网络发达，个人的资本资源、信息资源、人际关系资源、品牌资源、媒体资源等均可对上市公司产生直接或潜在的帮助。① 从这个意义上讲，独立董事不仅在维护公司利益的角度可以监督公司，而且在公司进一步发展壮大过程中有所贡献。

二、我国独立董事制度的运行

（一）法律规范体系

1997 年，为维护证券市场的健康发展，适应上市公司规范运作的实际需要，根据《中华人民共和国公司法》、《国务院关于原有有限责任公司和股份有限公司依照〈中华人民共和国公司法〉进行规范的通知》（国发〔1995〕17 号）以及国家经济贸易委员会《关于贯彻〈国务院关于原有有限责任公司和股份有限公司依照《中华人民共和国公司法》进行规范的通知〉有关问题的通知》（国经贸企〔1995〕895 号）等文件精神，中国证监会制定了《上市公司章程指引》（证监〔1997〕16 号）。其中，《上市公司章程指引》第一百一十二条为公司根据需要，可以设独立董事。但注释此条款为选择性条款，公司可以根据实际需要，在章程中制定独立董事的职责。虽然《上市公司章程指引》在立法层级上仅为中国证监会颁布的规范性文件，但是该文件首次以立法的形式阐述了独立董事的名称。

2001 年，中国证监会颁布了《指导意见》。《指导意见》全文共 7 部分，系统规定了独立董事制度的概念、设立目的、主要法律义务、任职条件、任免程序、特别职权、独立意见、上市公司配合义务等内容。《指导意见》成为第一份就独立董事制度专门颁布的规范性文件，也是目前我国上市公司独立董事制度适用范围最广、内容最丰富且最为重要的法律依据。

2004 年，中国证监会颁布实施了《关于加强社会公众股股东权益保护的若干规定》（证监发〔2004〕118 号），该规定第二部分专门陈述有关完善独立董事制度及充分发挥独立董事的作用，进一步丰富了我国独立董事制度的内容。

2005 年修订的《中华人民共和国公司法》，首次以法律的高度确认了独立董事

---

① 张宁珊：《上市公司控制权争夺中独立董事的义务——以万华之争为例》，载《中山大学法律评论》2018 年第 1 期。

制度。该部公司法第一百二十三条规定,上市公司设立独立董事,具体办法由国务院规定。《中华人民共和国公司法》的修订计划已经列入全国人民代表大会常务委员会的立法计划中,有学者倡议,将独立董事制度直接完整的体现在公司法中,使其能够以法律的形式固定下来。

除以上法律和规范性文件之外,中国人民银行于2002年颁布了《股份制商业银行独立董事和外部监事制度指引》(中国人民银行公告〔2002〕第15号),中国证监会于2007年颁布了《证券公司董事(包括独立董事)、监事任职资格核准》,中国银行保险监督管理委员会于2018年颁布了《保险机构独立董事管理办法》(银保监发〔2018〕35号)等适用于特殊行业、特殊领域公司的独立董事管理制度。沪、深两家证券交易所为配合独立董事制度的实施,分别制定了独立董事培训、备案等相关制度。中国上市公司协会于2014年制定了《上市公司独立董事履职指引》,具体规定了独立董事的履职要求。

另外,中共中央纪律检查委员会于2008年颁布了《关于规范中管干部辞去公职或者退(离)休后担任上市公司、基金管理公司独立董事、独立监事的通知》(中纪发〔2008〕22号),针对党员干部,尤其是中管干部这一特殊主体,作出了在一定时间内限制其担任独立董事的规定。

以上法律、规范性文件、行业自治组织文件、党派团体文件共同构成了我国独立董事制度的法律规范体系。总体而言,还存在法律层级较低,各自为政等情况,有待进一步的整合完善。

(二)司法案例

我国法律虽未对独立董事的法律责任进行单独或特别规定,但独立董事作为公司董事会成员,依然适用有关董事的法律责任规定。就现有的司法案例来看,主要为独立董事受到证券监督管理部门处罚后,因不服行政处罚而提起的行政诉讼。在民事责任和刑事责任方面都鲜有案例出现。

早在2002年,陆某豪作为上市公司郑州百文股份有限公司独立董事因不服中国证监会对其作出的行政处罚而提起了行政诉讼,成为独立董事提起的第一起诉讼案件。虽然该案最终由北京市高级人民法院以超过诉讼时效为由驳回起诉,但在当时引起了专家学者和社会的广泛关注。由于该案并没有体现法院对独立董事法律责任的实体法观点,因此在本节暂不详细展开。

2014年,周某添、魏某志、陈某娇、何某增等四人诉中国证监会行政处罚案,是法院对独立董事未尽勤勉义务行政处罚纠纷进行实体审理的第一案。该案中，对于上市公司在连续4年年度报告中未如实披露代持股的问题，四原告不持异议。法院首次明确独立董事的履职重在监督。法院认为，四原告对涉案的代持股问题并未实施必要、有效的监督。四原告未尽监督义务，未勤勉尽责，应当对公司信息披露违法行为承担责任。①

在杨某胜诉中国证监会案中，关于作为独立董事的杨某胜是否应当承担相应的法律责任一节，法院认为，(1)公司董事对公司负有忠实义务和勤勉义务，判定杨某胜是否应当承担相应的法律责任，不需要讨论其客观上能否防范违法行为的发生，而是应当分析在昆明机床违法行为实施的整个过程中，杨某胜作为独立董事及审计委员会主任委员是否勤勉地履行了自己应当履行的职责。(2)杨某胜确实在推动昆明机床完善相关财务制度方面作出了一定的努力。然而，杨某胜作为审计委员会主任委员，虽然履行了一般职责，但并未做到勤勉尽责。(3)杨某胜作为审计委员会主任委员未能做到勤勉尽责，已堪认定，至于完善公司的成本核算以及内控制度能否当然防范公司违法行为的发生，不影响杨某胜应当为其失职承担相应的法律责任。杨某胜以无法防范、并不知情等理由主张免责，并不足采。(4)勤勉义务是一种积极义务，判断董事是否尽到勤勉义务，不以董事个人的履职行为能否从结果上避免违法行为的发生为要件，而是取决于董事个人是否尽到了自己应尽的职责。虽然上市公司内部治理混乱确实会对董事正常履行职责产生阻碍，但这不能构成董事在信息的真实性、准确性和完整性难以确认的情况下就在相关公司文件上予以签字认可的正当理由。(5)审计报告只是董事履职的基础技术性材料，董事的勤勉尽责不是对财务审计报告再行复核，审计委员会的职责也是监督审计机构，并非直接对审计报告的真实性和准确性承担法律责任。反之，审计报告也不能成为董事减轻或者免除勤勉义务的依据。本案中，法院的论理部分为独立董事们勾画了一幅如何履职的全图，从多个角度解读了独立董事应尽的勤勉义务。

三、独立董事的义务

独立董事作为董事会成员，依法应当履行《中华人民共和国公司法》及公司章程中关于董事的权利义务，因本节主要讨论独立董事的特殊之处，在此不再赘述公司董事的一般权利、责任、利益。

---

① 张婷婷：《独立董事勤勉义务的边界与追责标准——基于15件独立董事未尽勤勉义务行政处罚案的分析》，载《法律适用》2020年第2期。

(一)独立性问题

我国独立董事制度的核心是具有独立性。从任职人员上看,《指导意见》第三条明确规定,独立董事必须具有独立性,并列举了在上市公司或者其附属企业任职的人员及其直系亲属、主要社会关系(直系亲属是指配偶、父母、子女等;主要社会关系是指兄弟姐妹、岳父母、儿媳女婿、兄弟姐妹的配偶、配偶的兄弟姐妹等)等七类与公司有利益关联的人员不得担任独立董事。从反向理解,独立董事本人应当自觉遵守前述规定,不得隐瞒前述特殊身份的情况,任职相关公司的独立董事职务,这实际上也是独立董事本人的诚信义务。

《指导意见》第一条第(二)项规定,独立董事应当独立履行职责,不受上市公司主要股东、实际控制人或者其他与上市公司存在利害关系的单位或个人的影响。也就是说,在履职过程中,独立董事应始终保持独立性,必要时还要按照法定的程序,公开发表其独立意见。

(二)诚信与勤勉义务

除前述任职资格方面最基本的诚信义务,独立董事还应当遵守《中华人民共和国公司法》规定的对公司的忠实义务。较于一般董事的忠实义务,独立董事被寄予更高的期待。从制度设计层面,希望独立董事能够利用专业知识去避免公司董事会的决策错误,纠正一般董事的不正当管理行为,维护公司中小股东利益等。[①] 但从法律的角度,我们仍很难通过量化的指标去判断忠实义务履行的高与低。在实践中,仍然需要从独立董事是否存在"损公肥私、吃里爬外"等行为,来判断其是否违反了忠实义务。

关于独立董事的勤勉义务,近年来讨论较多,主要围绕独立董事履行勤勉义务的边界。我们来了解一组数据,65%的独立董事表示其在董事会上没有投过反对票,89.5%的独立董事从未向董事会提议聘用或解聘会计师事务所,78.9%的独立董事从未向董事会提请召开临时股东大会,73.7%的独立董事从未提议召开董事会,73.7%从未独立聘请外部审计机构或咨询机构就上市公司进行审计或调查,

---

① 张宁珊:《上市公司控制权争夺中独立董事的义务——以万华之争为例》,载《中山大学法律评论》2018年第1期。

94.4% 从未在股东大会前主动公开向股东征集投票权等。[①] 从以上数据来看，存在两种可能性：一是受访独立董事任职的上市公司经营良好，股东与管理层关系融洽和谐，独立董事特有的监督职能无从发挥；二是独立董事未勤勉尽责，也未行使法律赋予的权利，未履行相应的勤勉义务。

那么，独立董事勤勉义务的正确履行是否有统一标准呢？从目前的法律规范而言，尚无法得到明晰的描述或回答。但是，前述司法案例中，已经提到了部分判断标准。在中国证监会的行政处罚中，也可以看到就该问题的讨论，其一，由于内部董事的隐瞒难以发现公司违反信息披露义务的事实这一申辩理由，证监会通常以"当事人所谓不知情不足以说明其已适当关注了公司信息披露情况，履行了其所应承担的勤勉尽责义务"为由，而予以否定。其二，基于对审计机构出具的"无保留意见审计报告"的信赖而签字的抗辩，证监会认为，"在上市公司定期报告披露上，审计责任与上市公司董事、监事和高级管理人员的信息披露责任是两种不同的责任，审计机构未发现、审计报告未显示占用、担保事项，不等于在发生信息披露违法行为时，上市公司的责任人员可以不承担相关责任"，亦即信赖审计机构的专业意见也不能构成免责事由。[②] 中国证监会的观点与法院的裁判观点基本保持一致。

有学者指出，中国特色独立董事很容易沦为两种四不像的尴尬角色，一是监管机关的挡箭牌和替罪羊；二是漂白上市公司意志的橡皮图章。[③] 造成这个结果存在多种原因，有商业原因，也有制度原因，甚至有文化传统原因。要改变当前的独立董事制度运行困境，还要从法治的角度入手，构建法律、行政法规和司法解释为主的法律规范体系，推进独立董事制度本土化的发展，进一步明确细化独立董事的权利、义务和法律责任。另外，在监管方面也应该适应独立董事这一特殊角色，尤其是要在独立董事的日常监管制度设计方面下功夫，既保障独立董事的权利行使，也要规范其尽职履责，使独立董事制度既能够适应中国特色的资本市场，也能充分发挥其应有的功能和作用。

---

① 彭文革、邱永红：《从证券交易所的视角看我国上市公司独立董事制度的完善》，载徐明主编：《上市公司独立董事理论和实证研究》，北京大学出版社 2007 年版，第 280 页。

② 傅穹、曹理：《独立董事勤勉义务边界与免责路径》，载《社会科学》2011 年第 12 期。

③ 吕良彪：《控制公司——基业长青的大商之道》（第 2 版），北京大学出版社 2013 年版，第 113 页。

第六章

私募基金投资退出纠纷

第一节 PE 投资常见退出方式及相关法律风险概述

PE 基金运作大致可分为募、投、管、退四个阶段,其中,项目退出是整个投资链条上最为核心也是投资人最为关注的环节。但近两年,在国内整体经济形势欠佳、金融行业监管措施趋严、监管力度逐步加强、国家政策不断加大去杠杆化的要求等多重因素叠加影响下,项目退出几乎成为困扰投资人、投资机构的最大难题。结合我们近期代理的关于投资退出的相关案件,本节拟对 PE 投资常见退出方式及相关法律风险作一简要概述。

一、PE 投资常见退出方式概述

PE 基金主要投资于非上市公司股权,主要退出渠道为:IPO、新三板、并购、股权转让、回购、借壳上市、清算等。[①] 根据 WIND 数据库计算、整理得出 2018 年主要投资退出方式分布情况,如图 6－1 所示。

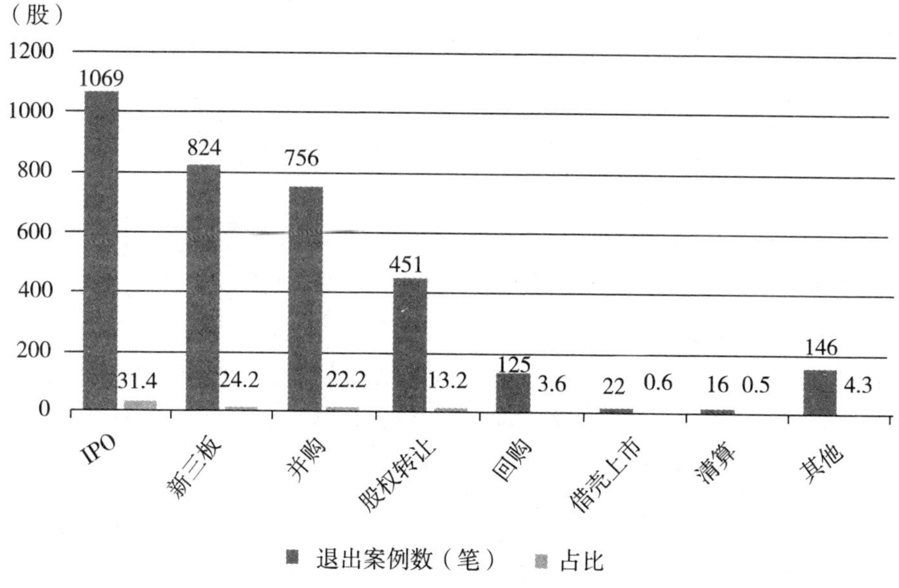

图 6－1 2018 年主要投资退出方式分布情况

① 杨德勇、张弘:《我国私募股权投资基金退出方式研究》,载《经贸实践》2018 年第 18 期。

（一）IPO 方式退出

图 6－1 记载的数据表明，IPO 方式退出占比近三成，仍是投资人最热衷的一种退出方式。究其原因，主要还是源于被投企业 IPO 之后能给投资人带来高额的收益回报，一般可达投资金额的几倍甚至几十倍之多。此类成功案例比比皆是，强者如黑石集团，自希尔顿上市以来，黑石集团逐步清仓了希尔顿股票，最终在 2018 年 5 月通过全数抛售所持希尔顿 1580 万股股票，实现约 140 亿美元利润的巨额收益，成为私募股权史上获得回报最丰厚的一笔投资；同为 PE 巨头的摩根士丹利 2002 年以 4.77 亿元投资蒙牛乳业，于 2004 年蒙牛在香港挂牌上市后实现退出，并获得约 26 亿元港元收益；软银、高盛投资的阿里巴巴在香港联合交易所挂牌上市后，为其带来超 34 倍的投资收益；达晨创投投资的同洲电子在深圳中小板上市后，也为其带来超 20 倍的收益。除此之外，IPO 方式退出能进一步提升 PE 机构的知名度和市场影响力，是对其资本运作能力和经营管理水平的充分肯定，也将为其继续筹措资金和获得优质企业项目资源创造更为有利的条件。但不可否认的是，上市门槛高导致的 IPO 所需时间长、机会成本高、发行的平均市盈率与初期相比已经出现了明显的下滑、退出周期长（如存在禁售期的强制性规定）等问题的存在，也使该种退出方式面临诸多风险。

（二）新三板方式退出

新三板全称为“全国中小企业股份转让系统”，是继上交所、深交所之后推出的全国性证券交易场所，是我国多层次资本市场的重要组成部分。新三板方式退出是指 PE 机构通过风险投资获得新三板挂牌前的企业股权，而后在新三板市场转让股权进行投资退出。[①] 新三板方式退出也是较为常见且能实现较高投资回报率的方式，如国信证券全资子公司国信弘盛旗下 PE 所投的安达科技（830809）通过新三板做市交易退出，拿到近 1 倍收益。客观来讲，相较于 IPO 方式，新三板挂牌门槛虽相对较低，周期也更为短暂，但就目前监管政策来看，由于需要满足合格投资者的要求导致新三板公司股权流动性较差，而在流动性差的情况下即便公司账面价值再高、估值再高，那也只是水中月、镜中花，无法实现退出获利，看似漂亮的数据对投资人而言则毫无意义。

---

① 刘芳：《我国私募股权投资基金发展中存在的问题及对策》，载《中国市场》2019 年第 21 期。

（三）并购方式退出

兼并和收购统称为“并购”。兼并又称“吸收合并”，是指两家或者更多的独立企业、公司合并组成一家企业，通常由一家占优势的公司吸收一家或者多家公司；收购是指私募股权投资机构将股份转让给其他实力较强企业，这些企业通过收购股份达到控制目标公司的目的。并购意味着通过将目标公司股权出售给其他 PE 机构或者另一家公司，从而实现项目的顺利退出。并购最常见的动机就是协同效应，因此并购也被认为是整合行业资源最为有效的方式。为人熟知的腾讯 86 亿美元并购全球游戏巨头 Supercell、滴滴出行与优步出行合并都是并购的经典案例。在当前审核趋严、新股发行依旧处于谨慎状态的情况下，退出期相对较短、退出方式更为灵活的并购方式退出已逐步成为一种主要的退出方式。

（四）回购方式退出

回购是通过目标公司、目标公司实际控制人或大股东对投资人所持目标公司股权或股份进行受让从而实现退出的方式。私募股权投资协议中回购条款的设置其实是 PE 机构为自己变现股权留有的一个带有强制性的退出渠道，该退出方式的设计往往结合对赌安排。阿里巴巴回购雅虎股份是回购退出的经典案例，阿里巴巴集团公司用 63 亿美元现金和 8 亿美元新增阿里集团优先股，回购雅虎所持阿里集团 20% 的股份，该笔回购为雅虎带来超 12 倍收益。设置强制性退出渠道的目的在于当目标企业发展不如预期时，此种方式可以保证 PE 机构投入资本的安全性以及固定收益。此种安排更多见于基金管理规模较小、抗风险能力较差的投资机构。

（五）借壳上市方式退出

所谓“借壳上市”，是指非上市公司通过收购业绩较差、筹资能力较弱的上市公司，剥离被收购公司资产，注入新资产，从而实现间接上市的操作方式。相对 IPO 方式而言，借壳上市具有周期短、成本低的巨大优势。近些年，互联网消费市场的兴起，促使快递物流业蓬勃发展，借壳上市的成功案例在该行业也有体现，比如顺丰控股借壳鼎泰新材、圆通物流借壳大杨创世。但自《上市公司重大资产重组管理办法》实施以来，监管逐渐趋严，“炒壳”行为逐步得到规范，借壳上市方式也逐渐趋于降温状态。

(六)清算方式退出

所谓“清算退出”，是指被投资企业的经营状况不能达到预期水平或由于其他原因不能继续维持经营，采取清算的方式解散企业，私募股权投资基金根据清算规则获得部分资金的退出方式。清算退出有两种情况，破产清算和非破产清算。破产清算是指公司资不抵债而致使公司解散清算。非破产清算是指公司资产可以清偿债务而解散公司所进行的清算。破产清算是投资人和目标公司最不愿意看到的结果，也是投资失败的表现。破产清算的结果不仅可能导致投资血本无归，也可能会引起外界对该投资机构投资管理能力和市场判断力的质疑，选择该种方式退出实属避免损失扩大化的无奈之举。

二、投资退出相关法律风险概述

私募股权投资具有的高风险属性，投资的风险防范和无法退出的救济问题一直受到社会各界的广泛关注，[①]特别是未事先进行强制退出安排情形下的退出路径选择、虽有强制退出安排但投资机构作为基金管理人出现不作为的情形下投资人直接以自己名义进行司法救济的主体资格是否适格、与目标公司所签对赌协议效力以及对赌安排能否得到法院支持等，与民法理论、司法实践相关的问题。关于此类法律风险，本节中我们暂且作一简要概述，后文将再逐一进行分析。

1. 未作强制退出设计，私募基金存续期限届满后，无法退出获利的法律风险。大部分投资项目，投资机构会在与目标公司所签投资协议中进行投资退出的设计安排，具体表现为在股权融资协议中约定股权回购或者现金补偿等条款，以对未来不确定事项进行安排；也有直接约定由目标公司、实际控制人或者大股东在投资款项到账后无条件按期、按固定收益率回购股份的安排，以上交易安排均是为保障投资安全的强制退出手段。但实践中，也不乏未作强制退出设计的投资项目，在该等项目中，一旦目标公司发展态势不佳，投资机构无法通过 IPO、新三板、并购、借壳上市等方式退出的，就存在私募基金存续期限届满甚至延期后，投资人没有退出路径可选的法律风险，以致不得不选择清算方式退出。

2. 虽有强制退出安排，但私募基金管理人不作为，不积极采取诉讼手段，导致投资人无法自行采取司法救济手段的法律风险。在虽有强制退出安排的投资项目

① 申林平：《论私募股权投资违约法律风险的防范与救济——由一例私募股权投资仲裁争议案件引发的思考》，载《菏泽学院学报》2013 年第 1 期。

中,尤其是契约型私募基金项目,一旦私募基金管理人不积极采取诉讼手段向融资方主张权利,或者发生管理人失联的情况,投资人以自己名义直接采取司法救济手段则困难重重。一方面,私募基金项目中,投资人人数众多,彼此互不认识,组织联系投资人的客观难度很大,统一行动采取诉讼手段的难度更是可想而知;另一方面,私募基金管理人对受托资金具有较大的管理权,全权代表全体投资人对外投资,一旦其失联或者不作为,投资人收集证据难度较大,且限于合同相对性,投资人很难直接向第三人索赔以维护私募基金和投资人的利益。而仅有在其他投资人能够证明基金管理人(执行事务合伙人)怠于行使管理权限和执行合伙事务时,投资人可以依据合伙人派生诉讼制度以自己的名义代表私募基金直接起诉相对方。①

3. 虽有对赌进而强制退出安排,但系与目标公司对赌,存在投资人的回购诉请得不到法院支持的法律风险。2019 年,最高人民法院发布的《全国法院民商事审判工作会议纪要》首次提出对赌协议的效力及对赌纠纷的审判原则。《会议纪要》虽对实践中一直饱受争议的投资方与目标公司(有时也同时包括与目标公司的股东)签订的"对赌协议"的效力进行了认定,即"如该协议不存在其他影响合同效力的事由的,应认定有效",但投资人的回购诉请能否获得支持,仍需取决于回购诉请是否具备法律和事实上的履行可能以及是否存在违反"资本维持"和"债权人保护"的原则;投资人要求目标公司业绩补偿的诉请能否得到支持则取决于目标公司利润盈余情况②。因此,仍存在投资人的回购和业绩补偿诉请得不到法院支持的法律风险。

三、PE 投资退出的事先风险防范

私募股权投资所涉及的法律问题纷繁复杂,一份完整的私募股权投资协议,通

---

① (2016)最高法民终 756 号判决书。

② 《全国法院民商事审判工作会议纪要》:"5.【与目标公司'对赌'】投资方与目标公司订立的'对赌协议'在不存在法定无效事由的情况下,目标公司仅以存在股权回购或者金钱补偿约定为由,主张'对赌协议'无效的,人民法院不予支持,但投资方主张实际履行的,人民法院应当审查是否符合公司法关于'股东不得抽逃出资'及股份回购的强制性规定,判决是否支持其诉讼请求。投资方请求目标公司回购股权的,人民法院应当依据《公司法》第 35 条关于'股东不得抽逃出资'或者第 142 条关于股份回购的强制性规定进行审查。经审查,目标公司未完成减资程序的,人民法院应当驳回其诉讼请求。投资方请求目标公司承担金钱补偿义务的,人民法院应当依据《公司法》第 35 条关于'股东不得抽逃出资'和第 166 条关于利润分配的强制性规定进行审查。经审查,目标公司没有利润或者虽有利润但不足以补偿投资方的,人民法院应当驳回或者部分支持其诉讼请求。今后目标公司有利润时,投资方还可以依据该事实另行提起诉讼。"

常包括交易结构条款、公司治理条款、反稀释条款、对赌条款、出售权条款以及清算优先权等诸多条款，这其中每个模块均可能出现相应的法律风险。对于PE机构而言，其实现退出最基础也最重要的前提是在私募股权投资协议中做好相关的交易安排、违约条款及退出条款约定，从而为其后续顺利实现退出提供相关合同依据。本节所概述的以上风险是结合我们所代理投资退出案件总结出的较为重要的三点。

第二节　私募基金管理人“失联”与怠于行权问题

私募基金管理人在基金运作的全流程中均负有管理基金财产的权利和义务，退出阶段管理人的履职状态尤为重要。产品一旦到期不能正常退出，通常做法是以管理人名义代表私募基金行使诉讼权利进行维权，但如果发生管理人怠于行使诉讼权利或者失联的情况（截至2019年9月11日，基金业协会官网披露的失联私募基金管理人数量已达271家），寄希望于管理人进行诉讼的维权路径便丧失了现实意义。此种情况下，能否结合管理人履职状态及时调整维权方案将最终事关投资退出的成败。结合法律赋予的派生诉讼权利，我们提出以下设想：投资人作为投资收益享有者和风险承担者，能否运用派生诉讼权利穿透管理人直接向债务人追索投资本金和收益？如能进行派生诉讼，针对不同组织形式的私募基金产品，派生诉讼权利具体又该如何运用？本节共分为七部分，就派生诉讼权利在PE投资退出案件中的相关法律问题、实践运用策略等方面进行分析。

一、私募基金的组织形式及对应投资人权利载体

私募基金的组织形式主要有契约型、有限合伙型、公司型三类。

契约型基金，是指由投资人、管理人以及托管方通过签署基金合同形成契约关系而设立的一种集合投资基金形式，管理人无须向工商登记机关申请设立额外的法律实体，仅根据基金合同约定对基金财产进行管理和投资。各方的权利义务主要体现在基金合同条款中，同时受《中华人民共和国证券投资基金法》《中华人民共和国信托法》《私募投资基金监督管理暂行办法》等相关法规规范。组织形式如图6－2所示。

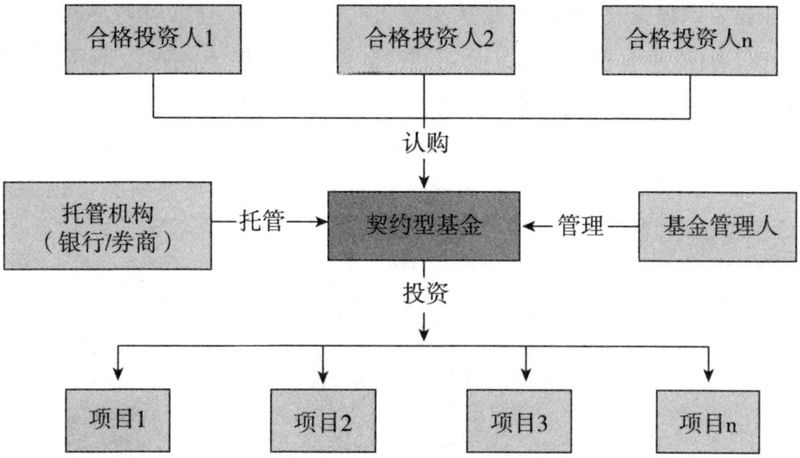

图 6－2　契约型私募基金组织形式

有限合伙型基金（以“自我管理”模式为例），是指以《中华人民共和国合伙企业法》为基础，采取有限合伙企业的组织形式，由管理人（GP）和投资人（LP）合伙成立的采用合伙制运作的基金，是具有法人资格的法律实体。投资人作为资金主要提供者，不参与企业日常管理，由管理人负责执行合伙事务、管理基金。各方的权利义务主要体现在合伙协议中，同时受《中华人民共和国证券投资基金法》《中华人民共和国合伙企业法》等相关法律规范。组织形式见图 6－3 所示。

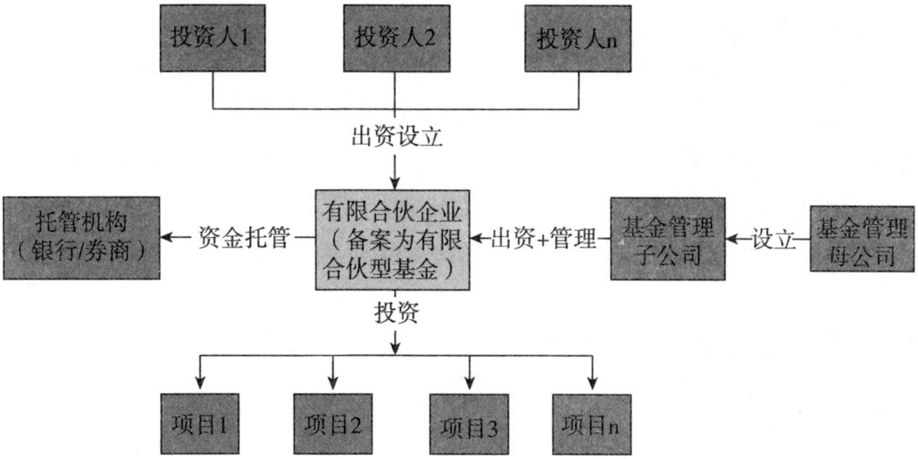

图 6－3　有限合伙型私募基金组织形式

公司型基金，是指投资人为了共同投资目标而组成的以营利为目的的股份有限公司或有限责任公司，并将形成的公司资产用于对外投资的基金。公司型基金依据基金公司章程设立，投资人是基金公司的股东，享有股东权利，按所持有的股权承担有限责任、享有投资收益。公司型基金和合伙型基金一样，也是具有法人资格的法律实体。各方的权利义务主要体现在公司章程中，同时受《中华人民共和国证券投资基金法》《中华人民共和国公司法》等相关法律规范。组织形式如图6－4所示。

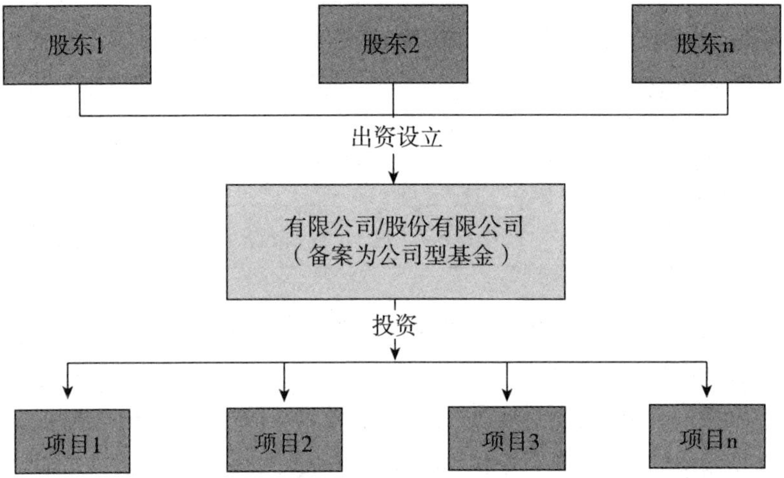

图6－4　公司型私募基金组织形式

二、什么是派生诉讼

派生诉讼，也称代位诉讼，是指当公司/合伙企业权益受到损害，而董监高执行事务合伙人或实际管理主体怠于提起诉讼，股东、有限合伙人为了维护公司、合伙企业利益，依据法定程序以自己名义直接向人民法院提起诉讼的制度。具体到PE投资退出案件，即指管理人怠于行使诉讼权利时，投资人为了维护基金利益，依据法定程序以自己名义直接向法院提起诉讼的做法。

该制度最早见于2005年修订的《中华人民共和国公司法》第一百五十二条①，

① 《中华人民共和国公司法》（2005年修订）第一百五十二条："董事、高级管理人员有本法第一百五十条规定的情形的，有限责任公司的股东、股份有限公司连续一百八十日以上单独或者合计持有公司百分之一以上股份的股东，可以书面请求监事会或者不设监事会的有限责任公司的监事向人民法院提起诉讼；监事有本法第一百五十条规定的情形的，前述股东可以书面请求董事会或者不设董事会的有限责任公司的执行董事向人民法院提起诉讼。监事会、不设监事会的有限责任公司的监事，或者董事会、执行董事收到前款规定的股东书面请求后拒绝提起诉讼，或者自收到请求之日起三十日内未提起诉讼，或者情况紧急、不立即提起诉讼将会使公司利益受到难以弥补的损害的，前款规定的股东有权为了公司的利益以自己的名义直接向人民法院提起诉讼。他人侵犯公司合法权益，给公司造成损失的，本条第一款规定的股东可以依照前两款的规定向人民法院提起诉讼。"

现行《中华人民共和国公司法》(2018 年修订)第一百五十一条,《中华人民共和国合伙企业法》(2006 年修订)第六十八条[①]作出相关规定。最高人民法院《关于适用〈中华人民共和国公司法〉若干问题的规定(一)》[以下简称《公司法司法解释(一)》]第四条[②]以及《公司法司法解释(四)》第二十四条、第二十五条、第二十六条[③]将该制度的操作规则进一步作出细化。

三、管理人失联的认定程序

根据基金业协会 2015 年 9 月 29 日发布的《关于建立“失联(异常)”私募机构公示制度的通知》规定,同时出现以下两种情形的私募基金管理人,将被认定为失联(异常)私募机构:

1. 通过在私募基金登记备案系统预留的电话无法取得联系,同时协会以电子邮件、短信形式通知机构在限定时间内未获回复。

2. 发生上述情形后,协会会在官网发布失联公告催促相关管理人主动与协会联系,公告发出后 5 个工作日内仍未与协会联系的,将被认定为失联(异常)管理人。

针对失联管理人,基金业协会将在官网“私募基金管理人分类公示”栏目中予以公示。若管理人在 3 个月之内主动与协会联系并按照要求提供相关资料并说明情况的,经研究同意,协会一般将其从失联机构名单中移除。管理人被列入失联名单 3 个月之内未主动与协会联系的,协会将按照《私募投资基金监督管理暂行办

---

① 《中华人民共和国合伙企业法》第六十八条:“有限合伙人不执行合伙事务,不得对外代表有限合伙企业。有限合伙人的下列行为,不视为执行合伙事务:

……

(七)执行事务合伙人怠于行使权利时,督促其行使权利或者为了本企业的利益以自己的名义提起诉讼。”

② 《公司法司法解释(一)》第四条:“公司法第一百五十一条规定的 180 日以上连续持股期间,应为股东向人民法院提起诉讼时,已期满的持股时间;规定的合计持有公司百分之一以上股份,是指两个以上股东持股份额的合计。”

③ 《公司法司法解释(四)》第二十四条:“符合公司法第一百五十一条第一款规定条件的股东,依据公司法第一百五十一条第二款、第三款规定,直接对董事、监事、高级管理人员或者他人提起诉讼的,应当列公司为第三人参加诉讼。一审法庭辩论终结前,符合公司法第一百五十一条第一款规定条件的其他股东,以相同的诉讼请求申请参加诉讼的,应当列为共同原告。”第二十五条:“股东依据公司法第一百五十一条第二款、第三款规定直接提起诉讼的案件,胜诉利益归属于公司。股东请求被告直接向其承担民事责任的,人民法院不予支持。”第二十六条:“股东依据公司法第一百五十一条第二款、第三款规定直接提起诉讼的案件,其诉讼请求部分或者全部得到人民法院支持的,公司应当承担股东因参加诉讼支付的合理费用。”

法》、《私募投资基金管理人登记和基金备案办法》（试行）及《中国基金业协会纪律处分实施办法》（试行）等法规及自律规则的相关规定，将失联管理人情况记入相关机构诚信档案，并报告证监会。

四、管理人怠于行使诉讼权利的认定标准

无论是《中华人民共和国公司法》第一百五十一条规定的股东派生诉讼，还是《中华人民共和国合伙企业法》第六十八条规定的有限合伙人派生诉讼，管理人怠于履行诉讼权利均是派生诉讼权利得以实现的前提，即在具体投资退出案件中，行使派生诉讼权利的投资人需要承担证明管理人怠于行使权利的举证责任。关于管理人怠于履行诉讼权利的认定标准，以下案例中关于“投资人发函催告后，管理人未依法行使诉讼权利即为怠于行使权利”的裁判观点可以作为处理此类问题的参考。

在世欣荣和投资管理股份有限公司与长安国际信托股份有限公司、天津鼎晖股权投资一期基金等合伙协议纠纷案[①]（最高人民法院2016年第12期公报案例）中，法院裁判认为：“关于第一个焦点问题，世欣荣和公司作为东方高圣的合伙人是否有权提起诉讼。根据《中华人民共和国合伙企业法》第六十八条之规定，执行事务合伙人怠于行使权利时，有限合伙人可以督促其行使权利或者为了本企业的利益以自己的名义提起诉讼。世欣荣和公司在认为合伙企业东方高圣的权利被侵犯时，已经就相关问题向东方高圣及执行事务合伙人发函催告，要求东方高圣向人民法院提起民事诉讼，维护东方高圣的民事权利，东方高圣虽予以响应，但未依法提起民事诉讼，世欣荣和公司遂选择以自己的名义提起诉讼并无不妥，符合法律规定。长安信托关于东方高圣未怠于行使权利，世欣荣和公司以自己的名义提起诉讼的条件并未成就的抗辩理由不符合法律规定，本院不予采纳。”

在焦某、刘某等与安徽瑞智房地产开发有限公司金融借款合同纠纷案[②]［（2016）最高法民终756号］中，最高人民法院认为：“《合伙企业法》第六十八条规定：有限合伙人不执行合伙事务，不得对外代表有限合伙企业。有限合伙人的下列行为，不视为执行合伙事务：……（七）执行事务合伙人怠于行使权利时，督促其行使权利或者为了本企业的利益以自己的名义提起诉讼……根据此条规定，有限合伙人在执行事务合伙人怠于行使权利时，有权以自己的名义提起诉讼。本案中，焦

① （2016）最高法民终19号判决书。

② （2016）最高法民终756号判决书。

某、刘某、李某红的起诉是否符合法律规定，主要应审查和信投资中心的执行事务合伙人是否怠于行使权利。从焦某、刘某、李某红提交的证据可以看出，案涉两笔委托贷款到期后，因和信投资中心一直没有通过诉讼或仲裁方式向瑞智公司主张债权，焦某、刘某、李某红采取包括邮寄律师函等多种方式督促和信资本公司、和信投资中心行使权利主张债权，但一直未能与其取得联系。故该案焦某、刘某、李某红为了合伙企业的利益向该院提起诉讼具有事实和法律依据，系该案适格的原告。”

五、契约型基金运用派生诉讼

相较于合伙型和公司型私募基金，契约型私募基金没有法律实体，对于实践中多发的管理人“暗箱操作”、虚设投资标的，甚至将募集资金挪为己用的极端情况，投资人往往束手无策，不知如何进行权利救济。为此，我们先就契约型基金管理人失联或怠于行使诉讼权利情形下，投资人运用派生诉讼权利的可行性以及相关诉讼策略选择和具体运用问题进行探究。

（一）契约型基金运用派生诉讼权利的可行性分析

1. 契约型基金各主体之间的法律关系

探讨契约型基金组织形式下，投资人运用派生诉讼权利的可行性之前，首要问题便是厘清各主体之间的法律关系。上文我们提到，契约型基金是指由投资人、管理人以及托管方通过签署基金合同形成契约关系而设立的一种集合投资基金形式。该基金形式不设立具备法人资格的法律实体，投资人虽实际出资并享有投资权益，但其并不直接与基础资产进行交易并持有投资权益（股权、股份等），而是由管理人代表投资人主体的集合意志，以其自身名义与融资方进行交易。

学术界对于契约型基金法律关系的界定基本没有争议，普遍认为契约型基金的组织形式与信托组织形式大致相同，其应属于信托法律关系。① 并认为各主体之间的关系为：投资人为委托人，管理人和托管方均为受托人，只是托管方的职能仅为保管和监督基金财产，相较于管理人的管理和运用基金财产的权限而言，权利和义务均较轻。②

学术界的上述观点在相关法律条文中得到印证，《中华人民共和国信托法》

---

① 盛夏：《试论契约型投资基金法律关系》，载《沈阳干部学刊》2006 年第 5 期。

② 熊继宁：《法律关系的综合集成系统——证券投资基金法律关系的系统分析》，载《比较法研究》2004 年第 6 期。

(2001年修订)第二条规定,所谓信托,是指委托人基于对受托人的信任,将其财产权委托给受托人,由受托人按委托人的意愿以自己的名义,为受益人的利益或者特定目的,进行管理或者处分的行为。与之对应,在契约型私募基金中,投资人和管理人签署《基金合同》,以投资人为委托人,通过约定方式将委托财产交由管理人;管理人作为受托人,依据《基金合同》并为投资人的利益,以自己的名义对基金财产进行管理和投资。同时,《中华人民共和国证券投资基金法》(2015年修订)第二条规定,在中国境内公开或非公开募集资金,由管理人管理,托管人托管,为投资人的利益,进行证券投资活动,适用本法;本法未规定的,适用《中华人民共和国信托法》和其他有关法律、行政法规的规定。立法解释层面,全国人大常委会法工委在其编写的《中华人民共和国证券投资基金法释义》中,同样将契约型基金法律关系认定为信托法律关系。①

司法实践中,对于契约型基金信托法律关系的认定也有相关案例,南京市玄武区人民法院在赵某丽与南京胤烽投资管理中心、江苏省岳烽资产管理有限公司合同纠纷案②中,裁判认为:"原告与被告岳烽公司的争议焦点是原告与二被告之间的法律关系的性质。原告认为其与被告岳烽公司之间名为合伙投资认购、实为民间借贷。被告岳烽公司认为原告与其同为被告胤烽中心的合伙人。本院认为:原告与被告岳烽公司之间存在信托法律关系。信托,是指委托人基于对受托人的信任,将其财产权委托给受托人,由受托人按委托人的意愿以自己的名义,为受益人的利益或者特定目的,进行管理或者处分的行为。本案中,原告向被告岳烽公司认购岳烽资产——岳信2号投资基金100万元,并将款项支付至被告胤烽中心的账户内的实质是,将其所有的100万元委托给被告岳烽公司,由被告岳烽公司通过被告胤烽中心向南通扬子广告有限公司进行定向贷款,符合信托的特征,其中原告既为委托人又为受益人,被告岳烽公司为受托人。"

2. 契约型基金形式下,投资人运用派生诉讼权利的可行性分析

上文我们提到,派生诉讼是指当公司、合伙企业权益受到损害,而董监高、执行事务合伙人或实际管理主体怠于提起诉讼,股东、有限合伙人为了维护公司、合伙企业利益,依据法定程序以自己名义直接向人民法院提起诉讼的制度。

---

① 李飞主编:《中华人民共和国证券投资基金法释义》,法律出版社2003年版。"根据组织形态不同,可以分为公司型基金与信托契约型基金。信托契约型基金,是指依照信托原理通过基金管理人和基金托管人与基金份额持有人共同签订基金合同设立的基金。"

② (2015)玄商初字第1285号判决书。

根据前述定义，投资人运用派生诉讼权利的前提是私募基金以法律实体的形式存在，同时满足在该法律实体权益受到损害时（融资方逾期履约），作为执行事务合伙人或者公司实际管理主体的管理人怠于行权的条件，投资人才有权依据《中华人民共和国合伙企业法》或者《中华人民共和国公司法》赋予的派生诉讼权利代为诉讼进行维权。结合前述对契约型基金组织形式和法律关系的探讨可知，契约型基金并不满足上述要件，其既不具备法律意义上的主体形态，也无法适用《中华人民共和国合伙企业法》或者《中华人民共和国公司法》的相关规定。经检索，截至本书完成之前，司法实务中，并未有相关成功案例。至此，我们认为，契约型基金投资人无法运用派生诉讼权利，只能根据《基金合同》的具体规定，结合《中华人民共和国信托法》《中华人民共和国证券投资基金法》的相关规定进行维权。

（二）契约型基金投资人维权方案分析

1. 直接向管理人主张损害赔偿责任

《中华人民共和国证券投资基金法》第四十六条①规定，投资人享有对管理人损害其合法权益的行为依法提起诉讼的权利。一般在《基金合同》投资人权利、管理人义务、违约责任等章节，各方也会对管理人损害投资人或者基金合法权益的罚则进行约定。基于管理人负有的法定、约定义务，在其失职情形下，理论上投资人有权通过诉讼方式向其追索。

但该方案实操存在以下问题：第一，失联或怠于行使权利的管理人多数经营困难、不再实际经营，一旦进入诉讼程序，很难向其送达法律文书，诉讼期限长、时间成本高，再者管理人一般为轻资产主体，即便投资人历时多年拿到胜诉判决，最终也无法实际追回投资损失。第二，投资损失无法确定，投资损失确定是投资人向管理人主张损害赔偿的重要构成要件，在投资是否失败确定之前，投资损失数额无法确定，此种情况下，起诉管理人索赔的诉请很难被支持。第三，即便投资损失确定，举证证明管理人失职也是一道难关，客观情况所致，投资人不实际参与基金的运营和管理，对于基金运作过程中的书面材料基本不掌握，也无意识对其中形成的材料进行留存，一旦进入诉讼程序，没有证据支撑，诉请将成空中楼阁。基于以上分析，我们认为，该方案虽有相应法律和合同依据，但操作难度较大，也不具有现实意义。

---

① 《中华人民共和国证券投资基金法》第四十六条第一款：“基金份额持有人享有下列权利：……（六）对基金管理人、基金托管人、基金服务机构损害其合法权益的行为依法提起诉讼。……”

2. 更换管理人,以变更后管理人名义进行诉讼

《中华人民共和国证券投资基金法》第四十七条①规定,由全体基金份额持有人组成的基金份额持有人大会有权决定更换基金管理人。《基金合同》中一般也会约定,如果管理人失职,份额持有人大会有权解任管理人。因此,当现任管理人失联或是怠于行使权利情况下,投资人理论上有权通过变更管理人的方式解决问题。

变更管理人的流程一般包括:(1)召集所有投资人(一般通过销售渠道);(2)召开份额持有人大会就变更管理人进行集体表决;(3)提交基金业协会更换管理人申请(系统提交材料,之前均需要原管理人配合,近期有基金业协会主推下的成功案例);(4)协会审核通过。看似简单的四步,实操起来却需要大量反复的沟通,耗时难以估算,一般还需要由投资人共同委托律师团队进行操作。

在顺利更换管理人后,由新管理人开始有序进行清算、代表基金采取诉讼仲裁等法律手段追缴基金财产虽不存在法律障碍,但如前述更换管理人的流程相当繁杂,时间成本过高,投资人一般难以承受,该方案也不具有可操作性。

3. 运用《中华人民共和国信托法》赋予的委托人撤销权进行救济

《中华人民共和国信托法》第二十二条规定,受托人违反信托目的处分信托财产或者因违背管理职责、处理信托事务不当致使信托财产受到损失的,委托人有权申请人民法院撤销该处分行为,并有权要求受托人恢复信托财产的原状或者予以赔偿;该信托财产的受让人明知是违反信托目的而接受该财产的,应当予以返还或者予以赔偿。

基于前述规定,当发现管理人在管理基金财产时存在违反基金合同投资目的和范围,直接或间接将基金财产挪作别用,甚至是与融资方串通虚设投资标的或者夸大投资标的规模的行为,投资人作为委托人即可运用前述撤销权,将管理人、融资方作为共同被告诉至法院,请求撤销该投资行为,并要求管理人、融资方连带赔偿投资损失。在成都市中级人民法院审理的王某杰与李某东、中国水利水电第七工程局成都水电、中国水电第七工程局有限公司信托纠纷案②中,法院裁判认为:"王某杰与李某东签订的《信托合同》是双方真实意思表示,且不违反法律行政法规规定,应属有效。被告应当按照合同约定对信托财产进行管理。根据《信托法》第二十二条'受托人违反信托目的处分信托财产或者因违背管理职责、处理信托事务

① 《中华人民共和国证券投资基金法》第四十七条:"基金份额持有人大会由全体基金份额持有人组成,行使下列职权:……(三)决定更换基金管理人、基金托管人……"

② (2013)成民终字第3622号判决书。

不当致使信托财产受到损失的，委托人有权申请人民法院撤销该处分行为，并有权要求受托人恢复信托财产的原状或者予以赔偿；该信托财产的受让人明知是违反信托目的而接受该财产的，应当予以返还或者予以赔偿’的规定，被告违反信托目的在未取得委托人授权的情况下处分信托财产，其处分行为已被(2012)温江民初字第801号民事判决予以撤销。该行为撤销后，原告有权要求被告及水电七局恢复信托财产原状或予以赔偿。故原告的诉讼请求成立，应当予以支持。”

举证难仍是该方案取得突破的难点，难点在于投资人能否举证证明投资人存在违反基金合同约定处分基金财产的行为，并且对于该违反合同目的处分基金财产的行为，受让人也即融资方是明知的。实践中，常用的解决办法是，通过向基金业协会和当地证监会证监局投诉的方式，迫使相关监管部门敦促托管方配合向投资人提供相关材料，以便投资人行权之用。除前述投诉路径之外，必要时还可考虑通过刑事报案进而借助经侦力量获取证据材料，关于这一点，后期我们会就此问题的刑民交叉等问题，单独行文进行探究。

以上是关于管理人失联或怠于行权情形下，契约型基金投资人运用派生诉讼权利的可行性分析和相关维权方案的探讨。根据以上分析，在没有法律实体支撑的情况下，投资人穿透管理人直接向融资方主张相关权益并没有充分的法律依据作为基础，且存在举证困难的现实困境，难度较大。

六、合伙型基金运用派生诉讼

本部分我们探讨合伙型基金形式下，投资人运用派生诉讼权利相关法律问题。本节第五部分已对契约型基金形式下的派生诉讼权利运用的可行性给出结论性意见，此篇不再赘述。大部分主要围绕投资人作为原告起诉管理人、融资方的实操问题展开，具体对管辖法院选择、诉讼请求设计、证据材料组织等案件相关的细节问题进行探讨。

(一)投资人派生诉讼权利的法律内涵

合伙型私募基金形式下，有限合伙人的派生诉讼权力或结合本部分所设背景具体称为“投资人派生诉讼权利”，是指当基金的执行事务合伙人即基金管理人怠于行使权利，使基金的合法权益遭受不法侵害时，作为有限合伙人的投资人依据法定程序以自己的名义提起诉讼，以此维护基金利益的法定权利。

可见，投资人行使派生诉讼权利，是基于有限合伙的制度创设和内部合伙协议的契约精神,是对其无权参与基金管理和运营权利限制的突破。这种突破制度约束的权利行使要旨在于赋予投资人权利来监督和防范管理人在信息不对称下管理、使用基金财产时的滥权和怠权行为,以救济基金权益和自身权益。这种对管理人经营管理权进行妥当、合法限制的派生诉讼权利有其自身的法律特性:一是权利主体的限定性,由于管理人独享了基金经营管理权和主要的投资决策权,因而相当于监督职能的派生诉讼权利主要配置给了投资人。且一般要求享有派生诉讼权利的投资人在诉讼提起时和诉讼进行中都必须具有有限合伙人身份。二是权利行使的共益性。有限合伙人只是基金产品众多货币投资者之一,其行使派生诉讼权利,并不是为了救济自身的直接利益,而是为了维护包括全体投资人利益在内的整个基金的合法权益。

(二)重点诉讼要素分析

1. 管辖法院选择

多数情况下,在管理人代表基金与交易相对方(融资方)所签订的协议中,各方会对争议解决方式进行约定,即所谓协议管辖,或是仲裁或是某地区有管辖权的法院。那么,投资人作为原告提起诉讼时,是否应遵循前述协议管辖提起诉讼?我们认为,投资人既然依据《中华人民共和国合伙企业法》第六十八条①之规定,以自己而非基金名义提起诉讼,便不受基金与融资方签订的协议管辖条款的限制。在蔡某、深圳平安大华汇通财富管理有限公司合伙协议纠纷案②中,深圳市中级人民法院认为,有限合伙人以自己的名义向一审法院提起诉讼,不属于执行合伙事务,也不代表合伙企业。即使合伙企业与第三方之间就该合同约定事项已达成仲裁协议,该协议对有限合伙人也无约束力。在信达投资有限公司与河北融投置业有限公司、兴业银行股份有限公司石家庄分行等借款合同纠纷案③中,最高人民法院认为,信达公司作为有限合伙人以自己名义提起本案诉讼符合法律规定,应以信达公司住所地而非合伙企业住所地作为地域管辖的联结点。

如不受协议管辖条款约束,投资人又该如何确定管辖法院?我们认为,在没有协议管辖或者专属管辖限制情况下,投资人应根据具体案件的法律性质确定管辖

---

① 《中华人民共和国合伙企业法》第六十八条:"有限合伙人不执行合伙事务,不得对外代表有限合伙企业。有限合伙人的下列行为,不视为执行合伙事务:……(七)执行事务合伙人怠于行使权利时,督促其行使权利或者为了本企业的利益以自己的名义提起诉讼。……"

② (2018)粤03民终9204号判决书。

③ (2016)最高法民辖终94号判决书。

法院,如合同纠纷应由合同履行地或被告住所地人民法院管辖,侵权之诉则由侵权行为地或被告住所地法院管辖。具体到投资退出类案件,考虑到投资人普遍存在对融资方进行财产保全(最好是诉前)以及加快推进案件进展的诉求,选择合适的管辖法院对于实现前述目标大有裨益。对此,我们建议,可以结合具体案件情况,采取增加被告主体的方式予以解决,如此不仅可以增加可供选择的管辖法院数量,还能实现提高部分案件审级的效果,进而实现快速完成财产保全和较快结案的诉讼目标。

2. 诉讼请求设计

投资退出案件中,投资人提起诉讼的动力和目标主要是为了追偿自己应得的投资收益。如此一来,投资人能否要求融资方直接向其偿还投资收益直接关系投资人诉讼请求的设计。《中华人民共和国合伙企业法》第六十八条规定,有限合伙人有权为了本企业的利益以自己的名义提起诉讼。那么,具体到案件的诉讼请求,如何主张才能确保诉请得到法院支持,是要求融资方向投资人支付投资金额对应的投资收益,还是向合伙企业清偿?

对于此问题,立法解释层面,全国人大常委会法工委编写的《中华人民共和国合伙企业法释义》对该条款的释义明确为:"执行事务合伙人怠于行使权利时,督促其行使权利或者为了本企业的利益以自己的名义提起诉讼。这是有限合伙人行使监督权和为了企业利益而提起代表诉讼的权利,有限合伙人为有限合伙企业的利益而提起代理诉讼,不构成参与对企业的控制。"①

司法实务中,在广州天河区人民法院审理的朱某童与广州国际采购中心有限公司、广州市环博展览有限公司、中信银行股份有限公司广州分行、广州凯德铂瑞投资合伙企业民间借贷纠纷案②中,法院裁判认为:"对于《合伙企业法》第六十八条第二款第(七)项中有限合伙人为了有限合伙企业的利益以自己的名义提起诉讼的规定,其目的是通过有限合伙人来保护有限合伙企业的利益,并非保护有限合伙人的个人投资利益,即通过诉讼所确定的利益归于有限合伙企业。现原告主张被告广州国采公司根据原告出资额向原告支付借款以及其对拍卖、变卖抵押物后的对价款优先受偿的诉请,其目的是保护原告个人的投资利益,并非为有限合伙企业的利益,因此其诉请与法律规定不符,本院不予支持。"在焦某、刘某等与安徽瑞智房

---

① 全国人民代表大会常务委员会法制工作委员会编:《中华人民共和国合伙企业法释义》,法律出版社2006年版,第111页。

② (2015)穗天法金民初字第5336号判决书。

地产开发有限公司金融借款合同纠纷案[①]中，对于作为有限合伙人的焦某、刘某起诉融资方瑞智公司向有限合伙企业和信投资中心偿付本息的请求，法院依法予以支持。前述两个案例的裁判结果说明，投资人运用派生诉讼权利提起诉讼时仅能主张债务人或者融资方向合伙企业偿付相关款项，而不能诉请要求向其自身支付投资收益。

3. 证据材料组织

根据《中华人民共和国合伙企业法》第六十八条第二款第（七）项之规定，以投资人名义提起诉讼一般至少需提交三组证据，具体如下：

第一组，证明投资人原告主体资格身份，也即投资人有限合伙人身份证明。这是投资人能够代表有限合伙企业提起诉讼的权利基础。该组证据一般包括从有限合伙企业注册地调取的工商内档，档案材料中会对该事项进行记载。如投资人系隐名合伙人，未在市场监督管理局（改革前也称工商行政管理局）进行登记，则需要提供与其他合伙人共同签署的《合伙协议》、支付投资款凭证（一般为银行流水或回单）、合伙企业出具的出资证明确认函等材料，以证明其投资人身份。

第二组，融资方逾期还款，侵害合伙企业合法权益的证明，该组证据是整个案件的核心所在。一般包括合伙企业与融资方所签交易协议，融资方行为违反交易协议约定已经违约的证据。

第三组，管理人怠于行使诉讼权利的证据。该组证据没有明确的法律标准，从已有案例来看，一般表现为投资人发函催告后，管理人合理期限内（可参考 30 日）未履行起诉义务。当然通过向基金业协会投诉的方式实现协会公告管理人失联的效果，也是较为稳妥的做法。实践中，还存在因管理人恶意拖延缴纳诉讼费导致以管理人名义提起的诉讼案件按照撤诉处理的极端情况，也可以作为证明管理人怠于行使权利的证据。

以上三组证据是按照现有法律规定归纳的常规证据材料，具体到每一个投资退出的案件，还要结合案件情况作出相应调整，要增加合伙企业对相关担保物享有担保物权的证据，以支撑优先受偿权的诉请；比如，要增加管理人与融资方存在恶意串通侵害基金财产权益的证据，以实现管理人连带赔偿损失的诉讼目标。

（三）案件其他事项

探讨完案件相关要素，就案件审理过程中，可能会涉及的争议焦点，我们再分

---

① （2016）最高法民终 756 号判决书。

别作一阐述。

1. 投资人行使派生诉讼权利是否需要履行前置程序

根据上文可以知道,契约型基金投资人起诉需履行份额持有人大会决议的前置程序,下文还会提到公司型基金形式下,股东行使派生诉讼权需要履行的前置程序。那么具体到合伙型基金,是否与以上两种类型基金存在区别?结合对《中华人民共和国合伙企业法》第六十八条第二款第(七)项的文义解释及相关司法判例,我们认为,作为有限合伙人的投资人行使派生诉讼权利无须履行前置程序。

《中华人民共和国合伙企业法》第六十八条第二款第(七)项规定,执行事务合伙人怠于行使权利时,有限合伙人可督促其行使权利或者为了本企业的利益以自己的名义提起诉讼。可见合伙企业法对有限合伙人行使派生诉讼权并未设置前置程序,在认定管理人存在怠于行使权利行为的情况下,投资人有权选择督促其行权或者由其以自己名义直接提起诉讼。在蔡某、深圳平安大华汇通财富管理有限公司合伙协议纠纷案①中,深圳市中级人民法院认为:"一审裁定认为,有限合伙人在执行事务合伙人怠于行使权利时督促其行使权利或者为了本企业的利益以自己的名义提起诉讼,具有前置程序,该处理意见没有法律依据,本院予以纠正。"

2. 投资人的派生诉讼权利是否可以通过约定排除

实践中,管理人为保障自身对基金财产运营管理的独断权利或是出于其他目的,在与投资人所签订的《合伙协议》中,通过约定方式排除投资人作为有限合伙人的派生诉讼权利。此类约定是否有效?是否可以否决投资人作为原告代表合伙企业主张损失的诉讼权利?从派生诉讼权利的权利性质分析,派生诉讼权利属于诉讼权利的一种,诉讼权利属于程序性权利,具有公法性质,不属于可以意思自治的私法范畴,且在《中华人民共和国合伙企业法》第六十八条中,并未规定当事人另有约定的除外。因此,我们认为,派生诉讼权利不能通过约定进行排除。

七、公司型基金运用派生诉讼

本部分主要探讨公司型基金形式下,投资人派生诉讼权利的运用策略。在基金业最为发达的美国,公司型基金居于绝对的主导地位。在我国,公司型私募基金因存在双重征税、项目决策效率低等弊端,当前实践中运用较少。基金业协会发布的数据显示,截至 2019 年 9 月 26 日,备案登记的公司型基金数量仅为 1098 只(总

---

① (2018)粤 03 民终 9204 号判决书。

数75808只)，占整个行业的比重为1.45%。但随着税收制度的改革，加上境内资本市场的积极引入，公司型基金的优势将逐渐凸显，预期不久将成为境内资本市场上一种重要的基金运作模式。

(一)投资人对融资方等给基金造成损害的维权机制概述

《中华人民共和国公司法》第一百五十一条[①]是关于股东派生诉讼权利的相关规定，该规定包括两种情况：一种情况是股东对“董事、监事、高级管理人员执行公司职务”违反规定给公司造成损害的维权机制；另一种情况是股东对他人给公司造成损害的维权机制。[②] 具体到公司型私募基金形式下，并结合本部分研究的问题，我们主要关注投资人作为公司股东对融资方给基金造成损害的维权机制。按照《中华人民共和国公司法》的规定，董事、监事、高级管理人员以外的人员侵犯公司合法权益，给公司造成损害的，投资人也有权依法维权，具体维权机制可以概述为：

1. 通过监事会或监事提起诉讼维权。有限责任公司的股东、股份有限公司连续180日(即半年)以上(包括本数)单独或者合计(两个或两个以上)持有公司1%以上股份的股东，有权以书面形式要求监事会或者不设监事会的有限责任公司的监事代表股东依据《中华人民共和国公司法》《中华人民共和国民事诉讼法》的有关规定向人民法院提起民事诉讼。具体到公司型基金，即为有限责任公司的股东或连续180日以上单独或者合计持有股份有限公司1%以上股份的投资人，在融资方未按期履行投资协议相关义务情况下，有权以书面形式要求监事会或监事代表投资人依据相关规定向人民法院提起诉讼维权。

2. 通过董事会或者董事提起诉讼维权。有限责任公司的股东、股份有限公司连续180日(即半年)以上(包括本数)单独或者合计(两个或两个以上)持有公司

---

① 《中华人民共和国公司法》第一百五十一条：“董事、高级管理人员有本法第一百四十九条规定的情形的，有限责任公司的股东、股份有限公司连续一百八十日以上单独或者合计持有公司百分之一以上股份的股东，可以书面请求监事会或者不设监事会的有限责任公司的监事向人民法院提起诉讼；监事有本法第一百四十九条规定的情形的，前述股东可以书面请求董事会或者不设董事会的有限责任公司的执行董事向人民法院提起诉讼。监事会、不设监事会的有限责任公司的监事，或者董事会、执行董事收到前款规定的股东书面请求后拒绝提起诉讼，或者自收到请求之日起三十日内未提起诉讼，或者情况紧急、不立即提起诉讼将会使公司利益受到难以弥补的损害的，前款规定的股东有权为了公司的利益以自己的名义直接向人民法院提起诉讼。他人侵犯公司合法权益，给公司造成损失的，本条第一款规定的股东可以依照前两款的规定向人民法院提起诉讼。”

② 全国人民代表大会常务委员会法制工作委员会编：《中华人民共和国公司法释义》，法律出版社2013年版，第264页。

1%以上股份的股东，有权以书面形式要求董事会或者不设董事会的有限责任公司的执行董事代表股东依据《中华人民共和国公司法》《中华人民共和国民事诉讼法》的有关规定向人民法院提起民事诉讼。具体到公司型基金，即为有限责任公司的股东或连续180日以上单独或者合计持有股份有限公司1%以上股份的投资人，在融资方未按期履行投资协议相关义务的情况下，有权以书面形式要求董事会或董事代表投资人依据相关规定向人民法院提起诉讼维权。

3. 投资人直接维权。包括以下三种情况：一是监事会或者监事、董事会、董事收到投资人书面请求后拒绝提起诉讼，投资人有权为了公司的利益以自己的名义依据《中华人民共和国公司法》《中华人民共和国民事诉讼法》的规定直接向人民法院提起民事诉讼。二是监事会或监事、董事会、董事自收到投资人请求之日起30日没有依法向人民法院提起民事诉讼时，投资人有权为了公司的利益以自己的名义依据相关法律规定提起民事诉讼。三是情况紧急、不立即提起诉讼将会使公司利益受到难以弥补的损害的，投资人有权为了公司的利益以自己的名义依据相关法律规定直接向人民法院提起民事诉讼。

（二）重点诉讼要素分析

1. 管辖法院选择

《中华人民共和国民事诉讼法》及《中华人民共和国公司法》中并未明确股东派生诉讼应适用专属管辖，此种情况下，确定股东派生诉讼的地域管辖（级别管辖不展开讨论，一般由基层人民法院管辖）应以《中华人民共和国民事诉讼法》的一般规定为准。而适用《中华人民共和国民事诉讼法》一般原则确定管辖法院，需结合具体案件具体探讨，如案件性质为侵权案件，则由侵权行为地或被告住所地法院管辖，侵权行为地又包括侵权行为实施地和损害结果发生地。公司利益受到侵害，损害结果发生地与公司住所地重合，这种情况下的管辖法院即为公司住所地法院。在最高人民法院审结的海南盛元投资有限公司、海南盛鼎实业有限公司与赵某、徐州市国盛投资控股有限公司的损害公司利益责任纠纷案①中，最高人民法院认为："根据上诉人盛鼎公司在一审中提出的诉讼请求，海南省高级人民法院确定本案为损害公司利益责任纠纷正确。《中华人民共和国民事诉讼法》第二十六条规定，'因公司设立、确认股东资格、分配利润、解散等纠纷提起的诉讼，由公司住所地人民法

---

① （2014）民二终字第234号判决书。

院管辖。'本案为损害公司利益责任纠纷，由盛元公司的股东盛鼎公司代表其向国盛公司请求返还其转走的盛元公司在大连证券徐州营业部资金账户内的款项，并要求盛元公司法定代表人赵某承担连带赔偿责任，虽然根据本院《民事案件案由规定》列为'与公司有关的纠纷'，但不属于《中华人民共和国民事诉讼法》第二十六条规定的应当由公司住所地人民法院管辖民事案件的情形，本案应当按照《中华人民共和国民事诉讼法》第二十八条规定由侵权行为地或者被告住所地人民法院管辖。"因此，投资人作为股东运用派生诉讼权利代表基金行使权利时，应根据具体案情按照民事诉讼法的一般原则确定管辖法院，而非适用《中华人民共和国民事诉讼法》第二十六条规定的专属管辖条款。

2. 诉讼请求设计

最高人民法院《关于适用〈中华人民共和国公司法〉若干问题的规定（四）》第二十五条①规定，股东代表公司直接提起诉讼的案件，胜诉利益应归属于公司，股东请求被告直接向其承担民事责任的，人民法院不予支持。因此，与上文合伙型基金投资人诉请设计的结论一致，公司型基金形式下，投资人运用派生诉讼权利提起诉讼时也只能主张债务人或者融资方向公司偿付相关款项，而不能诉请要求向其自身支付投资收益。

就上述问题，结论较为明确且无争议，本部分不再展开讨论。但实践中，存在投资人起诉时，公司已被吊销营业执照的极端情况，此种情况下，诉请是否仍应按照上述结论进行设计？在中稷滨海控股集团有限公司（以下简称中稷公司）、天津泰达投资控股有限公司（以下简称泰达公司）追偿权纠纷案②中，最高人民法院认为："原审判决将富源海运公司的损失赔偿给泰达公司是否违反《公司法解释（四）》第二十五条规定，是否属于适用法律错误。本案原审判决认定泰达公司作为富源海运公司的全资股东，其有权依据《公司法》第一百五十一条第三款规定提起诉讼。现当事人各方对此并无争议。但因富源海运公司未按规定接受年检，已被吊销营业执照，（2012）二中保民终字第267号民事判决判令中稷公司向泰达公司返还富源海运公司的证照、公章和财务账册等，但中稷公司至今未履行，导致富源海运公司无法正常运营以及进行清算，故泰达公司并未直接请求胜诉利益归属于公司。

---

① 最高人民法院《关于适用〈中华人民共和国公司法〉若干问题的规定（四）》第二十五条："股东依据公司法第一百五十一条第二款、第三款规定直接提起诉讼的案件，胜诉利益归属于公司。股东请求被告直接向其承担民事责任的，人民法院不予支持。"

② （2018）最高法民申5956号判决书。

二审法院已经注意到该问题，泰达公司亦向该院作出承诺，在银行设立专门账户，保证赔偿款汇入此专门账户，用于富源海运公司的清算，以实现胜诉利益最终归于富源海运公司。因此，本案中泰达公司的诉讼请求虽与《公司法解释(四)》第二十五条规定并不相符，但系在本案特殊情形下为保障公司及债权人、职工等利益而为之。股东代表诉讼是为公司和全体股东的利益而提起的，泰达公司作为富源海运公司的全资股东代表公司行使诉权，其承诺富源海运公司最终获得实质的利益，二审法院的处理方式符合《公司法》及司法解释相关规定的宗旨和目的。因此，原审判决适用法律并无不当，中稷公司的该项再审申请事由不能成立。"根据该案例裁判要旨，法院在处理此类问题时，遵循轻形式重实质的处理原则。因此，实操程中，应具体问题具体分析。

3. 证据材料组织

根据《中华人民共和国公司法》第一百五十一条以投资人名义提起诉讼一般至少需要准备三组证据，具体如下：

第一组，证明投资人原告主体适格，也即投资人股东身份证明。该组证据是投资人代表公司行权的基础，一般提交从公司住所地调取的工商内档或股东持有上市公司股份的证券持有人名册。另外，《中华人民共和国公司法》第一百五十一条对股份有限公司股东行使派生诉讼权利的持股期限和持股比例作了限制(连续180日以上单独或者合计持有公司1%以上股份的股东)，原因在于股份有限公司中包含上市公司，而上市公司股东数量较多，如不对股东原告资格加以限制，可能导致上市公司面临大量诉讼，影响公司正常经营发展。关于隐名股东的派生诉讼权利，通说普遍认为，在完成相应的显名程序之前，隐名股东无权以原告身份代表公司提起派生诉讼。当然，实际操作中，显名投资人不愿配合进行诉讼的可能性较小。

第二组，证明投资人已履行前置程序或情况紧急。如上文所述，符合条件的投资人需先行书面请求监事会、不设监事会的公司监事，或者董事会、执行董事向人民法院提起诉讼，在上述主体收到投资人书面请求后拒绝提起诉讼，或者自收到请求之日起30日内未提起诉讼，符合条件的投资人有权为了基金的利益以自己的名义直接向法院提起诉讼。那么，诉讼中便需要提供投资人请求行权的书面文件以及证明上述主体签收的证据。一般情况下，监事会、监事等不会书面拒绝，投资人待书面请求送达20日期满即为完成履行前置程序法定义务。

按照前述规定，前置程序也并非必须要履行，情况紧急即是例外情况。那么什么情况属于情况紧急，标准又该如何把握？法律对此没有作出明确规定，全赖承办法官的自由裁量。根据实践经验，一般诉讼时效即将到期和融资方正在转移财产是普遍被认可的两种紧急情况。但为保险起见，除非情况特别紧急，按照公司法规定履行应有的前置程序较为稳妥。

第三组，融资方逾期还款，侵害基金合法权益的证明同上文所述，此处不再赘述。

（三）案件其他事项

探讨完案件相关要素，就案件审理过程中可能会涉及的争议焦点，我们再分别作一阐述。

1. 如调解结案，投资人是否有权代表基金直接与融资方签署调解协议

经法院主持，诉讼各方达成调解协议，是案件了结的一种常见情形。那么，此种方式结案，投资人作为案件原告是否有权代表基金直接与被告融资方签署调解协议？答案是否定的。

从立法本意出发，股东派生诉讼制度兼具代位性和代表性。其代位性体现为，在公司怠于行使诉权时，股东可以代公司之位行使诉权；代表性体现为，股东以原告身份起诉，其目的在于维护公司利益，也就间接地代表全体股东，维护全体股东的利益，而非某个股东的利益。那么，从这个角度判断，诉讼各方达成调解协议的，该调解协议不仅要经过诉讼各方一致同意，还必须经过提起股东派生诉讼的投资人所在的公司和该公司未参与诉讼的其他投资人同意后，人民法院才能最终确认该调解协议的法律效力。在《最高人民法院公报》2009 年第 6 期公报案例——浙江和信电力开发有限公司、金华市大兴物资有限公司与通和置业投资有限公司、广厦控股创业投资有限公司、上海富沃企业发展有限公司、第三人通和投资控股有限公司损害公司权益纠纷案①中，最高人民法院裁判认为："有限责任公司的股东依照《中华人民共和国公司法》第一百五十二条的规定，向公司的董事、监事、高管人员或者他人提起股东代表诉讼后，经人民法院主持，诉讼各方达成调解协议的，该调解协议不仅要经过诉讼各方一致同意，还必须经过提起股东代表诉讼的股东所在的公司和该公司未参与诉讼的其他股东同意后，人民法院才能最终确认该调解协议的法律效力。"

---

① (2008)民二终字第 123 号判决书。

2. 诉讼费用的负担主体

《公司法司法解释(四)》第二十六条规定,股东依据《中华人民共和国公司法》第一百五十一条第二款、第三款规定直接提起诉讼的案件,其诉讼请求部分或者全部得到人民法院支持的,公司应当承担股东因参加诉讼支付的合理费用。诉讼费属于合理费用没有争议,但律师费、公证费、保全费等是否属于合理费用范畴?《公司法司法解释(四)》(征求意见稿)中将上述费用予以明确列出,正式稿删除将其概括为合理费用,将合理费用的认定交由法官自由裁量。在南京市中级人民法院审理的上诉人胡某中、上诉人江苏拓牛资产管理有限公司与被上诉人刘某、尹某与公司有关的纠纷案①中,法院认为股东为公司利益提起本案之诉,诉请已获法院支持,因诉讼发生的律师费等应由公司承担。

派生诉讼在PE投资退出案件中的运用策略分析,至此即告完结,派生诉讼的相关问题研究,到此也暂告一段落。本节行文虽有万言,但对于投资退出涉及的诸多实操问题却不能一概而论,文中的原则性意见也仅能作为参考,涉及具体案件可能需要较大幅度调整。我们将会持续关注投资退出领域相关法律问题,并适时行文继续探讨。

第三节　投资协议解除后投资人该如何设计诉讼请求

《中华人民共和国合同法》第九十七条②是关于合同解除的效力的规定,亦即合同解除所产生的法律后果,该条规定"合同解除后,尚未履行的,终止履行;已经履行的,根据履行情况和合同性质,当事人可以要求恢复原状、采取其他补救措施,并有权要求赔偿损失"。那么,具体到投资类纠纷案件,在投资协议已经履行后解除的情况下,满足何种条件可以要求恢复原状?不能恢复原状时该采取何种补救措施?赔偿损失的范围是什么?对该等问题的认识,将直接影响投资人诉讼请求、诉讼策略的安排实施,对投资争议的解决有重大影响。本节假定投资人与目标公司及其控股股东未对股权回购条件、价款等进行明确约定,在投资协议解除情况下,把投资人如何合理安排自身诉讼请求作为研究对象,对相关问题浅作分析。

---

① (2019)苏01民终4959号判决书。

② 本条将被《中华人民共和国民法典》(2021年1月1日起施行)第五百六十六条替代。

一、合同解除的溯及力分析

合同解除后，对于解除之前产生的债权债务关系作何处理？这就涉及合同解除是否具有溯及力的问题。对此，我国法学界有不同认识①：一种观点认为，合同解除具有溯及既往的效力。即合同解除后与自始没有合同相同，已履行的部分恢复原状，未履行的部分不再履行。另一种观点认为，合同解除并未使合同关系消灭而只是阻止其发生作用，因此，合同解除原则上只能对将来发生效力，未履行的不再履行，已履行的部分，产生返还请求权。还有一种观点认为，合同解除一般溯及既往，但不能"一刀切"。因为如果不溯及既往，已经履行的部分只能基于不当得利之债提出返还请求权，而溯及既往可以基于所有权请求恢复原状，所有权的效力优于债权，在违约方有数个债权人的情况下，基于所有权请求返还财产更能保护非违约方的利益。不仅如此，因不当得利返还，往往以受领人的现存利益为限，而因恢复原状返还，即使受领人现有财产减少，也不能免除返还义务，对非违约方有利。但要求所有被解除的合同都溯及既往也不可能，某些合同从其性质和履行情况看，就不适于溯及既往。

我们认为，既然《中华人民共和国合同法》第九十七条规定当事人可以要求恢复原状，则满足特定条件的合同解除是具有溯及力的。特定条件主要包括两个：一是当事人提出请求。换句话说，合同解除后，当事人可以要求恢复原状，也可以不要求恢复原状。二是合同的履行情况和合同性质适当。也就是说，根据履行情况和合同性质能够恢复原状的，才可以恢复原状。②

具体到投资类案件，投资人解除投资协议是否具有溯及力？能否要求目标公司返还出资？答案是否定的。在浙江玻璃股份有限公司、浙江新湖集团股份有限公司（以下简称新湖集团）、董某华、冯某珍公司增资纠纷案③一审判决中，浙江省绍兴市中级人民法院裁判认为："（三）关于《增资扩股协议书》解除后的处理，包括合同解除的溯及力问题。《合同法》第九十七条规定，合同解除后，尚未履行的……并有权要求赔偿损失。根据上述规定，合同解除可以在一定情形下产生有溯及力的效果。本案中，新湖集团请求返还出资中的资本公积金部分，系部分恢复原状的诉请。根据《增资扩股协议书》的性质，50000万元出资中应投入的注册资本金163115023.20元系新湖集团依法应履行的法定义务，不能要求返还，而该出资中的资本公积部分

---

① 胡康生主编：《中华人民共和国合同法释义》（第3版），法律出版社2013年版，第181页。

② 王利明、房绍坤、王轶：《合同法》（第4版），中国人民大学出版社2013年版，第267页。

③ （2011）浙商终字第36号判决书。

336884976.80元系基于各方约定，无工商登记或其他形式的公示，可要求返还。"浙江省高级人民法院在二审判决中对此予以改判："本院认为，《增资扩股协议书》的解除既应遵循《合同法》的规定，亦应不违背《公司法》的相关要求，《增资扩股协议书》虽已解除，但根据《公司法》的相关规定，新湖集团不能要求返还出资中的资本公积336884976.80元。理由如下：一、资本公积虽然不同于公司的注册资本需在工商行政管理部门登记，但其与注册资本均属于公司资本范畴，是公司的资本储备，目的在于巩固公司的财产基础，加强公司信用。二、根据公司资本维持原则的要求，公司在其存续过程中，应维持与其资本额相当的实有资产。"最高人民法院在再审裁定中维持了浙江省高级人民法院上述观点①。由此可见，投资协议的性质决定了其解除后并不具有溯及力，即不能通过要求恢复原状从而使目标公司返还出资。

二、合同解除后的损失赔偿范围分析

《中华人民共和国合同法》第九十七条规定合同解除后，当事人有权要求赔偿损失，《民法通则》第一百一十五条亦规定，合同解除不影响当事人要求赔偿损失的权利，因此，合同解除后可以主张损失赔偿争议不大。关键问题在于，在法律没有特别规定和当事人没有另行约定的情况下，合同解除后，当事人可以主张损失赔偿的范围包括哪些？

关于损失赔偿的范围，我国民事立法采用了完全赔偿的原则，即赔偿全部损失，包括直接损失和间接损失。直接损失指财产上的直接减少；间接损失又称"所失利益"，是指失去的可以预期取得的利益，也称"可得利益"。② 相关法律规定也可以印证对此观点，《中华人民共和国合同法》第一百一十三条③规定，损失赔偿额应当相当于因违约所造成的损失，包括合同履行后可以获得的利益。最高人民法院《关于当前形势下审理民商事合同纠纷案件若干问题的指导意见》第十条规定，人民法院在计算和认定可得利益损失时，应当综合运用可预见规则、减损规则、损益相抵规则以及过失相抵规则等，从非违约方主张的可得利益赔偿总额中扣除违约方不可预见的损失、非违约方不当扩大的损失、非违约方因违约获得的利益、非违约方亦有过失所造成的损失以及必要的交易成本。由此可见，合同解除后的损失

---

① （2013）民申字第326号判决书。

② 沈德咏：《最高人民法院合同法司法解释实例释解》，人民法院出版社2015年版，第185页。

③ 本条将被《中华人民共和国民法典》（2021年1月1日起施行）第五百八十四条替代。

赔偿包括直接减少的财产和预期可得利益两部分。

具体到投资类纠纷案件，预期可得利益是否属于损失赔偿范围呢？答案也是否定的。在上海华铭智能终端设备股份有限公司、高某诉被告北雁明翔有限公司、郭某、周某增资纠纷案①中，对于投资人主张的投资过程中的投资款利息损失及预期分配利润损失，法院认为："首先，商业投资固有其风险。投资人投资目标公司，系期望目标公司获得高额营业收入后，投资人可获得相应投资回报。但市场经营存在风险及不确定性，目标公司未能实现《增资入股协议》约定的营业收入及税后净利，此即投资人投资的风险。其次，商业风险和损失并不是等同概念。第一，就投资人主张的投资款利息损失而言，投资人投入目标公司的投资款，性质系股东投资款，应当用于目标公司的经营，基于前述市场及经营风险，公司盈亏均属正常，投资人作为公司股东，理应承担由此产生的投资风险。投资人主张投资期间的投资款利息，形式上虽为资金占用费，但该费用实质系两原告此次投资所产生的机会成本，亦即投资风险，而非损失。第二，就投资人主张的目标公司2015年至2017年的预期分配利润损失，因公司是否存在经营利润及是否分配利润需受到市场情况、公司治理等不确定因素的影响，故投资人所称预期分配利润损失，混淆了商业风险和损失，并非必然产生的损失。第三，《增资入股协议》中亦未对投资期间的损失计算标准进行明确约定。综上，投资人的上述主张不符合股权投资的本质，投资人主张目标公司及控股股东对此予以赔偿，缺乏事实与法律依据，本院不予支持。"因此，在投资类纠纷案件中，鉴于股权投资的风险与收益共担的基本原则，预期可得利益是得不到支持的。但是，需要注意的是，基于股权投资产生的应分未分利润以及未按时支付前述款项的资金占用利息损失是可以主张的。

三、协议解除后的投资人退出路径分析

《增资协议》一般涉及三方合同主体：投资人、目标公司、目标公司实际控制人，且通常情况下《增资协议》中包含对赌条款，在目标公司未实现承诺净利润情况下，投资人有权要求实际控制人回购投资人持有的股权，从而实现退出目标。但在目标公司、目标公司实际控制人较为强势的情况下，也不排除存在各方当事人未对股权回购进行明确约定的情形。此种情况下，投资人在行使合同解除权后该如何实现退出目标呢？

---

① （2016）沪0115民初44731号判决书。

根据以上分析可知，投资类纠纷案件中，投资人在解除合同后，不能通过要求恢复原状从而向目标公司主张直接返还投资款。但投资协议也属于合同法的调整范畴，自应适用《中华人民共和国合同法》第九十七条规定的调整，直接向目标公司主张虽存在公司资本维持原则的障碍，但并未否认目标公司实际控制人向投资人承担赔偿损失的义务。在纪某强与卓某生、贵州省罗甸县茂钰石材开发有限公司（以下简称茂钰公司）合伙协议纠纷案①中，最高人民法院认为："公司资本一经增加，非经法定程序不可随意变更，但其他股东对出资者的承诺可以认定有效。从查明的事实看，《投资合作协议》成立以后，纪某强已于《投资合作协议》约定的2012年12月31日前完成了支付2250万元的义务，并不存在违约情形。而茂钰公司、卓某生未能按照《投资合作协议》第三条的约定按期成立万业基公司、金品公司、加工公司和销售公司，显然已构成违约。经合法工商变更登记程序，纪某强成为持有茂钰公司25%股权的股东，同时，纪某强积极参与了对茂钰公司的经营管理。虽然卓某生与茂钰公司的行为违反了《投资合作协议》约定，根据合同第10.4条规定，纪某强有权要求返还款项，但合同中的自由约定应以不违反法律强制性规定为前提。纪某强要求茂钰公司返还与投资额等额款项的诉请涉及公司资本制度，公司资本制度多为强行性规范。《投资合作协议》约定纪某强以2250万元的对价获得茂钰公司25%的股份，其中360万元注入注册资本，1890万元注入资本公积，但无论是注册资本还是资本公积，均是公司资本，公司以资本为信用，公司资本的确定、维持和不变，是保护公司经营发展能力，保护债权人利益以及交易安全的重要手段。纪某强对茂钰公司具有相应股权，只能依法行使股东权利，不得抽回出资。但卓某生在合同第10.4条中承诺若其违约将返还纪某强于本次投资款等额款项的约定，并不损害公司及公司债权人的利益，不违反法律、行政法规的禁止性规定，是当事人的真实意思表示，应当认定有效。卓某生向纪某强承担违约责任后，因纪某强在茂钰公司的股权失去了对价，卓某生可以实际出资人的身份对其权益归属另行主张。"参照本案判决，投资人可在投资协议解除后，以投资协议约定为主要依据，将全部不能实现的权益作为违约损失直接向实际控制人主张返还，此种路径可以规避公司回购的障碍、避免公司减资程序的烦琐。

综上，对于此类问题的非诉预防，应着手于明确目标公司实际控制人各种违约情形下的具体责任承担形式，合理安排投资协议条款，设计合理的退出机制，避免

① （2015）民申字第811号判决书。

因约定不清导致权益受损的情形发生；在发生投资类纠纷案件时，依据上文分析意见有效安排投资人的诉讼请求，方能最大限度维护投资人的利益。

第四节　投资人权益保护新路径

面对私募基金产品到期无法兑付的现实困境，投资人维权可谓道阻且长。针对此类问题，前期我们从投资人角度，对于投资人穿透管理人的派生诉讼权利等问题作了系统研究并撰文。2019 年 11 月 8 日，最高人民法院发布《九民纪要》，其中纪要第五章整章系关于金融消费者权益保护纠纷案件的审理裁判指引，确立了“卖者尽责、买者自负”的审判原则。基于《九民纪要》的前述内容，我们就投资人权益保护新路径涉及的相关法律问题，进行如下探析。

一、图解《九民纪要》关于金融消费者权益保护纠纷案件审理相关意见

结合《九民纪要》中关于金融消费者权益保护纠纷案件审理的最新规定，基于法律专业知识的理解，我们整理思维导图参考使用（见图 6－5）。

二、金融消费者权益保护纠纷案件重点问题解析

通过研读《九民纪要》关于金融消费者权益保护纠纷案件审理的相关意见，我们认为有以下问题值得卖方机构、投资人等重点关注。

（一）关于适当性义务的理解

《九民纪要》第五章开宗明义，首先对卖方机构的适当性义务作一概述。“适当性义务是指卖方机构在向金融消费者推介、销售银行理财产品、保险投资产品、信托理财产品、券商集合理财计划、杠杆基金份额、期权及其他场外衍生品等高风险等级金融产品，以及为金融消费者参与融资融券、新三板、创业板、科创板、期货等高风险等级投资活动提供服务的过程中，必须履行的了解客户、了解产品、将适当的产品（或者服务）销售（或者提供）给适合的金融消费者等义务。”简言之，即将适当的产品卖给合适的人的义务。同时本章节第七十六条明确了卖方机构应履行的告知说明义务，强调了卖方机构告知说明义务的实际履行标准，仅以金融消费者签署诸如“本人明确知悉可能存在本金损失风险”等书面文件并不足以抗辩告知说明义务的实际履行。

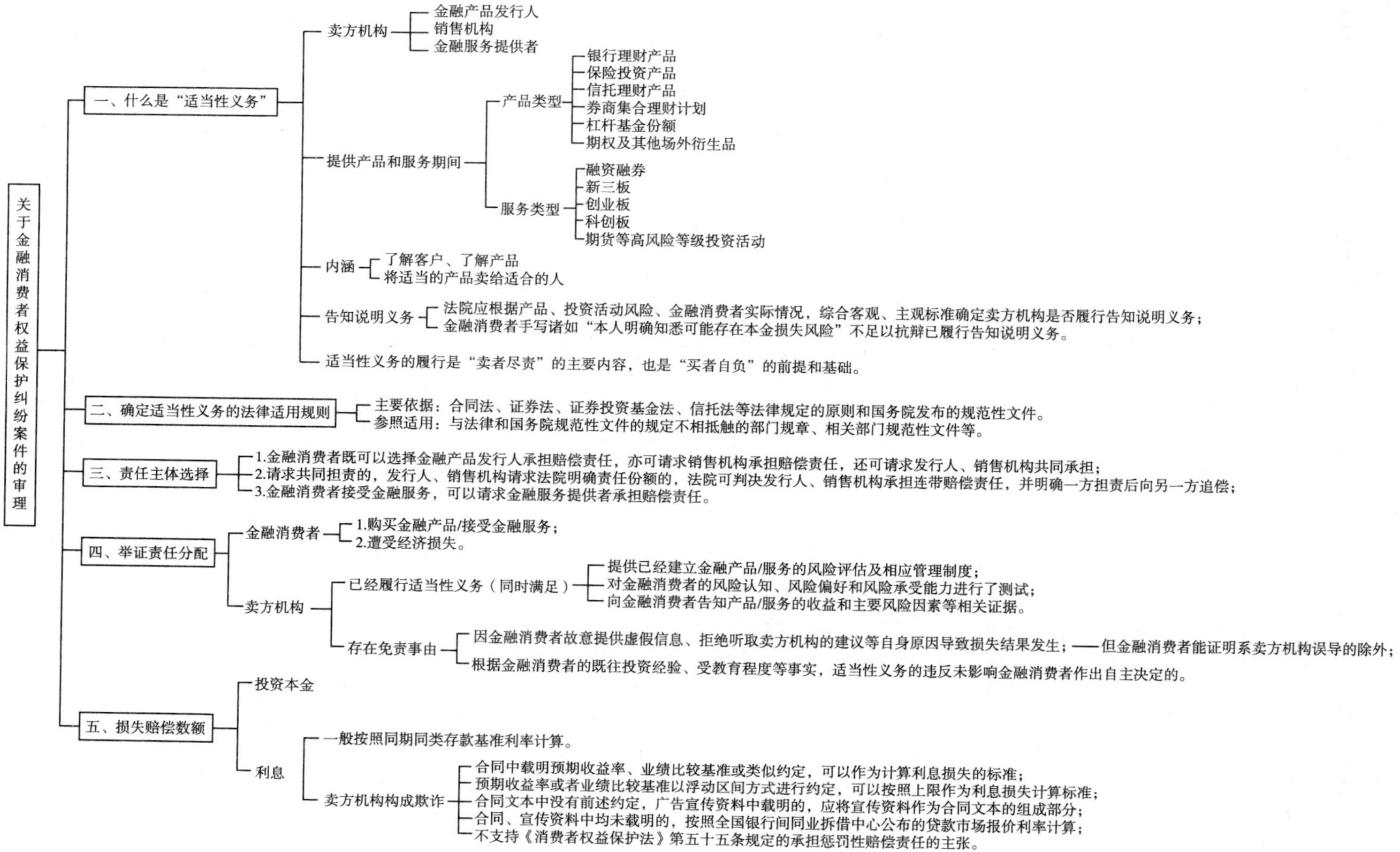

图6–5 《九民纪要》关于金融消费者权益保护纠纷案件审理相关意见

具体到私募基金投资退出案件，基金管理人、销售机构的适当性义务，应体现为对基金产品进行风险评估，对投资人的风险认知、风险偏好和风险承受能力进行测试，并将基金产品风险向投资人进行告知说明三个方面。关于告知说明义务是否履行，不能仅以投资人已签署类似风险告知书等书面文件为由进行抗辩，应提供向投资人实际履行告知说明义务的证据予以支撑，比如履行告知说明义务过程的视听资料等。

（二）关于法律适用规则的选择

鉴于不同金融产品，卖方机构需履行的适当性义务内容亦有所差别。《九民纪要》专门就如何确定卖方机构适当性义务的内容进行明确，应以《中华人民共和国合同法》《中华人民共和国证券法》《中华人民共和国证券投资基金法》《中华人民共和国信托法》等法律规定的基本原则和国务院发布的规范性文件作为主要依据。同时，相关监管部门在部门规章、规范性文件中对高风险等级金融产品的推介、销售，以及为金融消费者参与高风险等级投资活动提供服务作出的监管规定，与法律和国务院发布的规范性文件的规定不相抵触的，可以参照适用。

具体到私募基金投资退出案件，不仅可以依据《中华人民共和国证券投资基金法》《中华人民共和国证券法》《中华人民共和国信托法》等法律以及国务院制定的行政法规确定基金管理人、销售机构的适当性义务内容，证监会、中国银行保险监督管理委员会（以下简称银保监会）、人民银行等出台的《私募投资基金监督管理暂行办法》《证券期货经营机构私募资产管理业务管理办法》《证券期货投资者适当性管理办法》等部门规范性文件以及基金业协会发布的《私募投资基金募集行为管理办法》《基金募集机构投资者适当性管理实施指引（试行）》《私募投资基金服务业务管理办法（试行）》等行业自律规则均可以作为确定适当性义务内容的参考依据。

（三）关于责任主体的确定

《九民纪要》指出，金融消费者既可以请求金融产品的发行人承担赔偿责任，也可以请求金融产品的销售者承担赔偿责任，还可以根据《中华人民共和国民法总则》第一百六十七条[①]的规定，请求金融产品的发行人、销售者共同承担连带赔偿责

---

① 《中华人民共和国民法总则》第一百六十七条：“代理人知道或者应当知道代理事项违法仍然实施代理行为，或者被代理人知道或者应当知道代理人的代理行为违法未作反对表示的，被代理人和代理人应当承担连带责任。”

任。发行人、销售者请求人民法院明确各自的责任份额的，人民法院可以在判决发行人、销售者对金融消费者承担连带赔偿责任的同时，明确发行人、销售者在实际承担了赔偿责任后，有权向责任方追偿其应当承担的赔偿份额。

具体到私募基金投资退出案件，在既可以向基金管理人主张赔偿责任，也可以向销售机构主张，还可以向二者同时主张的情况下，一般建议以基金管理人、销售机构为共同被告提起诉讼，主张二者承担连带赔偿责任。当然，如确定基金管理人、销售机构其中一方并不存在违反适当性义务的情形或者其中一方已不再实际经营且不具备现实偿付能力，从快速结案的角度出发（涉及送达时限问题），可考虑只起诉其中一方的诉讼方案。

（四）关于举证责任的分配

《九民纪要》明确，在金融消费者权益保护纠纷案件中，从保护弱者的角度出发，对于案件的举证责任分配问题，仅要求金融消费者对购买产品（或者接受服务）、遭受的损失等事实承担举证责任；而卖方机构则需要对其是否履行了适当性义务或者案件具备免责事由承担举证责任。是否履行适当性义务的举证具体包括且需同时证明：（1）已经建立了金融产品（或者服务）的风险评估及相应管理制度；（2）已对金融消费者的风险认知、风险偏好和风险承受能力进行了测试；（3）已向金融消费者告知产品（或者服务）的收益和主要风险因素等。如举证不能，则需承担相应责任。案件具备免责事由则包括：（1）金融消费者故意提供虚假信息、拒绝听取卖方机构的建议等自身原因导致其购买产品或者接受服务不适当（但金融消费者能够证明该虚假信息的出具系卖方机构误导的除外）；（2）根据金融消费者的既往投资经验、受教育程度等事实，适当性义务的违反并未影响金融消费者作出自主决定，即适当性义务的违反与投资损失之间不存在因果关系。

具体到私募基金投资退出案件，投资人证明购买基金产品较为简单，但如何证明投资已经遭受损失难度较大，即投资损失的确定较为困难，一般应举证证明基金财产清算后，投资人投资收益未依约足额收回，这其中又包括：投资失败，正常清算未足额收回本息；项目方到期未依约兑付，诉讼后，未执行到款两种情形。关于基金管理人、销售机构的举证责任，考虑到多数情况下二者在发行、销售基金产品过程中的常态违规操作，相当一部分案例中均存在违反适当性义务的行为。即便其完全合规操作，在没有保留录音录像证据的情况下，也很难自证。

(五)关于损失赔偿数额的计算标准

损失赔偿数额一般包括本金、利息两部分。关于利息的计算标准,《九民纪要》确定了以人民银行发布的同期同类存款基准利率为原则、卖方机构构成欺诈情形下按照约定收益率计算利息为例外的标准。例外情形下的利息计算标准具体为:(1)金融产品的合同文本中载明了预期收益率、业绩比较基准或者类似约定的,可以将其作为计算利息损失的标准;(2)合同文本以浮动区间的方式对预期收益率或者业绩比较基准等进行约定,金融消费者请求按照约定的上限作为利息损失计算标准的,人民法院依法予以支持;(3)合同文本虽然没有对于预期收益率、业绩比较基准或者类似约定,但金融消费者能够提供证据证明产品发行的广告宣传资料中载明了预期收益率、业绩比较基准或者类似表述的,应当将宣传资料作为合同文本的组成部分;(4)合同文本及广告宣传资料中未载明预期收益率、业绩比较基准或者类似表述的,按照全国银行间同业拆借中心公布的贷款市场报价利率计算。

具体到私募基金投资退出案件,基金管理人、销售机构构成欺诈情形下,上述对利息的计算标准的规定已经足够明确,案件的关键点在于如何举证证明基金管理人、销售机构在发行、销售基金产品过程中存在欺诈行为。

《九民纪要》第五章内容的制定、出台与当前金融风险的大范围爆发息息相关,牵涉社稷民生。其中关于金融消费者权益保护纠纷案件的裁判指引,对于投资人维权路径的选择具有重要指导作用,增加了维权成功的可能性。从这个角度讲,《九民纪要》为投资人维权之路提供了非常大的支持,但考虑到现实情况的复杂性,投资人最终能否维权成功,如本节开篇所言,仍道阻且长。

第五节　差额补足协议相关法律问题

在有结构化安排的私募基金或集合信托计划中,差额补足条款或协议常以增信文件的形式存在,运用较为广泛,也是资本市场争议解决案件中较为常见的一种类型。但截至目前,我国现存法律体系中,尚未对差额补足约定作出明确的法律规定,理论界和司法实务界对差额补足条款法律性质的认定亦未有统一意见。鉴于此,关于此问题的研究,对于指导涉及差额补足义务履行的相关案件代理工作,具有重大意义。

一、差额补足条款的法律性质分析

差额补足条款的法律性质，即是差额补足义务人与差额补足权利人之间法律关系的性质。如前文所述，对于该法律关系性质的认定存在争议，大体有三类观点：保证担保、债务加入、独立合同。

担保有五种法定形式：保证、抵押、质押、留置、定金，保证担保是较为常见的一种担保形式。之所以将差额补足条款认定为保证担保，裁判意见最主要的观点是差额补足约定实质上是一种变相的担保安排。在上海浦东新区人民法院审理的徐某某保证合同纠纷案①中，徐某某对嘉兴市某股权投资合伙企业（有限合伙）进行投资，双方在《合伙协议》中约定投资的预期年化收益率为12%。同日，基金管理人向徐某某出具不可撤销保证函，承诺在其收益未达到合同中相应的税后预期收益情况下，基金管理人承担差额补足责任。浦东新区人民法院认为，依法成立的合同，对当事人具有法律约束力，当事人应当按照约定履行自己的义务。本案中，基金管理人保证在协议书约定的期限届满前返还徐某某全部本金及支付相应利息。现基金管理人保证付款的期限已到期，应当履行付款责任。在成都置信实业（集团）有限公司（以下简称成都置信公司）、陕西省国际信托股份有限公司（以下简称陕国报）保证合同纠纷案②中，最高人民法院认为："本案系因陕国投向中科建西南分公司、中科建总公司出借款项，在借款人中科建西南分公司、中科建总公司未按期还款的情况下，陕国投依据银川置信公司、成都置信公司出具的《差额补足承诺函》《承诺函》，请求两保证人承担保证责任而提起的诉讼，属于债权人起诉保证人的保证合同纠纷案件。"

债务加入，是指第三人加入原有债之关系，与原债务人共同对债务承担责任的法律行为。持债务加入观点的意见认为，差额补足义务人通过协议方式明确加入既存债务关系中，与债务人就其债务承担连带责任，应属于债务加入。在中国城市建设控股集团有限公司（以下简称中城建公司）、安信信托股份有限公司营业信托纠纷案③中，最高人民法院支持了该观点，裁判认为："《担保法》第六条规定，'本法所称保证，是指保证人和债权人约定，当债务人不履行债务时，保证人按照约定履行债务或者承担责任的行为。'根据该条规定，保证，尤其连带保证责任，在以担保

---

① （2015）浦民一（民）初字第30542号。
② （2019）最高法民辖终341号。
③ （2018）最高法民终867号。

原债务人的债务为目的这一点上，与债务加入（即并存的债务承担），性质相同。尤其在债权人与承担人达成合意、成立债务加入的情形下，两者更难区分。但实践中，仍有区分的必要和标准，如债务加入下承担人的债务，是与原债务并立的自己债务；而保证债务则为保证他人的债务，是附属于主债务的债务。再如，承担人在承担后对债权人有清偿或者其他免责行为时，对于原债务人有无求偿权及其求偿范围，依据承担人与债务人之间内部法律关系而确定；而《担保法》第三十一条规定，保证人承担保证责任后，有权向债务人追偿。故，在当事人意思表示不明时，应斟酌具体情事综合判断，如主要为原债务人的利益而为承担行为的，可以认定为保证，承担人有直接和实际的利益时，可以认定为债务加入。本案中，鉴于中城建公司基于何种目的负担回购义务、是否具有实际利益，其是否向河南中城建公司享有求偿权及求偿范围如何，均不甚清晰，难以径直认定成立连带责任保证。综上，综合判断《承诺函》的出具过程及约定内容，认定中城建公司构成债务加入更为适宜。”本案对于差额补足法律性质属于债务加入而非担保法律关系性质的论证较为充分。

独立合同，即认为差额补足义务属独立的合同义务，是补足义务人在差额补足条件成就时所须承担的直接补偿义务，而并不依附于任何在先或其他义务。在江苏省国际信托有限责任公司（以下简称江苏信托公司）、中国农业银行股份有限公司昆明分行（以下简称农行昆明分行）合同纠纷案①中，最高人民法院裁判认为：“需要指出的是，《转让协议》约定由农行昆明分行承担的是特定资产收益权回购到期日之前的差额补充义务。上述义务属农行昆明分行作出的支付承诺，相对于被补充之债权具有独立性，农行昆明分行届期即应如数支付相应款项。此与通常具有从属性、补充性的保证担保不同，并不是在绿园置业公司不履行其回购义务时才由农行昆明分行向江苏信托公司依约履行债务或者承担责任。故其虽然具有增信担保的作用，但并非担保法意义上的保证担保行为。农行昆明分行上诉理由中主张《转让协议》‘名为转让实为担保’，理据不足，本院不予支持。”在安通控股股份有限公司、安康营业信托纠纷案②中，最高人民法院裁判认为：“从《差补和受让协议》内容来看，郭某泽依约受让安康的信托受益权，其取得案涉信托受益权的对价，是向安康支付信托本金及补足该本金收益不足年化13%的部分。在案涉《信托合同》《信托贷款合同》的背景下，《差补和受让协议》对于郭某泽受让信托受益权的对价及支付方式、违约责任的约定，对于《信托合同》《信托贷款合同》而言，显然具有一

① （2017）最高法民终478号。
② （2019）最高法民终1524号。

种分担风险,强化信托资产投资安全的增信作用。故安康与郭某泽签订的《差补和受让协议》既具有信托受益权转让的债权转让法律关系,又具有增信担保作用的差额补充法律关系,系无名合同。其中郭某泽对安康承担的安康从吉林信托获取的信托净收益不足信托本金年化13%部分的差额补充义务,属于郭某泽作出的支付承诺,相对于被补充之债权具有独立性。此与通常具有从属性、补充性的保证担保不同,客观上虽然具有增信担保的保障作用,有别于担保法意义上的保证担保行为。"

值得注意的是,最高人民法院《全国法院民商事审判工作会议纪要》,其中在第九十一条提到,"当事人提供第三方差额补足、到期回购、流动性支持等类似承诺文件作为增信措施,其内容符合《担保法》第十七条①、第十八条②规定的,人民法院应当认定当事人之间成立保证合同法律关系,并根据《担保法》和担保法司法解释的相关规定,确定当事人的责任承担。不符合《担保法》第十七条、第十八条规定的,依当事人合同约定的内容确定相应的责任承担"。

我们认为,司法实务中对差额补足条款法律性质的认定,需要结合差额补足义务的协议条款安排、权利义务的约定内容等来具体分析。若差额补足本身的含义具有较为明显的保证意思表示,则可以视其为合法有效的保证担保;如不具备较为明显的保证意思表示,则应更多考虑其属于一种非典型的担保措施,具有保证担保的功能,但不能简单以保证担保的特征及标准去认定,应考虑其作为债务的法律特性。

二、差额补足的法律效力分析

(一)监管层面的规定

2018年10月22日,证监会公布实施了《证券期货经营机构私募资产管理业务管理办法》(第151号令)和《证券期货经营机构私募资产管理计划运作管理规定》(中国证券监督管理委员会公告〔2018〕31号),规定分级资产管理计划不得投资其他分级或者结构化金融产品,不得直接或者间接对优先级份额认购者提供保本保收益安排。

2018年4月27日,中国人民银行、银保监会、证监会、国家外汇管理局联合发布的《关于规范金融机构资产管理业务的指导意见》(银发〔2018〕106号)第十九条规定:"经金融管理部门认定,存在以下行为的视为刚性兑付:(一)资产管理产品的

---

① 本条将被《中华人民共和国民法典》(2021年1月1日起施行)第六百八十七条替代。
② 本条将被《中华人民共和国民法典》(2021年1月1日起施行)第六百八十八条替代。

发行人或者管理人违反真实公允确定净值原则，对产品进行保本保收益。（二）采取滚动发行等方式，使得资产管理产品的本金、收益、风险在不同投资者之间发生转移，实现产品保本保收益。（三）资产管理产品不能如期兑付或者兑付困难时，发行或者管理该产品的金融机构自行筹集资金偿付或者委托其他机构代为偿付……"第二十一条规定："……分级资产管理产品不得直接或者间接对优先级份额认购者提供保本保收益排。本条所称分级资产管理产品是指存在一级份额以上的份额为其他级份额提供一定的风险补偿，收益分配不按份额比例计算，由资产管理合同另行约定的产品。"

由此可见，监管层面对差额补足安排的态度是禁止的。

（二）司法层面的评价

通过梳理相关案例发现，司法层面的评价较为谨慎。普遍认为，虽然差额补足条款中约定了保障固定收益，不符合相关监管规定的要求，但《证券公司集合资产管理业务实施细则》《证券期货经营机构私募资产管理业务运作管理暂行规定》均属于部门规章，不属于《中华人民共和国合同法》第五十二条[①]第（五）项"违反法律、行政法规的强制性规定"可以认定合同无效的情形，故不能因《差额补足合同》违反前述监管规定而认定其无效。但也存在极个别案例认定差额补足协议系规避法律、行政法规的监管而作出的约定，内容违反了市场基本规律和资本市场规则，严重破坏资本市场的合理格局，不利于金融市场的风险防范，有损社会公共利益，依法应认定为无效合同。

在最高人民法院二审审理的明某勇、贵阳市工业投资（集团）有限公司（以下简称工投公司）证券交易合同纠纷案[②]中，裁判认为："关于案涉《协议书》效力应如何认定的问题。明某勇主张《协议书》因违反了《中华人民共和国证券法》第十条和《证券发行与承销管理办法》第十七条之规定，应当无效。对此，本院认为，在《协议书》签订前，案涉非公开发行股票行为已经得到贵阳市国资委的批复同意和证监会核准，该非公开发行股票行为程序合法。虽然《协议书》约定了工投公司在一定条件下为明某勇认购股份的投资本金安全及固定收益提供保证，但该承诺仅是工投公司与明某勇之间的内部约定，并非针对不特定多数人，不属于《证券法》第十条规

① 本条将被《中华人民共和国民法典》（2021年1月1日起施行）第一百五十三条、第一百五十四条替代。

② （2017）最高法民终492号。

定的公开劝诱形式。而且,保底承诺的主体系贵阳轮胎公司的股东工投公司,该约定本质上系目标公司股东与投资者之间对投资风险及投资收益的判断与分配,属于当事人意思自治范畴。目标公司股东对投资者的补偿承诺并不损害公司及公司债权人利益,没有明显增加证券市场风险、破坏证券市场稳定性,不违反法律、行政法规的禁止性规定。《证券发行与承销管理办法》系证监会发布的部门规章,不属于《合同法》第五十二条第(五)项规定的'法律、行政法规'范畴。该办法的根本目的在于规范证券发行与承销行为,保护投资者合法权益。目标公司股东的保底承诺是其为自身利益和目标公司经营发展考虑吸引其他投资者参与公司经营的激励措施,不损害投资者合法权益。明某勇亦未提供证据证明大股东工投公司存在操纵股票市场等其他损害投资者权益的违法、违规行为,其关于《协议书》无效的上诉主张于法无据,本院不予支持。"

在最高人民法院审理的南昌农村商业银行股份有限公司(以下简称南昌农商行)、内蒙古银行股份有限公司合同纠纷案①中,裁判认为:"关于《定向资管计划收益权转让协议》的效力问题,合同效力的司法认定调整的是民商事主体之间的权利义务关系,判断依据应当是法律和行政法规。本案中,各协议均系当事人的真实意思表示,内容不违反法律、行政法规的强制性规定,亦不存在《合同法》第五十二条规定的其他无效情形,应为有效。南昌农商行据以主张合同无效的相关监管规定,如《银行间债券市场债券登记托管结算管理办法》(中国人民银行令〔2009〕第1号)、《证券登记结算管理办法》等,主要是针对证券交易所、证券公司以及证券登记结算机构的管理性规范,不能作为认定合同效力的法律依据。"

在最高人民法院审理的舜耕天禾资产管理(北京)有限公司、四川升达林产工业集团有限公司(以下简称升达林业公司)合同纠纷案②中,最高人民法院同样认为:"证监会《证券发行与承销管理办法》的效力级别为部门规章,并非法律或行政法规,不应作为否定案涉《差额补足协议》效力的依据。本案中涉及的上市公司升达林业公司非公开增发新股募集资金属于私募股权投资,案涉《差额补足协议》系各方当事人的真实意思表示,升达集团公司、江某政作为升达林业公司的大股东,向定向增发的劣后级投资人承诺保底收益,并未违反法律、行政法规的强制性规定。且《差额补足协议》中约定的补足义务主体系升达林业公司的股东升达集团公司和江某政,而非上市公司升达林业公司本身,此种补足安排并不损害上市公司升

---

① (2016)最高法民终215号。
② (2019)最高法民终400号。

达林业公司本身及其他股东和债权人的利益，合法有效。”

在熊某红、张某伟合同纠纷案①二审中，广州市中级人民法院认为：“关于案涉补充协议是否合法有效的问题。根据《证券投资基金法》第一百零三条关于‘基金投资顾问机构及其从业人员提供基金投资顾问服务，应当具有合理的依据，对其服务能力和经营业绩进行如实陈述，不得以任何方式承诺或者保证投资收益，不得损害服务对象的合法权益’及《暂行办法》第十五条关于‘私募基金管理人、私募基金销售机构不得向投资者承诺投资本金不受损失或者承诺最低收益’的规定，基金管理人向投资者作出的保底承诺违反法律、行政法规的强制性规定，属于《合同法》第五十二条规定的无效合同。本案中，保底承诺的作出方虽系熊某红、张某伟、陈某芳个人，而非基金管理人东方比逊公司，但熊某红系东方比逊公司法定代表人及间接股东，陈某芳系东方比逊公司间接股东，而张某伟则系定增3号基金的基金经理，三人与东方比逊公司实际上系利益共同体。而且，从补充协议的约定来看，双方在签订该协议时亦均已知悉熊某红、张某伟、陈某芳为东方比逊公司实际控制人的事实。因此，案涉补充协议实为双方为规避法律、行政法规的监管而作出的约定，内容违反了市场基本规律和资本市场规则，严重破坏资本市场的合理格局，不利于金融市场的风险防范，有损社会公共利益，依法应认定为无效合同。”

综上所述，差额补足条款在法律性质上虽存在一定争议，但无论是担保、债务加入还是独立合同，其法律效果却基本倾向一致。因此，债权人更应当关注差额补足约定的无效性风险以及差额补足义务人的连带责任、责任范围、责任期限、违约责任等协议条款的约定，通过完善的合同条款和规范操作来规避风险。

第六节　卖方机构适当性义务相关法律问题

《九民纪要》的发布，再次把“适当性义务”一词送上热搜，很多业内人士将其称为“史上最严金融机构适当性义务新规”。加之，北京市高级人民法院同时发布判决建行北京恩济支行作为基金销售机构应承担未履行适当性义务的损害赔偿责任的案例，更是引起广大投资者、从业机构的极大关注。司法层面的评价，必定给广大投资者以信心，预测此类案件可能会迎来爆发。基于此，对于卖方机构适当性义务的内涵、外延、履行标准等相关法律问题的研究和分析，具有一定意义。

---

① (2019)粤01民终16045号。

一、适当性诉讼历史沿革

国内适当性诉讼的司法裁判方向存在一个明显的分水岭。在最高人民法院2015年12月24日发布《关于当前商事审判工作中的若干具体问题》(以下简称《商事审判规定》)之前,绝大多数法院在适当性诉讼纠纷案件中的关注点仅在于银行是否履行了信息披露义务,极少正面回应投资建议是否适当的实体问题。由于监管部门规范性文件的法律层级较低,并不能作为法院可以直接适用的法律或行政法规,因此多数法院并未将规范性文件纳入讨论,也没有采纳"适当性义务"这一概念。而且,法院判断银行等卖方机构是否履行信息披露义务的依据主要是书面文件,只要银行在书面文件中进行了产品介绍与风险提示,文本表述不存歧义,即可认定银行的信息披露合法合规,履行了相应的法定义务。

更重要的是,由于法院秉持"买者自负"的审判理念,即便银行等卖方机构工作人员在推销金融产品过程中作出了虚假陈述或未披露相关风险,即便卖方机构工作人员向投资者作出了不适当的投资推荐,但只要投资者在签约时得到了全面提示风险的合同文本,投资者一旦签字,那么就推定投资者清楚金融产品的性质、收益及风险,其投资决定是基于自身独立判断,应当自行承担法律后果。此种推定与事实是否相符在所不问,因而卖方机构不当行为与投资者购买金融产品之间的因果关系就此切断,卖方机构无须为投资损失负责。

例如,在郝某某与长江证券股份有限公司、交通银行股份有限公司金融委托理财合同纠纷案中,郝某某是年近70岁的高龄客户,银行经销人员侧重宣传金融产品的低风险、高收益,对于风险及产品运作机制则未提及,郝某某实际上未阅读合同即签字认购。法院认为,经销人员向客户宣讲产品的部分性能,未尽部分在合同中约定,这是市场中的常见现象,并不违反法律规定。合同对风险和产品性质有详细描述,郝某某作为完全民事行为能力人,在未受到威逼、胁迫等违背意志行为的条件下,出于对卖方机构工作人员的信任,未全面查看合同的具体内容即签名,应视为对合同所载内容的知晓与确认。在此种合同自由、买者风险自担的裁判思路之下,投资者在适当性诉讼中屡屡碰壁,极难得到司法救济。

上述思路在最高人民法院发布《商事审判规定》之后发生了极大改变。《商事审判规定》提出,金融市场上的信息不对称加上投资者自身的知识和能力局限,使投资者在购买投资性金融产品或接受相关服务时往往无法真正理解其中的风险和收益,其主要依赖产品销售者和服务提供者的推介和说明。一般情况下交易双方缔约能力处于不对等地位。因此,必须依法确定卖方机构适当性义务,确保金融消费者在充分了解投资标的及其风险的基础上作出自主决定,实现契约正义。该规定进一步要求,法院在审理适当性诉讼中可以适用限制卖方机构权利或增加卖方机构义务的监管部门规范性文件,并适用举证责任倒置规则,由卖方机构承担其是否履行了适当性义务的举证责任。

在《商事审判规定》出台之后,法院不再坚持买者自负原则,转而强调对投资者倾斜保护,要求卖方机构承担实质性的风险揭示义务,确保其推荐的金融产品契合投资者的风险承受能力。仅凭完备的书面文件及投资者的签名确认,已不足以排除卖方机构的民事责任,法院判定卖方机构赔偿投资损失的案件比例明显上升。同样,《九民纪要》的出台,亦是适当性诉讼发展轨迹中一处重要的里程碑。

二、适当性义务设置背景

买者自负、风险自担是一般商事行为的交易原则,常为交易双方所遵守。但在个人理财服务法律关系中,金融产品日趋丰富,由于金融信息不对称加上自身知识和能力的局限,金融消费者在购买投资性金融产品时,往往主要依赖卖方机构的推介和说明。因此,卖方机构在推介金融产品时,应当坚持投资人利益优先原则,对卖方机构课以适当性义务,可以防止其为追求自身利益,将不适格的金融消费者不当地引入资本市场,罔顾金融消费者权益而从中牟利。

近两年,金融消费者以金融机构违反适当性义务为由要求赔偿投资损失的诉讼日益多发,但我国目前对于金融机构适当性义务的要求主要散见于监管部门制定的规范性文件,尚无法律法规的明确规定。《九民纪要》对于该问题的明确,为法院在审理适当性诉讼时提供了参考。

三、适当性义务内涵

《九民纪要》明确,适当性义务即为银行、基金、信托等卖方机构在向金融消费者推介、销售银行理财产品、保险投资产品、信托理财产品、券商集合理财计划、杠杆基金份额、期权及其他场外衍生品等高风险等级金融产品,以及为金融消费者参与融资融券、新三板、创业板、科创板、期货等高风险等级投资活动提供服务的过程中,必须履行的了解客户、了解产品、将适当的产品(或者服务)销售(或者提供)给适合的金融消费者等义务。卖方机构承担适当性义务的目的是确保金融消费者能够在充分了解相关金融产品、投资活动的性质及风险的基础上作出自主决定,并承受由此产生的收益和风险。在推介、销售高风险等级金融产品和提供高风险等级金融服务领域,适当性义务的履行是卖者尽责的主要内容,也是买者自负的前提和基础。

同时,《九民纪要》第七十五条进一步明确,告知说明义务是适当性义务的核心,是金融消费者能够真正了解产品或者服务的投资风险和收益的关键,应当根据产品的风险和金融消费者的实际状况,综合一般人能够理解的客观标准和金融消费者能够理解的主观标准来确定告知说明义务。卖方机构仅以金融消费者手写了诸如"本人明确知悉可能存在本金损失风险"等内容主张其已经尽了告知说明义务的,人民法院不予支持。

以上内容对适当性义务内涵的明确可以概括为一句话,即"把适当的产品卖给适合的人"。该规定虽未对适当性义务的履行标准进行细化,但对于常见的、仅履行形式上告知义务的安排给予了否定性评价,对司法审判实务、代理活动极具指导意义。

四、适当性义务履行标准

以中国建设银行股份有限公司北京恩济支行(以下简称建行恩济支行)与王某财产损害赔偿纠纷案①为例,我们尝试对卖方机构适当性义务的履行标准进行分析。

(一)案情简介

2015年6月,王某经建行恩济支行工作人员推荐,在该支行购买前海开源中证军工指数型证券投资基金,认购金额为96.6万元。2018年3月,王某进行了基金赎回,赎回金额为389518.05元,亏损576481.95元。在王某购买上述基金过程中,该银行工作人员对王某做的风险评估结果为稳健型,但该银行并未向王某出示和提供基金合同及基金招募说明书,基金招募说明书中载明该基金为较高风险品种。王某遂诉至法院要求该银行支行赔偿其全部本金损失及相应利息。

(二)相关争议

该案经北京市海淀区人民法院、北京市第一中级人民法院、北京市高级人民法院三级人民法院审理,均认定建设银行恩济支行败诉,承担王某投资损失576481.95

① (2019)京民申3178号。

元。从建行恩济支行的抗辩意见来看，本案争议焦点主要有二：第一，适当性义务的履行是否以当事人之间是否具备某种基础法律关系为前提；第二，适当性义务的履行标准如何把握。第一个争议焦点属于程序性事项，且在卖方机构与金融消费者之间，即便未签署书面合同情况下，双方亦存在服务合同法律关系，在此不再具体展开。第二个争议焦点是我们讨论和关注的重点，具体展开如下。

（三）适当性义务履行标准

上述案件的争议焦点之一为是否因建行恩济支行进行了形式上的评估和告知而认定其履行了适当性义务，也即适当性义务的履行标准如何认定？如前述《九民纪要》规定，卖方机构仅以金融消费者手写了诸如“本人明确知悉可能存在本金损失风险”等内容主张其已经尽了告知说明义务的，人民法院不予支持。即形式上的评估或者告知行为并不能豁免卖方机构的赔偿责任，这里更加注重实质判断。具体来看，应包括以下三个履行内容和标准：

1. 告知说明的实际履行

很多投资者在购买金融产品时，限于自身专业认知不够和产品说明的繁杂，往往仅凭卖方机构工作人员口头介绍，未对产品说明等书面文件进行具体深入了解的情况下，即决定购买。卖方机构为豁免责任，则要求购买者签署诸如“本人明确知悉可能存在本金损失风险”等书面文件。一旦发生争议，金融消费者往往抱怨自己根本未真正了解产品或者服务的投资风险。鉴于此现状，最高人民法院在《九民纪要》中进一步明确了卖方机构需履行的告知说明义务的具体标准，即做到真正的告知说明，让投资者真正知悉所购买产品的风险要素。

2. 风险评估的全面客观

在以往的金融产品推介过程中，往往也会涉及金融消费者的风险评估和测试，但该评估与所售金融产品是否匹配，评估内容是否涉及对金融消费者的风险认知、风险偏好和风险承受能力的全面测试，评估结果是否科学合理，这些都需要进行实质的判断。

3. 推介行为的适当合理

卖方机构在前述科学全面评估、实际履行告知说明义务基础之上，需要“将适当的产品销售给适合的金融消费者”，即需要根据金融消费者的风险承受能力向其推荐相应风险等级的金融产品或服务。例如，《证券期货经营机构私募资产管理业务运作管理暂行规定》第三条规定，证券期货经营机构及相关销售机构不得违规销售资产管理计划，不得存在不适当宣传、误导欺诈投资者以及以任何方式向投资者承诺本金不受损失或者承诺最低收益等行为。具体到上述案件，建设恩济支行对王某的风险评估结果为稳健型，却向其推介了高风险的理财产品，即未适当履行合同的推介义务。此种情况下，即便告知说明义务全面实际履行，风险评估测试科学合理，亦不能豁免其承担损害赔偿责任的义务。

五、卖方机构的法律风险防范

如前述内容，我们对适当性义务履行标准进行了分析，对于指导卖方机构在销售金融产品过程中，实际应履行的适当性义务标准进行了明确。但这样是否就可以了呢？答案是否定的。根据《九民纪要》关于此类案件举证责任分配的指导性规定，在案件审理过程中，金融消费者仅需对购买产品（或者接受服务）、遭受的损失等事实承担举证责任。卖方机构则需对其是否履行了适当性义务承担举证责任。卖方机构不能提供其已经建立了金融产品（或者服务）的风险评估及相应管理制度，对金融消费者的风险认知、风险偏好和风险承受能力进行了测试，向金融消费者告知产品（或者服务）的收益和主要风险因素等相关证据的，应当承担举证不能的法律后果。

也就是说，卖方机构不仅要实际履行风险评估、告知说明、适当推介义务，而且需要对上述义务的履行过程进行留证，若无法提供上述证据，同样将承担举证不能的法律后果。关于留证的具体方式和期限要求，可以参照《私募投资基金募集行为管理办法》规定的募集机构应当妥善保存投资者适当性管理以及其他与私募基金募集业务相关的记录及其他相关资料，保存期限自基金清算终止之日起不得少于10年；《证券期货投资者适当性管理办法》中规定的对匹配方案、告知警示资料、录音录像资料、自查报告等保存期限不少于20年等相关规定。另外，银行等卖方机构只有全面加强合规管理，加快提升依法合规经营管理水平，加强业务培训，让一线业务人员做到了解客户、产品不能错配，销售全程留痕、加强档案管理，才能更好地守住合规底线，从而降低在此类纠纷案件中的败诉风险。

第七章

公司债争议解决

第一节　公司债及公司债纠纷

本节主要对公司债的定义、种类、主要品种、现行法律体系、市场及监管机构、债券持有人保护制度、公司债纠纷案件的基本情况、主要案由、审判原则、公司债券持有人的保护路径及主要法律问题进行介绍。

一、公司债概述

（一）公司债的定义

依据《公司债券发行与交易管理办法》第二条的规定，公司债券是指公司依照法定程序发行、约定在一定期限还本付息的有价证券。从法律关系的角度来说，债券在本质上是债券发行人与债券持有人之间的一个债权债务法律关系的凭证，其所体现的是债券发行人和债券持有人之间存在的以债权、债务为内容的民事法律关系。债券持有人为债权人，其享有到期按照约定收回债券本金及利息的权利；而债券发行人则是债务人，其负有到期支付债券本金及利息的义务。[①]

（二）公司债的种类

从债券还本付息的期限角度，公司债可以分为短期公司债券、中期公司债券和长期公司债券。期限在一年以内的债券为短期公司债券，期限在一年以上五年以内的债券为中期公司债券，期限在五年以上的债券为长期公司债券。

从债券的发行方式或发行对象角度，公司债可以分为公募债券和私募债券。公募债券是指按照法定手续经证券主管部门批准公开向社会投资者发行的债券；私募债券是指以特定投资者为对象的非公开发行债券，发行手续简单，一般不能公开上市交易。

从债券是否记名的角度，公司债可以分为记名公司债券和无记名公司债券。记名公司债券上登记有债券持有人的签名，投资者领取利息时要凭印章或其他有效身份证明，记名公司债券由债券持有人以背书的方式或者法律规定的其他方式转让，转让后由公司将受让人的姓名或名称及住所记载于公司债券的存根簿。无记名公司债券的转让，由债券持有人将债券交付给受让人后即发生转让效力。

---

① 马栋梁编著：《债券发行与承销业务指引》（修订版），法律出版社2015年版，第1页。

从债券是否给予债券持有人选择权的角度，公司债券可以分为附有选择权的公司债券和不附有选择权的公司债券。附有选择权的公司债券是指在公司债券的发行过程中，发行人给予持有人一定选择权，如可转换公司债券、附认股权证的公司债券等。

从债券是否可以提前赎回的角度，公司债券可以分为可提前赎回公司债券和不可提前赎回公司债券等。可提前赎回公司债券是指发行人在债券到期前有权定期或随时赎回全部或部分的债券。

（三）公司债的主要品种

依据《公司债券发行与交易管理办法》第二条和第十二条的规定，公司债主要包括一般公司债券、可转换公司债券、分离交易可转债券和可交换公司债券。

一般公司债券，是指公司依照法定程序发行、约定在一定期限还本付息的有价证券，该债券持有人除了要求发行人到期还本付息外不享有其他特殊权利。

可转换公司债券，是指上市公司、股票公开转让的非上市公众公司依照发行程序发行的，在一定时间内依据约定条件可以转换成上市公司或非上市公众公司股票的公司债券。上市公司发行可转换成股票条款的公司债券，应当符合《上市公司证券发行管理办法》《创业板上市公司证券发行管理暂行办法》的相关规定。股票公开转让的非上市公众公司发行可转换成股票条款的公司债券，由中国证监会另行规定。

分离交易可转债券，是指上市公司、股票公开转让的非上市公众公司依照发行程序发行的、附有认股权证并且该认股权证可以分离出来单独交易的可转换公司债券。分离交易可转债券具有二次融资的功能，将债券持有人购买债券视为第一次融资，将债券持有人依据认股权证行权视为第二次融资。上市公司发行附认股权的公司债券，应当符合《上市公司证券发行管理办法》《创业板上市公司证券发行管理暂行办法》的相关规定。股票公开转让的非上市公众公司发行附认股权的公司债券，由中国证监会另行规定。

可交换公司债券，是指上市公司、股票公开转让的非上市公众公司股东依法发行、在一定期限内依据约定的条件可以交换成该股东所持有的上市公司股份的公司债券。上市公司发行可交换公司债券，应当符合《上市公司股东发行可交换公司债券试行规定》的相关规定。股票公开转让的非上市公众公司发行可交换公司债券，由中国证监会另行规定。

(四)公司债的现行法律体系

目前,我国公司债的主要规定包括《中华人民共和国公司法》(2018 年修订)、《中华人民共和国证券法》(2019 年修订)、《上市公司证券发行管理办法》、《创业板上市公司证券发行管理暂行办法》、《公司债券发行与交易管理办法》、《上市公司股东发行可交换公司债券试行规定》、《非上市公司非公开发行可转换公司债券业务实施办法》、《上海证券交易所公司债券上市规则》、《上海证券交易所股票上市规则》、《上海证券交易所科创板股票上市规则》、《上海证券交易所可交换公司债券业务实施细则》、《上海证券交易所上市公司可转换公司债券发行实施细则》、《上海证券交易所上市公司可转换公司债券发行上市业务办理指南》、《上海证券交易所公司债券预审核指南系列规定》、《上海证券交易所非公开发行公司债券业务管理暂行办法》、《上海证券交易所公司债券簿记建档发行业务指引》、《上海证券交易所关于公司债券回售业务有关事项的通知》、《深圳证券交易所公司债券上市规则》、《深圳证券交易所债券交易实施细则》、《深圳证券交易所可交换公司债券业务实施细则》、《深圳证券交易所上市公司回购股份实施细则》、《深圳证券交易所公司债券业务办理指南系列规定》、《深圳证券交易所公司债券簿记建档发行业务指引》、《公司债券受托管理人执业行为准则》、《非公开发行公司债券项目承接负面清单指引》、《中国人民银行公告〔2007〕第 19 号——公司债券在银行间债券市场发行、交易流通和登记托管有关事宜公告》等。

(五)公司债的市场及监管机构

公司债券市场分为债券发行市场和债券交易市场。债券发行市场又称“债券一级市场”,是发行人初次发行出售债券的市场。债券交易市场又称“债券二级市场”,是已发行的债券进行买卖转让自由流通的市场。

中国证监会主要负责对交易所债券市场进行监督管理,具体包括:监管可转换债券、证券公司债券和国务院确定由证监会负责的债券及其他证券的发行、上市、交易、托管和结算;监管证券投资基金活动;批准企业债券的上市;监管上市国债和企业债券的交易活动;监管上市公司及其按法律法规必须履行有关义务的股东的证券市场行为;监管上市以及在境外上市的公司到境外发行可转换债券。

(六)公司债的保护制度

依据《中华人民共和国证券法》(2019 年修订)第五章有关信息披露、第六章有关投资者保护的相关规定和《公司债券发行与交易管理办法》第三章关于信息披露、第四章关于债券持有人权益保护的相关规定，发行人应通过建立信息披露制度、信用评级制度、债券受托管理人制度和债券持有人会议制度等来保障债券持有人的合法权益。公司公开发行债券的保护制度要比公司非公开发行债券更加严格。例如，公开发行债券，发行人必须进行信用评级，而非公开发行债券由发行人自行选择是否进行信用评级。

1. 债券受托管理人制度

（1）债券受托管理人制度的起源。了解债券受托管理人制度的起源是充分认识债券受托管理人制度的前提。由于债券投资人具有涉众性、分布地域广、专业知识和资源配备的能力不同等特点，导致在主动维护债券持有人权利时采取一致合意及行动的效率低、成本高，从而无法有效、及时采取措施维护债券持有人的共同利益。为了解决前述问题，各国主要采取两种方式予以解决。一是采取债券持有人会议制度，实现集体自治，如瑞士及法国；二是采取债券受托管理人制度，该制度主要建立在传统信托制度基础上，由专业机构担任受托人，为了债券持有人的利益对债券进行管理，如英国和美国。两种制度均有利有弊，前者为债券持有人以自发式维护自身权益，但存在执行效力低的问题；而后者为聘请专业投资机构为债券持有人利益对债券进行管理及执行，但存在债券受托管理人未能适当履职的问题。随着金融市场的逐步发展及司法制度的不断完善，以美国为主的债券受托管理人制度对其他国家产生了深远影响。①

（2）债券受托管理人制度的理论基础。美国公司债券受托管理制度起源于19世纪初的债券信托制度。最初是为了解决铁路抵押借款中抵押权人登记问题，由受托人为了全体债券持有人的利益将抵押权人登记为受托人。在早期，受托管理人主要负责债券利息支付、债券转让、抵押权登记等。后期，受托管理人的职责开始扩展到债券出现违约时进行诉讼等事务。在该制度发展中，具有里程碑式意义的法律为美国《1939年信托契约法》，该法全面规定了受托管理人的资格、权利及义务，包括在不能履责情况下应承担的责任。起源于美国的债券受托管理人制度是以传统信托原理为理论基础，将债券受托管理人的法律义务作为立法规范的重点，从而实现债权受托管理制度的理性化和规范化。在该等立法精神指引下，首先，要求债券受托管理人具备一定条件方能胜任，主要体现为专业化水平和管理能力，这

① 徐承志、于萍：《公司债券受托管理人制度的法理逻辑与完善——以债券投资者权益保护为视角》，载《上海政法学院学报》2016年第6期。

是债券受托人履行信义义务的基础条件。其次,要求债券受托管理人保持客观中立性,避免存在利益冲突问题,这是债券受托管理人履行信义义务的重要前提。最后,要求债券受托管理人在立法规定下主动履行管理职责,并对未尽职责的行为承担责任,这是信托制度项下受托人承担责任的应有之义。

(3)我国债券受托管理人制度的立法规定包括:第一,证监会于2003年颁布的《证券公司债券管理暂行办法》(已失效)第十三条规定:“发行人应当为债券持有人聘请债权代理人。聘请债权代理人应当订立债权代理协议,明确发行人、债券持有人及债权代理人之间的权利义务及违约责任。发行人应当在募集说明书中明确约定,投资者认购本期债券视作同意债权代理协议。发行人可聘请信托投资公司、基金管理公司、证券公司、律师事务所、证券投资咨询机构等机构担任债权代理人。”该规定仅适用于证券公司发行债券,且将债券持有人与债券代理人之间的法律关系定义为委托代理关系,没有体现信托关系,但该规定是主管部门为了保护债券持有人利益增设的制度,为我国债券受托人管理制度的发展奠定了基础。第二,证监会于2007年颁布的《公司债券发行试点办法》(已失效)第二十三条、第二十四条、第二十五条、第二十六条和第三十一条对债券受托管理人制度进行规定。在该办法中首次正式确立了债券受托管理人制度,并对债券受托管理人制度的建立、受托管理人的资格、避免利益冲突要求、受托管理人的职责、受托管理人与债券持有人会议制度的联系、债券受托管理人违反职责应承担的责任等方面进行规定。第三,证监会于2015年颁布的《公司债券发行与交易管理办法》第四十三条、第四十八条、第四十九条、第五十条、第五十一条、第五十二条、第五十三条、第五十四条、第五十五条、第六十六条对债券受托管理人制度进行规定。2014年中国公司债券市场出现首例违约事件(“11超日债”违约案),打破了公司债券全部刚性兑付的历史。债券持有人如何维权以及债券受托管理人在保护债券持有人利益方面应承担哪些责任、债券受托管理人的法律地位是什么等问题,首次引起债券市场各界人士的深度思考。在此背景下,该办法对债券受托管理人的资格、职责、权利义务、债券持有人会议制度、信息披露、违反职责应承担的责任等方面进行较为全面的规定。第四,2019年新修订的《中华人民共和国证券法》第九十二条规定:“公开发行公司债券的,应当设立债券持有人会议,并应当在募集说明书中说明债券持有人会议的召集程序、会议规则和其他重要事项。公开发行公司债券的,发行人应当为债券持有人聘请债券受托管理人,并订立债券受托管理协议。受托管理人应当由本次发行的承销机构或者其他经国务院证券监督管理机构认可的机构担任,债券持有人会议可以决议变更债券受托管理人。债券受托管理人应当勤勉尽责，公正履行受托管理职责，不得损害债券持有人利益。债券发行人未能按期兑付债券本息的，债券受托管理人可以接受全部或者部分债券持有人的委托，以自己名义代表债券持有人提起、参加民事诉讼或者清算程序。"这次我国第一次将债券受托管理人制度在法律中予以明确。

（4）我国债券受托管理人制度的法理基础。我国债券持有人与债券受托管理人之间的法律关系是委托代理关系，还是信托法律关系？结合《中华人民共和国证券法》（2019 年修订）第九十二条和《公司债券发行与交易管理办法》相关规定，我们认为，应从两个方面去认定债券持有人与债券受托管理人之间的法律关系。在处理担保财产方面，若发行人在债券受托管理协议中将担保财产约定为信托财产，则债券受托管理人应在债券发行前或债券募集说明书约定的时间内取得担保的权利证明或其他有关文件，并在担保期间妥善保管。此处，发行人、债券受托管理人、债券持有人三者之间的关系为信托法律关系，发行人是委托人，债券受托管理人是信托管理人，债券持有人是收益人。而在其他方面，债券受托管理人的权限基本来自债券持有人会议的授权，债券持有人与债券受托管理人之间的关系均为委托代理关系。因此，我们认为，我国受托管理人制度并不是建立在信托理论基础上，而是建立在委托代理制度上，这与我国国情、经济发展及司法制度发展等因素相关，并不能说将债券受托管理人制度建立在信托理论基础上就能解决我国债券市场所面临的问题，债券市场的问题需要多方面协调发展才能逐步解决。例如，发行人为了发行债券进行融资，才为债券持有人提前聘请债券受托管理人并向其支付服务费，债券受托管理人在一定程度上很难保持中立性。

2. 债券持有人会议制度

（1）债券持有人会议制度的起源。正如上文债券受托管理人制度的起源所述，债券持有人会议制度是解决债券持有人涉众型引发诸多问题的方法之一。

（2）债券持有人会议制度的理论基础。公司债券持有人会议是指由同次公司债债券人所组成，就有关公司债债券人之共同利害关系事项作出决议，并对全体同次公司债债券人均发生效力的临时合议团体。[1] 债券持有人会议制度是指围绕该临时合议团队如何有效运行而建立的制度。债券持有人会议制度不同于股东（大）会会议制度，债券持有人会议具有临时性，其召开须满足特定事由；而股东（大）会

① 柯芳枝：《公司法论》，中国政法大学出版社 2003 年版，第 377 页。

是常设机构，其召开的会议包括定期会议和临时会议。

（3）我国债券持有人会议制度的立法规定包括：第一，证监会于 2003 年颁布的《证券公司债券管理暂行办法》（已失效）第十四条、第三十三条、第三十七条、第四十六条、第四十七条、第四十八条规定，要求发行人在募集说明书中明确债券持有人会议的有关规定，并要求律师对债券持有人会议发表意见；要求发行人在定期报告中披露债券持有人会议召开情况；对应当召开债券持有人会议的五种情形作出明确规定；明确规定发行人、担保人、持有本期债券且持有发行人 10% 以上股权的股东及其他重要关联方，可参加债券持有人会议并提出议案，但没有表决权。该规定仅适用于证券公司发行债券，但该规定是主管部门为了保护债券持有人利益增设的制度，为我国债券持有人会议制度的发展奠定了基础。第二，证监会于 2007 年颁布的《公司债券发行试点办法》（已失效）第二十五条、第二十六条、第二十七条、第二十八条对债券持有人会议制度进行规定。除了强制性要求设立债券人会议制度、明确应当召开债券持有人会议的情形外，如果公司违反规定不按照约定召集债券持有人会议，存在损害债券持有人权益等行为的，中国证监会可以责令整改；对其直接负责的主管人员和其他直接责任人员，可以采取监管谈话、认定为不适当人选等行政监管措施，记入诚信档案并公布。第三，证监会于 2015 年颁布的《公司债券发行与交易管理办法》第四十八条、第五十条、第五十一条、第五十四条、第五十五条对债券持有人会议制度进行规定。在中国债券市场违约频发的背景下，该办法对债券持有人会议规则的范围进行明确规定，增加了召开债券持有人会议的情形并作出较为全面的规定。第四，2019 年新修订的《中华人民共和国证券法》第十五条、第九十二条对公开发行债券的债券持有人会议相关制度进行规定，并未规定非公开发行债券的债券持有人会议制度。这次我国第一次将债券持有人会议制度在法律中予以明确。我国债券持有人会议具体制度的制定完全取决于发行人，债券持有人只能被动接受。债券持有人会议制度中比较重要的会议召集程序（包括召集人资格、召集条件、召集程序等）、债券持有人会议表决权（包括会议审议事项范围、债券持有人表决权及其限制、提案权等）和债券持有人会议的生效条件（包括异议纠纷解决机制等）等事关债券持有人利益的事项，均为发行人事先设定，在没有法律明确规定的前提下，很难通过债券持有人会议制度实现保护债券持有人利益的目的。① 例如，在“11 超日债”债券违约事件中，两次债券持有人大会均由于参

---

① 应京旭：《论我国公司债持有人会议制度》，载《山东行政学院学报》2017 年第 1 期。

加会议登记的债券持有人数量不足债券持有人会议规则规定的人数而无法召开，最终不能及时就违约事件采取有效措施，进而维护债券持有人的利益。

3. 信用评级制度

公司债券信用评级制度，是指由专业化的信用评级机构，综合债券发行人的信用状况等作出的评价，通常以确定发行人债券信用级别的方式进行表达。公司债券信用评级制度关注的焦点在于发行人还本付息的能力和风险程度（即偿债能力）。债券持有人通过独立、公正、客观的信用评级制度能够促进发行人与债券持有人之间的信息流动，并解决债券市场中的信息不对称问题。信用评级制度对我国公司债券市场发展起着极其重要的作用。其一，信用评级制度对发行人的信用状况起到了有效的揭示作用。其二，信用评级制度缓解了发行人与债券持有人之间信息不对称问题。其三，信用评级制度是债券持有人持续了解发行人偿债能力的有效途径。其四，发行人的信用评级结果是债券发行监管部门核准发行的重要参考指标。①

我国现行债券信用评级制度的立法规定包括：第一，证监会于 2015 年颁布的《公司债券发行与交易管理办法》第十条、第十八条、第十九条、第二十八条、第四十五条、第四十六条对债券信用评级制度进行规定。发行人公开发行债券的应当进行信用评级，而发行人非公开发行债券的可以选择是否进行信用评级。第二，2019 年新修订的《中华人民共和国证券法》第八十一条、第一百六十条、第一百六十三条和第二百一十三条对信用评级变更的信息披露、信用评级机构恪尽职守及违反相关要求的惩戒措施进行规定，并未对信用评级制度进行全面规定。第三，证监会于 2007 年 3 月 23 日颁布的《证券市场资信评级业务管理暂行办法》对信用评级机构所必须具备的法定资质、评级程序、评级结果的公开和回避制度、内控制度、评级委员会制度、复评制度、跟踪评级制度，以及资信评级机构的从业规则、监督管理和法律责任等进行了规定，这是我国公司债券市场进行信用评级的重要法规依据。除此之外，《企业债券管理条例》（2011 年修订）第十五条规定了企业债的信用评级制度。

4. 信息披露制度

债券市场发行人信息披露制度，是债券市场管理部门为了保障投资者的利益并更好地监督债券发行人而制定的一系列法律法规，要求发行人和第三方机构必

---

① 解萌、王作全：《我国公司债券信用评级制度探析》，载《山西大同大学学报》（社会科学版）2019 年第 1 期。

须及时、准确、全面地将债券发行人的财务和经营状况等相关信息向证券管理部门和证券交易所报告,并向社会公开。它主要包括发行前的披露和存续期信息公开两大环节。信息披露义务人有债券发行人以及主承销商、会计师事务所、律师事务所和信用评级机构等第三方机构。①

我国现行公司债信息披露的规则主要包括《中华人民共和国证券法》(2019 年修订)、《公司债券发行与交易管理办法》、《公开发行证券的公司信息披露内容与格式准则》及各交易所制定的《公司债券上市规则》、《非公开发行公司债券业务管理暂行办法》、《关于进一步明确债券评级信息披露规范的通知》、《公司债券临时报告信息披露格式指引》等。前述信息披露规则主要对信息披露主体,信息披露方式,债券发行首次、定期和重大事项临时信息披露,违反信息披露规则的罚则等内容进行规定。2019 年新修订的《中华人民共和国证券法》首次以法律的形式对公司债券信息披露及违反信息披露规则的罚则作出规定,更加体现了保护债券投资者合法权益的立法目的。

5. 行政监管制度

我国现行债券市场监管的主体包括中国人民银行、中国证监会、财政部和国家发展和改革委员会等政府机构;上交所、深交所、中央国债登记结算公司、中国证券业协会、银行间交易商协会、国债协会等自律型监管机构。从立法和监管职能的执行上看,目前国内债券市场监管仍采用政府主导型的政府监管体系,不同债券市场、不同债券种类、不同业务环节由不同的监管部门负责监管或共同监管。

公司债券市场的主要监管部门为中国证监会、上交所、深交所、中央国债登记结算公司、中国证券业协会、银行间交易商协会等。监管部门主要通过对债券发行审核、债券存续期间信息披露及各方履责情况的监管等保护债券持有人合法利益和实现债券市场有序运行。

二、公司债的相关争议案件概述

(一)公司债的争议案件概况

在当前经济存在下行压力的情况下,债券发行人受宏观基本面的影响,经营活动困难加大,部分企业财务状况持续恶化,违约事件逐步增多。② 我们经过在威科

---

① 洪玫:《完善信息披露制度,提升我国债券市场透明度》,载《上海金融》2018 年第 7 期。

② 梁文飞:《违约来临时债市投资者的权益保护》,载《债券》2016 年第 5 期。

先行法律信息数据库中对公司债券交易纠纷进行检索，发现自2014年爆发债券违约以来，债券违约数量以逐年递增的趋势发展。据万得（Wind）不完全统计，截至2019年6月27日，信用发生违约的债券数量总计96只，相比2018年同期的30只，同比增加220%；2019年前6个月违约金额共计776.47亿元，同比增加141.86%。其中，银行间市场40只债券违约，交易所市场56只债券违约。①

（二）公司债的案由

依据最高人民法院印发的《民事案件案由规定》（2011年修订）的规定，公司债券的纠纷案由主要集中在证券纠纷系列案由中。在实践中，公司债券产生争议的案由主要集中在公司债券交易纠纷、公司债券权利确认纠纷、公司债券回购合同纠纷、证券虚假陈述责任纠纷、保证合同纠纷、抵押合同纠纷等。此处需要明确指出的是，案由中所指的"公司债券"并不是债券市场所指的公司债券，还包括国家发展和改革委员会监管审核的企业债券、中国银行间债券市场交易商协会注册的企业短期融资券和中期票据等。

1. 公司债券交易纠纷

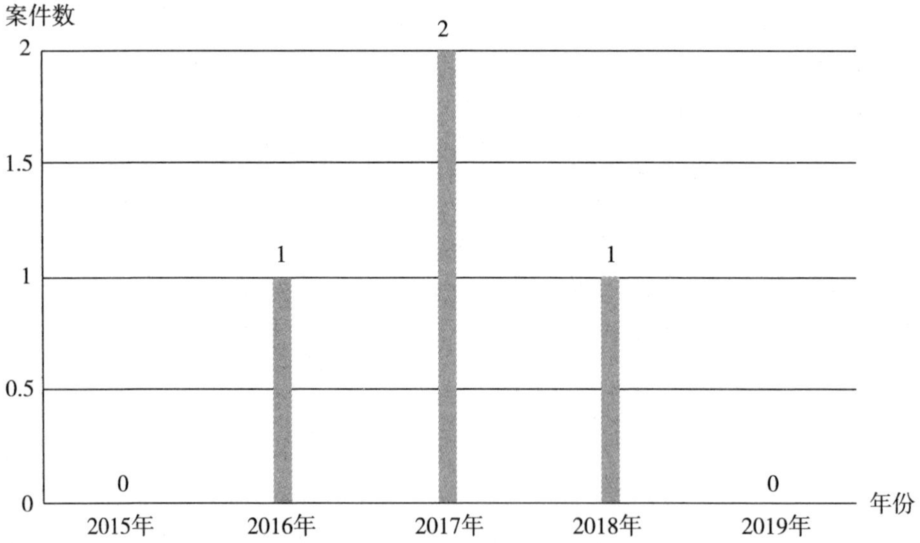

图7－1　公司债券交易纠纷案件数量

① 《上半年债券违约图谱：民企数量占比逾九成、化工行业最多》，载经济观察网：http://www.eeo.com.cn/2019/0629/359944.shtml，最后访问日期：2019年12月1日。

2. 公司债券权利确认纠纷

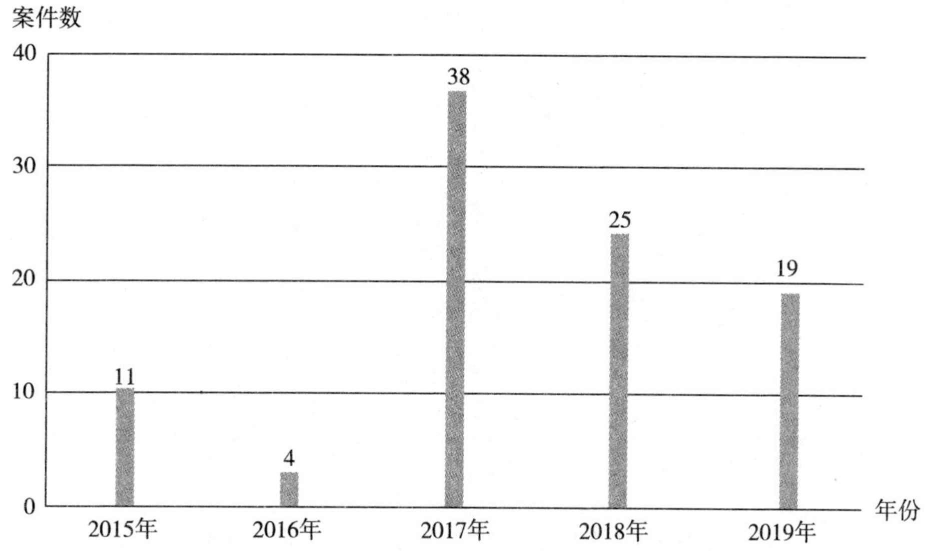

图 7－2　公司债券权利确认纠纷案件数量

3. 公司债券回购合同纠纷

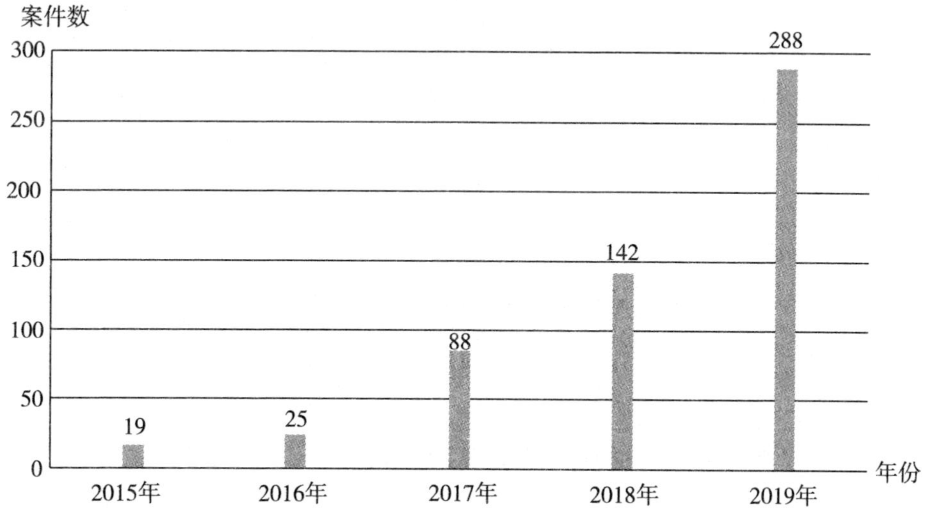

图 7－3　公司债券回购合同纠纷案件数量

4. 证券虚假陈述责任纠纷

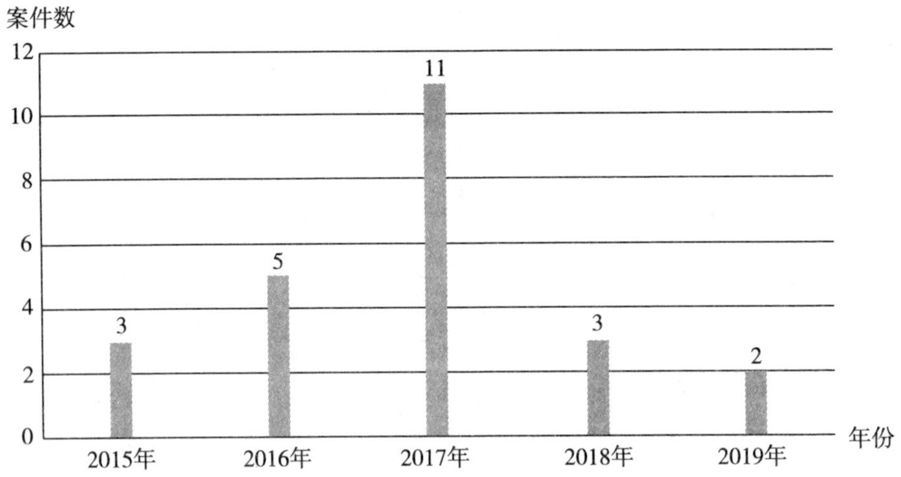

图 7－4 债券持有人或托管人提起的证券虚假陈述责任纠纷案件数量

5. 保证合同纠纷

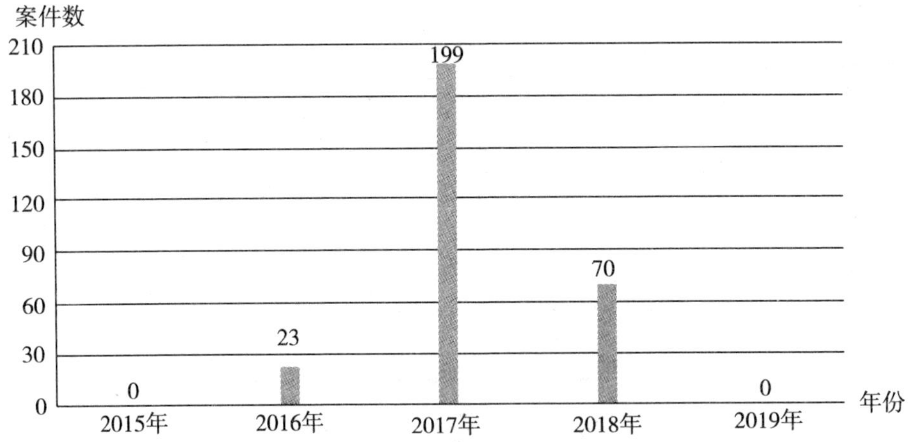

图 7－5 债券持有人或托管人提起的保证合同纠纷案件数量

6. 抵押合同纠纷

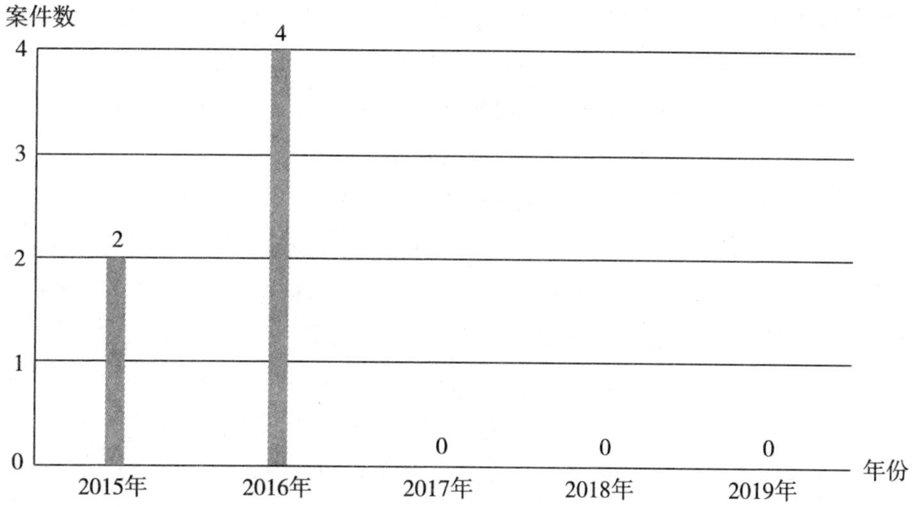

图 7－6　债券持有人或托管人提起的抵押合同纠纷案件数量

(三)公司债争议案件审理的基本原则

依据《全国法院审理债券纠纷案件座谈会纪要》(2020 年 7 月 15 日)第一条至第四条的规定,人民法院在审理公司债相关纠纷案件时,应高度重视,并在审理中注意坚持以下原则:

1. 坚持保证国家金融安全原则。民商事审判工作是国家维护经济秩序、防范和化解市场风险、维护国家经济安全的重要手段。全国法院必须服从和服务于防范和化解金融风险的国家工作大局,以《中华人民共和国民法总则》《中华人民共和国合同法》《中华人民共和国侵权责任法》《中华人民共和国公司法》《中华人民共和国证券法》《中华人民共和国信托法》《中华人民共和国企业破产法》《企业债券管理条例》等法律和行政法规为依据,将法律规则的适用与中央监管政策目标的实现相结合,将个案风险化解与国家经济政策、金融市场监管和社会影响等因素相结合,本着规范债券市场、防范金融风险、维护金融稳定和安全的宗旨,依法公正审理此类纠纷案件,妥善防范和化解金融风险,为国家经济秩序稳定和金融安全提供有力司法服务和保障。

2. 坚持依法公正原则。目前,债券发行和交易市场的规则体系,主要由法律法规、部门规章、行政规范性文件构成。人民法院在审理此类案件中,要根据法律和行政法规规定的基本原理,对具有还本付息这一共同属性的公司债券、企业债券、非金融企业债务融资工具适用相同的法律标准。正确处理好保护债券持有人和债券投资者的合法权益、强化对发行人的信用约束、保障债券市场风险处置的平稳有序和促进债券市场健康发展之间的关系，统筹兼顾公募与私募、场内与场外等不同市场发展的实际情况，妥善合理弥补部门规章、行政规范性文件和自律监管规则的模糊地带，确保案件审理的法律效果和社会效果相统一。

3. 坚持“卖者尽责、买者自负”原则。债券依法发行后，因发行人经营与收益的变化导致的投资风险，依法应当由投资人自行负责。但是，买者自负的前提是卖者尽责。对于债券欺诈发行、虚假陈述等侵权民事案件的审理，要立足《中华人民共和国证券法》和相关监管规则，依法确定发行人董事、监事、高级管理人员及其控股股东、实际控制人，以及增信机构，债券承销机构，信用评级机构、资产评估机构、会计师事务所、律师事务所等中介机构，受托管理人或者具有同等职责的机构（以下简称受托管理人）等相关各方的权利、义务和责任，将责任承担与行为人的注意义务、注意能力和过错程度相结合，将民事责任追究的损失填补与震慑违法两个功能相结合，切实保护债券持有人、债券投资者的合法权益，维护公开、公平、公正的资本市场秩序。

4. 坚持纠纷多元化解原则。债券纠纷案件涉及的投资者人数众多、发行和交易方式复杂、责任主体多元，要充分发挥债券持有人会议的议事平台作用，保障受托管理人和其他债券代表人能够履行参与诉讼、债务重组、破产重整、和解、清算等债券持有人会议赋予的职责。要进一步加强与债券监管部门的沟通联系和信息共享，建立、健全有机衔接、协调联动、高效便民的债券纠纷多元化解机制，协调好诉讼、调解、委托调解、破产重整、和解、清算等多种司法救济手段之间的关系，形成纠纷化解合力，构建债券纠纷排查预警机制，防止矛盾纠纷积累激化。充分尊重投资者的程序选择权，着眼于纠纷的实际情况，灵活确定纠纷化解的方式、时间和地点，尽可能便利投资者，降低解决纠纷成本。

（四）公司债券持有人的保护路径

经过二十多年的发展，我国债券市场建设取得显著成果，债券市场体系和市场基础设施不断完善，债券品种已从单一的国债扩大到包括央行票据、商业银行金融债券（次级债、混合资本债和一般金融债券）、企业债券、公司债、短期融资券、中期票据、中小企业集合票据、资产支持证券、国际开发机构债券等多类型债券。① 债券

---

① 周文渊：《化解债市风险应从进一步完善投资者保护机制着手》，载《清华金融评论》2016 年第 10 期。

投资者是债券发行人的投资者,是公司物质资本的提供者。我国债券市场发展离不开债券投资人对债券市场的信赖,即实现刚性兑付的预期。随着经济周期叠加下行,信用债券违约风险持续上行。自 2015 年以来,国内债券市场信用违约事件频发。如何保护债券持有人权益是立法机构和监管机构迫在眉睫的任务。证监会于 2015 年颁布了《公司债券发行与交易管理办法》,全国人大常委会于 2019 年新修订了《中华人民共和国证券法》,立法机构通过这两部重要的法律法规进一步完善了债券持有人保护制度。

1. 事先预防

作为立法机构,如何保护债券持有人利益是建立债券市场制度的基本出发点和落脚点。立法机构通过制定一系列法律、行政法规、部门规章、自律规则等具体配套制度,已经逐步建立了保护债券持有人利益的相关制度,包括债券受托管理人制度、债券持有人会议制度、信用评级制度、信息披露制度、信用保障制度和行政监管制度等。

作为监管机构,如何保障上述债券持有人保护制度逐一落实是其主要的职责所在。监管机构依据法律规定在债券发行前核查是否符合发行标准,是否在发行文件中制定了债券受托管理人制度、债券持有人会议制度、信息披露制度等,是否完成信用评级,是否设定了有效的信用保障措施,债券募集说明书等相关文件是否具备法定条款等,作为监管机构对债券发行的事前审查。债券持有人通过发行文件了解债券发行人的偿债能力,并作出是否购买债券的决定。对于发行人来讲,按照相关规定发行债券,并保证发行文件披露内容准确无误,即达到卖者责的要求。对于债券持有人来讲,充分理解发行文件,评估风险与收益,即实现卖者自负的后果。

2. 事中监管

发行人成功发行债券后,监管机构应监督发行人是否依法、依约履行发行后信息披露义务,是否有效执行配套保护债券持有人利益的相关制度等,若发行人存在信息披露违规或其他损害债券持有人利益的违规行为,监管机构有权根据违法行为的性质追究其行政责任或刑事责任。债券持有人在债券存续期间发现债券发行人、债券受托管理人、债券发行相关服务机构存在其他违法行为的,其可以通过举报、投诉、报案、起诉(仲裁)等多种途径维护自身权益。

3. 事后救济

债券存续期届满后,监管机构应监督发行人是否依法、依约履行信息披露义务，是否有效执行配套保护债券持有人利益的相关制度等，若发行人存在信息披露违规或其他损害债券持有人利益的违规行为，监管机构有权根据违法行为的性质追究其行政责任或刑事责任。若债券发行人存在债券违约行为，则监管机构将暂停受理债券发行人再次发行债券的申请。

债券持有人在债券存续期届满后，发现债券发行人、债券受托管理人、债券发行相关服务机构存在违法行为的，其可以通过举报、投诉、报案、起诉(仲裁)等多种途径维护自身权益。若债券发行人到期不能清偿本息或存续期内发生违约导致债券提前到期，债券持有人有权通过自身或委托债券受托管理人向债券发行人提起诉讼或仲裁。

在司法层面，2019 年最高人民法院召开全国法院审理债券纠纷案件座谈会，并向公众公布了《全国法院审理债券纠纷案件座谈会纪要》(征求意见稿，2019 年 12 月 24 日)，对审判原则、案件受理及管辖、诉讼主体问题、违约责任问题、担保责任问题、虚假陈述责任纠纷问题等争议事项提出了明确、统一的审判建议。该会议纪要已经于 2020 年 7 月 15 日确定了正式文件并开始执行。这将为债券持有人通过司法途径维护自身利益提供了有力保障。

(五)公司债所涉争议解决的主要法律问题

公司债所涉争议解决的案件主要体现为公司债券交易纠纷和证券虚假陈述责任纠纷两类。

债券交易纠纷中主要涉及的法律问题为债券募集说明书的法律性质问题、诉讼管辖及争议解决方式的问题、原告主体资格的问题、预期违约的问题、交叉违约条款问题和债券担保权实现的问题。第一，债券募集说明书的法律性质是要约邀请、要约、合同，还是合同内容的组成部分？第二，如果债券募集说明书、认购协议、托管协议以及其他交易文件中约定了不同的争议解决条款，当事人以哪份文件作为依据提请争议解决？第三，债券发行人已经出现违约情形，但债券持有人大会尚未召开、托管人尚未提请争议解决，单个债券持有人是否可以单独提请争议解决？第四，债券发行人、担保人出现何种情形可以构成债券逾期违约？债券持有人或托管人有权提前宣布债券到期并提起违约之诉。第五，什么是交叉违约？交叉违约满足何种条件时，债券持有人或托管人有权提前宣布债券到期并提起违约之诉。第六，债券抵押分离登记的特点导致债券持有人单独提起诉讼很难主张担保权利。

证券虚假陈述责任纠纷中主要涉及的问题是法律适用问题、债券持有人主张损失赔偿的范围、债券虚假陈述责任因果关系认定的问题和相关主体责任承担的问题。第一,债券类的证券虚假陈述责任纠纷是否完全适用最高人民法院《关于审理证券市场因虚假陈述引发的民事赔偿案件的若干规定》?第二,债券持有人主张损失赔偿的范围是不是债券的本息之和?第三,债券虚假陈述责任因果关系将如何认定?是否与股票市场虚假陈述责任认定一致?以上问题在本书第二章已有论述,本章不再赘述。

我们将在后续几节对上述债券争议解决所涉主要法律问题逐一进行阐述。

第二节　债券募集说明书的法律性质

债券募集说明书是公司依法发行证券必备的申报文件,是债券发行人与债券持有人之间的主要书面文件。如何认定债券募集说明书的法律性质,对于债券持有人如何维权及司法实践至关重要。

一、确定募集说明书法律性质的意义

债券募集说明书可以类比于上市公司发行股票中的《招股说明书》,均作为公司依法发行证券必备的申报文件。在债券无纸化交易过程中,债券募集说明书几乎成为债券发行人与债券持有人之间唯一建立联系的书面文件。依据《公司债券发行与交易管理办法》的相关规定,发行人会在债券募集说明书中约定募集资金的用途、债券受托管理制度、债券持有人会议规则、内外部增信机制、偿债保障措施、构成债券违约的情形、违约责任及其承担方式以及公司债券发生违约后的诉讼、仲裁或其他争议解决机制等。债券说明书对于债券持有人的权利作了全面的约定,是债券持有人后期维权的主要依据。因此,如何认定债券募集说明书的法律性质,对于债券持有人如何维权及司法实践至关重要。

二、募集说明书法律性质的分歧

我国现行法律及相关规范对募集说明书的法律性质并没有明确定性。目前,学者或法官对于募集说明书的法律性质持有两种观点:一种观点认为募集说明书为要约;另一种观点认为募集说明书是要约邀请。我们认为,债券募集说明书是要约邀请,对于说理部分将直接引用北京市第一中级人民法院曹明哲的论述:"一方面,《合同法》第十五条规定招股说明书为要约邀请,债券和股票同属有价证券的,

二者具有同质性，因此债券募集说明书亦应作为要约邀请；另一方面，就招股说明书而言，其为要约邀请，本质系因为招股说明书没有包含一个影响投资者购买决策的重要内容——发行价格，从而也没有包含此次发行所能公开募集到的筹资金额，招股说明书是在投资者申购、缴款、冻结资金后，发行人公布招股意向书的补充文件——《价格公告》后，才最终完成的。也就是说，投资者必须在发行价格确定前作出投资决定。同时，将招股说明书解释为要约邀请，更能妥当解决超额认购和新股认购不足的情况，避免强制缔结合同的出现。相同的，在债券募集说明书发布初始，是并不含利率条款的，募集说明书往往规定，票面利率需根据询价、认购情况等协商确定。因其缺少了债券交易中的重要内容，将募集说明书解释为要约邀请更符合债券实务操作。"①

三、募集说明书法律性质的定性

我国现行法律，并未对债券募集说明书的法律性质作出明确规定，但《中华人民共和国民法典》(2021 年 1 月 1 日起施行)第四百七十三条载明，债券募集说明书的法律性质是要约邀请。则在债券持有人与发行人达成债券认购合意后，债券募集说明书中的约定直接约束债券持有人和债券发行人，视同为债券认购协议内容的组成部分。对于前述观点，足以在法律规定和司法实践中找到支持。

依据《公司债券发行与交易管理办法》第五条和第四十八条第二款的规定，发行人及其控股股东、实际控制人应当诚实守信，发行人的董监高应当勤勉尽责，维护债券持有人享有的法定权利和债券募集说明书约定的权利。发行人应当在债券募集说明书中约定，投资者认购或持有本期公司债券视作同意债券受托管理协议、债券持有人会议规则及债券募集说明书中其他有关发行人、债券持有人权利义务的相关约定。据此，债券持有人在成功认购发行人发行的债券时，债券募集说明书的约定对于债券持有人具有约束力，即视同募集说明书为债券认购协议内容的组成部分，债券持有人享有募集说明书中约定的权利并承担相应的义务。

在司法实践中，法官在审理公司债券纠纷中多次将债券募集说明书认定为合同内容的组成部分，而没有将债券募集说明书直接认定为合同。如在(2018)京 01 民初 460 号大成基金管理有限公司与李某等公司债券交易纠纷一审民事判决书，法官关于原告请求解除债券募集说明书的说理部分载明"需要指出的是，虽然大成基

① 曹明哲：《债券募集说明书的性质及其司法效应》，载《债券》2018 年第 11 期。

金主张解除双方之间的《募集说明书》并请求返还本金及利息损失,但结合其诉讼请求,大成基金解除的实际上是双方之间形成的以《募集说明书》为内容的债券合同,故本院对于大成基金相应的诉讼请求予以支持……确认大成基金管理有限公司与神雾科技集团股份有限公司之间形成的以《北京神雾某科技集团股份有限公司 2016 年非公开发行可交换公司债券募集说明书》为内容的债券合同于 2018 年 12 月 18 日解除"。但在(2017)京 0102 民初 17384 号广东顺德农村商业银行股份有限公司大良支行与中国城市建设控股集团有限公司公司债券交易纠纷一审民事判决书中,法官虽然认定原告解除的是原被告双方之间的债券合同,但在说理部分将债券募集说明书解释为要约,我们认为并不妥当。

综上所述,债券持有人在设定诉讼请求时,应直接请求法院判令解除债券合同,而非债券募集说明书。

第三节　公司债管辖

依据《公司债券发行与交易管理办法》第五十七条的规定,发行人应当在债券募集说明书中约定构成债券违约的情形、违约责任及其承担方式以及公司债券发生违约后的诉讼、仲裁或其他争议解决机制。即便如此,实践中仍然存在诸多因管辖约定无效、冲突而引起的管辖权之争。

一、募集说明书约定了有效的管辖条款

依据《中华人民共和国民事诉讼法》第三十四条的规定,合同或者其他财产权益纠纷的当事人可以书面协议选择被告住所地、合同履行地、合同签订地、原告住所地、标的物所在地等与争议有实际联系的地点的人民法院管辖,但不得违反本法对级别管辖和专属管辖的规定。依据《中华人民共和国仲裁法》第四条、第五条和第十六条的规定,当事人采用仲裁方式解决纠纷,应当双方自愿,达成仲裁协议。没有仲裁协议,一方申请仲裁的,仲裁委员会不予受理。如果发行人在募集说明书中已经明确约定了诉讼管辖条款或仲裁条款,且不与其他债券交易文件中约定的管辖条款产生冲突,则当事人之间发生纠纷后应依照募集说明书中约定的争议管辖条款提起诉讼或仲裁。

二、募集说明书约定了无效管辖条款

若募集说明书约定了无效管辖条款,则由于公司债券交易纠纷或公司债券回

购合同纠纷均属于合同纠纷，应依据《中华人民共和国民事诉讼法》第二十三条的规定确定管辖法院，由被告住所地或者合同履行地人民法院管辖。

在公司债券交易纠纷案件中，债券持有人通常请求发行人偿还本金、利息或提前终止债券合同并要求发行人支付本金、利息及违约金。依据最高人民法院《关于适用〈中华人民共和国民事诉讼法〉的解释》第十八条的规定，合同对履行地点没有约定或者约定不明确，争议标的为给付货币的，接收货币一方所在地为合同履行地。债券持有人有权直接向其住所地人民法院提起诉讼；亦有权选择发行人住所地人民法院提起诉讼。

在公司债券回购合同纠纷案件中，依据最高人民法院《关于如何确定证券回购合同履行地问题的批复》的规定，凡通过证券交易所进行的证券回购交易产生的纠纷，证券交易所所在地或者被告所在地人民法院有管辖权；对未通过交易所进行的回购交易产生的纠纷，最初付款方（反售方）所在地或者被告所在地的人民法院有管辖权。但依据《全国法院审理债券纠纷案件座谈会纪要》（2020 年 7 月 15 日）第十条关于债券违约案件管辖的规定：受托管理人、债券持有人以发行人或者增信机构为被告提起的要求依约偿付债券本息或者履行增信义务的合同纠纷案件，由发行人住所地人民法院管辖。债券募集文件另有约定的，从其约定。本纪要发布之前，人民法院以原告住所地为合同履行地确定管辖的案件，尚未开庭审理的，应当移送发行人住所地人民法院审理；已经审结尚未申请执行的案件，应当向发行人住所地人民法院申请强制执行；已经执行尚未执结的案件，应当交由发行人住所地人民法院继续执行。该纪要将管辖法院统一到发行人所在地人民法院审理，主要为了实现案件集中审理，节省审理时间成本，避免出现案件审理标准的不统一。

三、管辖条款的法律适用

债券发行的交易文件包括但不限于募集说明书、债券受托管理协议、认购协议、承销协议、担保协议等。在实践中，前述文件中约定了不同的争议解决方式，债券持有人、受托管理人在依据单一文件要求对方承担相应法律责任过程中通常不会产生管辖权之争；而在依据不同交易文件要求对方承担相应法律责任过程中时常会产生管辖权之争。[①] 法院或仲裁庭在解决管辖权之争时，主要适用以下原则。

---

① 倪慧、钟万梅：《债券违约争议解决系列之二：债券交易文件约定的争议解决方式冲突时，该如何选择？》，载微信公众号“中伦文德律师事务所”，2019 年 6 月 26 日。

（一）约定优先原则

依据最高人民法院《关于适用〈中华人民共和国民事诉讼法〉的解释》第三十条的规定，根据管辖协议，起诉时能够确定管辖法院的，从其约定；不能确定的，依照民事诉讼法的相关规定确定管辖。管辖协议约定两个以上与争议有实际联系的地点的人民法院管辖，原告可以向其中一个人民法院起诉。

比如，募集说明书中约定的管辖法院为发行人所在地人民法院，债券受托管理协议中约定的管辖法院为原告所在地人民法院，债券受托管理人代表债券持有人要求发行人承担责任，则债券受托管理人有权选择发行人所在地或原告所在地人民法院管辖。

（二）仲裁管辖冲突法律适用原则

依据最高人民法院《关于适用〈中华人民共和国仲裁法〉若干问题的解释》第五条、第六条和第七条的规定，仲裁协议约定两个以上仲裁机构的，当事人可以协议选择其中的一个仲裁机构申请仲裁；当事人不能就仲裁机构选择达成一致的，仲裁协议无效。仲裁协议约定由某地的仲裁机构仲裁且该地仅有一个仲裁机构的，该仲裁机构视为约定的仲裁机构。该地有两个以上仲裁机构的，当事人可以协议选择其中的一个仲裁机构申请仲裁；当事人不能就仲裁机构选择达成一致的，仲裁协议无效。当事人约定争议可以向仲裁机构申请仲裁也可以向人民法院起诉的，仲裁协议无效。但一方向仲裁机构申请仲裁，另一方未在《中华人民共和国仲裁法》第二十条第二款（仲裁委首次开庭前）规定期间内提出异议的除外。

比如，募集说明书中约定的管辖法院为发行人所在地人民法院，债券受托管理协议中约定的管辖法院为北京仲裁委员会，债券受托管理人代表债券持有人要求发行人承担责任的，应视为该仲裁管辖约定无效。债券受托管理人应选择发行人所在地人民法院管辖。

（三）主从合同管辖冲突的法律适用原则

依据最高人民法院《关于适用〈中华人民共和国担保法〉若干问题的解释》第一百二十九条的规定，主合同和担保合同发生纠纷提起诉讼的，应当根据主合同确定案件管辖。担保人承担连带责任的担保合同发生纠纷，债权人向担保人主张权利的，应当由担保人住所地的法院管辖。主合同和担保合同选择管辖的法院不一致的，应当根据主合同确定案件管辖。

比如，募集说明书中约定的管辖法院为发行人所在地人民法院，担保协议中约定的管辖法院为担保人所在地人民法院，债券受托管理人代表债券持有人要求发行人、担保人承担责任的，应以发行人所在地人民法院管辖；若债券委托管理人仅以担保人承担连带保证责任为由提起诉讼，应以担保人所在地的法院管辖。但是如果募集说明书中约定的管辖机构为北京仲裁委员会，担保协议中约定的管辖法院为担保人所在地人民法院管辖，则不能适用最高人民法院《关于适用〈中华人民共和国担保法〉若干问题的解释》第一百二十九条的规定。债券委托管理人应分别向发行人和担保人提起仲裁和诉讼。

第四节　原告主体资格

2019 年 12 月 24 日召开了全国法院审理债券纠纷案件座谈会，会议认为，同期发行债券的持有人利益诉求高度同质化且往往人数众多，采用共同诉讼的方式能够切实降低债券持有人的维权成本，最大限度地保障债券持有人的利益，也有利于提高案件审理效率，节约司法资源，实现诉讼经济。案件审理中，人民法院应当根据当事人的协议约定或者债券持有人会议的决议，承认债券委托管理人或者债券持有人会议的决议，承认债券委托管理人或者债券持有人会议推选的代表人的法律地位，充分保障受托管理人、诉讼代表人履行统一行使诉权的职能。对于债券违约合同纠纷案件，应当以债券受托管理人或者债券持有人会议推选的代表人集中起诉为原则，以债券持有人个别起诉为补充。①

一、债券持有人

债券持有人是债券法律关系的直接主体，债券持有人当然具备原告诉讼、仲裁主体资格。通过各类资产管理产品投资债券的，债券持有人为具体资产管理产品，资产管理产品的管理人根据相关规定或者资产管理文件的约定提起诉讼的，人民法院应当依法予以受理。

依据《全国法院审理债券纠纷案件座谈会纪要》第六条的规定，在债券持有人会议决议授权受托管理人或者推选代表人代表部分债券持有人主张权利的情况

---

① 《全国法院审理债券纠纷案件座谈会纪要》，2020 年 7 月 15 日。

下，其他债券持有人另行单独或者共同提起、参加民事诉讼，或者申请发行人破产重整、破产清算的，人民法院应当依法予以受理。债券持有人会议以受托管理人怠于行使职责为由作出自行主张权利的有效决议后，债券持有人根据决议单独、共同或者代表其他债券持有人向人民法院提起诉讼、申请发行人破产重整或者破产清算的，人民法院应当依法予以受理。法院在该纪要中进一步明确了以下两个问题：

一是债券纠纷属于《中华人民共和国民事诉讼法》第五十二条规定的共同诉讼，债券持有人可以依据《中华人民共和国民事诉讼法》第五十三条的规定推选代表人进行诉讼。代表人的诉讼行为对其所代表的当事人发生效力，但代表人变更、放弃诉讼请求或者承认对方当事人的诉讼请求，进行和解，必须经被代表的当事人同意。

二是除非经全体债券持有人同意选举诉讼代表人，否则，诉讼代表人仅能代表在债券持有人会议上投赞成票的债券持有人。其余未投赞成票的债券持有人有权单独或共同或委托其他诉讼代表人向法院提起诉讼。

二、债券托管人

债券托管人是否可以以自己名义代债券持有人提起诉讼或仲裁，在司法实践中一直存在争议，绝大多数法院均会以此种方式不符合代理制度及《中华人民共和国信托法》的相关规定，亦不符合《中华人民共和国民事诉讼法》关于案件受理条件及诉讼当事人的相关规定为由，不予受理债券托管人以自己名义代债券持有人提起诉讼的案件。例如，上海市高级人民法院（2019）沪民初 27 号太合汇投资管理（昆山）有限公司与绍兴众富控股有限公司、精功集团有限公司公司债券交易纠纷案。出现前述争议的主要原因是我国债券相关法律规定并未对债券托管人与债券持有人之间的基础法律关系作出明确的规定，不能直接认定为信托法律关系，又与典型的委托代理法律关系不同。抛开前述理论不谈，仅从债券市场本身需求来讲，由于债券的性质及债权持有人具有分散性、流动性等特点，在纠纷发生的第一时间，若债券托管人能以自己名义代债券持有人提起诉讼或仲裁，对于保障债券持有人利益而言十分重要。

为了解决债券市场本身需求并明确争议问题，立法机构在 2019 年修订的证券法中给出明确答案。依据《中华人民共和国证券法》（2019 年修订）第九十二条和《公司债券发行与交易管理办法》第四十八条、第五十条、第五十一条、第五十二条的规定，公开发行公司债券的受托管理人应当履行的职责中，包括发行人不能偿还债务时，可以接受全部或部分债券持有人的委托，以自己名义代表债券持有人提起民事诉讼、参与重组或者破产的法律程序。非公开发行公司债券的，债券受托管理人应当按照债券受托管理协议的约定履行职责。受托管理人因涉嫌债券承销活动中违法违规正在接受中国证监会调查或出现中国证监会认定的其他不再适合担任受托管理人情形的，在依据《公司债券发行与交易管理办法》第五十五条第（三）项变更受托管理人之前，中国证监会可以临时指定中证中小投资者服务中心有限责任公司承担受托管理职责，直至债券持有人会议选任出新的受托管理人为止。

依据《全国法院审理债券纠纷案件座谈会纪要》第五条关于债券受托管理人的诉讼主体资格的规定，债券发行人不能如约偿付债券本息或者出现债券募集文件约定的违约情形时，受托管理人根据债券募集文件、债券受托管理协议的约定或者债券持有人会议决议的授权，以自己的名义代表债券持有人提起、参加民事诉讼，或者申请发行人破产重整、破产清算的，人民法院应当依法予以受理。受托管理人应当向人民法院提交符合债券募集文件、债券受托管理协议或者债券持有人会议规则的授权文件。第六条规定，债券持有人会议以受托管理人怠于行使职责为由作出自行主张权利的有效决议后，债券持有人根据决议单独、共同或者代表其他债券持有人向人民法院提起诉讼、申请发行人破产重整或者破产清算的，人民法院应当依法予以受理。第十九条和第二十条规定，受托管理人提起诉讼或者参与破产程序的，生效裁判文书的既判力及于其所代表的债券持有人。在执行程序、破产程序中所得款项由受托管理人受领后在十个工作日内分配给各债券持有人。债券持有人会议授权的受托管理人或者推选的代表人在诉讼中垫付的合理律师费等维护全体债券持有人利益所必要的共益费用，可以直接从执行程序、破产程序中受领的款项中扣除，将剩余款项按比例支付给债券持有人。

三、其他事项

依据《全国法院审理债券纠纷案件座谈会纪要》第八条的规定，债券持有人以债券质押式回购、融券交易、债券收益权转让等不改变债券持有人身份的方式融资的，不影响其诉讼主体资格的认定。

若债券受托管理人接受全部或部分债券持有人委托以自己名义提起诉讼或仲裁，债券受托管理人会面临代为预缴较大金额诉讼或仲裁案件受理费的问题。若债券募集说明书或其他相关交易文件中没有约定该等费用承担问题，债券持有人大会在作出委托债券受托管理人代全部或部分债券持有人以自己名义提起诉讼或仲裁中应对预缴的诉讼或仲裁案件受理费作出妥善安排；否则，债券受托管理人在行使代为诉讼或仲裁权利时会遇到经济性障碍。

第五节　违约责任认定

债券持有人向债券发行人主张权利的法律事实主要表现为债券发行人违约，弄清债券违约的主要形式，对债券持有人来说同样非常重要。

一、一般债券违约责任认定

公司债券是指公司依照法定程序发行、约定在一定期限还本付息的有价证券。从法律关系的角度来说，债券在本质上是债券发行人与债券持有人之间的一个债权债务法律关系的凭证，债券持有人为债权人，其享有到期按照约定收回债券本金及利息的权利；而债券发行人则是债务人，其负有到期支付债券本金及利息的义务。债券发行人未能如约偿付债券当期利息或者到期本息的，债券持有人请求发行人支付当期利息或者到期本息，并支付逾期付款的违约金、实现债权的合理费用的，人民法院应当予以支持。

二、债券交叉违约责任认定

债券交叉违约条款是指债券募集说明或其他交易文件中约定了若发行人及其合并财务报表范围内的子公司或持股一定比例的子公司未能清偿到期应付的其他债务融资工具、银行贷款、公司债、企业债或境外债券的本金或利息或发行人未能清偿本期债务融资工具利息单独或累计总金额达到一定数额，则视为债券发行人违约，债券持有人有权向发行人主张相应的违约责任。

条件列举是交叉违约条款中交叉特点的直接体现，即如何在发行人所负不同债务之间产生关联关系，将本合同债务与其他债务的履行情况建立联系，进而拓展触发条件。具体表现在主体范围与债务类型两个方面：一是违约的债务主体不仅限于本合同项下的债务人，而且还可以包括债务人的子公司、担保人等合同双方认可的主体；二是债务类型也不限于债券，还可以包括金融机构贷款、融资租赁等其他融资工具。① 设定交叉违约条款实现的功能主要是加速债务提前到期，是维护债券持有人合法权益十分有效的方式。

债券持有人如果有充足证据能够证明债券发行人存在交叉违约条款约定情

① 阎维博：《债券交叉违约条款——溯源、演化及保护功能优化》，载《南方金融》2019年第4期。

形，则人民法院应当综合考量债券募集文件关于交叉违约等的具体约定以及发生事件的具体情形予以判断。

三、其他债券预期违约或根本违约责任认定

预期违约又称“先期违约”，是指在合同履行期限到来之前，一方虽无正当理由但明确表示其在履行期到来后将不履行合同，或者其行为表明在履行期到来后将不可能履行合同。就债券而言，预期违约是指债券本身尚未到期或尚未到支付利息时点，发行人的其他债务存在逾期违约的情形或发行人经营出现重大困难，触发了募集说明书或其他交易文件约定的债券交叉违约条款或加速到期条款或者合同法相关规定，债券持有人有权要求发行人提前还本付息。①

根本违约，是指当事人一方迟延履行债务或者其他违约行为将导致合同相对方合同目的落空的严重违约行为。就债券而言，根本违约是指债券本身尚未到期，发行人经营出现重大困难，无法偿付多期到期利息；或发行人有其他违约行为致使不能实现合同目的，债券持有人有权以发行人的违约行为构成根本违约请求法院提前解除合同。

在司法实践中，如募集说明书或其他交易文件已经明确约定了交叉违约条款、加速到期条款以及其他赋予债券持有人提前终止合同的条款，则债券持有人可以直接以违反合同约定为由向发行人主张相应权利。若募集说明书或其他交易文件中对此没有约定，则债券持有人仅能依据《中华人民共和国合同法》第九十四条和第一百零八条②的规定要求发行人承担相关责任。在审判实践中，法院认定发行人是否构成预期违约通常分为两种情形：一种情形为明示违约，即发行人逾期向债券持有人兑付利息或发行人以公告形式告知兑付利息存在困难。若债券持有人能够提供明示违约的相关证据，法院通常会认定债券持有人构成预期违约，并支持债券持有人的相关主张。另一种情形为默示违约，即发行人存在不能清偿其他债务融资工具、银行贷款、公司债、企业债或境外债券的本金或利息，或存在其他经营困难的情形，债券持有人以此为由向法院主张发行人构成预期违约，则人民法院在具体案件审查中会非常严格。除此之外，法院认定发行人构成根本违约的要求也十分

① 倪慧、钟万梅：《债券违约争议解决系列之一：债券预期违约，债券持有人能否主张提前清偿?》，载微信公众号“中伦文德律师事务所”，2019 年 6 月 7 日。

② 其将被《中华人民共和国民法典》（2021 年 1 月 1 日起施行）第五百六十三条和第五百七十八条替代。

苛刻。通常仅在发行人的违约行为确实足以导致债券持有人投资债券的目的落空时，方能被认定为构成根本违约。

依据《全国法院审理债券纠纷案件座谈会纪要》第二十一条第二款的规定，债券持有人以发行人出现债券募集文件约定的违约情形为由，要求发行人提前还本付息的，人民法院应当综合考量债券募集文件关于预期违约、交叉违约等的具体约定以及发生事件的具体情形予以判断。

尽管永续债不属于公司债券，但鉴于其在其他债券预期或根本违约责任案例中比较特殊，本部分将对永续债问题进行专项说明。上海市第二中级人民法院处理的(2018)沪02民终3136号案，法院依据《中华人民共和国合同法》第九十四条规定，支持了债券持有人提前解除合同及支付利息的请求。该案是我国首例判决永续债提前到期的案例，一时间引起了债券业界的轰动。永续债的法律属性是什么？虽然永续债兑付时间存在不确定性，似不符合债券"在一定期限还本付息"的一般定义，但永续债发行人并未彻底豁免兑付本息的义务，且永续债执行固定利率，利率不随发行人经营业绩波动；永续债的投资者不因持有永续债而获得股东资格，且始终保有"在条件成熟时请求发行人偿还本息"的权利。因此，在法律属性上，永续债仍和其他债券一样，是平等主体之间的一种债权债务凭证，具有典型的合同之债属性，《募集说明书》构成发行人和投资者之间的有效合同，确定双方之间权利义务。① 永续债与普通债券的法律性质一样，仅在还本付息方式上有所差别，均受合同相关法律规定调整。本案的违约情形有哪些？债券持有人主张发行人构成预期违约，违约事实包括发行人其他债务存在多起违约，半年内信用等级从AA+级被下调至C级"不能偿还债务"，并转让了名下多家公司股权，进一步削弱了发行人的偿债能力，而债券持有人通过函件、债券持有人会议等形式要求发行人提供履约担保或提前兑付等要求均遭到发行人的拒绝。发行人虽未明确表示不履行合同义务，但其行为已构成了默示预期违约。本案中法院未就是否构成逾期违约给出明确答复，而是将前述违约行为认定为债券持有人有权依据《中华人民共和国合同法》第六十八条、第六十九条的规定行使不安抗辩权从而解除合同。债券持有人还主张发行人构成根本违约，违约事实包括发行人在债券募集过程中未全面披露股权结构和子公司转让事宜、在债券存续期间未依照约定披露募集资金用途的改变、定期报告及可能影响其偿债能力的其他重大事项。法院认为发行人多次未按约披

---

① 郭荣佑：《一则永续债案例的分析及思考》，载《中国城市金融》2019年第3期。

露信息直接影响投资者对其信用风险、投资价值的判断，以及投资者的投资信心，从而导致涉案债券缺乏市场流通性，致使债券持有人无法通过流通债券实现自己的经济利益，导致其购买涉案债券的目的无法实现，故法院认定发行人构成根本违约，除解除合同返还本金外还应赔偿公司的损失，赔偿范围为发行债券时明确可预见的违约损失。本案法官以发行人未全面履行信息披露义务为由认定发行人构成根本违约，也体现了《全国法院审理债券纠纷案件座谈会纪要》的宗旨，即若信息披露影响投资人对发行人偿债能力的判断，则法院应对发行人的行为构成根本违约予以支持，债券持有人有权提前解除合同。

四、发行人存在证券欺诈发行、虚假陈述的违约责任认定

依据《全国法院审理债券纠纷案件座谈会纪要》第二十一条第三款的规定，债券持有人以发行人存在其他证券的欺诈发行、虚假陈述为由，请求提前解除合同并要求发行人承担还本付息等责任的，人民法院应当综合考量其他证券的欺诈发行、虚假陈述等行为是否足以导致合同目的不能实现等因素，判断是否符合提前解除合同的条件。依据《中华人民共和国合同法》第九十四条①关于合同法定解除权的规定，发行人的欺诈发行、虚假陈述行为是否导致合同目的无法实现，是人民法院判断是否支持债券持有人请求的决定性因素。例如，若发行人在债券发行信息披露中隐瞒或虚假陈述了关于自身偿债能力的相关信息，则人民法院应认定该违约行为导致合同目的无法实现，债券持有人有权提前解除合同。

第六节　担保权的实现

依据《公司债券发行与交易管理办法》第五十六条的规定，发行人可采取内外部增信机制、偿债保障措施，提高偿债能力，控制公司债券风险。内外部增信机制、偿债保障措施包括但不限于下列方式：(1)第三方担保；(2)商业保险；(3)资产抵押、质押担保；(4)限制发行人债务及对外担保规模；(5)限制发行人对外投资规模；(6)限制发行人向第三方出售或抵押主要资产；(7)设置债券回售条款。本节就发行人通常采取的担保措施进行讨论，具体为保证担保和质押、抵押担保。

---

① 本条将被《中华人民共和国民法典》(2021 年 1 月 1 日起施行)第五百六十三条替代。

一、保证担保

发行人提供保证担保作为债券发行的增信措施。在债券发行初期具体债券持有人尚不能确定的情况下,保证人出具的保函并不能指向具体的债权人,但保函只要明确具体债券名称,系担保人真实意思表示,在债券认购人作出认购行为时该担保法律关系在债券持有人和保证人之间即行成立,保证人应对其担保的兑付债券承担保证责任。该观点已经在最高人民法院《关于沈阳市信托投资公司是否应当承担保证责任问题的答复》(法民二〔2001〕50 号)予以明确。

在以保证担保作为增信措施的债券违约纠纷中,债券持有人无论以自己名义、委托受托管理人或授权诉讼代表人向保证人提起保证责任之诉,保证人均应承担保证责任,在司法实践中不存在法律障碍。

但没有法律障碍的前提是,债券发行人应充分保障债券增信措施的真实性、合法性,债券承销商应充分核查债券增信措施是否真实、合法。在东飞马佐里纺机有限公司发行的 2012 年中小企业私募债券中,由于发行人及其法定代表人朱某存在将东台市交通投资建设集团有限公司出具的"信用评级"担保材料变造为"不可撤销连带责任保证"的担保材料并将变造后的材料提供给长城证券有限责任公司的调查人员,最终报深交所审核通过。发行人及其法定代表人因触犯欺诈发行债券罪而获刑。与此同时,由于债券增信措施中的担保函系经变造后的材料,法院认定该担保函不具有真实性,判令驳回了债券持有人请求保证人东台市交通投资建设集团有限公司承担保证责任的请求。

二、质押、抵押担保

发行人提供质押、抵押担保作为债券发行的增信措施。在债券发行初期尚不能确定具体债券持有人的情况下,出质人或抵押人按照债券募集说明或其他交易文件约定仅能将出质物或抵押物登记至债券受托管理人名下。

在司法实践中,由于质押、抵押担保权人和登记人不一致、抵押权是全体债权人由全体债券持有人共同享有,债券持有人以自己名义向担保人提起担保责任之诉,实现担保权利中会遇到一些障碍。

依据最高人民法院《关于首先查封法院与优先债权执行法院处分查封财产有关问题的批复》(法释〔2016〕6 号)规定,第一个债券持有人提起担保责任之诉或公司债券交易纠纷之诉并对担保物采取财产保全的,该债券持有人对担保物拥有优先处分权；后续提起诉讼的其他债券持有人行使担保物权会在一定程度上会受到限制。

另外，由于对担保物或质押物价值审查的忽视，通常发行人或第三人为债券提供的质押物或担保物的实际价值均低于债券总金额。一些法院会支持在先提起诉讼的债券持有人行使担保权，导致后续起诉的债券持有人无法通过担保物权实现全额受偿。同时，一些法院为了维护全体债券持有人的利益不会支持在先提起诉讼的债券持有人行使担保权，而要求其余债券持有人均主张权利后再行使担保物权。我们认为，无论法院采用上述哪种方式都没有全面保护债券持有人的利益。

依据《全国法院审理债券纠纷案件座谈会纪要》第十条、第十四条和第十八条的规定，通过以下两种方式可以在一定程度上解决上述问题，并有效保护债券持有人的利益：

第一种方式，案件集中管辖。债券违约引起的合同纠纷案件，在管辖权没有约定、约定不明的情况下，统一由发行人所在地人民法院管辖。为节约司法资源，对于由债券持有人自行主张权利的债券违约纠纷案件，受诉人民法院可以根据债券发行和交易的方式等案件具体情况，以《中华人民共和国民事诉讼法》第五十二条、第五十三条、第五十四条和《最高人民法院关于适用〈中华人民共和国民事诉讼法〉解释》的相关规定为依据，选择适当的诉讼方式，对案件进行审理。通过一定程度的集中管辖及采用共同诉讼的方式，可以有效解决案件分散、个案差异、诉讼周期较长、担保物权在一定程度上统一实现等问题。

第二种方式，债券受托管理人代表债券持有人提起诉讼。根据最高人民法院《关于〈国土资源部办公厅关于征求为公司债券持有人办理国有土地使用权抵押登记意见函〉的答复》精神，为债券设定的担保物权可登记在受托管理人名下，受托管理人根据《中华人民共和国民事诉讼法》第一百九十六条、第一百九十七条的规定或者通过普通程序主张担保物权的，人民法院应当予以支持，但应在裁判文书主文中明确由此所得权益归属于全体债券持有人。受托管理人仅代表部分债券持有人提起诉讼的，人民法院还应当根据其所代表的债券持有人份额占当期发行债券的比例明确其相应的份额。

三、信托抵押问题

依照《公司债券发行与交易管理办法》第五十条的规定，在公开发行债券中，发行人为债券设定担保的，债券受托管理协议可以约定担保财产为信托财产，债券受托管理人应在债券发行前或债券募集说明书约定的时间内取得担保的权利证明或其他有关文件,并在担保期间妥善保管。该条款是关于抵押公司债信托制度的规定。

公司债信托,也称“抵押公司债信托”,是指信托公司接受发行人的委托,代替债券持有人行使抵押权或其他权利的信托业务。具体指以信托公司为受托人,以所有公司债债券持有人为受益人,以保护所有公司债债券持有人的担保利益为目的,以发行人提供的抵押财产的担保权为信托财产,由发行人与信托公司之间缔结信托契约,信托公司取得抵押物上担保权并为受益人加以保存和施行。①

解决抵押问题是信托债券理论建立的逻辑起源,因此,在以信托理论为基础建立的债券市场中,抵押公司债信托已被广泛应用。而在尚未建立信托理论基础债券市场的我国,不可否认也存在无法解决的抵押权问题。《公司债券发行与交易管理办法》第五十条规定的抵押公司债信托,符合债券市场的基础需求。首先,建立该制度是债券本质特性的客观需要。公司债的基础法律关系是债权债务关系,发行人作为债务人,债券持有人作为债权人。债券持有人持有债券的唯一目的是保证债券可以按时还本付息,而发行人设立增信措施是为了保障该目的实现,并吸引债券投资者认购发行人的债券。但现实中面临的问题是债券持有人众多,债券流动性较大,抵押权登记如何有效落实则变得尤为困难。信托债券理论的建立最初就是为了解决抵押权登记问题。其次,该等制度的建立是为了更好地保障债券持有人的利益。该制度的建立使代表债券持有人利益的信托公司在公司发行债券前、债券存续中以及债券期间届满后始终为了债券人利益在监督、保证、执行抵押权方面的有效落地。再次,该制度建立有利于发行人高效融资。发行人为债券提供有效增信措施,且由专业的信托机构作为受托人监督增信措施的落地及执行,会给债券持有人带来极大的信心,更有利于发行人顺利地以发行债券形式实现融资。最后,该制度的建立有利于债券持有人维权。信托公司在抵押物出现减损时会第一时间要求发行人提供增信措施或提前偿还债券;信托公司在发行人出现到期无法支付债券利息或本金时有权第一时间通过司法途径实现抵押权,不需要经过债券持有人的再次授权,从而最大限度地维护债权持有人的权益。该制度同样解决了在司法实践中面临的“由于质押、抵押担保权人和登记人不一致、抵押权由全体债券持有人共同享有,债券持有人以自己名义向担保人提起担保责任之诉,实现担保权利中会遇到一些障碍”。

---

① 百度百科:抵押公司债,https://baike.baidu.com/item/,最后访问日期:2019 年 12 月 1 日。

第八章

融资租赁纠纷

第一节　融资租赁业务欠付租金问题救济机制

经过三十余年的发展,融资租赁行业取得了巨大的成就;然而,伴随着行业高速发展,融资租赁领域的诉讼案件也逐年增多,2013 年最高人民法院收录的融资租赁诉讼案件合计 2192 件,而 2014 年该数字便爆炸式地增长至 10424 件;在刚刚过去的 2019 年,整个融资租赁市场共产生诉讼法律文书 44853 份,涉案金额超过 5000 亿元。在融资租赁纠纷中,大部分的诉讼案件是由承租人欠租引起,在金融租赁诉讼案件中,这一比例更高。面对整个行业欠租事件频发的现实,融资租赁公司只有通过建立有效的欠租救济机制,方能维护其自身的租金权益。

一、现有法律体系下的救济机制及其不足

目前我国对于融资租赁合同的法律规定还不是很完善,针对融资租赁合同的法律规定,主要散见于《中华人民共和国合同法》与最高人民法院《关于审理融资租赁合同纠纷案件适用法律问题的解释》(以下简称《融资租赁解释》),其中,涉及融资租赁公司在承租方欠租时进行救济的法律规定,主要包括:

《中华人民共和国合同法》第二百四十八条[①]规定,承租人应当按照约定支付租金。承租人经催告后在合理期限内仍不支付租金的,出租人可以要求支付全部租金;也可以解除合同,收回租赁物。

《融资租赁解释》第十二条规定,有下列情形之一,出租人请求解除融资租赁合同的,人民法院应予支持:(1)承租人未经出租人同意,将租赁物转让、转租、抵押、质押、投资入股或者以其他方式处分租赁物的;(2)承租人未按照合同约定的期限和数额支付租金,符合合同约定的解除条件,经出租人催告后在合理期限内仍不支付的;(3)合同对于欠付租金解除合同的情形没有明确约定,但承租人欠付租金达两期以上,或者数额达到全部租金百分之十五以上,经出租人催告后在合理期限仍不支付的;(4)承租人违反合同约定,致使合同目的不能实现的其他情形。

第十四条规定,当事人在一审诉讼中仅请求解除融资租赁合同,未对租赁物的归属以及损失赔偿提出主张的,人民法院可以向当事人进行释明。

第二十条规定,承租人逾期履行支付租金义务或者迟延履行其他付款义务,出

---

① 本条将被《中华人民共和国民法典》(2021 年 1 月 1 日起施行)第七百五十二条替代。

租人按照融资租赁合同的约定要求承租人支付逾期利息、相应违约金的，人民法院应予支持。

第二十一条规定，出租人既请求承租人支付合同约定的全部未付租金又请求解除融资租赁合同的，人民法院应告知其依照合同法第二百四十八条的规定作出选择。出租人请求承租人支付合同约定的全部未付租金，人民法院判决后承租人未予履行，出租人再行起诉请求解除融资租赁额合同、收回租赁物的，人民法院应予受理。

第二十二条规定，出租人依照本解释第十二条的规定请求解除融资租赁合同，同时请求收回租赁物并赔偿损失的，人民法院应予支持。前款规定的损失赔偿范围为承租人全部未付租金及其他费用与收回租赁物价值的差额。合同约定租赁期间届满后租赁物归出租人所有的，损失赔偿范围还应包括融资租赁合同到期后租赁物的残值。

第二十三条规定，诉讼期间承租人与出租人对租赁物的价值有争议的，人民法院可以按照融资租赁合同的约定确定租赁物价值；融资租赁合同未约定或者约定不明的，可以参照融资租赁合同约定的租赁物折旧以及合同到期后租赁物的残值确定租赁物价值。

由上述内容可知，现行法律体系针对欠租救济的规定，虽然有一部分关于如何具体实务操作的指引，但整体偏重原则性内容，只是规定了融资租赁公司在承租人欠租时可以依法要求对方支付租金或赔偿损失等。因此，融资租赁公司若要有效实现欠租救济，不仅要重视现行法律体系的相关规定，更要在现行法律体系下着重从融资租赁合同的角度探讨有效救济机制的建立。

二、融资租赁合同中欠租救济条款的常见问题

融资租赁相关现行法律体系倡导以合同为中心确立交易各方的权利、义务，但“尽信合同，则不如无合同”，即便法律规定欠租救济应以合同为基础，合同约定的具体内容也不应超出法律规定的基本框架。根据我们的经验，融资租赁合同中欠租救济条款的常见问题表现如下。

（一）忽视弥补损失原则

例如，针对损失赔偿条款而言，有些融资租赁合同便约定了至少两个条款，即融资租赁公司既“有权要求乙方按本合同项下未付租金总额的____%向甲方支付

违约金,并按照逾期费用总额____‰的日利率向甲方支付逾期利息”,又“有权要求乙方赔偿全部损失”。该约定看似考虑周到,却完全忽视了弥补损失原则——无论是所谓的“赔偿全部损失”,还是违约金,抑或逾期利息,从本质上讲,其都是补偿性的,是为了弥补守约方因违约方的违约行为所遭受的损失。

融资租赁合同中,当事人当然可以约定一方违约时,应当承担向出租人支付逾期利息或者违约金的责任,这既包括一方违约时,应当根据违约情况向对方支付一定数额的违约金,也包括双方可以约定因违约产生的损失赔偿额的计算方法。无论是仅约定违约金,还是仅约定逾期利息,人民法院均应予以支持,甚至是当事人在逾期利息之外,约定了独立的违约金,人民法院仍然应当予以支持(根据《中华人民共和国合同法》第一百一十四条①的精神,违约责任的范围以损失为限,如果逾期违约金和逾期利息并未超过出租人的实际损失,对出租人要求按照约定一并主张逾期利息和逾期支付违约金的,人民法院应当予以支持)。但如果逾期利息和逾期付款违约金之和过分高于出租人因逾期付款行为所遭受的损失的,承租人可以申请人民法院进行调整。查询相关案例,我们发现出租人主张的逾期利息、相应违约金的金额确实过分高于承租人违约行为对出租人所造成的损失的,承租人主张调减的,人民法院将会进行调减。而上述合同,不但同时约定了违约金、逾期利息,还允许融资租赁公司同时要求“乙方赔偿所有损失”。融资租赁公司若同时引用这两条,获得的赔偿可能远远大于其真实损失额(因为这两条允许融资租赁公司在损失额的基础上另外要求违约赔偿金和逾期利息),人民法院将不予支持这样的诉求。

(二)部分合同条款直接与现行法相冲突

有的融资租赁合同甚至约定,融资租赁公司在解除合同、收回租赁物、要求对方赔偿违约金的同时加速合同到期并要求对方支付全部租金,这样的条款直接违背了现行法的规定。根据《融资租赁解释》第二十一条的规定,出租人只可以在解除合同、收回租赁物或履行合同、加速支付两种违约救济方式中进行选择,而不能同时要求承租人支付全部租金和解除合同、收回租赁物。其原因在于,给付全部租金的诉讼请求实际上是要求继续履行合同,仅是要求租金加速到期,而出租人如果同时要求解除合同、收回租赁物,等于出租人同时选择了两个互相排斥的诉讼请求,有违民事诉讼法有关有明确的诉讼请求的人民法院受理案件的条件,故出租人

① 本条将被《中华人民共和国民法典》(2021 年 1 月 1 日起施行)第五百八十五条替代。

只能择一行使。如果在诉请支付全部租金的同时，诉请解除合同、收回租赁物，属于无明确的诉讼请求，人民法院应对此进行释明。如果释明后出租人仍不作出选择的，人民法院应当驳回起诉。倘若融资租赁公司依据不符合法律规定的合同内容提出诉讼，最后的结果可想而知。事实上，以往的司法审判中，就出现过类似的判决结果："涉案《融资租赁合同》及《补充协议》已经原告之请求而依法予以解除……因此原告主张被告继续支付到期租金的请求，加重了被告的义务，无事实和法律依据，依法不予支持。"

此外，即使融资租赁公司仅单独提出加速到期、支付全部未付租金的要求，也应当注意金额的限制。《融资租赁解释》第二十一条中所指的"租金"，是指全部未付租金，即既包括全部已到期、未支付的租金，也包括全部未到期的租金。在金额上，出租人诉请承租人支付全部租金的数额，是融资租赁合同中约定的承租人在合同履行期间应当向出租人支付的所有租金的总和减去承租人已经实际支付的租金，即融资租赁公司通过合同正常履行和加速支付获得的租金总和，只能等于或低于合同规定的租金总金额，而不能以"惩戒"或"预防"等任何名义，要求承租方支付额外的款项。最高人民法院在先前的司法解释中，已经"考虑到租金的时间价值，提前支付全部租金必然比到期支付租金的实际价值要高，但对此作为对承租人违约的惩戒，是合理的"。若融资租赁公司在此基础上还要求额外的赔偿，则无法获得支持。

（三）对约定的救济手段缺乏必要的合法限制

虽然现行法律、法规中允许融资租赁公司在解除合同的同时，取回租赁物并将其出售从而弥补自身的损失，但最高人民法院同样也指出，取回的租赁物价值应与出租人的损失进行抵扣，以避免出租人因主张赔偿而获得额外利益——融资租赁本质上是一种特殊的金融交易，融资租赁公司通过融资租赁合同获得的利益大致相当于"本金"（租赁物的价款）加上"利息"（以租赁物价款为基础，通过适当的利率产生的利息）的总和；而承租人缴纳的租金，既包含"利息"的部分，也包含"本金"的部分，在承租人已经支付了一部分"本金"的情况下，再取走整个租赁物，即使该租赁物有折旧方面的价值贬损，加上已经缴付的租金，其价值一般也高于融资租赁公司的实际损失，若融资租赁公司在取得一部分"本金"的情况下，仍将整个租赁物取回并全额变价补偿自身的话，融资租赁公司获得的利益毫无疑问将高于实际损失额，这对于出租人而言并不公平。但融资租赁合同的制定者却仅在合同中强调融资租赁公司有取回租赁物的权利以弥补损失，而忽视了融资租赁公司的权利应当是有限制的；也没有对融资租赁公司该如何合法地取回租赁物给出建议和限制，这甚至引发了实务中的一些新问题——不少融资租赁公司在承租方出现任何形式的欠租（即使欠租不是恶意的）时，均以影响承租方正常经营的方式取回租赁物，最终导致承租人和出租人双方均受到了极坏的影响。

三、建立“以合同为依据，以法律为准绳”的欠租救济机制

如上文所述，针对融资租赁公司的欠租救济，法律法规的规定原则性过强，内容不甚明确，难以对承租人欠付租金时融资租赁公司如何实现自我救济提供指引，融资租赁公司未能提出的合理诉求也会被法院直接忽视。而抛弃法律规定的约束制定合同，又无法在诉讼过程中得到法院的足够支持。因此，若要实现欠租的有效救济，必须以合同为依据，订立细致、严谨的合同；同时又必须以法律为准绳，保证合同条款不与现行法冲突，这要求制定融资租赁合同的律师必须做到以下几点。

（一）坚持以“弥补损失”为欠租救济的基本原则

承租人违约导致融资租赁合同解除时，赔偿出租人的损失应以弥补出租人的可得利益损失为限，按照合同正常履行情况下出租人能够获得的合同利益作为赔偿标准，即全部未付租金及其他费用。这一理论不但符合《中华人民共和国合同法》的基本原则和精神，也得到了最高人民法院的认可。因此，订立融资租赁合同时，合同制定者必须以“弥补损失”作为制定欠租救济条款的基本原则，应以融资租赁公司通过融资租赁合同获得的租金总额作为合同规定的预期损失额，并以该金额为主，在诉讼中寻求合理的违约赔偿。

（二）避免对救济条款“同时适用”，保证救济措施有据可循

如前文所言，在合同中空泛、不加选择地罗列大量救济条款，并且允许出租人“同时适用”这些救济条款，并不能得到人民法院的支持从而保证出租人的利益，反而会显得出租人诛求无厌，从而使人民法院对作为原告、出租人的融资租赁公司产生不好的印象。因此，律师应以“选择适用”取代“同时适用”，作为制订融资租赁公司使用欠租救济条款的方法论。即融资租赁公司可以选择解除合同、收回租赁物、要求对方支付违约金，也可以选择合同加速到期，要求对方支付全部租金及可能的留购款等。

“选择适用”不但于法有依，同时其还可以巧妙地规避“一事不再理”对融资租赁公司的影响——对此，《融资租赁解释》第二十一条明确指出，如果出租人请求承租人支付合同约定的全部租金，人民法院判决后承租人不予履行；此时如果出租人另行诉请解除融资租赁合同、收回租赁物的，人民法院应予受理。就前后两个诉求而言，其具体的诉讼请求是不同的，且第一个判决作出后，发生了新的事实，故此时出租人的前后两诉并不违反“一事不再理”的原则，人民法院对第二个诉请仍然应当予以受理。

（三）避免过当救济

融资租赁公司有权在合同中规定，以“取回租赁物”变价的方式弥补自身的损失，但无论是取回，还是变价，都应当有限度。首先，取回租赁物应当发生在有足够证据证明承租人不支付也不再支付租金的情况下，而不是在对方仅仅延迟支付租金时便直接为之；否则，融资租赁公司“取回租赁物”的自我救济，反而会变成对承租人正常经营的妨害。其次，即使是针对有确切证据证明的欠租违约行为，融资租赁公司进行“变价”也必须以前述的“弥补损失”为基本原则，对变价租赁物后超出自己实际损失的部分，应当予以退还。合同制定者可以将以上两点明文写入合同，督促融资租赁公司合理行使权利。

（四）通过及时提起诉讼挽回损失

除了完善合同条款外，在有证据证明承租人已经出现合同规定的欠租事实的情况下，融资租赁公司还应当及时提起诉讼，而不是反复发出催告等待无果后方才提起诉讼。对此，最高人民法院也给出了肯定的意见，即催告为不要式，书面通知和口头形式皆可。而当事人未经催告即起诉请求解除合同的，不宜以解除权未成就为由直接驳回诉讼请求，因为起诉状送达时间可作为催告时间，并为被告确定了合理的履行期限。

第二节　融资租赁业务承租人欠租抗辩事由总结及风险预防

对于融资租赁公司而言，开展融资租赁业务，向承租方收取租金，不仅是融资租赁公司开展融资租赁业务的目的，也是维持融资租赁业务正常经营的基础以及收入的最主要来源。对融资租赁业务承租人而言,支付租金是其在融资租赁业务中最主要的义务及“负担”。当融资租赁业务产生争议纠纷并引发诉讼时,有超过90%的诉讼(在金融融租业务中高达98.6%)源于承租人欠租。

在融资租赁欠租纠纷发案率日益增高、欠租资金数量节节攀升的今日,融资租赁业务承租人在欠租后,于法庭上提交的抗辩事由也变得“五花八门”,给融资租赁公司造成了不同程度的困扰。

本节将在第一至四部分中对这些名目繁多的欠租抗辩事由进行总结,并将在第五部分中重点研究这些抗辩事由的法律效力及风险防范。同时,我们也希望融资租赁公司开展业务过程中提高警惕性,即融资租赁公司必须从合同签订前的尽职调查和合同签订后的风险控制等多个方面,针对不同类型的欠租抗辩事由进行适当的风险预防,切莫仅仅轻信一纸合同,在欠租发生之后方才亡羊补牢。

一、无力偿租或不予答辩

与普通民众甚至是融资租赁公司想象的不同,在融资租赁业务发生欠租事件后,大量的欠租方并不会费时费力地为自己的欠租行为寻找可以在法律上进行有效抗辩的理由,而往往会直截了当地承认“租赁公司说的是事实,我公司现在无能力偿还租金”①。除此以外,欠租的承租人还会在承认自己欠租的前提下,将欠租的抗辩事由归咎为其他客观事由,如企业生产经营出现困难(“因企业的生产经营出现了困难,目前已停产约×年零×个月,已经无力偿还上述所欠的款项”②),或整个行业市场在现阶段的低迷(“被告拖欠租金系因××市场低迷,目前没有能力支付租金,并非恶意拖欠”③),或开展业务的地区大环境出现问题无法正常经营(“根据原告和被告的约定,被告购买××以后,原告必须保证被告在××地区的收益,因为××物品行情的变化,××地区收益无法保证……”④),甚至是经济形势困难乃至公司的产业升级等(“我方不付租金并非恶意,因经济形势不好,公司现在困难,而且公司正在升级改造,无法支付原告租金。对于未付租金同意支付,数额希望原

① 长城国兴金融租赁有限公司与府谷县恒源煤焦电化有限公司、陕西兴茂侏罗纪煤业镁电(集团)有限公司等融资租赁合同纠纷案[(2016)新民初61号]。

② 国泰租赁有限公司与德州晶峰日用玻璃有限公司等融资租赁合同纠纷案[(2015)济商初字第103号]。

③ 安吉租赁有限公司诉福州银海达船务有限公司、营口嘉航海运有限公司、陈某斌船舶融资租赁合同纠纷案[(2015)沪海法商初字第3038号]。

④ 四川万能建设集团有限公司青海分公司与巴东县信沿劳务有限公司、毛某万合同纠纷案[(2015)鄂武汉中民商初字第00337号]。

告进行减免，期限进行延长，逾期利息不同意支付，连带责任按法律规定承担”①)(见图8-1)。在此基础上，欠租方还会主张自身没有恶意，要求被欠款方“本着友好处理问题的原则”，申请被欠款方给予几个月甚至几年的还款期限，并“免除相关的利息及违约金”②，等等。

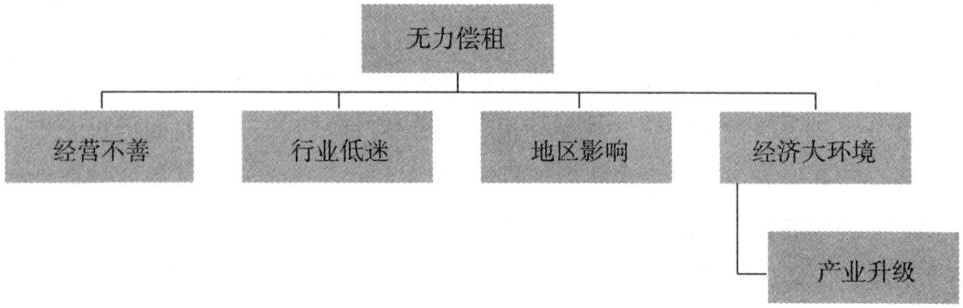

图8-1 常见的无力偿租类抗辩事由

更多的欠租方，特别是融资租赁公司与自然人作为承租方开展的融资租赁业务的欠款纠纷中，根本不会参与诉讼，甚至不会提交书面答辩状，这也导致了整个融资租赁业务争议纠纷诉讼拥有相当高的缺席审判率(总体比率达到60%~70%)。

二、否认合同效力

除了无力偿还外，融资租赁欠租案件发生后，承租人针对其欠租行为最常使用的抗辩事由，莫过于否认合同效力。不同于承认欠租事实、只能依靠“诉苦”“博同情”而无任何抗辩效果的无力偿还，否认合同效力完全有可能获得法院支持，抵消甚至驳回原告的诉求。在审判实务中，否认合同效力主要有两种表现形式：一种是以《中华人民共和国合同法》总则部分③为依据，直接否认融资租赁合同作为最基本的合同的有效性；另一种则是以《中华人民共和国合同法》融资租赁合同分则④(以下简称《中华人民共和国合同法》分则)和《融资租赁解释》为依据，否定融资租赁合

---

① 仲津国际租赁有限公司与沧州云庆标准件有限公司、伊某凤等融资租赁合同纠纷案[(2016)津0116民初687号]。

② 国泰租赁有限公司与德州晶峰日用玻璃有限公司等融资租赁合同纠纷案[(2015)济商初字第103号]。

③ 其将被《中华人民共和国民法典》(2021年1月1日起施行)第三编合同第一分编通则替代。

④ 其将被《中华人民共和国民法典》(2021年1月1日起施行)第三编合同第二分编典型合同替代。

同性质,将融资租赁合同认定为其他性质的合同,进而以出租人不具备从事相关业务的资质为由,主张合同无效。(见图8-2)

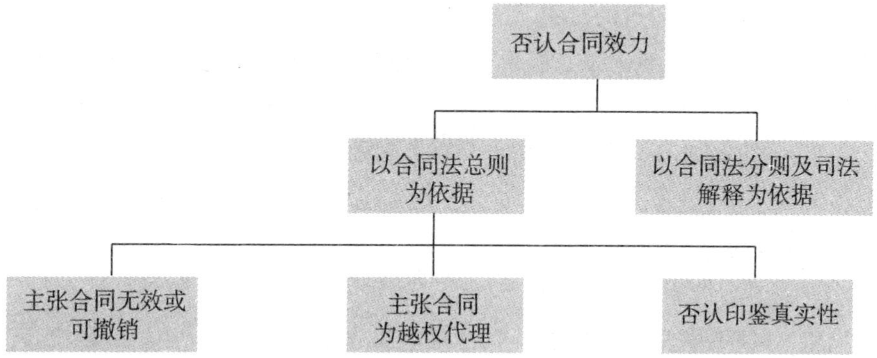

图8-2　主要的无力偿租类抗辩事由

(一)以《中华人民共和国合同法》总则部分①为依据否认合同效力

1. 主张合同无效或可撤销

主张合同无效或可撤销,是合同纠纷诉讼中,以欠租方为代表的相对不利方用于抗辩的常见事由,这当然也适用于融资租赁合同纠纷诉讼中。《中华人民共和国合同法》第五十二条、第五十四条②分别规定:"有下列情形之一的,合同无效:(一)一方以欺诈、胁迫的手段订立合同,损害国家利益;(二)恶意串通,损害国家、集体或者第三人利益;(三)以合法形式掩盖非法目的;(四)损害社会公共利益;(五)违反法律、行政法规的强制性规定。""下列合同,当事人一方有权请求人民法院或者仲裁机构变更或者撤销:(一)因重大误解订立的;(二)在订立合同时显失公平的。一方以欺诈、胁迫的手段或者乘人之危,使对方在违背真实意思的情况下订立的合同,受损害方有权请求人民法院或者仲裁机构变更或者撤销。"其中,第五十二条第(二)项、第(三)项和第五十四条最常被欠租方用于融资租赁合同纠纷抗辩。

具体而言,欠租方常以以下的方式主张合同无效或融资租赁公司欺诈:(1)主张融资租赁公司"乘人之危",有意欺骗。承租人往往会声称自己在签订合同时遇到了"困境""麻烦"等,急需筹钱,而融资租赁公司则利用了承租人的焦急心态,使

---

① 将被《中华人民共和国民法典》(2021年1月1日起施行)第三编合同第一分编通则替代。

② 将被《中华人民共和国民法典》(2021年1月1日起施行)第一编第六章第三节民事法律行为的效力和第三编第一分编第三章合同的效力的规定替代。

用隐瞒真实信息、与第三方合作方共同欺骗等方式，使出租人在“情急之下”签订了“根本没有看文本内容”的协议，从而遭受了损失。[①] （2）主张融资租赁公司在合同的履行过程中有不当履行的行为，如交付的租赁物不符合国家对该租赁物行业设置的质量标准，或当出租人以直租形式开展融资租赁业务时，以次充好，隐瞒了所采购的租赁物的真实信息，将租赁物标注以远高于市场价的价格，并以该价款为基础向承租人索取远高于实物价格加上利息之和的租金，从而使承租人在遭受欺诈的前提下以远高于正常金额的价款订立了融资租赁合同，承租人欠租，是在遭受了对方欺诈和显失公平的情况下不得已而为之。

2. 主张签约行为为越权代理

出租人以《中华人民共和国合同法》总则部分否认合同效力的第一种模式，是主张合同是在越权代理的情况下签订的。根据《中华人民共和国合同法》第四十九条[②]规定：“行为人没有代理权、超越代理权或者代理权终止后以被代理人名义订立合同，相对人有理由相信行为人有代理权的，该代理行为有效。”反之，合同则无效。以此为据，承租人（此处多指法人形式的承租人，而非自然人）在欠租事件发生后，经常会在诉讼中让融资租赁业务经办人对业务进行“顶罪”，如声称合同的签订不符合公司决议程序，在合同上签字的签字人不具有直接订立合同的权利等，将所有责任推在经办人一人身上，进而谋求承租人法人本身对欠租责任的“金蝉脱壳”，如指称“案涉《融资租赁合同》……是空白合同，正常程序下合同需要总部审核，本人认为是预约审批合同，价格内容到时重新结算填写所以在空白合同中签字按了手印并盖了公章”[③]。从而指称经办人员签署合同的行为为越权代理，以使公司规避相应的责任。

3. 否认印鉴真实性

欠租人以《中华人民共和国合同法》总则部分否认合同效力、为欠租行为进行抗辩的另一种模式则是否认合同使用的印鉴的真实性，常见的方法则是指称融资租赁公司、合作对方在合同上的签字、签章造假，或反过来指称合同上承租人本公司的印章是造假生成，整个融资租赁协议实际上是办事人员一人主导，承租人本身也是该合同的受害者，等等。承租人会指称合作方在合同、收据等多项文件中“工作人员签名与鉴定样本不一致”，甚至以“本案明显有刑事犯罪嫌疑，人民法院应当

① 庞大乐业租赁有限公司与史某花、吴某林融资租赁合同纠纷案[（2016）冀02民终2194号]。

② 本条将被《中华人民共和国民法典》（2021年1月1日起施行）第一百七十二条替代。

③ 中集融资租赁有限公司与邵某彪、邵某平等融资租赁合同纠纷案[（2016）苏民终373号]。

依法移送公安机关侦查”为由，要求公安机关先行对融资租赁公司或其他合作方就伪造公司、企业、事业单位、人民团体印章罪展开刑事侦查，以规避民事案件的审理。

（二）以《中华人民共和国合同法》分则①和司法解释为依据否认合同效力

《融资租赁解释》第一条规定，“人民法院应当根据合同法第二百三十七条的规定，结合标的物的性质、价值、租金的构成以及当事人的合同权利和义务，对是否构成融资租赁法律关系作出认定。对名为融资租赁合同，但实际不构成融资租赁法律关系的，人民法院应按照其实际构成的法律关系处理”。这一规定确定了我国司法实务中针对融资租赁合同实质认证的标准，即确定一份合同是否系融资租赁合同，仅仅看其“融资租赁合同/协议”的名称是不够的，还要根据合同的具体条款、实际履行等情况进行综合的判断。

正是因为有该条文的存在，不少出租人在欠租事件发生后，均以否定合同的融资租赁性质为抗辩的核心，出租人往往指称，双方签订的合同虽名为融资租赁合同，但其实质为挂着融资租赁合同名义的其他类型的合同，而其中最多的则是指称该融资租赁合同实为贷款合同——根据我国法律规定，融资租赁公司，只能开展融资租赁业务，由于其未像银行或小额贷款公司一样经过了金融、银行行政主管部门的审批，因此无权开展放贷业务，在此情况下，若能证明融资租赁合同实为贷款合同，则该贷款合同必然因为融资租赁公司未取得相关资质、违反强制性法律规定而被认定为无效合同。

实践中，某些融资租赁公司在开展融资租赁业务过程中麻痹大意，未按照正常的融资租赁业务开展程序，向承租人进行必要的权利主张，往往会给欠租的出租方以“该合同实质上并非融资租赁合同”的口实。如承租人可能会主张“融资租赁公司未要求我公司移交融资租赁物的采购合同、发票、转款凭证等，租赁物实际价值小于合同约定的租赁物的转让价款，租赁物不具备融资租赁关系中租赁物担保性质的特征。融资租赁公司在租赁物无法保障其资金安全的情况下，签订《保证合同》《抵押担保合同》，与融资租赁的法律关系特征不符”②等抗辩。从外在形式上看，融资租赁公司这些疏忽大意的行为，确实有不注重自身利益的嫌疑，与一般融资租赁业务“高担保标准”“严格付租要求”的特点不符。

---

① 将被《中华人民共和国民法典》（2020年1月1日起施行）第三编合同第二分编典型合同替代。

② 长城国兴金融租赁有限公司与四川华通柠檬有限公司、荥经县齐心煤业有限责任公司等融资租赁合同纠纷案［（2014）新民二初字第56号］。

针对某些可能需要特殊资质方能投资、建设、运营的租赁物，欠租方将融资租赁合同混淆为借款合同、借贷合同的现象更为常见。如在某一以商品房为融资租赁物标的的案件中，作为欠款方的房地产公司便主张，“所谓的融资租赁合同”中需由欠租方支付的租金及租赁利息，实质上“系基于融资租赁公司向欠租方提供的借款而由欠租方偿还的借款本息”。而“从双方签订的《融资租赁合同》内容及合同履行上来看”，欠租方将其开发的某一商业广场项目内房产出售给融资租赁公司，出售后再从融资租赁公司处将上述房产租赁（租赁物涵盖该商业广场内商场及公寓），这其中便有诸多现象可以证明双方《融资租赁合同》的借款合同实质——欠租方会声称，“姑且不论部分租赁物至今未取得综合验收备案证明，甚至是竣工验收备案证明这些交付使用或者将对外出租使用的必备条件，仅从双方买卖合同签订的租赁物的价值和租赁费的构成明显超出正常房屋租赁的租售比来看，双方虽约定了欠租方开发的房产作为租赁合同的标的物，但租赁物的价值与租金构成并无直接关联或差异过大，合同中约定的租金体现的不是租赁物的购买价值及出租人的成本利润，而是承租人占用资金的利息成本。另外，从双方的融资租赁合同及实务操作来看，欠租方虽将租赁物出售给融资租赁公司，但欠租方可根据销售需要，在支付租赁物价值的部分价款后解除双方的商品房买卖合同”。① 如上所述，租赁物未通过正常审批取得合法的资质，租赁物价值与租金的构成没有直接的关联或差异，以及融资租赁公司对租赁方经营租赁物时过于草率的监督机制以及放任其任意处理租赁物的态度，都可能成为欠租方在欠租时，将融资租赁协议混淆为借款合同的理由。

三、主张融资租赁公司的缔约过失责任

《中华人民共和国合同法》第四十二条②规定：“当事人在订立合同过程中有下列情形之一，给对方造成损失的，应当承担损害赔偿责任：（一）假借订立合同，恶意进行磋商；（二）故意隐瞒与订立合同有关的重要事实或者提供虚假情况；（三）有其他违背诚实信用原则的行为。”在融资租赁审判实务中，欠租方同样会援引该条款作为对自己欠租行为进行抗辩的理由，尤其是在欠租方本身便具有公益化色彩的情况下，如欠租方是医疗机构等公益机构时更是如此。

如在2016年的一起针对医疗机构的融资租赁业务欠租案件中，作为被告方的

---

① 国泰租赁有限公司等融资租赁合同纠纷案[（2015）济商初字第242号]。

② 本条将被《中华人民共和国民法典》（2021年1月1日起施行）第五百条替代。

医院便向法庭提出了原告方存在缔约过失责任，即其违背了先前向医院作出的承诺——对医院进行进一步融资从而帮助医院扩大经营规模。“被告自2010年与原告合作以来，一直诚信履约，按时支付租金，从未有过违约行为。2011年，因被告搬迁，拟再次向原告融资，原告答应给予6000万元的融资额度，并多次派员前来考察。后原告突然改变承诺，不再同意提供新的融资，致使被告出现较大资金缺口，给重建工作带来一系列重大不利影响。”此外，作为欠款方的医院在进行针对欠款的答辩时，也强调了自己作为医疗机构的公益色彩，以及国家政策的变化，“加之后来国家实行三级诊疗制度改革，被告作为二级甲等医院，在改革后流失大量患者，令经营状况再次雪上加霜。目前医院仍在维持经营，但由于债务较多，负担过重，无力偿还所欠租金及其他费用。希望在执行阶段能与原告协商，寻找其他解决方案。”①

四、融资租赁公司针对双方合同履行不当

实际上，上文所述的绝对的缔约过失责任在承租人欠租抗辩中的运用并不多见，而欠租人更常见的抗辩方式则是在结合了部分缔约过失责任因素的同时，主张融资租赁公司作为出租人，对双方签订的合同义务履行不当，从而以融资租赁公司存在违约或其他形式的履行过错为由，拒绝支付租金。

（一）以权利义务已转让为由进行抗辩

1. 主张融资租赁公司在未经承租人同意的情况下进行了合同义务转让

《中华人民共和国合同法》第七十九条②规定：“债权人可以将合同的权利全部或者部分转让给第三人，但有下列情形之一的除外：（一）根据合同性质不得转让；（二）按照当事人约定不得转让；（三）依照法律规定不得转让。”第八十四条③规定：“债务人将合同的义务全部或者部分转移给第三人的，应当经债权人同意。”融资租赁合同是典型的合同当事人互向对方负担义务并主张权利的双务合同。在融资租赁合同中，融资租赁公司和欠租者之间既有着分别作为身为债权人的出租人和身为债务人的承租人、由后者向前者支付租金的权利义务关系，也包含着融资租赁公司作为融资方、购货方，欠租者作为被融资方、租赁物被交付方，由融资租赁公司向

---

① 江苏金融租赁股份有限公司与海城广济医院融资租赁合同纠纷案［（2016）苏0106民初4318号］。

② 本条将被《中华人民共和国民法典》（2021年1月1日起施行）第五百四十五条替代。

③ 本条将被《中华人民共和国民法典》（2021年1月1日起施行）第五百五十一条替代。

出卖人购买租赁物并交付给承租人或直接向承租人购买租赁物、回租给承租人并由此向承租人提供融资服务的义务权利关系。虽然出租人向承租人收取租金是毫无争议的权利，出租人完全有权在通知承租人的情况下转移相关权利。但实务中，某些欠付租金的承租人仍然会主张，融资租赁公司在未经承租人同意的情况下，转移了合同履行相关事项，从而拒绝向出租人履行义务。

2. 主张承租人已经经融资租赁公司同意转移了合同义务

除了声称融资租赁公司在未与自己协商的情况下转移了应当由其履行的合同义务外，欠租人还可能会强调其在经过了融资租赁公司同意的情况下，将应当由其承担的义务转移给了第三方，从而要求融资租赁公司向第三方主张责任。如在2013年一起船舶纠纷案件中，作为欠款方的被告就辩称，原告、被告于2012年10月19日签订了案涉标的船舶的协议，但原告知道其无资金实力来支付后续的款项，即把业务介绍给了第三人；2013年1月8日，原告、被告和第三人签订了该合同，以3800万元的总合同金额成交，合同带来的全部利益已归属于第三人，因此，原被告先前就标的船舶签署的协议已经失效，“原告据此诉请被告根据该合同履行义务的说法没有依据”。[①]

（二）主张租金尚未到期

《中华人民共和国合同法》第六十条[②]规定：“当事人应当按照约定全面履行自己的义务。”同时《中华人民共和国合同法》第二百二十六条[③]规定：“承租人应当按照约定的期限支付租金。对支付期限没有约定或者约定不明确，依照本法第六十一条的规定仍不能确定，租赁期间不满一年的，应当在租赁期间届满时支付；租赁期间一年以上的，应当在每届满一年时支付，剩余期间不满一年的，应当在租赁期间届满时支付。”实务中，承租人可能主张融资租赁合同中有一笔或多笔租金未到期，从而拒绝支付租金。而融资租赁公司对合同条款特别是对还款日期约定的不严谨，更有利于欠租者逃避责任。如在2016年发生于新疆维吾尔自治区的一起案例中，承租人便主张“《回租租赁合同》附件三《租金支付清单》明确显示，我公司最后一笔租金1800万元的支付期限为2016年7月23日，该租金的支付期限并未届

① 上海亿洲航道工程有限公司与邱国华船舶合同纠纷案[（2013）沪海法海初字第60号]。
② 本条将被《中华人民共和国民法典》（2021年1月1日起施行）第五百零九条替代。
③ 本条将被《中华人民共和国民法典》（2021年1月1日起施行）第七百二十一条替代。

满”[①],故双方签订的《回租租赁合同》最后一笔租金并未到期,融资租赁公司无权要求支付剩余全部租金113920462.60元,承租人只需支付95920462.60元即可,这数百万元的资金差甚至还影响了最后的违约金金额认定。

(三)主张租赁物存在瑕疵

如果说对于融资租赁公司而言,租金是其在融资租赁业务中正常经营的基础以及收入的最主要来源,那么对于承租人而言,拥有完全不逊于租金对融资租赁公司的重要意义的标的则是租赁物。租赁物可以被完整、长期、正常的利用,是关乎承租人能否正常经营业务并足额交付租金的关键。

为了同时保障承租人和出租人双方的利益,《中华人民共和国合同法》及司法解释中不但规定了针对租金收取的保护性法律,也规定了保护承租人对租赁物合理使用权的内容。《中华人民共和国合同法》第二百三十九条[②]规定:“出租人根据承租人对出卖人、租赁物的选择订立的买卖合同,出卖人应当按照约定向承租人交付标的物,承租人享有与受领标的物有关的买受人的权利。”《融资租赁解释》第五条也进一步强化道:“出卖人违反合同约定的向承租人交付标的物的义务,承租人因下列情形之一拒绝受领租赁物的,人民法院应予支持:(一)租赁物严重不符合规定的;(二)出卖人未在约定的交付期间或者合理期间内交付租赁物,经承租人或者出租人催告,在催告期满后仍未交付的。”虽然《中华人民共和国合同法》第二百四十四条[③]规定,租赁物不符合约定或者不符合使用目的的,出租人不承担责任,但该条也规定了但书条款,即“承租人依赖出租人的技能确定租赁物或者出租人干预选择租赁物的除外”。对于租赁物的维修义务,《中华人民共和国合同法》第二百四十七条[④]则作出了与经营性租赁相反的规定:“承租人应当妥善保管、使用租赁物。承租人应当履行占有租赁物期间的维修义务。”但这一条同样受到《中华人民共和国合同法》第二百四十四条后半部分的限制,即如果出租人在购买租赁物时对承租人进行了误导或干预,则出租人并不能免除其根据合同法应当履行的违约责任。

1. 基本的租赁物瑕疵抗辩

由上述条文可见,现行的法律法规在融资租赁合同上整体倾向于保护出租人

---

① 长城国兴金融租赁有限公司与浙江超越实业有限公司、绥芬河东辰房地产开发有限公司等融资租赁合同纠纷案[(2016)新民初3号]。

② 本条将被《中华人民共和国民法典》(2021年1月1日起施行)第七百三十五条替代。

③ 本条将被《中华人民共和国民法典》(2021年1月1日起施行)第七百四十七条替代。

④ 本条将被《中华人民共和国民法典》(2021年1月1日起施行)第七百五十条替代。

的利益，也对某些特殊的情形下保护承租人作了规定。实务中，大量欠缴租金的承租人常常会引用这些针对承租人的保护性条款大做文章。他们往往在租赁物出现质量问题后，既不考虑自己是否依赖过出租人的指导或干预才选择了相关租赁物，也不考虑融资租赁合同规定的对租赁物进行维修责任由谁负责，以及租赁物出现质量问题是否可以作为延长租期或缓交租金的条件，而是一味地强调"物坏我有理"，只要租赁物出现质量问题，便将其归咎为融资租赁公司的责任，如声称"不同意解除《融资租赁合同》，亦不返还挖掘机，要求继续履行合同，支付租金。其购买的挖掘机在保质期内坏了，出卖人不予修理，之后其不再给原告支付租金"①。或声称"被告未按期足额支付原告租金是因为租赁物存在严重质量问题，且承租物已于2013年6月损坏造成的，且因租赁物损坏致使被告与他人所签合同违约，造成巨大损失，故被告不承担相关责任"②，等等。

不仅如此，出租人在租赁物发生质量问题后的某些帮助承租人或仅仅是听从承租人某些意见的行为，包括出租人就修理租赁物事宜向出卖人发出过通知（如"我方没有打款是因为挖掘机在2014年9月出现故障后，出卖人没有维修好。虽然出卖人和融资租赁公司是两个不同的公司，但是因为维修部分是融资租赁公司让出卖人进行处理，所以我们才没有继续给融资租赁公司打款"③），或出租人在承租人违约的情况下将租赁物提回（"原告的机械出故障后，没有及时维修，导致我几个月不能干活。后来我打电话让他们来把机械拖走，他们也没有过来，后来机械就一直放在那里，到2012年5月原告才将机械拖走。现原告要求我支付租金，我不同意"④），都可能成为承租人证明融资租赁公司有"过错"的证据——因为融资租赁公司答应了自己的某些条件或建议，足以证明其"心虚"，自己的欠租行为也就因此有据可循。

2. 结合了缔约过失责任因素的租赁物瑕疵抗辩

应当注意的是，有些情况下，欠租人主张欠缴租金是因为租赁物存在瑕疵或租赁物维修不及时，并同时主张融资租赁公司存在缔约过失责任。如2016年，陕西一起融资租赁合同欠租案件中，被告方不但主张了"车辆质量有问题，钢板螺丝经常

① 厦门海翼融资租赁有限公司与张探元融资租赁合同纠纷案[（2013）末民二初字第00912号]。

② 中联重科融资租赁（中国）有限公司与杨某顺、胡某苹、周某寿、沈某菊融资租赁合同纠纷案[（2013）阴民初字第00857号]。

③ 日立建机租赁（中国）有限公司与傅某修、周某会融资租赁合同纠纷案[（2015）花民商初字第66号]。

④ 中恒国际租赁有限公司与黄某融资租赁合同纠纷案[（2015）瑶民二初字第01364号]。

断裂。有一次一次性损失30余万元,售后也联系不上,联系了也不来,所以从此之后我就不愿再打款”,还提出了原告存在缔约过失责任,理由是其通过融资租赁合同租赁吊车时,当地吊车数量不多,原告即融资租赁公司也承诺过会保障其在当地的利益,但在“2012年之后,原告实行零首付政策,造成周边几个县吊车的数量饱和,90%以上的吊车干不上活”,从而主张“是因为融资租赁公司没有履行承诺,恶意扩张业务,凭空增加了被告方的竞争对手数量,所以才导致了被告方的经营不力以及欠租”。①

3. 结合了霸王条款因素的租赁物瑕疵抗辩

欠租人甚至会主张双方签订的融资租赁合同系融资租赁方提供的格式合同,属于《中华人民共和国合同法》第四十条②规定的“为提供格式条款一方免除其责任、加重对方责任、排除对方主要权利”的内容,即霸王条款,因此主张相关条款无效。2016年在陕西发生的一起案件中,作为被告的欠租人便同时主张了融资租赁公司的三项过错,包括缔约过失责任、租赁物瑕疵以及霸王条款,从而为己方的欠租事实进行抗辩:“(1)原告与出卖方以其代理商系关联企业,利益一致,通过巨额利诱性销售行为共同诱导、影响、干扰消费者优先选择购买其商品;(2)本案标的物存在严重质量瑕疵,对于租赁物的瑕疵交付,原告与出卖方及其代理商均未依法履行告知义务;(3)《融资租赁合同》系典型的格式合同,通篇只规定承租人的义务和责任,未相应约定出租方的义务和责任;而本案被告在行使维修请求权受阻时,原告未依法履行协助义务。”③

(四)主张先履行抗辩权

《中华人民共和国合同法》第六十七条④规定了后履行合同一方的先履行抗辩权:“当事人互负债务,有先后履行顺序,先履行一方未履行的,后履行一方有权拒绝其履行要求。先履行一方履行债务不符合约定的,后履行一方有权拒绝其相应的履行要求。”在实务中,融资租赁欠租人同样会借助于其“后履行一方”的身份,为自己欠租的事实寻找借口,指称融资租赁公司未履行其应尽的义务,没有办理相关

---

① 中联重科融资租赁(北京)有限公司与罗某洋等融资租赁合同纠纷案[(2016)京0116民初4650号]。

② 本条将被《中华人民共和国民法典》(2021年1月1日起施行)第四百九十七条替代。

③ 中联重科融资租赁(中国)有限公司与王某江、陈某敏融资租赁合同纠纷案[(2014)华阴民初字第00765号]。

④ 本条将被《中华人民共和国民法典》(2021年1月1日起施行)第五百二十六条替代。

的手续，因此欠租人享有先履行抗辩权，不交租金有据可循。

实践中，在租赁标的为车辆、农机等物的融资租赁业务中，欠租人主张先履行抗辩权的现象最为常见。大体来讲，欠租人会在庭审中主张：(1)融资租赁公司未为其租赁物办理必要的"保险理赔"，"未给被告的车辆买保险"，①使车辆不能上路，或农机不能投入使用等；②(2)融资租赁公司未为其租赁物办理必要的资质证书，如运输证件等，从而导致欠租人在不知情的情况下"非法"进行经营，甚至因此遭受行政执法部门的处罚；等等。③

（五）主张融资租赁公司妨害占有或侵权

我国《物权法》第二百四十五条④规定："占有的不动产或者动产被侵占的，占有人有权请求返还原物；对妨害占有的行为，占有人有权请求排除妨害或者消除危险；因侵占或者妨害造成损害的，占有人有权请求损害赔偿。"这一规定确定了我国法律中对占有进行绝对保护的原则，即对占有的保护仅仅基于占有这一法律事实，而无论该占有是有权占有还是无权占有、善意占有还是恶意占有。在部分融资租赁合同欠款纠纷中，作为出租人的融资租赁公司常会自主行使某些保全手段，如直接"扣押""拖走"由承租人使用的器材，"占领"承租人的厂房、土地等。这样的自力救济当然是避免损失扩大化的手段之一，但问题在于，这种行为毫无疑问也会成为欠租人抗辩的理由。在实务中，除了控诉融资租赁公司扣押器材、占领场地外，欠租人还有可能在"技术手段"上做文章，如指称融资租赁公司"多次通过设备上安装的产品链接系统无故给被告停机，严重影响被告使用租赁设备"，⑤或"对涉案的车辆进行远程锁机"，并主张由于融资租赁公司提供的设备存在质量问题及融资租赁公司违约干扰欠租人正常使用设备，承租人有权拒绝支付租金，⑥等等。

---

① 襄阳市中合物流有限责任公司与童某红融资租赁合同纠纷案[（2016）鄂南漳民二初字第00280号]。

② 斗山（中国）融资租赁有限公司与覃某融资租赁合同纠纷案[（2016）渝0107民初5641号]。

③ 南京大口香食品有限公司与仲利国际租赁有限公司、仲利国际租赁有限公司南京分公司融资租赁合同纠纷案[（2016）苏01民终3949号]。

④ 本条将被《中华人民共和国民法典》（2021年1月1日起施行）第四百六十二条替代。

⑤ 卡特彼勒（中国）融资租赁有限公司与齐某红融资租赁合同纠纷案[（2016）西民商初字第00764号]。

⑥ 张某、田某与王某亭、湖南中宏融资租赁有限公司财产损害赔偿纠纷案[（2016）内04民终2112号]。

在司法审判中，已经有案例①确定，融资租赁公司进行自我救济，扣押器材、停机锁机等行为，属于对承租人占有权的妨害，应当承担相应责任。因此，作为出租方的融资租赁公司应对此有所重视，避免因为不当的自我救济而因小失大。

（六）政策变化

在2016年发案的拉赫兰顿融资租赁（中国）有限公司与中国人民解放军第二二四医院融资租赁合同纠纷案中，被告中国人民解放军第二二四医院提出了一种此前几乎从未出现过的欠租事由——军队“涉密政策”。

在此案中，作为欠款方、隶属于军队医院编制的中国人民解放军第二二四医院除了主张融资租赁公司在履行合同的过程中存在“租赁物瑕疵”等履行不当情形以及相关的缔约过失责任②外，还提出了一个极其“新颖”的主张——“合同因出现不可抗力情形无法履行”，即关涉政治涉密。被告称：“本案《融资租赁协议》于2013年9月23日签订后，被告的主管部门中国人民解放军总后勤卫生部于2013年11月5日下达了《关于加强军队医院医疗合作项目管理的通知》，其中‘严格医疗合作项目准入管理’中明确，个人名义和境外机构不得参与合作，原告属于境外机构，如原、被告继续合作将违反部队涉密管理要求，故此情形属于因不可抗力致使不能实现合同目的，本案融资租赁合同应当解除。”③虽然法院最终没有支持被告的诉求，但这样的主张对原告方而言也是一种风险，毕竟，将“政策变化”作为不可抗力的一种，从而允许双方在不可抗力情形发生时解除合同、互相不对对方负担违约责任，也是融资租赁合同中常见的约定条款。这一案件也为诸多融资租赁公司敲响了警钟——融资租赁公司在撰写融资租赁合同的过程中，究竟应当将哪些情形列为不可抗力？如果不可抗力包含政策变化，那么相关的政策应该被限定在怎样的范围？

---

① （2015）浔民一初字第1973号。判决原文为：“鉴于原告已于2015年7月15日将涉案装载机拖回，故本院对原告主张该日期以后的未到期租金不予支持。”

② 被告主张：“被告未按约支付租金是事实，但非被告原因所致。其一，租赁设备出卖方青岛杰克公司违反约定导致合同无法履行。被告与该公司之间订有《合作协议》，约定青岛杰克公司应承担原、被告所签订的《融资租赁协议》项下被告应承担的责任和还款义务，实际上租金由青岛杰克公司支付给被告，被告再支付给原告。但青岛杰克公司于2014年10月在没有通知被告的情况下违反《合作协议》约定撤走技术人员，未向被告提供设备工作密码，导致租赁设备无法正常工作。被告虽然与原告签订《融资租赁协议》，但完全是基于与青岛杰克公司的合作才能达到融资租赁的目的。现青岛杰克公司作为出卖人未能履行义务导致合同目的无法实现，应当解除本案融资租赁合同。”

③ 拉赫兰顿融资租赁（中国）有限公司与中国人民解放军第二二四医院融资租赁合同纠纷案[（2016）浦民六（商）初字第6285号]。

本部分针对合同履行不当抗辩见图8－3所示。

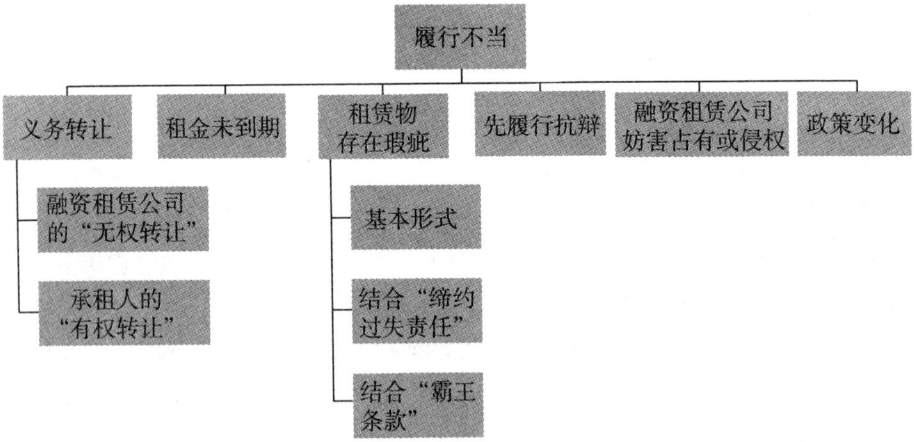

图8－3　常见的履行不当类抗辩

五、抗辩事由的法律效力及风险防范

对于融资租赁公司而言，了解本章前四部分所述的不同类型的欠租抗辩事由，可以使其在提起诉讼的过程中有备无患，面对欠租人的各种抗辩胸有成竹地进行反诘，但这尚不足以达到防患于未然的效果。事实证明，对融资租赁公司而言，只有加强事前风险控制力度，不轻易进行承诺，认真地研究业务风险，解读市场政策，谨慎撰写、修改合同，并在欠租事件发生后，依法寻求救济，方能最大限度地杜绝欠租现象的发生。

（一）加强事前风险控制力度

如前文所言，大部分的欠租人实际上根本不会就其欠租行为进行抗辩，或者只会指称自己目前无力偿还、请求宽限等；即使进行了抗辩，也不外乎主张自己“根本没看合同”“不懂法律”“看不懂协议”“只是签字，对协议不知情”云云。在对方提不出任何有效抗辩理由的情况下，融资租赁公司在审判中胜诉是顺理成章的事。但对于融资租赁公司而言，在诉讼中取得胜诉仅仅是手段，绝不是目的，起诉胜诉与收回欠费的最终目的之间还存在相当长的距离。然而，面对前述的各类欠租人，融资租赁公司却往往会陷入“胜诉有道、讨债无门”的尴尬境地，原因无他——这些欠租人已经到了山穷水尽的地步，根本没有资金用来偿付拖欠融资租赁公司的款项，申请法院对其强制执行也无任何财产作为标的，即使是执行作为抵押物的融资租赁合同标的物，经过折旧、已沦为二手甚至本身就质量堪忧的标的物也不可能弥补融资租赁公司的损失。这类“亡羊补牢为时已晚”型的胜诉也给融资租赁公司敲响了警钟——为何当初会与这些偿债能力不足的承租人签订合同、开展业务？为何融资租赁公司未对其做必要的风险评估、尽职调查？

相对于事前审查不细、欠租事件出现后方才匆忙提出诉讼追索欠款，避免过度扩张业务，避免与不善经营、信用堪忧的承租人发生交易，并在业务洽谈过程中提高团队素质，坚持诚信原则等事前风险控制方法，明显更有利于融资租赁公司维护自身合法权益。融资租赁公司在业务合作的过程中，应力争通过事前风险控制做到有备无患，运用多种手段尽可能多地消解未来可能发生的欠租事件。

1. 谨慎审核、循序开展业务

融资租赁业务是整个投融资市场，甚至是金融市场中最为重要的热点业务项目之一，在平均金额高达2600万元的融资租赁业务交易额的吸引下，众多的融资租赁公司都在加快速度扩张业务，以求在市场中“分一杯羹”。从公司经营策略来看，这一点本无可厚非。但如果融资租赁公司因此不加选择地揽收各种业务，而不考虑交易过程中可能发生的风险，最终可能导致不但未能从扩张的业务中获得收益，还将损失巨额的标的物购物款，最后不得不面对顾此失彼甚至得不偿失的结果。

无论是前文曾经列举过的部分案件（以及更多限于篇幅未能列举的案件），还是在我们亲见亲历的融资租赁实务中，均存在大量因为扩张业务的需要、草率签订合同的交易，融资租赁公司往往只是急着将钱融出去，至于是否能收回、如何收回欠款则未进行必要的复核、审查。

例如，农业机械售后回租型融资租赁是目前相当成熟的融资租赁模式之一，承租人常将自己所有的农业机械出卖给融资租赁公司，再回租该机械进行农业生产，承租人通过该融资租赁合同融到的资金额动辄在百万元以上。对于集团化生产的大型农业集团而言，这样的交易模式及价款金额不成问题，大型农业集团有能力通过集团化的生产迅速获得收益、偿还价款。但在大量农业机械回租业务中，承租人（出卖人）是单一的自然人，根本无法进行集团化、机械化、协作化的生产，也没有足够多的土地，其最多有一到两位同样没有大额固定收入的自然人为其提供担保，但融资租赁公司却会为了扩张业务的需要，在不进行详细审核的情况下，直接与该自然人开展融资租赁业务的经营。

然而，农业机械的作用是用于农业生产，农业生产的收入则是该承租人仅有的收入，融资租赁公司是否考虑过，一名只拥有十几亩农业用地的普通农民，作为标的的农业机械可能是其之前积累的全部财富，如果仅仅依靠农业生产获得收入又无其他收入来源，如何能在短短一到五年的租期内，偿还超过百万元的租金？在合同标的物价格与其产出不成正比的情况下，即使农业机械可以作为融资租赁公司的所有物（回租）或担保物（直租），进行变价补偿也无法弥补融资租赁公司的全部损失——农业机械必须要投入生产使用，这必然导致其产生折旧，特别是当融资租赁合同为回租合同、农业机械已为承租人使用过一段时间时，其损耗、折旧速度将更快，而当承租人无力偿还租金时，即使融资租赁公司将机械变价受偿，其受偿的价金金额，也将远低于融资租赁公司根据合同应当获得的收入，甚至低于其因为融资租赁合同支付的价款。除了农业机械以外，以长途汽车、货运卡车、印刷器材等产出不高但价格较高的设备，作为租赁物开展融资租赁业务，同样存在类似的风险。

通过检索裁判文书网发现，这类融资租赁公司为个人购买并出租大宗高价款、低产出的机械，最后未能收回租金的例子比比皆是，这就要求融资租赁公司必须考量清楚，冒着承租人欠租而受损的风险盲目地扩张业务，和谨慎、周密地对每一笔业务进行审核，并稳妥地履行完每一单业务、收回每一笔租金，哪一种运营模式更有利于公司的长期发展？答案毋庸置疑。因此，融资租赁公司为了防范欠租事件的发生，首先要做的就是避免过度扩张业务，所有的业务，都应当在理性、谨慎的审核后按流程循序渐进地开展。

2. 精简业务人员团队，提高业务人员素质

上文所述的融资租赁公司过度扩张业务导致的直接后果不仅包括承租人群体的扩张，还有融资租赁公司业务人员的扩张，为了更多地承揽、洽谈业务，诸多融资租赁公司均扩张了其业务团队，并大大提高了业务人员在业务洽谈中掌握的权利，业务人员有权在融资租赁业务谈判过程中独力修改、签署合同，甚至给予对方合同外承诺等。但是，在业务团队扩张的同时，大多数融资租赁公司并未提高对业务团队素质的要求，例如，数十家融资租赁公司在招聘网站上展示的业务、销售人员招聘要求信息中，大多数只要求“有销售经验”“大专以上文凭”即可，未对所学专业（特别是法律和财会方向专业）、金融行业从业经验或金融行业特殊从业资质等作出任何要求，业务人员不高的知识、业务素质，并不匹配其在业务开展过程中的手握大权的现状，业务人员在商谈业务的过程中不考察承租人个人身份、工作背景、还款能力（有的业务人员甚至不查验对方公章、授权代表身份的真实性）并贸然签订合同的情形时常发生，这毫无疑问将进一步加大欠租风险出现的可能。

因此,为了防范欠租风险的发生,融资租赁公司在避免过度扩张业务的同时,还应当对其业务团队进行治理,具体手段包括但不限于精简业务团队规模,提高对业务团队的素质要求(如业务团队中必须有法律或财会出身的管理人员),并限缩、收回业务团队手中明显超出实际需要的权利,所有的业务合同必须由公司决策层和财会、法务团队进行最终审核并决定签订与否。

3. 坚持诚信原则,避免不实承诺

上文中已经提到,主张融资租赁公司在合同签订前进行了可能误导承租人的不实承诺,从而主张融资租赁公司存在缔约过失责任,是欠租人经常使用的抗辩事由之一。通常情况下,欠租人的主张会因为没有具体的证据而无法得到法院的认可,从而无法在诉讼中发生效力,但这并不意味着,所有欠租人有关融资租赁公司对其开出过不实承诺的主张都是信口雌黄,在实务中,确实有融资租赁公司,特别是业务人员,为了扩张业务,向承租人开出过某些合同外的承诺,如会在未来进行进一步融资帮助承租人扩大经营,或承诺在同一地区只向承租人提供独占服务,或承诺承担向承租人提供租赁物维修这样的非法定义务,等等,在合同签订后又另行反悔。一旦欠租人对此“留一手”,偷拍视频或语音录音,并将其作为证据提交法庭,轻则会因为融资租赁公司存在缔约过失责任而减轻欠租人的责任,重则会因为融资租赁公司存在欺诈的故意直接导致合同无效。这样的结果,想必不是融资租赁公司愿意看到的。

因此,融资租赁公司,特别是由外派业务员负责洽谈业务的融资租赁公司,在协商的过程中,必须恪守诚实信用原则,所有的承诺都必须由融资租赁公司给出限制范围,绝不在该限制范围之外提供承诺。而所有洽谈过程中提出过的承诺,都必须统一地反映在书面形式的合同上,不应向对方提供任何协议外的待遇。关于这一点,融资租赁公司要向其外派业务员特别进行强调、说明,避免业务员在洽谈合作的过程中信口开河。

4. 认真研究行业风险,详细解读市场政策

融资租赁业务,归根结底是一项面对各行各业、社会大众开展的业务,这使融资租赁公司在业务开展的过程中,将不得不面对来自各行各业的合作对象,而各行业合作对象在融资租赁业务欠租的原因也是五花八门,其中不少欠租事件根源于特殊的行业风险,诸如整个行业市场在现阶段处于低迷状态、开展业务的地区大环境出现问题无法正常经营、经济形势艰巨乃至公司的产业升级等原因,都有可能影响融资租赁公司正常偿付债务的能力。虽然行业风险不会影响到融资租赁公司就

欠款追讨发起的诉讼的审判结果，但若不对这些风险加以研究并提前进行预防，融资租赁公司仍然会面临拿着胜诉判决却执行不到欠款的结果。

这就要求融资租赁公司必须（或聘请有着丰富经验的律师团队）仔细研究，研究其潜在的客户由于其行业本身可能带来的风险，这些风险包括但不限于：(1)针对该客户所在行业制定的特殊法律法规、国家标准有哪些？违反这些法律法规、国家标准会有怎样的结果？(2)该客户所在行业近期及整个合同有效期（租金偿付期）行情如何？如果行情欠佳，则该客户是否有足够的能力避免同样问题在自己身上发生？(3)该客户以往信用如何？有无拖欠费用的先例？(4)该客户的经营方式与该行业常见的经营方式有无不同？如果有不同，该客户的经营方式究竟是业务创新还是在冒险经营？（见图8－4）

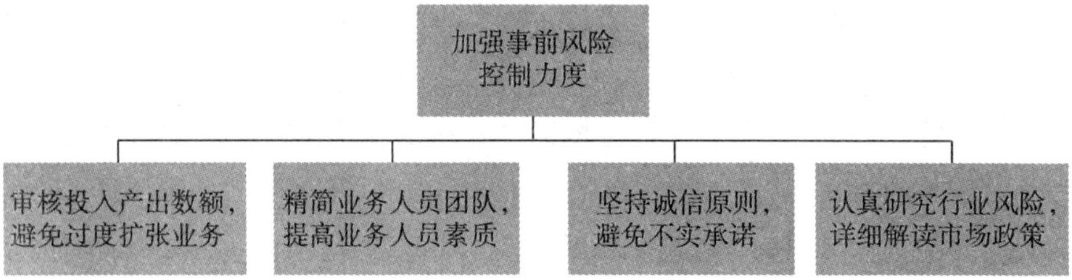

图8－4　加强事前风险控制

除了仔细了解承租人所在行业外，融资租赁公司还应当积极了解市场政策，避免由于对政策的无知导致损失，特别是业务涉及社会保障、基础设施建设、医疗、军工等关系国计民生的重要行业时更是如此。例如，与涉军工企业进行合作时，必然涉及相关企业的涉密问题，这就是悬在融资租赁公司头上的“一柄利剑”，融资租赁公司必须对此有足够的防范意识。

（二）谨慎撰修合同

融资租赁合同是整个融资租赁业务的灵魂，所有融资租赁业务的正常履行，都必须依赖于融资租赁合同开展。而欠租事件发生时，融资租赁公司最能仰仗的依据，莫过于融资租赁合同本身，因此融资租赁公司必须谨慎地撰写、修改合同，使欠租人在诉讼中根本无法找到融资租赁合同的漏洞，从而避免产生不应有的利益损失。

结合前文所述，在实务中，欠租人主要会从“租金支付日尚未到期”“霸王条款”“否认合同‘融资租赁’性质”几个方面寻找融资租赁合同的漏洞，并为其欠租行为的合理化寻找理由。因此，融资租赁公司必须在合同撰写的过程中对以上几点格外注意,并从以下方面避免合同出现漏洞。

1. 使用具体的付款日期代替模糊、抽象的付款日期概念

在实务中,我们发现,不少的融资租赁合同对租金支付日的约定不清,未约定具体的日期,而是用“每月/每季度/每年固定的结算日/会计日/审计日”等极其模糊抽象的词语,这样的约定可能是省时省力的需要,或是公司会计核算上的特殊规定所致,但客观来讲,这样的规定并不如直接规定每一期租金的具体付款日具体明确,从而避免出现争议。因此,我们建议,融资租赁合同中的租金付款日,必须明确到某年某月某日,即使公司在会计核算上对相关的表述有特殊规定,在合同撰写的过程中,也必须在“结算日/会计日/审核日”等没有明确指称的概念之后,附上具体的精确到年月日的付款日期,使欠款人无漏洞可循。

2. 避免使用格式化语句,补充“协商一致”条款

不少融资租赁公司为了避免利益受损,常常会在融资租赁合同中约定的语气强硬并明显有加重对方义务的规定,如过于随意的加速支付条款(规定融资方在承租方仅仅因为一次或几日迟交租金的情况下便可以行使加速权,要求承租方支付全部租金),过于严苛的违约义务(如规定承租方在发生违约时需要缴纳超过合同金额200%的违约金),使外界很容易产生一种店大欺客的印象。平等和私法自治是现代民法中的基本原则,融资租赁公司制定融资租赁合同,根本目的是收取租金,保护自己的利益,要求对方切实履行义务,并不是通过该合同压榨合同相对方。在保障己方利益之外,设置太多有损对方合法利益的合同条款,无论是合同效力本身,还是对自身利益的保障,都毫无裨益可言。因此,在撰写合同的过程中,融资租赁公司应放弃撰写此类有过于加重对方义务嫌疑的合同条款。

即使承租人存在较大的欠租或其他违约风险,使融资租赁公司不得不通过某些特殊合同条款的设置,来对承租人可能的违约行为做尽早地预防,我们建议融资租赁公司也必须注意对这些条款去格式化,并注意在合同中补充这样的条款:“本协议由协议双方在协商一致的基础上订立,协议双方在协商过程中,均充分交流了意见和看法,任何一方当事人均完整、系统地参与撰写、修订了所有合同条款,并承诺不会将本协议中的部分或全部条款视为《合同法》规定的对任意一方‘显失公平’的格式条款。”

3. 把握合同“融资租赁”属性,切忌节外生枝

融资租赁市场经过多年的发展,基本形成了固定的合同撰写体系,虽然具体业务可能不尽相同,但基本上都包括交易的性质目的、租赁物、起租日和租赁期限、租

金、租赁手续费、租赁保证金、租赁物的购买、租赁物的交付使用与设置场所、租赁物件的保管维修保养义务、担保等条款，然而，有的融资租赁公司却不明所以地在融资租赁合同中增添类似于“借款”“借贷”“信贷”“授信”之类的概念，使融资租赁合同虽然被署名为“融资租赁合同”，但整体上却不伦不类，甚至有与经营性租赁合同或借贷合同混淆的风险，融资租赁公司应竭力避免这样的概念在合同中出现，该等不严谨的节外生枝词汇，反而将对融资租赁公司产生不必要的风险。（见图8－5）

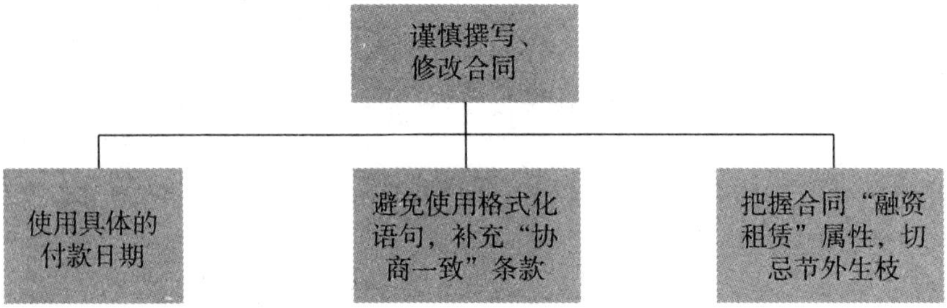

图8－5　谨慎撰写、修改合同

（三）合理、合法行使救济权利

在融资租赁业务经营过程中，融资租赁公司还应当合理行使救济权利，避免因为不当的侵犯占有等行为使己方蒙受损失。在实务中，似乎是苦于承租人欠租后无法偿还欠款的原因，融资租赁公司在承租人欠租或可能欠租的情况下，既不去法院提起诉讼，也不与对方合理交涉，而是“不管三七二十一”，直接以强制的手段扣押融资租赁合同的标的物，导致在诉讼过程中，其扣押、拖走租赁物的行为被法院认定为侵害承租人合法占有权的行为，不但导致合同租期被缩减、所能收到的租金数量减少，甚至还因为侵害对方占有的行为需要向对方提供赔偿。因此，在承租人确实欠租或有欠租的嫌疑时，融资租赁公司应当合理、合法地通过诉讼、协商等手段对自身进行救济。即使对方确有转移财产的可能，融资租赁公司也应当通过法院申请合法的财产保全程序，而不是自行扣押对方合法占有的财产，导致最后维权不力，甚至得不偿失的结果。

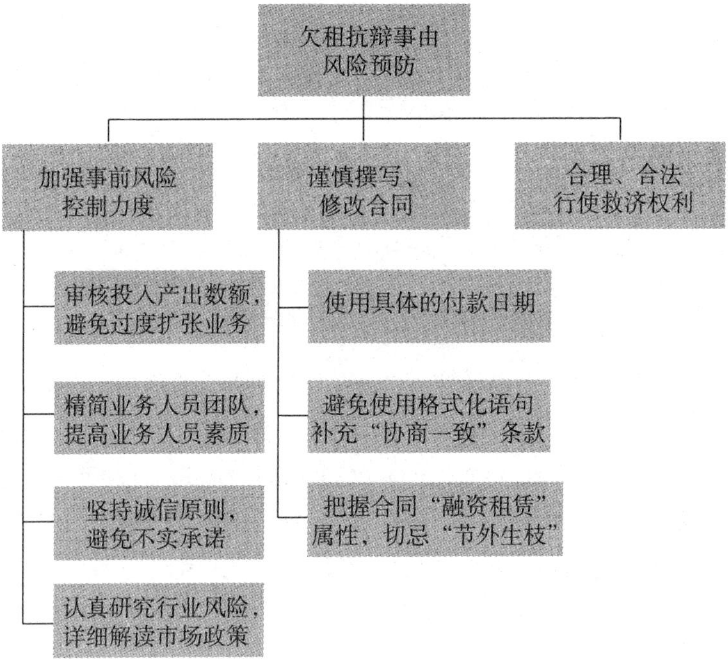

图8－6　欠租抗辩事由风险预防方法整体

第三节　融资租赁公司开展小额文化融资租赁业务的法律风险分析与防控

2015年出台的《2015年扶持成长型小微文化企业工作方案》，提出“以鼓励金融创新、拓宽融资渠道为重点，进一步缓解小微文化企业融资难问题”。在此背景下，融资租赁公司纷纷抓住机遇，切合时宜地推出了针对文化产业的融资租赁业务；然而，新的机遇必将带来新的风险和挑战，文化融资租赁业务也不例外。而作为文化融资租赁业务特殊存在形式的小额文化融资租赁业务，更是其中的典例。

一、小额文化融资租赁业务概要

（一）小额文化融资租赁定义

小额文化融资租赁，顾名思义，指的是文化融资租赁中融资数额较少、业务方企业规模较小的那一部分业务，是“文化融资租赁”的子概念。融资公司主要通过售后回租，即“由文化企业将自有资产或外购资产出售给融资租赁公司后，租赁公司再将其回租于文化企业，收取企业租金的模式”[①]向小额文化公司提供租金，从中获得报酬，并最终实现“增强知识产权运用和保护。完善知识产权服务体系，推动开展知识产权评估、流转、融资等服务”[②]的社会需求。小额文化融资租赁在中国尚属于一项极其新鲜的概念，但在西方国家已经拥有了超过十年的发展历史，如在2006年，英国的小微文化企业中，就有18.2%曾使用包括小额文化融资租赁在内的多种创意金融形式获取资金。[③]

（二）小额文化融资租赁业务的文化企业类型

小额文化融资租赁主要以小微文化企业作为业务合作对象。所谓小微文化企业，来自《2015年扶持成长型小微文化企业工作方案》的文本，具体可被定义为从事创意产业（Creative Industries）/文化产业（Cultural Industries[④]），以广告、建筑设计、艺术、工艺、设计、时尚、电影、音乐、表演、出版、研究与开发、软件、玩具、广播电视、游戏等项目作为业务核心，[⑤]产出产品“具有强烈的个人因素，从性质上来与我们本人有不可分离的联系”[⑥]，同时整体规模较小、员工人数较少、股权结构简单的企业群体。

虽然小微文化企业理论上是整个文化产业市场的组成部分，理应在业务范围上百花齐放，但实际上，受限于资金、企业规模、员工数量等客观因素，在实务操作中，小微文化企业在现实中往往以如下三种企业形式开展业务：

1. 漫画工作室。动漫产业是现在最为新潮时尚的热点产业之一，无论是门户网站、自媒体甚至是恒大一样的地产商都期望从中分一杯羹，而前述的巨头们一般只打造“动漫平台”，并不参与作品的直接创作，其往往通过一掷千金的方式，大肆收购作品并在自身平台上进行展示、运营。与巨头们相比，受限于前者的挤压以及

---

① 商务部流通发展司全国融资租赁企业管理信息服务网“行业咨询”频道：《文化企业著作权可融资租赁》，载 http://leasing. mofcom. gov. cn/index/hyzx/2016/12/1482228886754. htm，最后访问日期：2019年12月1日。

② 商务部、北京市人民政府《关于印发〈北京市服务业扩大开放综合试点实施方案〉的通知》，载首都之窗网站：http://zhengwu. beijing. gov. cn/gzdt/gggs/t1403067. htm，最后访问日期：2019年12月1日。

③ See Clayton, Laura, The financing of UK Creative Industries SMEs, Burns Owens Partnership Ltd., 4th July, 2006, p. 2.

④ “文化产业”在主流语境中与“创意产业”同义，参见 Hesmondhalgh, *The Cultural Industries*, SAGE Press, 2002, p. 14。

⑤ See Howkins, John, The Creative Economy: How People Make Money From Ideas, Penguin, 2001.

⑥ 台湾中华书局、简明大英百科全书编译部编译：《简明大英百科全书中文版》（卷五），台湾中华书局股份有限公司1989年版，第330～331页。

自身资源的不足，动漫产业中的小微文化企业的运营模式完全相反，自主创作、自主运营往往是其运营的核心。大多数情况下，动漫产业中的小微文化企业往往以漫画工作室为组成形式，即一到数位原创型漫画家作为整个团队的核心，辅以少数创作辅助、商务、行政等人员。

2. 独立游戏/软件开发工作室。游戏产业的吸金能力无须多言，2016 年，仅中国游戏市场的实际销售收入便达到 1655.7 亿元。[①] 然而，与可以轻松吸引玩家一掷千金的大型网络公司不同，游戏产业中的小微文化企业并无条件借力强大的资金链条，制作同类的大制作商业游戏，而是在“个人/小团队/独立公司”[②]的现实情况下，“极少有或没有资金预算”[③]独立制作游戏，独立游戏工作室是此类企业的主要存在形态。

3. 影视行业辅助团队。影视业同样是中国娱乐文化产业的领航者，但在该行业中，同样有大量利润微乎其微的小型企业存在，此类企业主要在影视娱乐行业中从事辅助性质的角色，如为影视作品提供配音、替身等服务，部分团队旗下可能会有少数专业演员，在影视剧中出演非主角或重要配角的角色等。

（三）业务意义

“资金紧张”“空有思路没人才”是小微文化企业长期以来面对的共同问题。至今为止，小微文化企业融资难、缺资金以及相应的人力匮乏、素材稀少的尴尬现状并未得到缓解，以一般的资金借贷来满足资金需求，不但数量有限，银行针对贷款复杂严苛的条件同样难以满足。而希望通过风险投资或天使投资来获得资金，在小微文化企业连最基本的产品都未拿出或产品尚未成熟的时候可能性不大。更何况，在当前的时代背景下，“即使（传统）文化金融增长速度比较快，但规模还是处于低水平”[④]。传统文化金融业务的发展难以跟上小微文化企业的实际需求。

新型的文化产业融资租赁在此情况下应运而生，为小型创意产业的融资难问题开辟了新的解决思路，其不但满足了融资方面的需求，还可以避免出卖重要的企

---

① 文创资讯：《2016 游戏产业报告出炉六大关键词看趋势》，载 http://www.jiemian.com/article/1020717.html，最后访问日期：2019 年 12 月 1 日。

② Gril, Juan (April 30, 2008), “The State of Indie Gaming”, Gamasutra, January 14, 2011.

③ Gnade, Mike (July 15, 2010), “What Exactly is an Indie Game?”, The Indie Game Magazine, September 29, 2013.

④ 《〈中国文化金融发展报告（2017）〉阶段性成果 14 日发布》，载 http://finance.sina.com.cn/roll/2017-01-14/doc-ifxzqhka3025087.shtml，最后访问日期：2019 年 12 月 1 日。

业财产从而保留了企业的核心竞争力，可谓是一举两得。

二、融资租赁公司开展小额文化融资租赁业务的法律风险分析

虽然小微文化企业存在严重的资金匮乏、融资困难的现状，但融资租赁公司若仅仅因为合作者相对较为弱小的外在表现，而忽略其中的风险的话，则很容易将自身置于危险的境地。相较于大型文化企业，小微文化企业受制于人力、资金等资源，法律意识往往更加淡薄，一般也没有专业的法律人才为其提供法律服务，故出现违约等风险的可能性更高。大量融资租赁公司某些显得僵化的经营模式——特别是这些公司长期以来多以固定的模板合同作为合作的文书基础，针对不同的业务，往往只是就利率、价金、租赁物的不同做一些简单的区分，无论业务是传统的大宗器械、厂房租赁者，还是新兴的小微文化企业，皆平等对之，一视同仁地将对方提供的租赁物先买进再租出，而完全不考虑业务的不同可能给合同修订和审核在具体要求上带来的区别，这就进一步增加了融资租赁公司与小微文化企业合作中的风险。因此，融资租赁公司必须认清小额文化融资租赁业务合作过程中，小微文化企业因为企业自身特点可能带来的各类风险，方能顺利开展业务，避免因为合作遭受不必要的损失。大体而言，小微文化企业在与融资租赁公司进行业务合作的过程中，主要会带来如下的风险。

（一）知识产权瑕疵风险

小微文化企业以作品及附着在作品上的知识产权为安身立命的资本，一旦知识产权上存在权利瑕疵，就有可能引起侵权、违约诉讼，并导致小微文化企业还款能力降低、增大违约风险。因此，知识产权瑕疵是小微文化企业在融资租赁合作中所能带来的最直接的风险。融资租赁公司稍有不慎，便可能花高价买进存在权利瑕疵的作品，变成不知情的侵权者。结合我们的业务经验，实务中小微文化企业存在的知识产权瑕疵，主要包括：

1. 知识产权侵权

所谓知识产权侵权，顾名思义，指的是小微文化企业创作的作品（无论是提供给融资租赁公司作为租赁物的标的作品，还是除前者以外小微文化企业创作的其他作品），侵犯了其他第三方所有的合法知识产权。小微文化企业提供的作为租赁物的标的作品，主要是著作及其版权，以及商标及其商标权，其他诸如专利、集成电路图在内的知识产权相对较少，因此相关的侵权行为，主要指的是承租方创作的任

何作品（包括但不限于标的作品）存在符合《中华人民共和国著作权法》第四十七条规定的 11 种著作权侵权行为，或《中华人民共和国商标法》第五十七条规定的 7 种商标侵权行为。

就实务经验看，除了极少数个例外，大多数小微文化企业不会进行诸如抄袭、歪曲他人作品、盗用商标等性质恶劣的直接侵权行为，但因无心之举导致的侵权行为却非常多。大量小微文化企业往往对版权及其归属没有明确的法律意识，甚至会单纯地认为自己对自己创作的作品、自己旗下团队创作的作品拥有毫无限制的任意使用权，如某些小微文化企业在将旗下一部作品交付某一出版社出版后，又将该作品删除文字或删减内容，再以“绘本”“作品集”等仅仅在名称上有区别但实际上未脱离“图书”实质的形式在另一家出版社出版；或该企业实际并未与旗下作家、画手、程序员等雇员签订职务作品所有权转让合同或约定职务作品版权归企业所属，却草草认为相关职务作品的版权归属企业所有，并以出版、改编权再授权等形式从作品中获益；等等。知识产权侵权行为不仅会引起小微文化企业支付赔偿、遭受经济损失，某些情况下甚至会导致外界定论该企业不具备独立创作作品的能力，从而对企业的品牌形象造成无法弥补的损害。

2. 知识产权外侵权

“知识产权外侵权”字面上与“知识产权侵权”仅一字之差，实际上两者区别较大。所谓“创作再侵权”，指的小微文化企业是以创作为手段，侵犯了其他第三方知识产权外的其他合法权利，创作的载体可能是提供给融资租赁公司作为租赁物的标的作品，也可能是除此以外小微文化企业创作的其他作品。诸如摄影工作室在未经被拍摄人许可的情况下拍摄了照片并用于为其他第三方进行推广宣传等商业用途，漫画工作室所创作的漫画中涵摄了某一自然人的现实形象并对其进行了侮辱等，皆属于此类侵权行为。相较知识产权侵权，知识产权外侵权的侵权性针对行业外部，对企业品牌的损害相对较小，但仍可能导致企业被追诉侵权赔偿及销毁侵权作品，所以这一问题仍不应被忽视。

（二）越权合作风险

知识产权侵权及知识产权外侵权带来的法律风险主要来自侵权，而无权合作带来的法律风险则来自当事人违约。一些规模特别小或者人合性极强的创业企业在正式从业前，往往受制于渠道或销路不畅，而将自身的全部作品的运营权交给所谓的“经纪公司”或“平台公司”管理，作品的所有权虽然还属于企业所有，但根据所谓的“经纪合同”或代理合同，企业并没有权利对作品进行独立自主的运营，更遑论将作品以回租租赁的形式出售给融资租赁公司。然而，此类企业在获得了一定的收益，积累了一定的实力后，往往会谋求原经纪公司之外的独立。其往往在未与原经纪方商议的情况下，直接避开原经纪方，与作为第三方的融资租赁公司直接商议融资租赁合作事项，这样越权的行为，毫无疑问会违背该企业与经纪方签署的经纪合同或代理合同的规定，虽然融资租赁公司不会因此遭受直接的经济损失，但作为其合作伙伴的小微文化企业的行为已然构成违约，相应的违约追偿及之后的纠纷必将严重影响该小微文化企业的偿债能力。

（三）重复使用风险

无论是知识产权侵权，还是知识产权外侵权，其均受到了知识产权相关法律和《中华人民共和国侵权责任法》①的直接限制，较容易被发现、判断、预防。相较而言，重复利用带来的风险则更难以防范。所谓“重复利用”，此处指的是在已经以出版发行、开发衍生品、进行再授权等形式，对作品行使了知识产权，得到了知识产权变现收益后，再将作品以出售回租的形式售卖给融资租赁公司，获得报酬的行为。相较于一般的侵权，重复使用不一定属于法定的侵权行为，也不一定是违约（当事人可能以非独家形式对作品进行了授权），因此很多时候即使面对专业的知识产权合同，也可以规避关于“知识产权无瑕疵”的限制。

对于优质知识产权（Intellectual Property，IP）而言，相关作品的知识产权价值往往如美酒一样越陈越香。但反过来，非优质 IP 在利用过一次后往往会出现严重的贬值。此类非优质 IP 的拥有者在与融资租赁公司商谈的过程中，往往会刻意掩盖作品已经被重复使用的事实，造成作品尚未被利用的假象，从而获得更高的回租售款，此类公司往往伴随着极高的违约风险。

而融资租赁公司和小微文化企业的地理差，即融资租赁公司和小微文化企业不在同一城市的客观情况，往往会导致融资租赁公司对风险调查问题的疏忽，从而造成融资租赁公司在与此类小微文化企业合作过程中更容易遭受风险。

（四）运营周期风险

网络游戏或网页游戏、手机游戏也是融资租赁公司开发新业务的着手点，对

---

① 《中华人民共和国民法典》将于 2021 年 1 月 1 日起施行，《中华人民共和国侵权责任法》同时废止。

此，融资租赁公司往往以“网络游戏著作权及运营权出售给××租赁再回租运营，把5年收入提前并入当年收入，进而大幅提高当年利润，并获取大量扩大再生产的资金”为主题，向游戏公司提供融资租赁服务。然而，现实生活中，拥有如上述融资租赁公司所言的“5年收入”（运营期）的网络游戏，实际上集中在客户端网游（即所谓的“端游”）领域，且客户端网游目前已进入衰落期，市面上占据主流的以网页游戏、手机游戏等形式存在的网络游戏，运行周期一般只有3~5个月，[①]，根本不可能按照融资租赁公司的原定想法运营并正常偿付租金，违约可能性较高。

三、融资租赁企业开展小额融资租赁业务的法律风险防控措施

如上文所言，小额文化融资租赁业务在开展的过程中，由于交易对象的现实特点，存在诸多事实及法律方面的风险，这要求融资租赁公司必须采取多种手段对相关风险进行控制，从而避免在小额文化融资租赁业务开展的过程中遭受不应有的损失。

（一）专业、详尽的尽职调查

合同条款规定的细致仅仅能够做到亡羊补牢，而只有谨慎、周密的事前调查，才能最大限度地防患于未然。相对于传统融资租赁业务，小额文化融资租赁业务即小型创新企业多以互联网作为自己推广、宣传的基础平台，以流量作为运营的生命线，其可能带来的风险几乎全部都会在互联网上留下“蛛丝马迹”。因此，聘请专业人员进行尽职调查就显得尤为重要，而根据我们的经验，利用互联网搜索功能进行尽职调查是进行风险预防的核心方法论。相关的手段包括但不限于：(1)利用一般搜索引擎，对标的作品中的关键信息，如标的作品名、主角姓名等字样进行搜索，查实相关标的作品是否已经发表，发表于何处，具体评价如何，从而避免将已发表作品（特别是那些质量不佳的IP）当作未发表作品对待，并验证作品的完整性等；若承租企业在标的作品创作完成前还开发过其他作品，则应查证相关作品的运营周期、运营结果等。(2)利用识图搜索引擎，检索网络上是否有与标的作品类似或近似的图片存在。(3)检索承租方官方信息渠道，如微博认证号、微信公众平台，掌握承租企业之前的营业动态，特别是对于涉及“电商销售”“出版发行”的内容，以及承租企业与业内某些经纪公司、平台进行合作的内容，更要慎之又慎地进行查验。

---

① 《游戏生命周期分析：兼顾游戏生命周期与游戏用户生命周期》，载游资网：http://tech.163.com/09/0404/09/56201EIG000915BF.html，最后访问日期：2019年12月1日。

(4)在各大电商网站上，对标的作品关键字进行检索，查证是否有以标的作品为基础的商品在售。

(二)完备的合同条款，严格登记要求

融资租赁公司针对小额文化融资租赁业务进行风险控制，还需要加强合同条款的完善，其中最重要的是增加“承租方承诺与保证”的内容，并设置特殊的加速条款。根据我们的实务经验，融资租赁公司在业务开展的过程中，多仅依靠一份通用模板解决所有业务，而不聘请专业律师针对不同的合作方对合同进行专项起草；常见的融资租赁合同中，大多又只会以较为笼统的语言草草规定承租方的声明与承诺，并不系统；同时，作为重要的违约纠纷救济手段的加速条款，一般只针对承租人欠缴租金的违约事实，而在其他可能的违约情形下并不适用……这些瑕疵都增加了小额文化融资租赁业务的风险，这就要求融资租赁公司必须聘请专业律师完善相关的合同条款，具体问题具体分析，从而做到风险出现时，实行自我救济可以有据可循。

首先，融资租赁公司应在小额文化融资租赁合同中设置更为详细的保证条款，要求承租方至少就以下内容作出保证和承诺：承租方在合同签订前后创作的任何作品(包括但不限于标的作品)无任何知识产权瑕疵的保证，相关的知识产权瑕疵包括《中华人民共和国著作权法》第四十七条规定的11种著作权侵权行为，以及《中华人民共和国商标法》第五十七条规定的7种商标侵权行为，当承租方提供的回租租赁物为含有专利权的特殊标的作品时，相关的知识产权瑕疵还应包括《中华人民共和国专利法》第六十条、第六十一条、第六十三条等法律规定的专利侵权行为。

承租方在合同签订前后创作的任何作品(包括但不限于标的作品)不存在任何违反法律、法规禁止性规定的内容，此类内容包括但不限于：(1)反对宪法确定的基本原则的内容；(2)危害国家统一、主权和领土完整的内容；(3)危害国家安全、荣誉和利益的内容；(4)煽动民族分裂、侵害少数民族风俗习惯，破坏民族团结的内容；(5)泄露国家机密的内容；(6)宣扬淫秽、迷信或者渲染暴力，危害社会公德和民族优秀文化传统的内容；(7)侮辱或者诽谤他人的内容；(8)法律、法规规定禁止的其他内容。

不存在任何其他协议限制或禁止承租方签订本协议，承租方是在完全自由的前提下签订本协议，并保证遵守本协议所包含的全部条款与其他任何协议、协议或

个人事项没有冲突。

其次,针对作为租赁物的标的作品,还应当给予特殊的对待。融资租赁公司应在小额文化融资租赁合同中,请律师以附件的形式为承租方设置与标的作品存在事实相关的登记表格,对标的作品进行完整的登记。该表格涵摄的内容包括且不限于:(1)该标的作品是否已经公开发表或在公域展示。(2)该标的作品是否进行了商业开发,包括但不限于进行过改编、衍生品开发等;或承租人是否就该标的作品签订过授权协议。(3)该标的作品的预期开发周期(特别是针对网络游戏)及同类标的作品的一般开发周期。(4)该标的作品的具体作者(精确到个人,而不是团队)是谁,以及其与承租企业的具体关系。

最后,若融资租赁期内,承租人出现任何违反保证条款的事实,或融资租赁公司发现标的作品有任何与登记事项不一致的情况存在时,融资租赁公司有权立刻启动加速条款,要求承租方提前偿付租金,并有权要求承租方对因此给融资租赁公司造成的一切损失进行赔付。

(三)认真监督包括融资租赁合同履行在内的企业经营

如前文所言,小微文化企业因创作产生的侵权风险随时可能发生(而不仅限于作为租赁物的标的作品),特别是在融资租赁合同签订后,融资租赁公司对小微文化企业疏于防范时更是如此。故融资租赁公司在合同签订后,仍应自行或聘请专业律师对小微文化企业的实际经营,特别是履行融资租赁合同的情况,及时跟进与监督,从而真正做到防患于未然,而不是等到对方违约或侵权事实出现后,方才亡羊补牢。

(四)有效的争议解决途径

上述三项风险防控措施,针对的是小额文化融资租赁业务发生违约前的预防,除此以外,融资租赁公司还应兼顾真正的违约发生时的争议处理,如完整地保存证据、尽早沟通或起诉,以及在必要的情况下申请财产保全等,真正做到有备无患。

综上所述,针对小额文化融资租赁业务,融资租赁公司必须兼顾事前预防、事中跟进和事后救济,争取做到“三手都要抓,三手都要硬”,从而尽最大可能避免小额文化融资租赁业务特殊风险的产生。

第九章

证券监管法律问题

第一节　证券监管措施对上市公司及相关主体的法律影响

上市公司及其股东、董监高作为资本市场的参与者，应在严格遵循证券相关法律法规及交易规则的前提下，充分利用资本市场平台优势，获得融资或资本运作等红利。然而，近两年来，由于大的经济环境所致，较多上市公司及其股东、董监高因利益驱使，实施了诸多严重扰乱证券市场秩序的行为。证监会坚决贯彻落实党中央国务院关于加强资本市场监管执法的决策部署，按照依法全面从严监管的工作要求，严肃查处了大量证券违法案件；交易所作为证券违法案件的第一信息获取者，对较多违反交易所相关规则的责任主体采取了监管措施并实施纪律处分。本章旨在通过归纳总结证监会立案稽查、采取监管措施、实施行政处罚，或交易所采取监管措施、实施纪律处分对上市公司及其股东、董监高产生的法律影响，以期对那些因利益驱使而严重扰乱证券市场秩序的相关主体起到一定的警示作用。

一、证监会立案稽查、采取监管措施、实施行政处罚对上市公司及其股东、董监高的法律影响

（一）证监会采取的监管措施与行政处罚的具体表现形式

根据《中华人民共和国证券法》（2019 年修订）第一百六十九条、第一百七十条及第十三章法律责任的相关规定，并结合《中华人民共和国证券法》第一百八十条和第一百八十一条的规定以及《证券市场禁入规定》《中国证券监督管理委员会限制证券买卖实施办法》《中国证券监督管理委员会冻结、查封实施办法》等规定，证监会采取的监管措施，主要包括责令改正，监管谈话，出具警示函，责令公开说明，责令参加培训，责令定期报告，暂不受理与行政许可有关的文件，认定为不适当人选，证券市场禁入，限制证券交易，冻结、查封财产及其他监管措施。证监会采取的行政处罚主要包括警告、罚款、没收违法所得等。

（二）对上市公司造成的法律影响

1. 上市公司公开发行证券

表9-1　法律依据及主要法律影响

法律依据	主要法律影响
《上市公司证券发行管理办法》（2020年修订）第九条	上市公司最近三十六个月内存在违反证券法律、行政法规或规章，受到中国证监会的行政处罚，或者受到刑事处罚，不得公开发行证券
《上市公司证券发行管理办法》（2020年修订）第十一条	上市公司或其现任董事、高管因涉嫌犯罪被司法机关立案侦查或涉嫌违法违规被中国证监会立案调查的，不得公开发行证券
《公司债券发行与交易管理办法》（2015年）第十七条	最近三十六个月内公司财务会计文件存在虚假记载，或公司存在其他重大违法行为；严重损害投资者合法权益和社会公共利益的其他情形的，不得公开发行公司债券

2. 上市公司非公开发行证券

表9-2　法律依据及主要法律影响

法律依据	主要法律影响
《上市公司证券发行管理办法》（2020年修订）第三十九条	现任董事、高管最近三十六个月内受到过中国证监会的行政处罚，或者最近十二个月内受到过证券交易所公开谴责；上市公司或其现任董事、高管因涉嫌犯罪正被司法机关立案侦查或涉嫌违法违规正被中国证监会立案调查，不得非公开发行股票。

3. 上市公司非公开发行优先股

表9-3　法律依据及主要法律影响

法律依据	主要法律影响
《优先股试点管理办法》（2014年）第二十五条	上市公司最近十二个月内受到过中国证监会的行政处罚；因涉嫌犯罪正被司法机关立案侦查或涉嫌违法违规正被中国证监会立案调查的，不得发行优先股。

4. 上市公司重大资产重组

表 9－4　法律依据及主要法律影响

法律依据	主要法律影响
《上市公司重大资产重组管理办法》(2020 年修订)第十三条	上市公司及其最近三年内的控股股东、实际控制人存在因涉嫌犯罪正被司法机关立案侦查或涉嫌违法违规正被中国证监会立案调查的情形;若涉嫌犯罪或违法违规的行为已经终止满三年,交易方案不能够消除该行为可能造成的不良后果,且不影响相关行为人追究责任的。上市公司不得实施重大资产重组
《上市公司重大资产重组管理办法》(2020 年修订)第四十三条	上市公司及其现任董事、高管存在因涉嫌犯罪正被司法机关立案侦查或涉嫌违法违规正被中国证监会立案调查的情形;若涉嫌犯罪或违法违规的行为已经终止满 3 年,交易方案不能够消除该行为可能造成的不良后果,且不影响对相关行为人追究责任的,上市公司不得实施发行股份购买资产

5. 上市公司境外发行存托凭证

表 9－5　法律依据及主要法律影响

法律依据	主要法律影响
《关于上海证券交易所与伦敦证券交易所互联互通存托凭证业务的监管规定(试行)》(2018 年)第十七条	现任董事、高管最近 36 个月内受到过中国证监会的行政处罚;上市公司或者其现任董事、高管因涉嫌犯罪正被司法机关立案侦查或者涉嫌违法违规正被中国证监会立案调查,上市公司不得以其新增股票为基础证券在境外发行存托凭证

6. 其他法律影响

(1)《上海证券交易所股票上市规则》(2019 年修订)第 13.2.1 条及第十四章

①因财务会计报告存在重大会计差错或者虚假记载,被中国证监会责令改正但未在规定期限内改正,且公司股票已停牌两个月;②因欺诈发行、重大信息披露违法。以上任一情形发生时,交易所对其股票实施退市风险警示。实施退市风险警示后,若符合第十四章相关规定,则存在被暂停上市、强制终止上市的风险。

(2)《上海证券交易所科创板股票上市规则》(2019 年修订)第 12.2.1 条、第 12.2.2 条、第 12.2.3 条

12.2.1 本规则所称重大违法强制退市,包括下列情形:(一)上市公司存在欺诈发行、重大信息披露违法或者其他严重损害证券市场秩序的重大违法行为,且严重影响上市地位,其股票应当被终止上市的情形;(二)上市公司存在涉及国家安全、公共安全、生态安全、生产安全和公众健康安全等领域的违法行为,情节恶劣,严重损害国家利益、社会公共利益,或者严重影响上市地位,其股票应当被终止上市的情形。

12.2.2 上市公司涉及第 12.2.1 条第一项规定的重大违法行为,存在下列情形之一的,其股票应当被终止上市:(一)上市公司首次公开发行股票申请或者披露文件存在虚假记载、误导性陈述或重大遗漏,被中国证监会依据《证券法》第一百八十九条作出行政处罚决定,或者被人民法院依据《刑法》第一百六十条作出有罪生效判决;(二)上市公司发行股份购买资产并构成重组上市,申请或者披露文件存在虚假记载、误导性陈述或者重大遗漏,被中国证监会依据《证券法》第一百八十九条作出行政处罚决定,或者被人民法院依据《刑法》第一百六十条作出有罪生效判决;(三)上市公司披露的年度报告存在虚假记载、误导性陈述或者重大遗漏,根据中国证监会行政处罚决定认定的事实,导致其相关财务指标已实际触及本规则规定的退市标准;(四)本所根据上市公司违法行为的事实、性质、情节及社会影响等因素认定的其他严重损害证券市场秩序的情形。

12.2.3 上市公司涉及第 12.2.1 条第二项规定的重大违法行为,存在下列情形之一的,其股票应当被终止上市:(一)上市公司或其主要子公司被依法吊销营业执照、责令关闭或者被撤销;(二)上市公司或其主要子公司被依法吊销主营业务生产经营许可证,或者存在丧失继续生产经营法律资格的其他情形;(三)本所根据上市公司重大违法行为损害国家利益、社会公共利益的严重程度,结合公司承担法律责任类型、对公司生产经营和上市地位的影响程度等情形,认为公司股票应当终止上市的。

(3)《深圳证券交易所股票上市规则》(2019 年修订)第 13.2.1 条及第十四章

①因财务会计报告存在重大会计差错或者虚假记载,被中国证监会责令改正但未在规定期限内改正,且公司股票已停牌两个月;②构成重大信息披露违法等强制退市情形。以上任一情形发生时,交易所对其股票实施退市风险警示。实施退市风险警示后,若符合第十四章相关规定,则存在被暂停上市、强制终止上市的风险。

(4)《深圳证券交易所创业板股票上市规则》(2019 年修订)第 13.1.1 条、第 13.4.1 条

①构成欺诈发行强制退市情形;②构成重大信息披露违法等强制退市情形。以上任一情形发生时,交易所可以决定暂停其股票上市。若符合第 13.4.1 条相关规定,则存在被强制终止上市的风险。

(三)对股东造成的法律影响

1. 根据《中国证券监督管理委员会限制证券买卖实施办法》(2007 年)第二条的规定,证监会在调查操纵证券市场、内幕交易等重大证券违法行为时,有权对被调查事件当事人受限账户的证券买卖行为采取的限制措施。

2. 根据《上市公司股东、董监高减持股份的若干规定》(2017 年)第六条的规定,上市公司或者大股东因涉嫌证券期货违法犯罪,在被中国证监会立案调查或者被司法机关立案侦查期间,以及在行政处罚决定、刑事判决作出之后未满 6 个月的,不得减持持有上市公司股份。

3. 根据《上市公司收购管理办法》(2020 年修订)第六条的规定,收购人最近 3 年有重大违法行为或者涉嫌有重大违法行为,不得作为收购人收购上市公司。

4. 根据《中华人民共和国证券法》(2019 年修订)第一百九十六条的规定,收购人未按照本法规定履行上市公司收购的公告、发出收购要约等义务的,证监会责令改正。另外,根据《上市公司收购管理办法》(2020 年修订)第六十条的规定,上市公司实际控制人及受其支配的股东未履行报告、公告义务,拒不履行第五十八条规定的配合义务,或者实际控制人存在不得收购上市公司情形的,上市公司董事会应当拒绝接受受实际控制人支配的股东向董事会提交的提案或者临时议案,并向中国证监会、派出机构和证券交易所报告。中国证监会责令实际控制人改正,可以认定实际控制人通过受其支配的股东所提名的董事为不适当人选;改正前,受实际控制人支配的股东不得行使其持有股份的表决权。上市公司董事会未拒绝接受实际控制人及受其支配的股东所提出的提案的,中国证监会可以认定负有责任的董事为不适当人选。

(四)对董监高造成的法律影响

1. 对董监高任职资格的法律影响

(1)根据《上海证券交易所上市公司董事选任与行为指引》(2013 年修订)第十

条的规定，除第十一条规定外，有下列情形之一的，不得被提名为董事候选人：①三年内受中国证监会行政处罚；②三年内受证券交易所公开谴责或两次以上通报批评；③处于中国证监会认定的市场禁入期；④处于证券交易所认定不适合担任上市公司董事的期间。本条所述期间，以拟审议相关董事提名议案的股东大会召开日为截止日。第十一条规定，上市公司的在任董事出现第十条第一款第（一）、（二）项规定的情形之一，董事会认为该董事继续担任董事职务对公司经营有重要作用的，可以提名其为下一届董事会的董事候选人，并应充分披露提名理由。前述提名的相关决议除需经出席股东大会的股东所持股权过半数通过外，还需经出席股东大会的中小股东所持股权过半数通过。

（2）根据《深圳证券交易所上市公司规范运作指引》（2020 年修订）第 3.2.3 条、《深圳证券交易所中小企业板上市公司规范运作指引》（2015 年修订）第 3.2.3 条、《深圳证券交易所创业板上市公司规范运作指引》（2015 年修订）第 3.2.3 条的规定，被证监会采取证券市场禁入措施，期限尚未届满，不得被提名担任上市公司董监高。另外，若上市公司的董监高候选人存在最近三年内受到证监会行政处罚、因涉嫌犯罪被司法机关立案侦查或者涉嫌违法违规被中国证监会立案调查，尚未有明确结论意见的，上市公司应当披露该候选人具体情形、拟聘请该候选人的原因以及是否影响上市公司规范运作。

（3）根据《上海证券交易所上市公司独立董事备案及培训工作指引》（2016 年）第十三条的规定，独立董事候选人不得存在“近三年曾被中国证监会行政处罚”的情形。

（4）根据《深圳证券交易所独立董事备案办法》（2017 年修订）第八条的规定，独立董事候选人不得存在“被中国证监会采取证券市场禁入措施，期限尚未届满的；最近三十六个月内因证券期货违法犯罪，受到中国证监会行政处罚或者司法机关刑事处罚的；因涉嫌证券期货违法犯罪，被中国证监会立案调查或者被司法机关立案侦查，尚未有明确结论意见的”任一情形。

（5）根据《上海证券交易所股票上市规则》（2019 年修订）第 3.2.4 条的规定，最近三年受到过中国证监会的行政处罚，不得担任上市公司董事会秘书。

（6）根据《深圳证券交易所股票上市规则》（2019 年修订）第 3.2.4 条的规定，自受到过中国证监会最近一次行政处罚未满三年的，不得担任上市公司董事会秘书。

（7）根据《深圳证券交易所股票上市规则》（2019 年修订）第 3.2.4 条的规定，

被证监会采取证券市场禁入措施，期限尚未届满，不得担任上市公司董事会秘书。拟聘任董事会秘书存在下列情形之一的，上市公司应当及时披露拟聘任该人士的原因以及是否存在影响上市公司规范运作的情形，并提示相关风险：①最近三年内受到中国证监会行政处罚；②因涉嫌犯罪被司法机关立案侦查或者涉嫌违法违规被中国证监会立案调查，尚未有明确结论意见。

2. 对董监高参与股权激励的法律影响

根据《上市公司股权激励管理办法》（2018 年修正）第八条的规定，最近十二个月内被中国证监会及其派出机构认定为不适当人选；最近十二个月内因重大违法违规行为被中国证监会及其派出机构行政处罚或者采取市场禁入措施，符合以上任一情形的，不得成为股权激励对象。

3. 对董监高持有股份的法律影响

根据《上市公司股东、董监高减持股份的若干规定》（2017 年）第七条的规定，董监高因涉嫌证券期货违法犯罪，在被中国证监会立案调查或者被司法机关立案侦查期间，以及在行政处罚决定、刑事判决作出之后未满六个月的，不得减持持有上市公司股份。

二、交易所采取监管措施、实施纪律处分对上市公司及其股东、董监高的法律影响

（一）交易所采取的自律监管措施与纪律处分的表现形式

根据《上海证券交易所纪律处分和监管措施实施办法》（2019 年修订）第八条和第九条的规定，上海证券交易所的自律监管措施，包括口头警示，书面警示，监管谈话，要求限期改正，要求公开更正、澄清或说明，要求公开致歉，要求聘请保存机构、证券服务机构进行核查并发表意见，要求限期参加培训或考试，要求限期召开投资者说明会，要求上市公司董事会追偿损失，对未按要求改正的上市公司暂停适用信息披露直通车业务，建议上市公司更换相关任职人员，对未按要求改正的证券发行人相关证券实施停牌，暂不受理保荐人、证券服务机构及其相关人员出具的文件，向相关主管部门出具监管建议函及其他监管措施。

上交所的纪律处分，包括通报批评、公开谴责、公开认定不适合担任上市公司董监高、建议法院更换上市公司破产管理人或管理人成员、暂停或者限制交易权限、取消交易参与人资格、取消会员资格、限制投资者账户交易、要求会员拒绝接受投资者港股通交易委托、认定为不合格投资者、收取惩罚性违约金及其他纪律处分。

根据《深圳证券交易所自律监管措施和纪律处分实施细则》(2018 年修订)第九条、第十四条和第四十五条的规定,深圳证券交易所的自律监管措施,包括口头警示、书面警示、约见谈话、要求中介机构或者要求聘请中介机构核查并发表意见、要求限期改正、要求公开致歉、要求限期召开投资者说明会、要求限期参加培训或者考试、建议更换相关任职人员、暂停受理或者办理相关业务、暂停适用信息披露直通车业务、限制交易、上报中国证监会、向相关主管部门出具监管建议函及其他自律监管措施。

深交所的纪律处分,包括通报批评、公开谴责、公开认定不适合担任相关职务、建议法院更换上市公司破产管理人或者管理人成员、暂不受理专业机构或者其相关人员出具的文件、收取惩罚性违约金、暂停或者限制交易权限、取消交易权限、取消会员或者其他交易参与人资格、报请中国证监会认定会员董监高为不适当人选及其他纪律处分。

(二)对上市公司造成的法律影响

1. 上市公司公开发行证券

表 9－6　法律依据及主要法律影响

法律依据	主要法律影响
《上市公司证券发行管理办法》(2020 年修订)第六条	现任董监高最近十二个月内受到过证券交易所的公开谴责,不得公开发行证券
《上市公司证券发行管理办法》(2020 年修订)第十一条	上市公司最近十二个月内受到过证券交易所的公开谴责,不得公开发行证券
《公司债券发行与交易管理办法》(2015 年)第十七条	最近三十六个月内公司财务会计文件存在虚假记载,或公司存在其他重大违法行为;严重损害投资者合法权益和社会公共利益的其他情形的,不得公开发行公司债券

2. 上市公司非公开发行证券

表 9－7　法律依据及主要法律影响

法律依据	主要法律影响
《上市公司证券发行管理办法》(2020 年修订)第三十九条	现任董事、高管最近十二个月内受到过证券交易所公开谴责,不得非公开发行股票

3. 上市公司非公开发行优先股

表 9－8　法律依据及主要法律影响

法律依据	主要法律影响
《优先股试点管理办法》(2014年)第二十五条	上市公司的董事和高管不符合法律、行政法规和规章规定的任职资格,不得发行优先股

4. 上市公司重大资产重组

表 9－9　法律依据及主要法律影响

法律依据	主要法律影响
《上市公司重大资产重组管理办法》(2019 年修订)第十三条	上市公司及其控股股东、实际控制人最近十二个月内受到证券交易所公开谴责,存在其他重大失信行为的,上市公司不得实施重大资产重组

5. 上市公司境外发行存托凭证

表 9－10　法律依据及主要法律影响

法律依据	主要法律影响
《关于上海证券交易所与伦敦证券交易所互联互通存托凭证业务的监管规定(试行)》(2018 年)第十七条	现任董事、高管最近十二个月内受到过证券交易所公开谴责,上市公司不得以其新增股票为基础证券在境外发行存托凭证

6. 其他法律影响

(1)《深圳证券交易所股票上市规则》(2019 年修订)第 14.4.1 条、第 14.4.17 条

中小企业板上市公司最近三十六个月内累计受到深证证券交易所三次公开谴责,交易所有权对其股票实施强制终止上市。

中小企业板上市公司最近三十六个月内受到本所两次公开谴责的,应当自第二次受到公开谴责起,每月发布一次公司股票可能被终止上市的风险提示公告,直至从第一次受到公开谴责起算的三十六个月期限届满或者本所作出公司股票终止上市的决定。

(2)《深圳证券交易所创业板股票上市规则》(2019 年修订)第 13.4.1 条

公司最近三十六个月内累计受到本所三次公开谴责,交易所有权决定终止上

市公司股票上市交易。

(三)对股东造成的法律影响

1. 根据《上市公司股东、董监高减持股份的若干规定》(2017 年)第六条的规定,上市公司大股东因违反证券交易所规则,被证券交易所公开谴责未满三个月的,不得减持持有上市公司股份。

2. 根据《上市公司收购管理办法》(2020 年修订)第六条的规定,收购人最近三年有严重的证券市场失信行为,不得作为收购人收购上市公司。

(四)对董监高人员造成的法律影响

1. 对董监高任职资格的法律影响

(1)根据《上海证券交易所上市公司董事选任与行为指引》(2013 年修订)第十条的规定,除第十一条规定外,有下列情形之一的,不得被提名为董事候选人:①三年内受中国证监会行政处罚;②三年内受证券交易所公开谴责或两次以上通报批评;③处于中国证监会认定的市场禁入期;④处于证券交易所认定不适合担任上市公司董事的期间。本条所述期间,以拟审议相关董事提名议案的股东大会召开日为截止日。第十一条规定,上市公司的在任董事出现第十条第一款第(一)、(二)项规定的情形之一,董事会认为该董事继续担任董事职务对公司经营有重要作用的,可以提名其为下一届董事会的董事候选人,并应充分披露提名理由。前述提名的相关决议除需经出席股东大会的股东所持股权过半数通过外,还需经出席股东大会的中小股东所持股权过半数通过。

(2)根据《深圳证券交易所上市公司规范运作指引》(2020 年修订)第 3.2.3 条、《深圳证券交易所中小企业板上市公司规范运作指引》(2015 年修订)第 3.2.3 条、《深圳证券交易所创业板上市公司规范运作指引》(2015 年修订)第 3.2.3 条的规定,被证券交易所公开认定为不适合担任上市公司董监高人员,期限尚未届满的,不得被提名担任上市公司董监高。另外,若上市公司的董监高候选人存在最近三年内受到交易所公开谴责或者三次以上通报批评,上市公司应当披露该候选人具体情形、拟聘请该候选人的原因以及是否影响上市公司规范运作。

(3)根据《上海证券交易所上市公司独立董事备案及培训工作指引》(2016 年修订)第十三条的规定,独立董事候选人不得存在“处于被证券交易所公开认定为不适合担任上市公司董事的期间”或“近三年曾被证券交易所公开谴责或两次以上通报批评”的情形。

(4)根据《深圳证券交易所独立董事备案办法》(2017 年修订)第八条的规定,独立董事候选人不得存在“被证券交易所公开认定不适合担任上市公司董事、监事和高级管理人员,期限尚未届满的”或“最近三十六个月内受到证券交易所公开谴责或三次以上通报批评的”任一情形。

(5)根据《上海证券交易所股票上市规则》(2019 年修订)第 3.2.4 条的规定,最近三年受到过证券交易所公开谴责或者三次以上通报批评,不得担任上市公司董事会秘书。

(6)根据《深圳证券交易所股票上市规则》(2019 年修订)第 3.2.4 条的规定,最近三年受到证券交易所公开谴责或者三次以上通报批评的,不得担任上市公司董事会秘书。

(7)根据《深圳证券交易所创业板股票上市规则》(2019 年修订)第 3.2.4 条的规定,最近三年受到证券交易所公开谴责或者三次以上通报批评的,不得担任上市公司董事会秘书。

2. 对董监高参与股权激励的法律影响

根据《上市公司股权激励管理办法》(2018 年修正)第八条的规定,最近十二个月内被证券交易所认定为不适当人选,不得成为股权激励对象。

3. 对董监高持有股份的法律影响

根据《上市公司股东、董监高减持股份的若干规定》(2017 年)第七条的规定,董监高因违反证券交易所规则,被证券交易所公开谴责未满三个月的,不得减持持有上市公司股份。

鉴于证券交易所在实施自律监管过程中,发现证券市场参与主体存在违反法律、行政法规的违法、犯罪行为,会将该类涉嫌犯罪或行政违法案件报送证监会及相关政府机关;司法机关或证监会已经对证券市场参与主体的违法、犯罪行为作出司法判决或行政处罚,则交易所有权直接依据既有判决或行政处罚认定的事实,对相关责任主体直接采取监管措施或实施纪律处分。证券市场参与主体无论被证监会立案调查、采取监管措施、实施行政处罚,还是被交易所采取自律监管措施、实施纪律处分,都会对其在一定期限内或永久期限内通过资本市场进行融资及其他资本运作或参与证券市场活动造成重大影响及阻碍。据此,相关主体在参与资本市场的活动时应对此予以重视,严格遵循相关法律法规及交易所的相关规则,切实规范自身的行为。

第二节　证券交易所一线监管——以对上市公司监管为视角

证券交易所的自律管理是一个国际性问题，近年来，由于世界主要证券交易所非互助化改制进程的逐步完成，证券交易所的监管体制将面临新的挑战和改革。由于历史原因，我国法律一直未对证券交易所在自律监管的地位和作用方面进行明确、具体的阐述，仅作了原则性规定。值世界各国证券交易所自律监管体制改革之时，借助我国资本市场监管机制调整之机，我国证监会适时出台了新的《证券交易所管理办法》（中国证监会第136号令），2020年3月1日新修订的《中华人民共和国证券法》正式施行，法律在赋予证券交易所施行自律管理的同时，增加规定证券交易所履行自律管理职能，应当遵守社会公共利益优先原则，维护市场的公平、有序、透明。另外，还在一些条款中明确了证券交易所的监管职能，强化了证券交易所一线监管的法律地位。本节拟就证券交易所一线监管的理论新发展为出发点，揭示我国证券交易所自律管理的实践与发展方向。

一、证券交易所自律管理理论的新发展

（一）证券交易所自律管理理论发展的原因

"自律"一词，是指不受外界约束，据自身善良意志按自己颁布的道德规律而行事的道德原则。关于自律的地位和作用，国际证监会组织（International Organization of Securities Commissions，IOSCO）明确地指出，自律，通常包括私人利益和政府监督的独特组合，是应对复杂、动态以及不断变化的金融服务行业的有效和高效的监管形式。[①] 因此，自律管理一直以来都是证券市场秩序的基础。

自律管理理论出现新发展的原因是世界各国的主要证券交易所从非营利的会员制组织变为营利性的公司。根据世界交易所联合会（World Federation of Exchanges，WFE）2003年的统计数据，截至2003年12月，WFE统计的50家会员交易所中，14家证券交易所已经完成公司制改制但股票还没有公开上市，13家证券交易所已经变成了公开上市的交易所；公司制交易所占统计的全部成员交易所的54%。[②] 证券交易所的自律管理不再适应新形势的变化，有既是"裁判员"，又是"运动员"之嫌，

---

① See Model for Effective Regulation, Report of the SRO Consultative Committee of the IOSCO, May 2000.

② See World Federation of Exchange Cost & Revenue Survey 2003.

所以证券交易所自律管理的理论讨论势必需要更新和发展。

(二)证券交易所自律管理法学理论的更新

1. 自律之意义

传统意义上的西方证券交易所是会员发起设立的会员制的非营利互助性机构,证券交易所的会员通过章程的形式,将一部分权利让渡给证券交易所,使其可以充当立法者和裁判者的角色,制定规则、执行规则、调处会员纠纷。随着证券交易所和资本市场的发展,证券交易所除了对会员进行自律管理外,还对上市公司实施自律监管,这实际上超出了所谓"自律"的范畴,而是对证券交易所会员以外的主体,进行了自律管理。由于有别于政府层面的行政监管,证券交易所对上市公司的管理仍被习惯性地称为"自律管理"。

随着交易所的公司制改造,证券交易所不再是会员制的非营利机构,而变成了公司制的非互助化营利性机构。而证券交易所的股东不再一定是会员,甚至证券交易所上市之后还存在数量庞大的公众股东。交易所不再由会员控制,而是由股东会或董事会控制;对会员和上市公司的监管,也不再符合会员让渡权利的原有法学理论,"自律管理"一词再一次突破了其应有之义。因此,"一线监管"(front - line regulators)一词应运而生。① 中国证监会时任主席刘士余,2017 年在多次会议上也强调了加强证券交易所"一线监管"的法律地位和职责。但是,从大的概念上来讲,国际上仍习惯性地将证券交易所对会员、上市公司和证券交易的监管称为"自律",只是这一概念的内容和范围有所更新。②

2. 契约之灵魂

从最早的荷兰阿姆斯特丹证券交易所,到由新乔纳森咖啡厅转化而来的伦敦证券交易所,再到基于"梧桐树协定"而来的纽约证券交易所,早期的证券交易所是基于契约而形成的互助性会员制组织。当自律监管理论将证交所监管扩充到上市公司时,其基本依据为上市协议,也是契约关系。学者总结到,交易所现在执行其规则依靠两种权力来源:与上市公司的上市协议(listing agreements)及适用于证券商的会员规则(membership rules),这两种监管的权力均来自合同的合意(contract

---

① See John W. Carson, Consultant for the World Bank, Conflict of Interest in Self-regulation; Can Demutualized Exchanges successfully manage them? World Bank Policy Research Working Paper, December 2003.

② 谢增毅:《证券交易所自律监管的全球考察——困境与出路》,载《商事法论集》2006 年第 2 期。

consent)。[①] 那么,自律监管内容和范围的再次扩充,仍然要以契约关系作为证券交易所自律管理的法理基础。在证券交易所公司制改革的背景下,有学者指出,自律监管是从会员自己监管的非正式监管向现代的职业监管者监管体制迈进的最后一步, 通过非互助化,形成了一个完全独立,但仍然以市场为基础的监管体制。在更加独立于监管对象的治理结构下,交易所监管将更为公众所信赖,也更适合承担更多的监管职权。[②]

二、证券交易所一线监管概念的提出与发展

(一)证券交易所公共属性的出现

世界主流证券交易所的发展演变,经历了一个由封闭式自律时期到相对自律时期的过程。[③] 也就是从证券商合议组成的会员制证券交易所的封闭式自律机制,向由法律和政府介入的相对自律机制发展的过渡。

美国 1929 年经济危机过后,于 1933 年和 1934 年分别颁布了《证券法》(Securities Act)和《证券交易法》(Securities Exchange Act),建立了证券交易委员会和证券交易所的双重监管架构。20 世纪 80 年代金融大爆炸之后,英国于 1986 年颁布了《金融服务法》(Financial Services Act),并据此建立了法定框架内的监管体制。2000 年又颁布了《金融服务与市场法》(Financial Services and Markets Act),由金融服务管理局(Financial Services Authority,FSA)统一实施监管。[④] 从前述情况看,英、美两国的证券交易所,均是在遭遇了重大经济危机之后,发现了传统证券交易所自律管理的缺陷与不足,且发现了证券交易所中蕴含着巨大的社会公共利益后,开始了由法律和政府介入的监管体制改革。证券交易所一线监管职能的出现,实际上是历史发展过程中证券交易所公共属性的必然表现。[⑤]

我国的证券市场出现在改革开放之后的 20 世纪 90 年代,当时的世界主流证券交易所已经纷纷进入由法律和政府机构介入的相对自律监管时期,而该种监管恰恰符合我国当时的历史背景和政府主导的国情。因此,我国证券交易所的自律管理并未经历漫长的封闭自律监管时期,而是自始便采取了政府主导设立,即政府主

① See Adam C. Pritchard, Self - regulation and Securities Markets, in Regulation, Spring 2003.
② See Adam C. Pritchard, Self - regulation and Securities Markets, in Regulation, Spring 2003.
③ 吴燕妮:《证券交易所一线监管的渊源、属性及应用》,载《金融与经济》2019 年第 5 期。
④ 孙昌兴、温云爱:《非政府组织在英美证券监管中的作用及对我国的启示》,载《江淮评论》2006 年第 4 期。
⑤ 吴燕妮:《证券交易所一线监管的渊源、属性及应用》,载《金融与经济》2019 年第 5 期。

导自律监管的模式。这种模式将市场置于严密监管之下,其弊端在于证券交易所的监管地位相对较低,一般属于行政机构上传下达的末端,只能被动接受上级的监管指示,缺乏作为证券交易所应有的监管主观能动性,反而给了上市公司利用行政机关程序复杂、反应慢等劣势的机会,不利于切实保证投资者及社会公共利益。进入 21 世纪后,我国政府与世界各国一道,逐渐认识到了证券交易所的公共属性和保护社会公众利益的重要性,通过修订证券法的方式,加强证券交易所的监管职能。

(二)公司制证券交易所的一线监管新模式

如前文所述,公司制证券交易所的广泛出现与发展,使证券交易所自律管理理论随之发生重大的变革。相较于传统的会员制证券交易所,公司制证券交易所需要同时具备营利和监管的职能。根据公司制证券交易所的特点,世界各国均对新的一线监管模式进行了摸索和实践。

在现存模式下,交易所在进行公司制改革之后,同时保持原有的规则和自律管理职能,以及新的营利属性。其中,日本的东京证券交易所和澳大利亚证券交易所是这种模式的代表。值得说明的是,澳大利亚证券交易所为了避免其公司制改制及上市之后,出现监管利益冲突的情况,特别设立了澳大利亚证券交易所监管审查有限公司,对交易所的监管活动进行监督,确保证券交易所全面适当地履行监管职责,解决证券交易所的利益冲突问题,公平对待监管对象。①

在专门法人机构模式下,证券交易所成立一个法人机构,专门承担监管职责。这种模式将证券交易所的监管职能从日常经营中分离出来,以解决利益冲突问题,这比澳大利亚证券交易所的模式又进一步。美国的纽约证券交易所和纳斯达克交易所采取了这种模式。以纳斯达克交易所为例,纳斯达克市场的母公司全国证券交易商协会(National Association of Securities Dealers,NASD)单独设立了全国证券交易商协会监管公司,以及独立的争议解决公司,分别从事纳斯达克市场的自律监管和全国证券交易商协会成员间、相联系的人以及消费者之间的争议解决。当然,在这种模式下,纳斯达克市场仍会保留上市标准及证券交易规则的制定权。②

在剥离模式下,证券交易所将其监管职责的一部或全部交由外部的第三人来履行。伦敦证券交易所是这一模式的典型代表,英国通过《金融服务与市场法》成立了金融服务局,专门从事对证券市场的监管工作。但与此同时,证券交易所保留

---

① 谢增毅:《证券交易所自律监管的全球考察——困境与出路》,载《商事法论集》2006 年第 2 期。
② 谢增毅:《证券交易所自律监管的全球考察——困境与出路》,载《商事法论集》2006 年第 2 期。

了制定接受证券交易以及监管证券交易的规则的权力。

虽然世界各国的社会制度和证券交易所的设立背景存在较大差异，但在公司制证券交易所改革的大背景下，各国对证券交易所一线监管的模式都还处于摸索阶段，没有哪种模式形成了优势垄断地位，这在客观上极大扩展了我国证券交易所一线监管制度设计的视野。

三、我国证券交易所自律监管的发展方向

（一）我国证券交易所的国家属性

时任中国证监会主席刘士余在2017年深圳证券交易所会员大会上的讲话明确指出，沪、深交易所是国家的机构，是国家利益、国民利益的载体，是资本市场的核心平台，具有不可替代的重要作用。交易所应当提高政治站位，成为落实党中央、国务院决策部署的先锋力量。①结合我国社会主义的基本政治制度和中国特色社会主义的经济制度，我国证券交易所实际上在设立之初，就带有浓重的国家属性或称社会公共属性。这与西方主要证券交易所自律管理内涵的扩充殊途同归，即在考虑到社会公共利益或国家利益时，由法律和政府介入原较为封闭的会员制交易所，通过宏观监管和调控的方式，使金融证券市场有序平稳发展。

（二）我国证券交易所一线监管的现状与发展方向

1995年，时任证监会主席周道炯在监管工作会议上首次提出证券、期货交易所承担着一线监管的重任，没有交易所的规范化运作，就无规范化市场可言。由此，我国证券交易所正式开始了一线监管探索与实践。②

从法律体系上看，《中华人民共和国证券法》（2019年修订）第九十六条规定证交所是实行自律管理的法人。2018年实施的新《证券交易所管理办法》明确规定证券交易所组织和监督证券交易，实施自律管理。其中，在该办法第六章单辟一章规定了证券交易所对上市交易公司的监管，内容涉及上市规则、上市协议、保荐制度、信息披露、停复牌业务等方面。沪深两市的上市规则又针对各自市场的交易特点，设置了更为具体的监管内容，并依法制定了纪律处分的相关规定。应当说，《证券交易所管理办法》的修订和实施，极大地丰富了证券交易所一线监管的内容，其一

① 《刘士余主席在深圳证券交易所2017年会员大会上的致辞》，载凤凰财经网：http://finance.ifeng.com/a/20170416/15302540_0.shtml，最后访问日期：2019年12月1日。

② 吴燕妮：《证券交易所一线监管的渊源、属性及应用》，载《金融与经济》2019年第5期。

线监管的实践也在初步开展。

从监管实践上看,交易所开展监管工作主要有三种方式:一是配合证监会进行联合监管;二是自主发起监管调查;三是受证监会委托实施监管调查。从历史上看,上述第一种方式最为传统。长期以来,我国证券交易所在独立性方面缺乏法理依据,反之,根据《证券交易所管理办法》的规定,中国证监会有权委派至多二分之一的理事、任免总经理和副总经理、有权解除高级管理人员职务。在这种情况下,证券交易所与证监会形成了较为紧密的关系,因此,证券交易所配合证监会进行联合监管也就成为比较常见的方式。而第二种、第三种方式,是自证监会提出一线监管理念后,才开始出现的监管实践方式,是监管方式未来的发展方向。需要着重提出的是,中国证监会已经在沪深两市开展委托调查的试点,并于 2014 年发布了《中国证监会关于〈中国证监会委托上海深圳证券交易所实施案件调查试点工作规定(草案)〉公开征求意见的通知》,草案规定了证监会调查权委托的对象、方式、内容、要求、督导和法律责任等方面,释放了加强证券交易所一线监管的明确信号。

从证券交易所一线监管的角度看,证券交易所监管处于市场一线,反应相对迅速,往往能在早期察觉问题,并及时解决,使市场风险和潜在危机尽早得到缓解,①具有独特的一线监管优势。因此,我国证券交易所的一线监管还将进一步的扩张,②成为我国证券市场监管的中坚力量。从域外的证券交易所一线监管的实践与变化看,世界各国主要证券交易所均逐步强调对上市公司监管的法律有效性,通过不同的一线监管方式,探索适合本国国情的一线监管制度。我国证券交易所在未来很长的一段时期内,仍将通过法律的授权和行政监管机构权力的下放,获得一线监管的基础和实质性权力,而其与证监会监管权的配置也将成为上市公司关注的重点问题。

第三节　证券交易所纪律处分的程序与救济路径

现行《中华人民共和国证券法》对交易所的法律地位进行了确认,《证券交易所管理办法》规定了证券交易所的纪律处分权。沪、深两家证券交易所依据上述法律法规规定分别制定了《上海证券交易所纪律处分和监管措施实施办法》和《深圳证

---

① 缪因知:《中国证券法律实施机制研究》,北京大学出版社 2017 年版,第 488 ~492 页。

② 冷静:《法定自律组织还是法律法规授权组织——新形势下证券交易所及其一线监管性质辩》,载《证券法苑》2017 年第 5 期。

券交易所自律监管措施和纪律处分实施细则》对纪律处分的实施和内部救济进行了详细的规定。本节拟就探讨证券交易所的纪律处分程序为出发点，对其法理内涵和救济路径的外延进行梳理，并对该类案件的救济导向进行分析。

一、证券交易所纪律处分的法理基础及法律渊源

阐述证券交易所纪律处分程序，首先需要明确证券交易所实施纪律处分的法理基础和权力与权利的来源问题。只有明确了这个重要的法律前提，才能进一步探讨纪律处分程序的法律实务问题，以及纪律处分救济的实践与发展问题。

（一）证券交易所权力来源的理论学说

一国之内的法律体系往往具有滞后性，当荷兰出现世界上第一家证券交易所，即阿姆斯特丹证券交易所时，该国尚未出现行政主管机关，完全是属于市场自发行为。那么，如何规制这一新兴的交易活动形式和交易参与人成为一个问题。当时的交易所各项交易规则则是由股票交易商在交易中逐步订立的，[①]体现了一种市场参与者通过契约或交易习惯一致同意让渡部分权利而使证券交易所获得权力的现象。在美国1934年《证券交易法》制定以前，亦存在市场参与者一致让渡权利给证券交易所的情形。因此，早期的证券交易所自律监管理论认为证券交易所的自律监管行为是一种私权利。

随着社会经济的发展，更多的学者认为证券交易所的市场规制行为是一种私权力和公权力的混合体。[②] 19世纪，在德国出现了特别权力关系理论，该理论认为：在特别权力关系内，排除依法行政原则尤其是法律保留原则之适用，国家或公共团体对相对人一方拥有概括性的命令权与惩戒权，而且行使这些权力无须法律依据并不进入司法救济。[③]“二战”后，学界对该理论进行了持续的修正。一是在特别权力关系内部区分了基础关系和管理关系，基础关系涉及产生、变更及消灭等事项，可以寻求司法救济。而除此之外的为管理关系，相对人不得请求法律救济。二是重要性理论，该理论认为在特别关系理论内部，涉及基本权利的重要事项，必须由立

---

① ［荷］洛德韦克·彼得拉：《全球首家交易所史话》，中国金融期货交易所期权小组译，东方出版中心2016年版。转引自谢贵春：《激励与约束相容：再论证券交易所自律管理司法政策》，载《证券法律评论》（2018年卷），中国法制出版社2017年版，第442～456页。

② 卢文道：《证券交易所自律管理理论》，华东政法大学2007年博士学位论文。

③ ［日］和田英夫：《现代行政法》，倪建民、潘世圣译，中国广播电视出版社1993年版，第62页。

法者以立法的方式而不能由行政权自行决定；如果权利受到侵犯，亦可寻求法律救济。①

根据《中华人民共和国证券法》（2019 年修订）第九十六条的规定，证券交易所是为证券集中交易提供场所和设施，组织和监督证券交易，实行自律管理的法人。最高人民法院《关于对与证券交易所监管职能相关的诉讼案件管辖与受理问题的规定》第二条界定了证券交易所履行监管职责行为的范围，主要包括三类：法律、法规和规章规定的监管行为；证券监管部门授权的监管行为；合同约定的监管行为。因此，从立法内容看，证券交易所自律监管的行为形式应当依据权力来源作必要区分，其中法律、法规和规章规定的监管行为以及证券监管部门授权的监管行为应当属于行政权力的范围，合同约定的监管行为应属于私权让渡。② 结合我国证券交易所是由政府主导、推动组建，其自身发展、秩序建构、制度供给几乎是在政府主导下进行的背景，③我们认为，我国证券交易所是以德国特别权力关系为基础，兼采了传统社团理论中的私权让渡学说，是一种公、私权力的混合体。

（二）证交所纪律处分的法律渊源

1. 法律

《中华人民共和国证券法》（2019 年修订）第七章对我国证券交易所的性质、设立、章程、名称、组织机构、管理人员、交易规则、职责等作出了规定。其中，第一百一十五条规定，在证券交易所从事证券交易，应当遵守证券交易所依法制定的业务规则。违反业务规则的，有证券交易所给予纪律处分或者采取其他自律监管措施。

2. 规范性文件

中国证监会根据《中华人民共和国证券法》的授权制定了《证券交易所管理办法》，共九章 90 条，对证券交易所的职能、组织机构、监管、管理与监督、法律责任等事项进行了具体的规定。其中，第六十四条规定，发行人、证券上市交易公司及相关信息披露义务人等出现违法违规行为的，证券交易所可以按照章程、协议以及业务规则的规定，采取通报批评、公开谴责、收取惩罚性违约金、向相关主管部门出具监管建议函等自律监管措施或者纪律处分。

沪、深两家证券交易所根据《中华人民共和国证券法》及《证券交易所管理办

---

① 徐明、吴伟央：《论证券交易所自律管理正当程序的有限性》，载《证券法苑》2010 年第 2 期。

② 黄正华、赵宇：《中国证券交易所自律监管发展对策研究》，载《海南金融》2017 年第 7 期。

③ 方流芳：《证券交易所的法律地位——反思“与国际惯例接轨”》，载《政法论坛》2007 年第 1 期。

法》分别制定了《上海证券交易所纪律处分和监管措施实施办法》(2019 年修订)和《深圳证券交易所自律监管措施和纪律处分实施细则》对纪律处分的实施和内部救济进行了具体的规定。

就证券交易所纪律处分的内部救济，沪、深两家证券交易所根据各自的有关规定分别制定了《上海证券交易所复核实施办法》和《深圳证券交易所上诉复核委员会工作细则》(2018 年修订)，两规定对证券交易所作出的纪律处分决定的内部救济措施进行了具体规定。

以上法律、规范性文件构成了我国现行证券交易所纪律处分及内部救济的规定。

二、证券交易所纪律处分的程序——以上海证券交易所为例

根据《上海证券交易所纪律处分和监管措施实施办法》(2019 年修订)和《上海证券交易所复核实施办法》(2019 年修订)，上交所设纪律处分委员会及复核委员会，审核纪律处分及复核相关事项。纪律处分委员会委员由上交所专业人员及所外专业人士组成。纪律处分每次审核参与委员为 5 名，由纪律处分委员会主任委员指定。复核委员会委员从符合上交所条件的会计、法律及相关领域的专家、其他组织的专业人士中聘任，并对外公布。每次参加复核会议的委员为 5 名，由本所在复核委员会委员中选定。在纪律处分及复核程序中，纪律处分委员会及复核委员会居中裁判，上交所监管部分和市场参与者作为两造参加。主要程序有：

1. 监管部门的调查与举报。监管部门在日常监管中发现违规行为后进行调查。如果相关事实不成立，则终结程序；如果相关事实成立，则以监管部门名义向监管对象发送纪律处分意向书。但有四种例外情形，即(1)监管对象违规事实清楚且情况紧急，需要立即启动纪律处分程序的；(2)拟实施限制投资者账户交易的纪律处分的；(3)拟实施要求会员拒绝接受投资者港股通交易委托的纪律处分的；(4)发送纪律处分意向书可能对纪律处分实施效果产生重大影响的其他情形。监管对象应当自收到前条规定的纪律处分意向书后 5 个交易日内，书面回复是否接受本所将实施的纪律处分，对将实施的纪律处分有异议的，应当书面说明理由。监管对象无正当理由逾期不回复的，视为无异议。

2. 纪律处分程序的提起。监管对象对纪律处分意向书予以书面回复或者届期未作回复的，本所监管部门应当及时向纪律处分工作小组提交书面的纪律处分建议书及相关材料。纪律处分工作小组应当及时对本所监管部门提交的纪律处分建

议书及相关材料进行形式审核。材料完备的,予以接纳并及时安排召开纪律处分审核会议。

3. 纪律处分审核会议。纪律处分审核会议由召集人主持。审核会议按照下列程序进行:(1)上交所参与该纪律处分事项调查的人员向参审委员报告有关情况,并接受参审委员询问;(2)召集人组织委员对审核事项逐一发表个人审核意见,并进行总结;(3)参审委员对审核事项进行投票表决;(4)会议秘书统计投票结果;(5)召集人宣布表决结果,形成处分意见;(6)参审委员在审核会议记录及表决结果上签名。参加审核会议的委员认为有必要的,可以要求监管部门通知监管对象,到会陈述意见、接受询问。纪律处分委员会根据审核表决结果,对提请审核的纪律处分事项分别作出处理:(1)认为应当予以纪律处分的,制作纪律处分意见书;(2)认为相关事实不清、证据不足,或遗漏违规事实、违规行为人的,退回监管部门补充调查;(3)认为不存在违反本所业务规则情形,或者虽违反本所业务规则但情节轻微,无须给予纪律处分的,转交监管部门处理。上交所根据纪律处分委员会的纪律处分意见书,作出纪律处分决定。作出取消会员资格的纪律处分决定的,还需要经上交所理事会审议通过。由此可以看出,上交所的纪律委员会与美国、德国及我国香港地区等地的证交所纪律部门不同,从形式上看,其对某些重大事项并没有最终纪律处分决策权力,仍需提交理事会审议。

4. 听证程序(部分纪律处分适用且为非必经程序)。监管部门发出的纪律处分意向书中提出拟对监管对象实施公开谴责、公开认定不适合担任相关职务、暂停或者限制交易权限、取消交易参与人资格、取消会员资格、认定为不合格投资者、收取惩罚性违约金或者适用听证程序的其他纪律处分的,监管对象可以要求举行听证。但监管部门未发送纪律处分意向书的,不适用听证程序。监管对象未提出纪律处分听证申请,上交所认为需要就相关事项举行听证的,也可以决定举行听证。也就是说,证券交易所纪律处分及复核中的听证程序是非必经程序,具体适用由纪律委员会或复核委员会决定。

5. 提出复核。市场参与者对业务规则规定的可申请复核的纪律处分,纪律处分对象不服纪律处分决定的,可以按照复核程序的相关规定,向复核委员会申请复核。

6. 复核委员会程序。依规定可以进行复核的事项可以启动复核程序。复核会议对申请人的复核申请进行书面审查。参加复核会议的委员认为有必要的,可以要求通知申请人到会接受询问,或者要求本所聘请相关专业机构或者专家发表专业意见。复核委员会在考虑综合因素后，可以针对复核请求作出维持或撤销原决定的复核决定。复核决定为终局裁决。

综上，上文仅以上交所规定为例，而实际上深交所的规定与之类似，只是程序的细节上略有差异。沪、深两家证券交易所均规定了“复核”这一纪律处分决定的内部救济手段，而实践中却鲜有公开案例。

三、现行法律、法规规定的救济路径

（一）交易所内部救济——复核程序

传统自律组织理论认为，自律组织内部救济属于私人自治的范畴，是基于组织内部成员对于组织规则的自认及自愿让渡权利，从而排除了其他外力的介入。自治组织拥有内部自治法律关系纠纷的排他性权利。[①] 具体而言，上文以上交所为例，介绍了其复核程序。随着法治化建设的逐步推进，交易所复核程序在理论界和实务界均存在较大争议，尤其是决定程序过于简单、没有形成类似诉讼的两造的争议解决构造、提起复核程序的限制等问题。另外，我们通过两个交易所的网站，以“复核”为关键词查询，并未获取有效的案例信息，这说明复核程序已经被边缘化，应当引起立法部门和行政监管部门的重视。

（二）行政监管救济

根据《中华人民共和国证券法》（2019 年修订）第一百六十九条的规定，国务院证券监督管理机构在对证券市场实施监督管理中依法对证券发行人、上市公司、证券公司、证券投资基金管理公司、证券服务机构、证券交易所、证券登记结算机构的证券业务活动，进行监督管理。在行政监管层面，证监会可以就交易所作出的纪律处分决定进行审查及监督，有权对交易所处分不当的决定要求予以纠正。[②] 但需注意的是，《上海证券交易所复核实施办法》第四条第二款规定，复核决定为本所的终局裁决。该规定说明，证监会的监管已经不再是自律监管，而是更加类似于行政监管。鉴于证监会并未就交易所复核决定以何种救济程序向证监会提起予以规定，从证监会纠错的性质上又不能草率界定为行政复议程序，因此，我国的行政监管救济只能以投诉的形式存在。

---

① 王圣诵：《中国自治法研究》，中国法制出版社 2003 年版，第 4 ~5 页。

② 谭婧、邹思思：《证券交易所收取惩罚性违约金的法律问题探析》，载《证券法苑》2017 年第 5 期。

(三)司法救济

1. 可诉性

基于前文的分析,证券交易所实施纪律处分是一种特别权力的实施,因此,早期学术理论认为证券交易所的纪律处分不具有可诉性。但是,随着该理论的不断修正,认为其中一部分涉及基本权利的内容是具有可诉性的。我国直接汲取了特别权力关系理论的最新成果,于2005年1月25日发布最高人民法院《关于对与证券交易所监管职能相关的诉讼案件管辖与受理问题的规定》(法释〔2005〕1号),明确了证券交易所监管行为的可诉性。

2. 诉讼类型

交易所的纪律处分决定是一种公、私权力的混合,我国秉承的是大陆法系或称社会主义法系民事、行政诉讼二元诉讼体系,这就使市场参与者基于各种法律关系起诉证券交易所成为一个问题。如果证券交易所基于法律、法规、规章授权或证监会授权,作出的纪律处分决定,法院应以行政诉讼受理。如果证券交易所基于其章程、业务规则、业务合同的规定,对证券发行人及其相关人员、证券交易所会员及其相关人员、证券上市和交易活动作出处理决定,应诉诸民事诉讼。

同样,我们通过北大法宝和裁判文书网两个案例库,以证券交易所为当事人进行检索,并未检索出有效的案例线索。

从域外经验来看,证券交易所往往被定为证券交易领域的第一线监管机构,监管权的实施又基于惩戒权。根据有权力必须有救济的法律原则,我国已初步建立了证券交易所纪律处分的救济路径体系。但是,基于公开信息,我们并未检索到有效的案例。随着我国市场的逐步成熟,证券交易所的一线监管地位将逐步加强,证监会与证券交易所的监管权分配将更加合理,而证券交易所纪律处分内部救济的重要性将逐步凸显,这一趋势在上海市高级人民法院《关于服务保障设立科创板并试点注册制的若干意见》第十五条[①]已有所回应。因此,证券交易所纪律处分的内部救济程序将成为本类纠纷的核心救济路径。

---

① 上海市高级人民法院《关于服务保障设立科创板并试点注册制的若干意见》第十五条规定:"依法保障证券交易所实施自律监管。准确界定证券交易所与拟上市公司、上市公司、会员单位、投资者之间的法律关系,细化《最高人民法院关于对与证券交易所监管职能相关的诉讼案件管辖与受理问题的规定》中直接利害关系的认定条件,统一案件受理标准。明确涉证券交易所行政纠纷与民事纠纷的边界,尊重证券交易所业务规则、证券交易所民事责任相对豁免规则。对证券交易所自律监管行为引发的纠纷,引导当事人穷尽证券交易所复核等救济程序,减少司法的直接干预。"

第四节 “证券”概念的扩大对证券监管的影响

2020年3月1日起实施的修订后的《中华人民共和国证券法》自发布征求意见稿以来便受到广泛关注。本次修订是继2005年之后的又一次大修，在2015年4月与2019年12月间总共经历了四读。2015年4月一审稿推出的背景是政策支持金融创新，旨在一步到位修改股票发行制度为注册制，支持证券行业创新，由于较为激进，且之后不久A股经历异常波动而被搁置；2017年4月的二审稿在A股异常波动之后推出，具有很强的严监管痕迹，基本上逆转了一审稿的修订方向，对证券发行制度仅作衔接性规定；2019年4月的三审稿推出于科创板被提出之后、落地之前，最大变化是规定股票发行采取双轨制，引发了一定的争议，同时体现了存托凭证、减持新规等当时资本市场最新发展内容；2019年12月通过的是四审稿，科创板顺利落地为其明确规定全面注册制提振了信心。① 此外，此次还明确了资产支持证券ABS、资产管理产品发行、交易的管理办法，由国务院依照证券法的原则规定。资管产品和ABS本质上是标准化的投融资金融产品，符合证券的筹集资金、由他人从事经营活动、获取收益并承担风险、可交易可转让等金融属性，将其纳入证券范畴有利于为规范资管市场和资产证券化产品提供法律支持。此外，新修订的《中华人民共和国证券法》删去了证券衍生品的管理办法应当按照《中华人民共和国证券法》原则规定的表述，意味着对其进行规范的期货法立法加快，会另行颁布。总体而言，新修订的《中华人民共和国证券法》对“证券”概念进行了扩大，这符合我国资本市场上证券种类不断增加的趋势。

“证券”概念的界定是构建证券法治的起点和基础，证券概念的主要功能就是确定证券法的适用范围和调整对象，使其成为法律意义上的“证券”，受证券法的特别监管。通过界定“证券”之要义，可以为金融创新和打击非法集资奠定法律基础。将某种金融产品纳入证券范畴则意味着将其纳入正式的证券监管范畴，而证券监管通常体现为通过注册或核准的形式进行发行、进行信息披露或相关信息的备案、在产品的运行过程中对投资者承担更多的法定义务、在证明责任方面承担更重的举证义务。正是因为证券的发行人将承担更多的前述义务，那么更应当对“证券”进行正确的定义，哪些金融产品应当作为“证券”来进行规制，这是立法者应当向市

---

① 雪球网：https://xueqiu.com/3302797049/142534713？page=2，最后访问日期：2019年12月1日。

场传达的信息。

一、我国证券的概念应逐步扩容

在我国,“证券”是一个逐渐为立法所扩张的概念。1998年《中华人民共和国证券法》只规定了股票、公司债券和政府债券三类证券,同时将“国务院依法认定的其他证券”作为兜底性规定;2005年《中华人民共和国证券法》将“证券投资基金份额”和“证券衍生品种”纳入其中,这是我国证券法在实质意义上对证券概念的首次扩容;2014年《中华人民共和国证券法》沿用了2005年《中华人民共和国证券法》对证券概念的界定;2019年《中华人民共和国证券法》将“存托凭证”纳入证券的范围,这是我国证券法在实质意义上对证券概念的再次扩容。从立法技术上说,我国证券法对证券概念的界定采用的是一般列举加兜底认定的方式,兜底认定的主要功能在于弥补一般列举的不周延,增强证券概念的张力,以满足现实发展的需要。只不过,在我国证券法发展史上,兜底认定方式一直没有发挥作用,因为时至今日,国务院并没有认定过其他证券。所以,增强证券概念张力的重任就落在一般列举方式的身上了。①

从上述可以看出,自1998年以来,我国对“证券”的一般列举也是一个缓慢发展的过程,这与我国证券市场发展的历史、模式、习惯和法治水平息息相关。随着金融创新的逐步发展,对于放开列举式的证券定义,而采用功能性定义的呼声越来越高。如有的学者提炼出证券的三大特征或三个构成要件:(1)投资性,即投资是为了获取利润;(2)横向共同性,即投资者之间共同进行了投资或者它允许投资者对外拆分转让该证券;(3)风险未受规制性或风险裸露性,即它在未受证券法的规制之前,有损失本金的风险且也未受到其他专门法律的有效规制。从而试图将“证券”定义为系投资者为了获取利润而取得的代表投资性权利的凭证或合同,投资者之间共同进行了投资或者它允许投资者对外拆分转让该证券,它具有损失本金的风险且该风险未受其他专门法律的有效规制。② 此种功能性定义方法势必会将现存的很多金融产品纳入证券的范围和证券监管当中。不过,在给任何概念下定义之前,我们首先要确定这一定义的目标和功能,“定义证券的作用首先在于为企业提供明确、合法的融资途径和手段,以免企业落入非法集资罪等刑事罪名中,而不是从兜底性

---

① 余涛:《论美国证券法中“其他证券”的界定——规则演变及相互关系》,载《证券市场导报》2020年第2期。

② 邢会强:《国务院金融稳定发展委员会的目标定位与职能完善——以金融法中的“三足定理”为视角》,载《法学评论》2018年第3期。

全面监管的立场出发加以界定”①。从这一意义而言，切不可盲目地在证券法中扩大证券的概念，否则可能产生不同规范、不同部门之间的协调性问题。

二、证券概念扩容需要加强监管制度建设

如上文所述，证券具有投资性、横向共同性和风险未受规制等特点，因此立法者为证券规定了特殊的监管模式。申言之，因为证券涉及广大的投资者，具有涉众性的特点，涉及公共利益，所以证券法要求某种证券需要注册或核准；因为存在信息不对称，且一对一的谈判不能解决之或解决成本太高，所以发行人要承担强制性的信息披露义务，要求发行人在达到法律规定的披露临界点时，及时、有效地向社会披露相关交易信息和发布定期、临时报告；有特别的利益需要平衡，所以对投资者给予民事和行政乃至刑事的特别保护。证券法的根本目的是保护投资者，给“证券”下定义，就是要抓住这部法律的本质特征。投资者的信心是维系证券市场发展的重要支柱，信息的不对称性令信息披露自然成为证券监管的首要任务，信息披露制度能够减轻或消除因证券市场信息不对称所产生的弊病。

信息披露制度作为有效监管的核心要素，也是保护投资者的重点所在。不同于一般的商事交易，信息披露只在双方缔约之时，缔约方可能承担一次性信息披露的义务，除非在当事人自行约定的情况下，法律并不强制要求经常性的披露。并且证券发行人承担的信息披露义务也远远大于民商事合同的缔约方。一般的合同缔约方只负有不作出虚假陈述，保证信息真实、准确完整性的义务，无须主动承担披露的责任。换言之，沉默本身不构成欺诈，然而，证券监管规则却会在通常情况下将单纯的沉默视为虚假陈述，甚至要求发行人随时更新原先已经披露的信息。由此可见，督促和监督证券发行人信息披露，是为了对投资者提供证券法保护，这也是证券含义的根本所在。

落实证券监管，不扩张证券的概念而等待执法和司法环境的完善是不现实的；同时证券概念的扩张应当与我国资本市场的发展阶段相协调，进行循序扩张。此外，在扩张证券概念的同时，也应当加强证券执法和司法环境建设：证券执法环境建设主要是扩张证券监管机构的权力，证券执法要延伸到所有的证券产品领域和所有环节，包括私募证券和场外证券领域，以及发行、交易、退出等环节。证券司法环境建设主要是疏通司法救济机制，扩张代表人诉讼机制或引入集团诉讼制度，以

① 吕成龙：《我国〈证券法〉需要什么样的证券定义》，载《政治与法律》2017年第2期。

解决受害者起诉率低的问题。完善配套制度的同时，也要不断扩大证券执法组织和提升执法能力。[①]

三、证券概念的扩大对分业金融监管的影响

我国制定证券法之初，采用的是美国式的分业经营和分业监管模式，建立了以“一行三会”为代表的金融监管机制。但随着金融创新的发展，金融产品的边界逐渐模糊，如今面对金融产品的日益丰富和功能的混合，金融的经营业务和工作内容也变得更为繁杂。如果在证券的界定上只顾及政治与历史传统，一味地对其他金融监管部门予以礼让，其他金融监管部门体系下的金融产品在性质上明明是证券却故意不被当作证券对待的话，也会带来负面效应，即监管规则的不一致会导致监管套利。所谓监管套利，是指在其他条件相同的情况下，市场主体利用不同的金融监管机构在监管规则和标准上的差异甚至是冲突，选择监管环境最宽松的市场进行金融交易的行为。[②] 市场主体以经营自由为由进行监管套利，哪里监管宽松就去哪里，哪里投资者保护力度较弱就去哪里，将会导致监管规则的逐底竞争以及投资者保护的弱化。尽管可以通过监管协调机制统一规则，但统一规则之后不久，分立的监管格局又会重新导致规则的不统一。因此，在立法和顶层设计上还是应坚持逻辑，打破金融监管分割，尽量将实质上是证券的金融产品以“证券”对待。从这一意义上说，证券概念的扩大有利于在分业监管模式下监管尺度的统一，为统一的功能性的监管打开了突破口，也有利于各家监管机构各司其职，共同维护市场的良性发展。不过，在分业监管格局未变的情况下，依靠证券法的完善来强化混业监管仍然会有难度。

四、证券概念的扩大促使监管机构发生监管体制的转变

早在2015年之前，我国股票的发行监管由核准制转变为注册制的呼声一直不断。此次新修订实施的《中华人民共和国证券法》的一大亮点便是股票发行注册制度的最终落实，这也标志着我国证券市场走向更为成熟的监管模式。

我国股票公开发行注册制与核准制之争几乎贯穿了证券市场的整个发展历程，其背后是政府与市场关系这一宏观且庞杂命题。随着对政府与市场关系认识

---

① 邢会强：《国务院金融稳定发展委员会的目标定位与职能完善——以金融法中的“三足定理”为视角》，载《法学评论》2018年第3期。

② 邢会强：《国务院金融稳定发展委员会的目标定位与职能完善——以金融法中的“三足定理”为视角》，载《法学评论》2018年第3期。

的深入、经济体制改革深化，我国不断调整政府与市场关系，在证券法领域表现为证券公开发行管理体制逐渐呈现市场化与去管制化趋势。如2005年由政府主导的证券发行配额制转变为证券法确立的核准制，2013年党的十八届三中全会首次明确提出“推进股票发行注册制改革”，2019年注册制最终落地于科创板，充分体现我国证券法修改对注册制改革的坚持。同时，随着现行股票公开发行核准制弊端日益彰显，注册制改革方向越发清晰：资本市场政府与市场关系的重新定位，尤其是在兼顾股票发行市场化和投资者利益保护下，实现证券监管的分权，并建立市场配套机制。在此层面上，股票发行注册制改革与证券法修改应双向互动、密切配合。[①]

股票发行注册制改革，也与证券概念的扩大相互呼应。试想，随着证券概念的扩大，将有更多的金融产品纳入监管的范畴，随之而来也需要监管机构制定、细化和实施各项监管政策，所以在有限的监管资源之下，股票发行由审核制走向注册制是一个必然过程。监管机关不再着力于事前监管，而更强调事后监管，更多的是由发行人自己为自己的发行和信息披露行为负责，并由市场整体对其进行监督。如此，才更加有利于推动市场创新、有效控制风险，建立兼顾公平与效率的证券市场法律制度体系。

从世界范围来看，存托凭证、ABS、资产管理产品等纳入证券的概念中已是大势所趋，如上文所述我国对于将新型金融产品纳入证券的概念一向是持比较保守的态度。虽然监管部门对此类金融产品早已出台相应的监管规则，但从上位法的设计逻辑来看，将更加强化对其信息披露管理、投资者适当性管理、发行人或管理人的信义义务以及相关中介机构勤勉尽责等法定义务的实施和落实。该等法定义务将贯穿于其产品发行、交易的整个环节，有利于督促市场参与主体归位尽责，这也是证券监管目的所在。

此外，从我国乃至世界金融创新的速度来看，我们建议，通过立法直接将证券认定的权力赋予中国证监会，由证监会对纳入证券范围的资本运作活动行使监管权。同时，证监会也应该承担与其权力相适应的职责与责任，因疏忽、懈怠而疏于定界、解释资本运作活动是否为发行证券并为监管的情况，也需要运用科学的问责机制来确定监管机构、领导及具体工作人员的责任。[②] 也唯有此，才最有希望在实践

---

① 宁萌：《证券法修改的应然方向、实然局限与路径修正——〈证券法（修订草案第三次审议稿）〉评析》，载《东北农业大学学报》（社会科学版）2019年第4期。

② 史际春、冯辉：《“问责制”研究——兼论问责制在中国经济法中的地位》，载《政治与法律》2009年第1期。

层面拓展我国证券法中的证券概念，从而更好地维护投资者的利益。我们相信，随着证券概念的逐步扩容、相应监管制度的不断加强以及监管执法力量和司法能力的提升，我国资本市场必将成为一个能够实现企业规范融资、投资者得到充分保护的成熟的市场。

第五节　我国证券行政和解制度的构建

为贯彻保护投资者利益、及时化解矛盾、稳定市场预期的原则，经国务院批准，中国证监会于2015年2月17日公布了《行政和解试点实施办法》（证监会令第114号），并于同年3月29日起施行，这是我国第一次在制定法中规定行政和解制度。《行政和解试点实施办法》为我国在证券期货领域运用行政和解进行监管提供了法律依据。

一、行政和解制度是对兼顾监管机构行政执法和投资者损失赔偿的有效尝试

在《行政和解试点实施办法》颁行之前，时任中国证监会主席肖钢在《积极探索监管执法的行政和解新模式》一文中曾指出："有效保护投资者合法权益，一方面，需要通过严格执法，严肃查处和惩治各类市场违法失信行为，实现对全体投资者利益的整体保护；另一方面，需要及时弥补因违法违规行为给投资者造成的经济损失，实现对单一投资者的个体保护。按照现有执法体制，上述法律目标主要是通过行政执法的公权制裁方式以及民事赔偿的私权救济方式实现的。由于公权制裁与私权救济是两种不同的法律程序，行政执法无法解决投资者最为关心的赔偿问题，而民事诉讼实践中投资者往往面临维权成本高、举证难等问题，获得救济的效果也不理想。面对投资者保护的现实难题，境外很多国家和地区采取的行政和解执法模式，较好地兼顾了监管机构行政执法和投资者损失赔偿两方面的需要。这一制度的特殊机制在于，监管机构在执法过程中可以按照法律规定的条件与程序，通过与案件当事人协商达成和解，使其主动交出不当所得甚至付出更大代价，并将该资金直接用于补偿投资者所受损失。"①

从上文可以看出，中国证监会推行行政和解制度从根本上说是为了保护投资者的合法权益，保护投资者的权益一方面需要行政监管机关严格执法，即对违法的

① 肖钢：《积极探索监管执法的行政和解新模式》，载《行政管理改革》2014年第1期。

行政相对人进行行政处罚，以对不法行为进行威慑，从而净化资本市场环境，实现对投资者的整体保护，这也是行政处罚制度的价值所在。另一方面，行政违法行为的受害者往往是一个个的投资个体，在现行法律制度下，投资者需要提起民事诉讼程序以获得救济。目前我国法院虽然开放了对证券虚假陈述纠纷、内幕交易、操纵市场等行为产生的纠纷案件的受理，但法院仍需以行政机关作出的行政处罚或刑事判决作为前置条件，通过民事诉讼获得赔偿存在一定的难度。因此，中国证监会对符合特定条件的案件或行为，准予行政相对人申请行政和解，并通过收取行政和解金的方式补偿投资者的损失，的确能起到兼顾监管机构行政执法和投资者损失赔偿这两方面的作用，是行政机关走向精明执法的有益尝试。

二、行政和解程序的适用范围、启动、执行与终止

（一）行政和解程序的适用范围

对行政监管机构而言，其面临着在行政资源有限的前提下，如何实现有效执法，既保护投资者，又对市场违规行为进行威慑和制裁，都是重要的监管目标。但行政和解最终的结果毕竟是对行政相对人不予处罚，其威慑和制裁作用显然不如行政处罚。而在机制上，和解采用协商的行政执法机制，监管机构及其工作人员在案件裁量方面，当事人在表达意见、诉求利益方面，都有较大空间，容易引发道德风险和利益冲突。因此，在证券期货监管中实行行政和解制度，必须对监管机构严格执法的能力水平、权力运行的制约监督、案件处理的公平公正等提出更高的要求。[①]所以，行政和解并不能对所有涉嫌违法的行政相对人适用，只有在特定的案件满足特定条件的情形下，行政相对人才能向行政监管机构申请行政和解。

《行政和解试点实施办法》第六条第一款规定："行政相对人涉嫌实施虚假陈述、内幕交易、操纵市场或者欺诈客户等违反证券期货法律、行政法规和相关监管规定的行为，案件符合下列情形的，可以适用行政和解程序：（一）中国证监会已经正式立案，且经过了必要调查程序，但案件事实或者法律关系尚难完全明确；（二）采取行政和解方式执法有利于实现监管目的，减少争议，稳定和明确市场预期，恢复市场秩序，保护投资者合法权益；（三）行政相对人愿意采取有效措施补偿因其涉嫌违法行为受到损失的投资者；（四）以行政和解方式结案不违反法律、行政法规的禁止性规定，不损害社会公共利益和他人合法权益。"

---

① 肖钢：《积极探索监管执法的行政和解新模式》，载《行政管理改革》2014年第1期。

《行政和解试点实施办法》第七条还规定了不得适用行政和解程序的情形：(1)行政相对人违法行为的事实清楚，证据充分，法律适用明确，依法应当给予行政处罚的；(2)行政相对人涉嫌犯罪，依法应当移送司法机关处理的；(3)中国证监会基于审慎监管原则认定不适宜行政和解的。

根据前述规定，简言之，行政和解程序主要针对疑难案件、有争议案件，且在不违反法律、行政法规禁止性规定，不损害社会及他人利益的前提下所适用的程序，而对于事实清楚、证据充分、法律适用明确的案件不能适用行政和解程序。通过对行政和解积极条件和消极条件的规定，严格限定了行政和解制度适用的情形。而且对于不得适用行政和解制度的情形，证监会规定了一条兜底条款，显然在试点阶段证监会秉持着慎用行政和解的原则，避免行政和解的滥用。

该原则也体现在《行政和解试点实施办法》第十八条的规定中，“立案调查不满3个月的案件，行政相对人提出行政和解申请的，不予受理，但有特殊情况经中国证监会主要负责人批准的除外”。因为立案调查尚不满三个月的案件，证据调查及事实认定一般尚不完善，很难认定为属于疑难案件或有争议案件，所以证监会对于此类行政和解申请不应受理。

(二)行政和解程序的启动

《行政和解试点实施办法》第四条第二句规定：“中国证监会不得向行政相对人主动或者变相主动提出行政和解建议，或者强制行政相对人进行行政和解。”第六条第二款规定：“中国证监会派出机构负责查处的案件，试点期间不适用行政和解程序。”第九条规定：“行政相对人自收到中国证监会送达的案件调查通知书之日起，至中国证监会作出行政处罚决定前，可以向中国证监会提出行政和解申请。”因此，试点阶段，行政和解的启动只能由行政相对人在中国证监会作出行政处罚决定之前，主动向中国证监会提出申请。行政相对人提起申请后，由中国证监会审查是否符合《行政和解试点实施办法》第六条规定的条件、是否存在第七条规定的情形等，如果行政相对人的行政和解申请符合条件的，由和解实施部门自向行政相对人出具行政和解申请接收凭证之日起40个工作日内向行政相对人出具受理通知，并抄送案件调查部门、案件审理部门、行政和解金管理机构。

(三)行政和解程序的执行

行政和解的主要执行方式是达成行政和解协议，并由行政相对人履行和解协议。和解实施部门自作出受理行政和解申请决定之日起，可以在 3 个月内（经中国证监会主要负责人批准，可以延期）与行政相对人就涉嫌违法行为的情况，可能给社会及投资者造成的损失，愿意承担的和解金基金及缴纳时限，其他纠正、消除或减轻措施以及其他协议内容进行沟通和协商，并签订行政和解协议。由行政相对人改正涉嫌违法行为，消除涉嫌违法行为不良后果，交纳行政和解金补偿投资者损失等。其中，主要的履行方式是交纳行政和解金。对于行政和解金的缴纳事项，中国证监会出具了配套规定——《行政和解金管理暂行办法》（证监会公告〔2015〕4 号），该办法规定，行政和解金由行政相对人交付给中国证券投资者保护基金有限责任公司（以下简称投保基金公司）进行专款专户管理，并由受损投资者申请后，由投保基金公司制定并执行赔偿方案，并赔偿予投资者。行政和解金在补偿投资者后仍有剩余的，上缴国库。

行政和解协议达成后，由中国证监会行政和解办公室监督行政相对人在协议规定的时限内履行协议规定的义务，行政相对人不履行行政和解协议的，行政和解协议无效。

此外，行政和解强调应当公开行政和解协议的主要内容。《行政和解试点实施办法》第二十八条第一款规定："中国证监会应当依照规定公开行政和解协议的主要内容。"对于行政和解协议主要内容的公开，应当是主动公开。对于行政相对人可能存在的违法违规行为，中国证监会应当写入到行政和解协议中并予以公开，公开的作用一方面是保障投资者的知情权，另一方面是对市场有一定的警示作用，告诫其他市场参与者不可逾越的红线；再者，法院也可以通过这些公开信息查明民事损害赔偿相关的事实。

（四）行政和解程序的终止

根据《行政和解试点实施办法》第三十条第一款的规定，在行政和解程序中，如果发生以下情形，证监会有权终止行政和解程序：（1）中国证监会在受理行政相对人的行政和解申请后，达成行政和解协议前，经调查发现新的事实、证据，认为案件不再符合行政和解受理条件的；（2）未能在《实施办法》第二十三条规定的期限内达成行政和解协议的；（3）行政和解协议达成后，行政相对人不履行行政和解协议的；（4）中国证监会在受理行政相对人的行政和解申请后，行政和解协议执行完毕前，发现行政相对人存在所提供的行政和解材料有虚假记载或者重大遗漏等情形的；（5）中国证监会基于审慎监管原则认为有必要终止行政和解程序的。

如存在上述第四种情形，行政和解协议无效，中国证监会将重新启动案件调查、审理程序，并且行政相对人已根据行政和解协议交纳的行政和解金，证监会将不予返还。

上述证监会不予返还行政和解金体现了证监会的单方制裁权，单方制裁权不依照协议的约定而存在，是行政主体拥有的法定权力。从关于终止行政和解程序的规定可以看出，真正决定引入这种执法方式之后，在具体的权利义务配置上，证券执法机关尚未脱离自己在执法过程中所拥有的单方性、支配性权能。显然不能将行政和解协议简单地看成是平等主体之间达成的合意，而是体现了行政性与合意性的双重特征。行政和解是以实现行政秩序和公共利益为目的，行政性是行政和解的本质要素，居于主导地位；合意性是行政和解的基本要素，居于从属地位。

三、行政和解金额的确定及与民事赔偿的关系

《行政和解试点实施办法》规定，行政和解金数额的确定主要考虑行政相对人涉嫌违法行为如被查实依法可处以罚款或者没收违法所得的金额、行政相对人因涉嫌违法行为所获收益或所避免的损失、其他人因涉案违法行为所遭受的损失等因素。所以和解金额的确定，取决于行政机关与行政相对人的谈判结果，不过双方的谈判地位并不平等。在和解金的谈判中，证监会胜算的可能性，证据的多少，也决定了证监会谈判地位的强弱（这里“强弱”只是相对概念，证监会相较于行政相对人而言，其地位始终是强势的一方）。根据现行的规定，证监会可以接受和解的案件是立案调查3个月后，案件事实或者法律关系尚难完全明确的案件，对于这类案件，可能很难取得确切的证据，需再耗费大量的人力和物力，与其花时间耗下去，还不如通过和解达到差不多的效果，殊途同归且节省资源；若继续调查，花费了不少行政资源，最后因为无法得到翔实的证据，不能作出处罚，成本太高，收益为零，对监管机构而言是最坏的结果。因而，监管机构也会视情况适时接受和解申请。如民事诉讼过程中，原被告双方选择在什么阶段进行调解是有区别的，行政和解制度也一样，因为在调查的不同阶段接受和解，监管机构付出的代价是不同的，英国则针对和解的不同阶段确定了明确的和解折扣标准。① 和解的个案都会受到监管机构调查的进展情况、证据的掌握情况以及行政相对人对自身行为性质的判断与对未来影响的判断、监管机构的权威性与强势程度等多因素的影响，是一个动态的利益考

---

① 叶林、张辉、张昊：《证券执法和解制度的比较研究》，载《西部法学评论》2009年第4期。

量过程。

从法律定性来讲，行政和解金补偿程序与投资者提起的民事赔偿诉讼程序相互独立，投保基金公司使用行政和解金补偿投资者的行为不是行政相对人对投资者的赔偿行为，投资者既可以接受行政和解金的补偿，也可以就同一涉嫌违法行为提起民事赔偿诉讼。但是，本质上行政和解金制度以补偿投资者损失为原则，并且在现行有效规定下，如虚假陈述民事赔偿案件需要以行政处罚决定书作为前置程序，而达成了行政和解的案件，如果没有出现新的事实和新的证据，就不会作出最终的行政处罚，那么在虚假陈述案件中就不能符合前置程序的要求，因而从最终结果上看投资者很难就同一损失获得重复救济。另外，《实施办法》第三十五条规定，行政相对人因其涉嫌违法行为造成投资者损失的，投资者可以向行政和解金管理机构申请补偿。投资者可以通过行政和解金补偿程序获得补偿，或者按照《中华人民共和国民事诉讼法》的规定对行政相对人提起民事损害赔偿诉讼请求赔偿。但投资者已通过行政和解金补偿程序获得补偿的，不应就已获得补偿部分再行请求民事损害赔偿。从立法本意来看，投资者不能就其损失获得双重救济。从最终的获偿金额来看，行政和解金很可能无法覆盖投资者全部的损失（上文已提到，和解金额的确定是一个动态的利益考量过程，而《行政和解试点实施办法》中并未规定达成行政和解协议需征求相关投资者的意见，尤其是在确定和解金额时受损害的投资者不能全部确定，他们的损失也无法准确估量），但鉴于民事赔偿程序耗费长、成本高的特点，行政和解金也基本实现了效率与公平的兼顾。

四、我国行政和解制度的实践

自 2015 年 3 月至今，证券行政和解制度已经试点五年。五年来，中国证监会实际上只达成 2 份和解协议。行政相对人分别是外资大券商高盛和华尔街大型对冲基金 Citadel 的子公司司度（上海）贸易有限公司（以下简称上海司度）。

2013 年 10 月 8 日至 2015 年 7 月 3 日，高盛亚洲自营交易员通过在高华证券开立的高盛经纪业务账户进行交易，同时向高华证券自营交易员提供业务指导。双方于 2015 年 5～7 月的 4 个交易日的部分交易时段，从事了其他相关股票及股指期货合约交易。2016 年 7 月，中国证监会对上述违规行为启动立案调查。2019 年 4 月 23 日，相关主体与中国证监会达成行政和解：（1）申请人合计交纳行政和解金人民币 1.5 亿元（未分明细）；（2）申请人采取必要措施加强公司内控管理，并在完成后向中国证监会提交书面整改报告；（3）根据《行政和解试点实施办法》第二十九条的规定,中国证监会终止调查、审理程序。①

2015 年 1 月 1 日至 2015 年 7 月 31 日,上海司度委托资产管理机构设立多个资产管理计划,并控制、使用资产管理计划开立的账户进行交易,其行为涉嫌违反账户管理使用的有关规定。富安达基金管理有限公司(以下简称富安达基金)、中信期货有限公司(以下简称中信期货)、北京千石创富资本管理有限公司(以下简称千石资本)、国信期货有限责任公司(以下简称国信期货)为满足上海司度交易需求,为其设立资产管理计划,供委托人控制、使用,其行为涉嫌违反资产管理业务的有关规定。2015 年 11 月,中国证监会对上述违规行为启动立案调查。2019 年 12 月 31 日,相关主体与中国证监会达成行政和解:(1)上海司度及其相关工作人员交纳行政和解金人民币 6.7 亿元,富安达基金及其相关工作人员交纳行政和解金人民币 180 万元,中信期货及其相关工作人员交纳行政和解金人民币 1000 万元,千石资本及其相关工作人员交纳行政和解金人民币 235 万元,国信期货及其相关工作人员交纳行政和解金人民币 100 万元。(2)申请人采取必要措施加强公司的内控管理,并在完成后向中国证监会提交书面整改报告。(3)根据《行政和解试点实施办法》第二十九条的规定,中国证监会终止调查、审理程序。②

证券行政和解制度试点五年来,证监会仅在 2019 年及 2020 年年初与相关行政相对人达成了 2 份行政和解协议,相较于许多国家,显然我国对于行政和解制度仍处于探索阶段,从《行政和解试点实施办法》规定的行政和解条件到证监会具体实践行政和解制度,均反映了监管机构审慎的监管态度,避免"以和代查""以和代罚"引发的道德风险和相关权力的滥用。

五、探析我国行政和解实践案例较少的原因

1.《行政和解试点实施办法》规定立案调查不满 3 个月的案件,原则上不予受理行政和解申请,该规定对于保障执法部门充足的调查取证时间确有帮助,但与其他国家和地区相比,行政和解前的调查期限太长,导致很多案件证监会如在 3 个月内已经调查完毕,③则无法适用行政和解。而很多国家和地区对行政和解前的调查期限规定的较为宽松,如我国台湾地区金融监督管理构规定,行政和解前的调查期

---

① 《证监会与高盛等达成行政和解　收 1.5 亿行政和解金》,载中国经济网:https://baijiahao.baidu.com/s?id=1631741465026708921&wfr=spider&for=pc,最后访问日期:2020 年 3 月 2 日。

② 参见中国证监会网:http://www.csrc.gov.cn/pub/zjhpublic/zjh/202001/t20200120_370183.htm,最后访问日期:2020 年 3 月 2 日。

③ 《2015 年度中国证监会稽查执法情况通报》披露,中国证监会立案案件调查周期平均为 86 天。

限不得少于 30 日；[①]SEC《操作规则与公平基金/罚没计划规则》第 240 节“和解”规则明确，任何人在被告知 SEC 可能或将要对其实施执法程序，以及已启动执法程序中的任何当事人，可以在任何时间，以书面形式提交和解要约，相对方如果在 SEC 调查完成之前就提议和解，即所谓“快速和解”（Quick consent），能够起到结束调查、避免损失进一步扩大的作用。[②] 而且在美国，和解是 SEC 执法的重要手段。根据学者的统计，SEC 有一半以上的案件在采取正式的民事诉讼或行政审裁程序前被和解；在 SEC 启动调查的案件中，最终走完民事诉讼或行政审裁的只有大约 10%。[③]

2. 行政和解程序主要针对的是有争议、疑难或证据补足等案件，但目前证券监管案件中，此类案件并不常见。目前证券监管部门的调查手段、调查渠道丰富多元，在调查取证方面很少会面临难以取证的问题，而且对于重大案件，监管部门内部也有比较完善的集体讨论机制，一般并不会构成无法形成结论的疑难、争议案件。

3. 如果出现疑难或有争议案件，完善的行政复议、行政诉讼程序也保证了行政相对人有足够法律程序保证自身权益，证监会作出的行政处罚并非一锤定音，即便存在争议，鉴于目前行政和解程序的不成熟，无论是证监会还是行政相对人并无足够动力在此程序内解决问题，寻求行政复议或行政诉讼或许是更好的选择。

4. 行政和解金额难以确定。在行政和解程序中，证监会承担着和解协商的责任，行政和解的金额要由证监会与行政相对人协商确定，该金额至少要覆盖投资者的索赔金额，但实践中投资者索赔金额很难确定，将该责任交由证监会，如果和解金额届时无法覆盖投资者索赔金额，无疑加大了监管部门的压力，导致证监会受理行政和解案件动力不足。

5. 行政处罚的结果尚在行政相对人可接受范围内，如果启动行政和解而要给予投资者赔偿，反倒难以控制。《中华人民共和国证券法》规定的行政处罚后果并不算严重，即便最新修改的《中华人民共和国证券法》加大了行政处罚力度，但大多

---

① 李东方：《论证券行政执法和解制度——兼评中国证监会〈行政和解试点实施办法〉》，载《中国政法大学学报》2015 年第 3 期。

② 邱永红：《从境外成熟市场的经验看我国证券监管和解制度的构建——以美国、香港为中心》，载北大法律信息网：http://www. pkulaw. cn/fulltext_form. aspx？ Db = art&Gid = 335586614&keyword = %e8% af%81% e5%88% b8% e 7%9b%91% e7% ae% a1% e5%92%8c% e8% a7% a3% e5%88% b6% e5% ba% a6% e7%9a%84% e6%9e%84% e5% bb% ba&EncodingName = &Search_Mode = accurate，最后访问日期：2020 年 3 月 2 日。

③ 郭雳：《美国证券监管执法中的调查与和解制度》，载杨紫烜编：《经济法研究》（第 5 卷），北京大学出版社 2007 年版，第 375 页。

数行政处罚的结果尚在行政相对人可接受范围内。尽管法律赋予投资者向法院申请虚假陈述索赔的权力,但诉讼程序烦琐而耗时,让大多数投资者望而却步;但如果达成行政和解协议,便于投资者索赔,可能会形成群体效应,届时对于行政相对人而言,反倒更加不利,因此行政相对人也并无利益驱动申请启动行政和解。

也许上述就是截至目前我国尚未发生更多的行政和解案例的原因。任何一项新的制度的推行,都会经历一个艰难推进的过程,这其中不仅有立法者严格规定相关适用条件的原因,也存在行政执法机关刻意审慎适用的考量,还存在行政相对人不太接受的情况,亦是我国证券市场发展尚不成熟等多方面因素综合形成的结果。

六、对行政和解制度的展望

我们认为,尽管存在前述问题,行政执法和解制度是一种新型的 ADR,具有缓和执法矛盾,提高执法效率等功能,且已经为国外成熟证券监管制度所适用,建立和推广行政处罚领域和解制度不仅是大势所趋,同时也为行政相对人行政处罚和投资者的救济提供一种新思路。

对于行政相对人而言,如果不进行和解,最坏的打算是最后可能被认定为违反行政责任,甚至刑事责任,要承担禁业、暂停执业等处罚,以及不良的处罚记录,在经济上会有行政罚金和民事赔偿的直接损失,还有因执业限制、声誉受损的间接损失。所以进行行政和解,能够尽快结束证监会的立案调查,①避免行政相对人遭受到行政处罚,稳定其声誉和股价,也不失为一种好的选择。

---

① 即使只是启动立案调查,对于上市公司再融资、并购重组等多方面也会造成不利影响,例如:(1)对公开发行证券的影响:根据《上市公司证券发行管理办法》(2020 年修订)第六条、第九条、第十一条的规定,上市公司公开发行证券的条件之一,是上市公司及其现任董监高最近 36 个月内未受到过证监会的行政处罚。并且,上市公司或其现任董事、高管存在因涉嫌犯罪被司法机关立案侦查或涉嫌违法违规被证监会立案调查情形的,不得公开发行证券。(2)对非公开发行股票的影响:根据《上市公司证券发行管理办法》(2020 年修订)第三十九条的规定,上市公司现任董事、高管最近 36 个月内受到过证监会的行政处罚,或者上市公司或其现任董事、高管因涉嫌犯罪正被司法机关立案侦查或涉嫌违法违规正被证监会立案调查的,不得非公开发行股票。(3)对发行优先股的影响:根据《优先股试点管理办法》第二十五条的规定,如上市公司最近 12 个月内曾受证监会行政处罚,或者因涉嫌犯罪正被司法机关立案侦查或涉嫌违法违规正被证监会立案调查,则不得公开发行优先股。(4)对重大资产重组的影响:根据中国证监会《关于加强与上市公司重大资产重组相关股票异常交易监管的暂行规定》第六条的规定,上市公司向证监会提出重大资产重组行政许可申请,如该重大资产重组事项涉嫌内幕交易被证监会立案调查或者被司法机关立案侦查,尚未受理的,证监会不予受理;已经受理的,证监会暂停审核。(5)对发行股份购买资产的影响:根据《上市公司重大资产重组管理办法》(2019 年修订)第四十三条的规定,上市公司发行股份购买资产的条件之一,是上市公司及其现任董事、高管不存在因涉嫌犯罪正被司法机关立案侦查或涉嫌违法违规正被证监会立案调查的情形。

对于投资者而言，在我国现在的制度框架下，证券行政和解是将受侵害的投资人可能无法获得救济的权利，或者需要通过民事诉讼与侵权人的直接交道，由行政机关代位行使。如上文所述，内幕交易、操纵市场、虚假陈述的案件必须以行政处罚或刑事判决作为前置程序。所以，对于他们而言，本可能很难作出行政处罚的侵权案件能得到救济，或无须经过冗长的举证和诉讼，就能及时地受偿，也未尝不是一件好事。

综上，我们认为，行政和解制度应当得到大力推广和实践，建议证券监督管理机构在总结试点阶段所进行的探索的基础上，对现行试点的《实施办法》进一步修改和完善，以期实现执法监管和投资者保护双重目标的有效平衡，实现行政执法效率和公平的统一。

第十章

资本市场其他典型纠纷

第一节　资产证券化产品的风险点及争议纠纷

资产证券化是将金融机构或企业(发起人)持有的缺乏流动性,能够产生可预见的、稳定的现金流的资产进行汇集,形成资产池,然后通过一定的结构性安排,对资产池中的资产进行风险和收益重组,将其转变成可以在金融市场上出售和流通的证券产品的过程。[①] 资产证券化最早诞生于20世纪70年代的美国,我国是从2005年开始试点资产证券化,开始出现在证券交易所市场和银行间市场挂牌的资产证券化产品;2011～2014年是资产证券化业务常态化发展阶段,在此阶段,扩大了开展资产证券化业务的业务主体以及基础资产范围,明确了特殊目的载体(Special Purpose Vehicle,SPV)独立于原始权益人、管理人和投资人的法律地位,为资产证券化的快速发展奠定了基础。2014年年底至今,资产证券化业务实施备案制,通过完善制度、简化程序、加强信息披露和风险管理,进入快速发展阶段。[②]

一、资产证券化产品的基本概念

(一)资产证券化产品的分类

资产证券化按照基础资产类型不同,基本上可以分为信贷资产证券化、企业资产证券化和资产支持票据。信贷资产证券化和企业资产证券化是我国最重要的两个资产证券化市场,分别由证监会和银保监会以及人民银行管理。信贷资产证券化产品是以银行、金融租赁公司、消费金融公司、财务公司等金融机构发放的各类信贷为基础资产,以债权资产产生的现金流为收入来源的资产证券化产品,由人民银行、银保监会共同监管,在银行间债券市场发行。企业资产证券化则是针对所有企业开展的资产证券化业务,由中国证监会进行监管,在沪深交易所发行。发行人包括金融企业和非金融企业,从目前的发展情况来看,交易所资产证券化产品的发行人还是以非金融企业为主,基础资产多元,包括应收账款、信托受益权、供应链金融、不动产、政府与社会资本合作(Public - Private Partnership,PPP)、基础设施等。资产支持票据(Asset - Backed Notes,ABN)是指非金融企业为实现融资目的,采用

---

① 《我国企业资产证券化政策梳理与监管展望》,载搜狐网:http://www.sohu.com/a/259216838_825922,最后访问日期:2020年3月2日。

② 《资产证券化业务知识问答》,载中国证监会网:http://www.csrc.gov.cn/pub/neimenggu/xxfw/201712/t20171225_329471.htm,最后访问日期:2020年3月2日。

结构化的方式，通过发行载体发行的，由基础资产所产生的现金流作为收益支持的，按约定还本付息等方式支付收益的证券化融资工具，由交易商协会负责管理，在银行间市场上市交易。资产支持票据的发行人主要是非金融企业，事实上是银行间市场完善自身产品线条的一种手段，意在改变银行间市场只能发行信贷资产证券化产品的现状，提升银行间市场对于企业资产证券化的影响力。①

（二）资产证券化产品的基本交易结构

资产证券化是一种结构相对复杂的金融产品，一单资产证券化产品的发行需要多方主体参与完成。以信贷资产证券化产品为例，理论上讲，参与方包括发起人、受托人、信托计划、资金托管机构、贷款服务机构、承销商、投资人、登记结算机构、法律服务机构、会计服务机构等，企业资产证券化产品还涉及资信评级机构、信用增级机构，各机构在整个交易结构中担当不同角色。图 10－1 为基础的交易结构，在实践中交易结构往往更复杂。

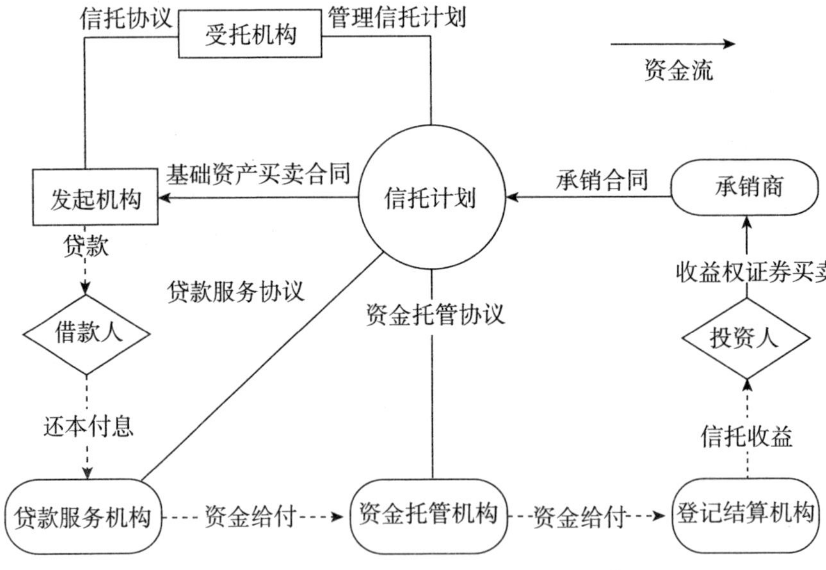

图 10－1　资产证券化产品交易结构图②

① 《我国企业资产证券化政策梳理与监管展望》，载搜狐网：http://www.sohu.com/a/259216838_825922，最后访问日期：2020 年 3 月 2 日。

② 图片来源于上海市律师协会业务研究指导委员会制定的《（试行）律师办理信贷资产证券化法律业务操作指引（2018）》。

(三)资产证券化基本操作流程

一般而言,资产证券化的第一步是资产汇集,即发起人选择可以作为证券化的基础资产汇集打包,形成资产池,如 PPP 项目基础资产通常为基础设施或公共产品、服务的收费权或经营权等。第二步是资产转移,即发起人设立并将基础资产转移至特殊目的机构(SPV),该 SPV 可以是信托计划、资管计划,也可以是公司或有限合伙企业,但由于目前特殊目的公司配套法律制度的缺失,国内通常以信托计划、券商或保险资管计划作为 SPV。第三步是证券发行和销售,SPV 在中介机构(一般为投资银行或证券公司)的帮助下发行债券,向债券投资者进行融资活动,债券销售回款在支付服务费后按约定价格返还发行人。这个过程中除了证券公司或投资银行的参与之外,还需要信用评级机构对资产实施信用评级,还可能涉及信用增级机构实施信用增级。第四步是投后管理,由服务机构(通常是发起人)对资产池实施续存期间的管理和到期清偿结算工作,包括收取资产池的现金流、账户之间的资金划拨、税务和行政事务以及清算结算,清算财产在全部偿付债券本息后仍有剩余的将返还发起人。

二、我国资产证券化产品的监管体系

我国资产证券化的政策体系和监管体系由证监会的行政管理规定和"一协会 + 三交易所"的自律管理规定构成,即监管机构包括证监会、基金业协会、上交所、深交所以及机构间私募产品报价与服务系统。该等监管机构在各自的体系内分别制定了相应的配套管理规则。

(一)证监会

证监会的行政管理规定以指导性、方向性为主,目的是建立业务监管框架,包括自行发布的和与其他机构联合发布的相关文件。主要以《证券公司资产证券化业务管理规定》(2013 年 3 月 15 日施行,已废止)、《证券公司及基金管理公司子公司资产证券化业务管理规定》(2014 年 11 月 19 日施行)为指导文件,具体细化层面包括:《证券公司及基金管理公司子公司资产证券化业务尽职调查工作指引》,《证券公司及基金管理公司子公司资产证券化业务信息披露指引》,国家发改委、证监会《关于推进传统基础设施领域政府和社会资本合作(PPP)项目资产证券化工作的通知》,财政部、人民银行、证监会《关于规范开展政府和社会资本合作项目资产证券化有关事宜的通知》,《关于推进住房租赁资产证券化相关工作的通知》,《资产证券化监管问答》,《资产证券化业务知识问答》等。

(二)基金业协会

基金业协会主要负责备案工作,同时也负责持有到期不转让类资产证券化产品的风险审查。基金业协会发布的文件主要包括:《资产支持专项计划备案管理办法》《资产证券化业务基础资产负面清单指引》《资产证券化业务风险控制指引》《资产支持专项计划说明书内容与格式指引》等。

(三)证券交易机构

交易所主要负责具体业务的事前审核,要对基础资产的风险进行评估和判断,因此交易所制定的政策会更加微观。在我国,负责资产证券化产品挂牌转让的交易所包括上交所、深交所和机构间私募产品报价与服务系统三家,三个市场在政策设置方面基本一致,均采取"一般性规定 + 特定产品规定"的规则体系。这三个市场以证监会发布的文件《证券公司及基金管理公司子公司资产证券化业务管理规定》为指导,遵循一致的指导精神,流程、规则都很相似,实际差异很小。

具体规则主要包括:《证券公司设立专项计划发行资产支持证券申请文件清单及要求》《上海证券交易所资产证券化业务指引》《上海证券交易所资产支持证券转让服务协议》《上海证券交易所资产支持证券挂牌转让申请受理审查指南申请文件的签章》《上海证券交易所市场资产证券化业务指南》《上海证券交易所资产支持证券挂牌文件确认业务指引》《上海证券交易所政府和社会资本合作(PPP)项目资产支持证券挂牌条件确认指南》《上海证券交易所政府和社会资本合作(PPP)项目资产支持证券信息披露指南》《上海证券交易所企业应收账款资产支持证券挂牌条件确认指南》《上海证券交易所企业融资租赁债权资产支持证券挂牌条件确认指南》《上海证券交易所企业融资租赁债权资产支持证券信息披露指南》《上海证券交易所基础设施类资产支持证券挂牌条件确认指南》《上海证券交易所企业基础设施类资产支持证券信息披露指南》,以及深圳证券交易所、机构间私募产品报价与服务系统发布的相对应的监管规则等。

三、资产证券化产品风险点及争议纠纷的情形

（一）以合同欺诈方式转让基础资产

证监会在资产证券化产品最基础的规范文件《证券公司及基金管理公司子公司资产证券化业务管理规定》第三条中明确，基础资产要权属明晰、真实、完整，交易所和基金业协会的自律性文件也都有类似要求。实际操作中表现为个别原始权益人涉嫌以合同欺诈的方式转让基础资产，骗取交易所的无异议函，从而通过资产证券化进行融资。资产证券化的基础是资产，实现方式是通过合同转让，所以说转让合同对于整个产品来说非常重要。以欺诈的方式转让基础资产会对投资人造成很大的负面影响，也不利于证券化市场的规范发展，将受到监管机构的重点关注，有些甚至会被追究刑事责任。①

（二）基础资产被多重抵、质押或抵、质押给管理人

基础资产的独立性是指基础资产独立于原始权益人、管理人、托管人及其他业务参与人的固有财产，该等主体的债权人不对基础资产享有请求权或执行的权利，且该等主体因依法解散、被依法撤销或者宣告破产等原因进行清算的，专项计划资产不属于其清算财产。保证基础资产的独立性需要实现基础资产真实、完整地转让，不应当存在权利限制和重复融资的情况。

尽管资产证券化业务在制度设计时已经突出了基础资产独立性原则，但是在实践中，基础资产与原始权益人固有资产的独立性仍时常面对争议和挑战。主要原因为：（1）多数基础资产涉及特定权益如供热收费权、电力收费权等，是通过合同的方式转让，缺乏一定的权属变更的外观表现形式。（2）资产证券化项目的实际运作中，通常还需要原始权益人提供基础资产管理、归集方面的服务，由此导致基础资产在一定程度上难以区别于其固有资产。

据此，实践中可能存在两种抵、质押情形：（1）部分特定原始权益人发行专项计划后，在没有履行任何告知义务时，实施了将基础资产或是权利相关资产抵、质押进行再融资的行为，简言之，就是既将基础资产进行转让，同时又将基础资产进行抵、质押的情况。（2）资产专项计划管理人担心原始权益人将基础资产（如应收账

---

① 《我国企业资产证券化政策梳理与监管展望》，载搜狐网：http://www.sohu.com/a/259216838_825922，最后访问日期：2020 年 3 月 2 日。

款)转让后又进行其他损害其利益的处置行为,要求既办理应收账款转让登记,又办理应收账款质押登记。

上述两种情形本质上均涉及如何认定基础财产权属转让的问题。合肥市中级人民法院在一起执行案件中认为,资产管理公司(管理人)与生物质发电公司(原始权益人)之间构成债权转让法律关系,依据是《中华人民共和国合同法》关于债权转让效力的规定,即债权转让合同生效后债权人即变更为由资产支持证券享有(管理人持有),并在通知送达之日起对负有清偿该款项义务的债务人发生法律效力。因此,资产管理公司在受让债权后,又将自己设定为该债权的质押权人的行为无效。基础在于我国《物权法》规定及物权法理论对于所有权人自身进行抵、质押的不认可。同样地,原始权益人将已转让的基础资产抵、质押给其他第三方,则涉及无权处分的问题,最终也将被认定为无效。

但需要注意的是,所有权人抵、质押的否定并不是绝对的,最高人民法院《关于审理融资租赁合同纠纷案件适用法律问题的解释》第九条规定了融资租赁出租人作为租赁物的所有权人,可以同时为抵押权人并办理抵押权登记。可以说,资产支持证券业务中的抵、质押设置与融资租赁交易中的租赁物抵押登记的出发点与功能是相似的,是实践当中常见风险控制措施之一。将应收账款质押后,能够起到防止原始权利人再次质押的作用。司法实践中也逐渐认可应收账款转让/质押登记赋予其他当事人以查询、注意的义务。在这种情况下,质押登记的效力不仅在于对抗可能发生的二次质押,更重要的是在应收账款发生二次转让的情况下对抗其他债权人的善意取得的主张。因此,虽然法院否定了质权的效力,但是对于该登记的证据效力以及登记本身所形成的对抗非善意第三人的公示效力则不应否定。①

(三)关联方增信导致增信的实际作用不理想

部分项目的增信方为关联方,比如,由集团公司或关联公司提供流动性支持。这种增信实质上并未将风险有效地转移,仍保留在原始权益人体系之内,所以一旦公司经营出现问题,关联方受影响的可能性很大,增信的实际作用也会大打折扣。建议采取多种增信方式,即内部增信(超额抵押、结构化安排等)与外部增信相结合,避免对单一增信方式的依赖。

---

① 《ABS 判例刷屏！基础资产独立性认定有多重要?》,载 LEXOLOGY 网:https://www.lexology.com/library/detail.aspx?g=642e95f9-384c-47bd-9249-cf9c66fdb37a,最后访问日期:2020 年 3 月 2 日。

(四)现金归集(监管)账户的资金权属争议

司法实践对于现金归集账户中的资金权属认定尚存在一定的争议,此纠纷往往发生于执行阶段,由案外人提起对执行标的的异议之诉。如在游某兴、湖北格薪源生物质燃料有限公司买卖合同纠纷执行审查纠纷案①中,案外人恒泰证券股份有限公司认为,其已设立了平银凯迪电力上网收费权资产支持专项计划(二期),并代表专项计划使用专项计划募集资金购买了包括来凤县凯迪绿色能源开发有限公司五家电厂由于从事生物质发电业务而依照相关法律法规和合同约定享有的特定期间内获得电费收入所对应的电力上网收费权,基础资产已经归属专项计划所有,基于此,基础资产产生的现金收益,包括在监管账户中的证据等均属于专项计划资产。申请执行人游某兴申请执行的并非被执行人的财产,遂向来凤县人民法院提出执行异议。但该法院作出裁定认为,最高人民法院《关于人民法院办理执行异议和复议案件若干问题的规定》第二十四条规定"对案外人提出的排除执行异议,人民法院应当审查下列内容:(一)案外人是否系权利人……"第二十五条规定"对案外人的异议,人民法院应当按照下列标准判断其是否系权利人:……(三)银行存款和存管在金融机构的有价证券按照金融机构和登记结算机构登记的账户名称判断;……"平安银行账号为 11×××02 的账户户名为来凤县凯迪绿色能源开发有限公司,该账户的权利人是来凤县凯迪绿色能源开发有限公司而非案外人恒泰证券股份有限公司,故法院冻结上述账户内的存款符合法律规定,案外人恒泰证券股份有限公司的异议不能成立。

在另一起类似案件——立根融资租赁有限公司、金鹿(北京)公务航空有限公司、北京首都航空有限公司(以下简称首都航空)等其他案由执行审查纠纷案②,广州市中级人民法院则认为,首都航空经股东、董事会决议通过国开证券设立首都航空 BSP 票款债权资产支持专项计划融资,专项计划依法成立并进行公告备案。在设立专项计划的资产证券化业务中,基础资产是经特定化的财产权利,原始权益人有依照相关规定及约定移交基础资产的义务。资产专项计划是根据相关法律法规设立的特殊目的载体,其资产经特定化具有独立性。根据相关规定,资产专项计划的资产独立于原始权益人,即使在原始权益人因依法解散、破产被清算等情况下,专项计划资产亦不属于其清算财产。涉案监管账户虽以首都航空的名义在监管银

---

① (2018)鄂2827执异27号裁定书。

② (2019)粤01执异272号裁定书。

行北京银行×××支行开立，但该账户设立为专项计划资产管理所需，其款项来源于专项计划已受让的基础资产，该账户内的资金应归属于专项计划，独立于原始权益人首都航空。国开证券作为专项计划的管理人，其代表专项计划资产支持证券持有人，对涉案被冻结款项享有足以排除强制执行的权益。

上述两起案例案情类似，但裁判结果却截然不同，反映出司法机关对于资产证券化产品认定不一致的情况。上述争议本质上涉及基础资产的独立性是否为法院所认可的问题。我们认为，第二起案例中广州市中级人民法院对于资金归集（监管）账户的资产归属于专项计划的认定才符合资产证券化的交易本质，仅从账户设立在何方主体名下的表面形式来认定资金的权属，实则否定了资产证券化的根本交易结构，不利于资产证券化产品的发展和对投资人的保护。

（五）管理人的管理缺位

此外，资产证券化中还可能存在管理人存续期管理缺位，尽职履责不到位等问题，如部分管理人由于合规意识欠缺、专业能力不足，对专项计划存续期管理投入不够，未及时跟踪监测基础资产现金流和参与主体经营财务状况、未能有效识别风险、业务督导不主动、信息披露不充分，导致未能尽早化解处置专项计划风险。对于该等问题，如投资人与管理人签订的协议中约定了管理人的义务及陈述与保证条款，则投资人可以依据协议的约定追究管理人的违约责任；管理人信息披露不充分、不真实的或者未能有效履行其职责的，将受到监管机构的行政处罚或纪律处分。

资产证券化的快速发展为多数企业扩宽了融资的渠道，为其参与资本市场提供了更多机会。不过也应看到，我国资产证券化市场仍处于发展的初期阶段，和欧美发达国家相比仍有很多不完善的地方，有一些问题亟待解决，并且随着精细化管理和逐渐趋严的监管走向，其中的争议纠纷将逐渐显现。从本节列举的案例来看，司法机关尚需加深对于资产证券化产品的理解，我们建议，最高人民法院出台相关司法解释统一司法裁判规则，以便保障证监会和相关监管机构所出台的规则能得到有效地适用，从而使资产证券化实现更加规范的发展。

第二节　如何实现资产证券化产品破产隔离之效果及存在的法律问题

资产证券化能够做到弱化或者剥离原始权益人的信用状况，关键就在于资产证券化产品的破产隔离机制。原始权益人将拟证券化的资产以真实出售的方式转让给具有破产隔离特殊安排的特殊目的载体①,从而实现资产与原始权益人的破产风险等财务风险隔离的目标。破产隔离制度如能得到很好地运用,对投资者而言,其收益偿付的实现,仅取决于基础资产本身,投资者仅需考虑基础资产本身的信用,无须考虑原始权益人的信用状况。对原始权利人而言,破产隔离主要是对破产风险的隔离,防止破产风险向证券化的资产传递,从而降低资产的风险,使证券化资产获得较高的评级,获得更多的资金支持。②

一、如何判断资产证券化产品是否做到"破产隔离"

资产证券化中的破产隔离主要包括两层含义:第一,证券化基础资产与原始权益人的破产风险相隔离;第二,证券化基础资产与管理人及其他业务参与人的破产风险相隔离。破产隔离在形式上采用 SPV 的形式,但判断是否能够隔离破产风险的核心在于发起人(原始权益人)是否将其资产真实出售或转让给 SPV。

真实销售原则首创于美国,其判断标准一般包括形式判断和实质判断两种。形式判断标准建立在传统合同法当事人意思自治原则的基础上,认为只要在合同的条款中表明双方具有真实转移基础资产的意图,则法律就应当承认这种行为是真实销售,除非能够证明双方具有明显规避法律的意图。而实质判断标准还需要分析和判断发起人是否已经向 SPV 转让了风险和收益,或者是否存在保留或共享的行为或现象,从而认定是否为真实销售。综合各种观点和判例,判断是否构成真实销售主要有以下几个标准:

第一,当事人的主观意图。即发起人(原始权益人)和 SPV 在资产转让合同中明确界定资产转让与发起人资产相隔离,或明确约定在发起人破产时转让给 SPV 的资产不属于破产财产。《九民纪要》就在引言部分确立了在司法实践中应当贯彻穿透式审判思维,要"查明当事人的真实意图,探求真实法律关系……注重财产的实质归属,而不单纯地取决于公示外观"。例如,第七十一条规定:"债务人或者第三人与债权人订立合同,约定将财产形式上转让至债权人名下,债务人到期清偿债

---

① 特殊目的载体(Special Purpose Vehicle,SPV)是一个为实现风险隔离而设立的特殊目的实体,通常表现为特殊目的信托(Special Purpose Trust,SPT)、特殊目的公司(Special Purpose Company,SPC)、有限合伙(Limited Liability Partnership,LLP)等。通过限制特殊目的载体的业务范围,设定其唯一的经营目的等方式,将风险锁定在特殊目的载体下,以实现资产证券化产品的风险隔离。

② 尹颖、郭杰群:《资产证券化中"破产隔离"机制与中美之设置》(上),载《当代金融家》2019 年第 10 期。

务，债权人将该财产返还给债务人或者第三人，债务人到期没有清偿债务，债权人可以对财产拍卖、变卖、折价偿还债权的，人民法院应当认定合同有效……当事人根据上述合同约定，已经完成财产权利变动的公示方式转让至债权人名下，债务人到期没有清偿债务，债权人请求确认财产归其所有的，人民法院不予支持，但债权人请求参照法律关于担保物权的规定对财产拍卖、变卖、折价优先偿还其债权的，人民法院依法予以支持。”由此可见，区分转让抑或是让与担保时，不能单纯地从公示外观角度判断法律关系及财产归属，而需要结合合同条文对当事人的真实意思表示进行判断。

第二，转让价款是否符合公允性的原则。首先应不得以明显不合理的低价转让基础资产。《中华人民共和国合同法》第七十四条[①]规定，债务人放弃到期的债权使无法偿还债务，或者无偿转让其财产给他人造成债务无法偿还的，债权人有权请求人民法院依法撤销其损害债权人权利的有关恶意行为。另外，债务人以明显不合理的低价转让其财产也会影响其偿还现有债务，也是对债权人权利的损害，债权人也可以请求法院撤销债务人的该转让行为。《中华人民共和国企业破产法》第三十一条也规定，人民法院受理破产申请前一年内，债务人的财产以明显不合理的价格进行交易的，管理人有权请求人民法院予以撤销。

定价的方式将影响到交易被认定为转让还是担保。通常情况下，资产转移定价方式是在对该资产进行评估后确定一个固定的折扣率购买该资产，一旦合同生效，无论未来市场情况发生何种变化，特别是资产价格的差异有多大，均不得进行调整。但如果转移资产的价格为浮动价格，尤其是形式上的“转让价格”其实是按抵押率折算的贷款本金，则可能被认定为贷款中的担保。

第三，SPV 对发起人是否享有追索权。该权利是指发起人在资产转让后继续对资产风险损失承担责任。而真实出售的主要特征之一就是发起人在资产出让后，对移交资产的经营和亏损均不承担任何责任，如果真实出售时 SPV 或投资者对发起人享有追索权，则该资产证券化很容易被认定是担保融资。

第四，出让方对标的资产是否保留有控制权。真实销售的目的在于 SPV 受让资产后，即可独立于发起人经营、处分该资产，同时对该资产享有收益和承担损失。因此，SPV 对于支付投资收益后的剩余利润享有所有权，而不是将该剩余利润支付给发起人。如果合同中约定，发起人对 SPV 的剩余利润享有所有权，就

---

① 本条将被《中华人民共和国民法典》(2021 年 1 月 1 日起施行)第五百三十八条替代。

意味着发起人对转让的资产没有放弃实质控制权,这类资产转让则不构成真实销售。

第五,是否享有回购权。在担保法项下,债务人在担保权利人最终处置担保物前,有权回赎担保物。如果转让方保留回购权,这个交易很可能是一项担保融资。大多数含有回购协议、远期承诺和发起人回购选择权的证券化交易结构中,证券化资产的有效控制权仍保留在发起人手中,因而更容易被视为担保融资。①

总而言之,判断是否真实出售应当进行实质审查,综合转让合同所展现的当事人意思是否与客观之事实关系相符等观点,根据诚实信用原则,斟酌合同的附随情况作出判断。因为资产证券化作为金融衍生产品,具有较高的金融风险,并且该金融风险具有明显的扩散和放大效应。从我国国情出发,通过司法实质审查可以防止特定目的机构对该机制的滥用,具有对资产证券化司法重新定性的机会。虽然司法实质审查可能增加市场交易成本,但却有利于降低整个金融市场由此产生的风险系数。②

二、我国 SPV 的主要形式及存在的问题

上文提到,资产的真实销售或转让的接受主体一般表现为 SPV,从而实现与原始权益人以及管理人的破产隔离。就实现与管理人的破产隔离而言,需要明确管理人基于何种法律关系代表或代理资产证券持有人占有或拥有基础资产。我国目前的资产证券化主要分为信贷资产证券化、企业资产证券化和票据资产证券化。根据证监会、银保监会以及银行间市场交易商协会出台的资产证券化监管规则中关于 SPV 的规定,除银保监会规定信贷资产证券化 SPV 为信托机构外,其他类型的资产证券化均缺乏 SPV 实体性机构。③ 因此,不具有实体机构的 SPV 是否能真正实现与管理人的破产隔离存在一定的不确定性。

SPV 并非发行主体,它只是为了实现破产隔离目的而专门设立的"准发行主体",并替代真正的发行主体发行证券以募集资金。在我国现行法律框架下,SPV 的类型如表 10 - 1。

---

① 丁新朝:《对资产证券化破产隔离相关问题的思考》,载《晟典律师评论》2016 年总第 8 期。

② 顾权:《信托型资产证券化案件的司法审查标准》,载《福建金融管理干部学院学报》2009 年第 2 期。

③ 贺琪:《我国资产证券化 SPV 实体缺位与风险防控路径》,载《社会科学动态》2019 年第 8 期。

表 10－1　我国现行法律框架下 SPV 类型

规范性文件	许可的 SPV 类型
《信贷资产证券化试点管理办法》	特定目的信托
《证券公司及基金管理公司子公司资产证券化业务管理规定》	资产支持专项计划或者中国证监会认可的其他特殊目的载体
《资产支持计划业务管理暂行办法》	资产支持计划
《非金融企业资产支持票据指引》	可以为特定目的信托、特定目的公司或交易商协会认可的其他特定目的载体，也可以为发起机构

（一）作为信贷资产证券化 SPV 的信托机构（特殊目的的信托）

《中华人民共和国信托法》第十五条规定，委托人不是唯一受益人的，在委托人被依法宣告破产时，信托存续，信托财产不作为其遗产或者清算财产。同时，我国《信托公司管理办法》第三条规定："信托财产不属于信托公司的固有财产，也不属于信托公司对受益人的负债。信托公司终止时，信托财产不属于其清算财产。"第十四条还规定，一旦信托公司资不抵债需要破产时，要经银保监会同意才可向人民法院提出破产申请，对信托公司的破产设置了严格条件。由于以特殊目的的信托为载体的资产证券化项目属于他益信托（委托人自持的信托受益权除外），受益人主要是委托人以外的其他投资者，因而从法律上，特殊目的的信托将发起人的资产与转移至特殊目的信托公司的证券化资产相区别，从形式上起到了隔离发起人破产可能给受托财产及证券化资产带来的风险的作用。

以特殊目的的信托为载体的资产证券化项目需注意以下几个法律问题：

1. 信托本身并不是财产转移方式，财产转移需以合同形式体现。《中华人民共和国信托法》虽然确立了信托制度，也认可破产隔离的法律效果，但因为来源于英美法系的信托制度与我国的大陆法系法律体系并未能完全兼容，实务部门并不认可信托本身为一种财产或财产权转移方式，而要求就财产或财产权转移以买卖合同或财产权转让合同的形式来体现，这就使信托也包含了一个财产或财产权转让的过程。

2. 设立信托不得损害债权人的利益。基础资产转让给特殊目的的信托时，应当保证基础资产整体转让行为合法有效，实现真实出售，并不因此而损害投资人的权益。《中华人民共和国信托法》第十二条第一款规定："委托人设立信托损害其债权人利益的，债权人有权申请人民法院撤销该信托。”是否损害债权人利益从“是否有偿”与“是否资不抵债”两个角度来看，即如在资不抵债（或即将资不抵债）情形下仍无偿设立信托，可视为对债权人利益的损害。这一点与《中华人民共和国企业破产法》第三十一条①的规定相互印证。换言之，并不是设立信托后就一定能达到真正的破产隔离，如该信托因有损债权人的利益而被撤销，则视为资产未转移，仍属于原始权益人财产，不能达到破产隔离效果。

3. 转移基础资产时，抵押登记未相应变更的效力。其中可能存在争议的问题是基础资产中的从权利随主债权转移时，抵押担保是否需要办理抵押变更登记的问题。由于我国采取抵押登记生效的原则，作为主债权的金融债权转移给特殊目的的信托时，抵押权是否随之转移至特殊目的信托，是否能对抗因发起人破产所带来的风险，对投资人意义重大。《中华人民共和国物权法》第九条②规定：“不动产物权的设立、变更、转让和消灭，经依法登记，发生效力；未经登记，不发生物权效力，但法律另有规定的除外。依法属于国家所有的自然资源，所有权可以不登记。”同时，《中华人民共和国物权法》第一百九十二条③规定：“抵押权不得与债权分离而单独转让或者作为其他债权的担保。债权转让的，担保该债权的抵押权一并转让，但法律另有规定或者当事人另有约定的除外。”因此，抵押权不得单独转让，且不动产抵押变更、转让时未经登记不发生物权效力。从前述规定看，抵押权作为一种从权利，应当随主债权转让，不得单独转让，但对转让时是否必须履行抵押变更登记手续方为完成则有争议。在我国的司法实践中，各地法院对此问题的认识也不统一。

不过，最高人民法院在2015年湖南绿兴源糖业有限公司、丁某耀等与湖南绿兴源糖业有限公司、丁某耀等借款合同纠纷案中认为，“物权法第一百九十二条规定：‘抵押权不得与债权分离而单独转让或者作为其他债权的担保。债权转让的，担保该债权的抵押权一并转让，但法律另有规定或者当事人另有约定的除外’。本条系关于抵押权处分从属性的规定，抵押权作为从权利应随债权转让而转让。债权受让人取得的抵押权系基于法律的明确规定，并非基于新的抵押合同重新设定抵押

---

① 《中华人民共和国企业破产法》第三十一条：“人民法院受理破产申请前一年内，涉及债务人财产的下列行为，管理人有权请求人民法院予以撤销：（一）无偿转让财产的；（二）以明显不合理的价格进行交易的；（三）对没有财产担保的债务提供财产担保的；（四）对未到期的债务提前清偿的；（五）放弃债权的。”

② 本条将被《中华人民共和国民法典》（2021年1月1日起施行）第二百零九条替代。

③ 本条将被《中华人民共和国民法典》（2021年1月1日起施行）第四百零七条替代。

权，故不因受让人未及时办理抵押权变更登记手续而消灭”①。

《九民纪要》也在《物权法》的基础上，再次重申了抵押权从属于主合同的原则，其中第六十二条规定：“抵押权是从属于主合同的从权利，根据‘从随主’规则，债权转让的，除法律另有规定或者当事人另有约定外，担保该债权的抵押权一并转让。受让人向抵押人主张行使抵押权，抵押人以受让人不是抵押合同的当事人、未办理变更登记等为由提出抗辩的，人民法院不予支持。”由此可见，虽然抵押权采用登记生效主义，但在债权转让的情形下，抵押权并非重新设定，根据担保权利从属性的原则，其应当视为跟随主债权一并转让，抵押人以未办理变更登记进行抗辩的，将不被法院支持。但从风险控制及公示效力的角度而言，我们建议，在主债权转让的同时仍尽量要求发起人办理抵押权的变更登记手续。

（二）资产支持专项计划

根据目前的制度安排，资产支持专项计划并没有一个法律实体存在，不具有法律主体资格，而是由证券公司、基金管理子公司为开展资产证券化业务专门设立的一项资产管理计划，它无法作为基础资产受让人而以自身名义接收发起人转让的基础资产，而是由证券公司或基金管理子公司与发起人签订资产转让合同来接收基础资产，并将基础资产登记在证券公司或基金管理子公司名下，基础资产的现金汇集至专项计划账户或专项监管账户。

因此，问题就在于资产支持专项计划本身在形式上无法起到隔离破产风险的作用。尽管《证券公司及基金管理公司子公司资产证券化业务管理规定》第五条第二款、第三款规定，“专项计划资产独立于原始权益人、管理人、托管人及其他业务参与人的固有财产。原始权益人、管理人、托管人及其他业务参与人因依法解散、被依法撤销或者宣告破产等原因进行清算的，专项计划资产不属于其清算财产”，但是如果仅仅依赖合同的约定，便可以将资产支持专项计划的资产独立于原始权益人、管理人自身的财产，那显然是在《中华人民共和国企业破产法》之外创设了一项特殊规则，由于管理规定仅仅是中国证监会发布的规定，效力位阶低于《中华人民共和国企业破产法》，一旦发生争议，上述规定存在与法律相冲突的风险，因此资产支持专项计划的破产隔离效力存在很大的不确定性，其作为特殊目的载体亟须法律对其法律地位予以明确。

---

① 最高人民法院（2015）民申字第2040号民事裁定书。

从司法实践层面来看，资产支持专项计划项下的财产依据合同约定而形成的独立地位逐渐得到法院认可，合肥市中级人民法院在一起执行异议案件中就认为："就案涉的'电力上网收费权资产证券化'，平安大华公司与南陵凯迪公司、隆回凯迪公司和松滋凯迪公司达成了《专项计划说明书》、《专项计划标准条款》和《基础资产买卖协议》三份合同，该三份合同是一个整体，不可分割理解，依据前述三份合同，足以认定平安大华公司以支付11亿元对价的方式，受让取得隆回凯迪公司、松滋凯迪公司和南陵凯迪公司自2015年5月至2020年6月因生物质发电自国网湖南省电力公司、国网安徽省电力公司和国网湖北省电力公司应当取得的电费、可再生能源补贴、调峰及停机补偿等产生的一切相关现金收入债权。虽然，就案涉债权，平安大华公司和南陵凯迪公司既办理了'应收账款转让登记'，又办理了'应收账款质押登记'，但结合前述三份合同，认定双方当事人就案涉电费及补贴，平安大华公司和南陵凯迪公司之间形成的是债权转让关系而非质押担保关系是双方当事人的真实意思表示，平安大华公司在受让债权后，又将自己设定为该债权的质押权人的行为无效……平安大华公司对案涉执行标的所提出的执行异议，符合《最高人民法院关于人民法院办理执行异议和复议案件若干问题的规定》第二十五条第一款第（五）项所规定的排除执行的情形，依法应予支持。"①该案例被认为是ABS首个推动破产隔离实践的判例，法院依据合同双方的真实意思表示，在一定程度上认可了专项计划资产的独立性，对真正实现资产证券化的价值目标起到了积极作用。

三、原始权益人是否作为资产服务机构对破产隔离效力的影响

资产证券化的制度安排在理论上能够实现破产隔离的效果，但在实操过程中，如果原始权益人仍作为基础资产的资产服务机构履行资产运营及服务责任，尤其对于现金流的归集，在实践操作中很难摆脱原始权益人的不当干预，或者由原始权益人的密切关联主体提供主体信用增级，因为这本质上仍需要原始权益人稳定的运营以产生持续现金流，则原始权益人的破产风险仍可能传导至该资产证券化产品，无法完全实现破产隔离的风险。如果交易安排中完全脱离于原始权益人的经营状况，不存在原始权益人或其关联方的信用增级安排且无须其提供后续资产的运营与服务，则可实现破产风险隔离。因此，投资者在进行资产证券化产品的投资价值判断时，应更多关注基础资产的质量及交易结构安排，并综合考虑自身风险偏

① （2018）皖01执异43号裁定书。

好及风险承受能力。

四、加强落实资产证券化产品的破产隔离制度

资产证券化产品的制度设计是使基础资产独立于原始权益人、管理人及其他参与主体而存在，从而实现与相关主体破产风险的隔离。但就落实破产隔离制度而言，依然要从源头预防风险，加强对基础资产和现金流归集的独立监管尤为重要。尤其是在我国当前市场信用机制不完善的状况之下，多数资产证券化项目重视发行阶段、忽视发行后的管理运营是普遍现象。欲有效避免原始权益人对基础资产现金流混同和挪用的行为，实现基础资产的真实出售，则应当强化对原始权益人的财务审查和监督力度，特别是针对原始权益人已经开展资产证券化融资的基础资产，应当就基础资产本身单独进行半年或年度财务审计报告，并将报告内容作为信息披露的重要组成部分进行公告。对基础资产现金流产生、汇集以及在原始权益人财务报表中确认、核算等进程，要进行全方位监督，设置资金汇集专户，坚决防止基础资产现金流被原始权益人混同、挪用乃至侵占的行为发生。与此同时，要强化管理人持续督导义务、资金托管和其他中介服务机构职责、提高监管质量和效率。此外，由于我国当前对资本市场信息披露的责任机制尚不够完善，责任追究力度不足以震慑信息披露过程中的各类不合规行为，更应当加大对信息披露不实陈述之法律责任追究，以便资产证券化产品的功能效果能得到有效发挥。

第三节　期货交易中的争议纠纷及法律问题

期货交易是一种标准化合约买卖，从事期货交易的目的在于套期保值和投机获利，是一种高额度、高风险、高收益的交易模式。此种专业化程度较高的交易模式，决定了期货交易中涉及的争议纠纷也较为复杂，其复杂性主要体现在期货市场本身技术性强、行情瞬息万变、成交时间短，这使期货交易中的投资者往往处于弱势地位，其举证难度大、损失计算较为复杂；纠纷类型多样，存在因主体资格问题引发的无效合同纠纷，违法经营涉及的刑民交叉问题，欺诈交易、无效代理行为引发的纠纷，保底承诺约定的效力问题，强行平仓的赔偿责任纠纷，相关机构未履行适当性义务引发的民事赔偿纠纷，以及期货交易中涉及的内幕交易、操纵市场行为等多种法律问题。以下本节将围绕期货交易中涉及的争议纠纷进行梳理。

一、期货交易概述

期货交易,是指采用公开的集中交易方式或者国务院期货监督管理机构批准的其他方式进行的以期货合约或者期权合约为交易标的的交易活动。期货合约,是指期货交易场所统一制定的、规定在将来某一特定的时间和地点交割一定数量标的物的标准化合约。期货合约包括商品期货合约和金融期货合约及其他期货合约。期权合约,是指期货交易场所统一制定的、规定买方有权在将来某一时间以特定价格买入或者卖出约定标的物(包括期货合约)的标准化合约。期货交易应当在依法设立的期货交易所、国务院批准的或者国务院期货监督管理机构批准的其他期货交易场所进行。从事期货交易活动,应当遵循公开、公平、公正和诚实信用的原则,禁止欺诈、内幕交易和操纵期货交易价格等违法行为。

目前我国依法设立的期货交易所有上海期货交易所、大连商品交易所、郑州商品交易所、中国金融期货交易所、上海国际能源交易中心。

(一)期货法律法规

我国基本确立了以国务院于 2007 年发布、2017 年修订的《期货交易管理条例》为核心,以《期货交易所管理办法》《期货公司管理办法》《期货从业人员管理办法》《期货公司董事、监事和高级管理人员任职资格管理办法》等为配套的期货管理的法律法规框架。此外,最高人民法院还出台了《最高人民法院关于审理期货纠纷案件若干问题的规定》(以下简称《期货纠纷司法解释(一)》)和《最高人民法院关于审理期货纠纷案件若干问题的规定(二)(以下简称《期货纠纷司法解释(二)》),为法院审理期货相关的纠纷案件提供了依据和具体的审判指引。

(二)期货监管体系

《期货交易管理条例》第五条规定:国务院期货监督管理机构对期货市场实行集中统一的监督管理。中国证监会的是经授权的法定监管部门,对期货交易市场履行法定监管职责,具体监管由证监会下设期货监管部负责。证监会对期货市场的监管主要包括:拟订监管期货市场的规则、实施细则;依法审核期货交易所、期货结算机构的设立,并审核其章程和业务规则;审核上市期货、期权产品及合约规则;监管市场相关参与者的交易、结算、交割等业务活动;监管期货市场的交易行为;负责商品及金融场外衍生品市场的规则制定、登记报告和监测监管等。[①] 此外，还有中国期货行业协会，其在行业自律、从业人员管理、服务会员、宣传教育、内部建设等方面做了大量的工作，为建立有效的自律管理体系，推动期货市场的稳步发展作出了积极的努力。

二、期货交易中的争议纠纷及法律问题

（一）不具备合法的经营资质从事期货交易涉及的法律问题

期货交易通常涉及三类主体：一是期货投资者，凡具备民事行为能力的自然人和法人均可成为期货投资者，在期货纠纷中他们也往往属于受害者。二是期货公司，这类主体是期货交易的直接参与者，这类主体是目前引起期货纠纷发生的最常见主体。三是期货交易所，是集中进行期货交易的场所，本身负有对进场交易会员进行监督的责任，其设置须经严格的审批，相对而言，这类主体不是目前期货纠纷案件的主要主体。

1. 不具有合法经营资质主体签署的期货经纪合同或未在合法的交易场所进行期货交易的约定应属无效。《期货交易管理条例》规定，设立期货公司，应当在公司登记机关登记注册，并经国务院期货监督管理机构批准。因此，期货公司属于核准设立的金融机构。实践中，不具备合法经营资质而代理客户进行期货交易的行为，是期货交易中最常见的违规行为。进入 21 世纪，由于网络的虚拟性及涉及面广，利用网络进行期货交易的行为非常频繁，也更为隐蔽。一大批期货公司纷纷成立，在无期货经营资质的情况下代客从事期货代理的业务，或者一些期货公司仅取得了境内期货交易的资格，并无从事境外期货交易资格，却代客从事境外期货交易等。《期货纠纷司法解释（一）》第十五条第一款规定："不具有主体资格的经营机构因从事期货经纪业务而导致期货经纪合同无效，该机构按客户的交易指令入市交易的，收取的佣金应当返还给客户，交易结果由客户承担。"据此，不具有期货交易经营资质的主体签订的期货经纪合同应属无效，其无权收取交易佣金，但交易结果仍由客户承担。

另外，最高人民法院《九民纪要》也明确了"交易场所违法的，如在批准的交易场所之外进行期货交易"属于违反效力性强制性规定，合同如存在该种约定的，应属无效约定。

---

① 中国证券监督管理委员会官网 http://www.csrc.gov.cn/pub/newsite/qhjgb/，最后访问日期：2020 年 3 月 2 日。

2. 期货交易的认定问题。以现货交易为名从事期货交易，是常见的非法从事期货交易行为。2013 年，证监会为整顿现货市场非法期货交易活动，发布了《关于做好商品现货市场非法期货交易活动认定有关工作的通知》（证监办发〔2013〕111号），判断一项交易是否构成期货交易，应当结合以下两方面的特征：(1)形式上是否构成期货交易，判断要素包括：①交易对象为标准化合约；②交易方式为集中交易。(2)本质上是否构成期货交易，判断要素为：①交易目的并非转移商品所有权，交易双方并非期待真实交付，而是期望在价格波动中赚取差额利润；②交易功能并非促进商品流通，而是套期保值、发现价格及投资管理。

实践中出现大量的如藏品邮币卡、茶叶电子盘的交易行为，如该等交易采用的是集中交易方式的标准化合约交易、在买卖过程中允许对冲平仓了结交易，而不以实物交割为目的或不必交割实物，则完全符合期货交易的基本特征，本质上属于期货交易，交易主体如不具备期货交易资质的，属于非法从事期货交易行为，所涉合同应当被认定为无效。

3. 违法从事期货交易涉及的刑事犯罪。未经批准从事期货交易的还可能涉及刑事犯罪，《中华人民共和国刑法》第一百七十四条第一款规定了擅自设立金融机构罪，“未经国家有关主管部门批准，擅自设立商业银行、证券交易所、期货交易所、证券公司、期货经纪公司、保险公司或者其他金融机构的，处三年以下有期徒刑或者拘役，并处或者单处二万元以上二十万元以下罚金；情节严重的，处三年以上十年以下有期徒刑，并处五万元以上五十万元以下罚金。”第二款规定了伪造、变造、转让金融机构经营许可证、批准文件罪，“伪造、变造、转让商业银行、证券交易所、期货交易所、证券公司、期货经纪公司、保险公司或者其他金融机构的经营许可证或者批准文件的，依照前款的规定处罚。”第一百八十一条规定了编造并传播证券、期货交易虚假信息罪，“编造并且传播影响证券、期货交易的虚假信息，扰乱证券、期货交易市场，造成严重后果的，处五年以下有期徒刑或者拘役，并处或者单处一万元以上十万元以下罚金”。第一百八十二条规定了操纵证券、期货市场罪：“有下列情形之一，操纵证券、期货市场，情节严重的，处五年以下有期徒刑或者拘役，并处或者单处罚金；情节特别严重的，处五年以上十年以下有期徒刑，并处罚金：（一）单独或者合谋，集中资金优势、持股或者持仓优势或者利用信息优势联合或者连续买卖，操纵证券、期货交易价格或者证券、期货交易量的；（二）与他人串通，以事先约定的时间、价格和方式相互进行证券、期货交易，影响证券、期货交易价格或者证券、期货交易量的；（三）在自己实际控制的账户之间进行证券交易，或者以自己为交易对象，自买自卖期货合约，影响证券、期货交易价格或者证券、期货交易量的；(四)以其他方法操纵证券、期货市场的。①”第二百二十五条规定了非法经营罪：“违反国家规定，有下列非法经营行为之一，扰乱市场秩序，情节严重的，处五年以下有期徒刑或者拘役，并处或者单处违法所得一倍以上五倍以下罚金；情节特别严重的，处五年以上有期徒刑，并处违法所得一倍以上五倍以下罚金或者没收财产：……(三)未经国家有关主管部门批准，非法经营证券、期货或者保险业务的……”

从上述刑法的规定可以看出，期货交易中涉及的经济犯罪行为种类多样，手段复杂，该等扰乱市场经济秩序的行为社会危害性较大，是刑法严厉打击的对象。

(二)客户与期货经纪公司之间的委托代理纠纷

客户和期货公司签订《风险揭示书》《代理协议书》，在经纪公司开设交易账户后，委托代理关系即正式成立。客户下达的交易指令构成双方之间的书面合同，对期货公司具有约束力。但客户下达交易指令，应当准确无误，采用传真、电报、电话等形式下达交易指令，应当载明商品的名称、规格、数量、生产厂家以及买卖方向等信息，指令不明确的，期货公司有权拒绝代理。

期货公司应当及时准确地执行客户的指令，因执行客户指令错误而给客户造成损失的，应当由经纪公司承担。在该类因交易指令错误而发生的损害赔偿纠纷案件中，结合双方的举证能力，一般实行举证责任倒置原则，如客户认为期货公司未按其交易指令下单交易，期货公司应当举证提供其是否交易及交易的相关证据，如期货交易所的交易记录、期货公司通知的交易结算结果与客户交易指令记录中的品种、买卖方向是否一致，价格、交易时间是否相符。如期货公司难以提供，可以直接推定交易不成立或未按指令交易，期货公司将承担因举证不能的不利后果。

客户委派其工作人员具体操作交易的，应当在委托协议中确定操作人员的姓名或向经纪公司留存其法定代表人的授权委托书。代理交易时，经纪公司只能按照客户操作人员的指令代理交易，接受非操作人员指令的，应当由经纪公司和下单

---

① 2019年11月18日，中国证监会发布《关于〈期货交易管理条例〉第七十条第五项“其他操纵期货交易价格行为”的规定》第二条至第五条规定，下列行为构成操纵期货交易价格的行为：(1)不以成交为目的，频繁申报、撤单或者大额申报、撤单，影响期货交易价格或者期货交易量，并进行与申报方向相反的交易或者谋取相关利益的，构成操纵；(2)编造、传播虚假信息或者误导性信息，影响期货交易价格或者期货交易量，并进行相关交易或者谋取相关利益的，构成操纵；(3)对合约或合约标的物作出公开评价、预测或者投资建议，影响期货交易价格或者期货交易量，并进行与其评价、预测或者投资建议方向相反的期货交易的，构成操纵；(4)在临近交割月或者交割月，利用不正当手段规避持仓限制，形成持仓优势，影响期货交易价格的，构成操纵。

人共同承担责任。如期货公司为赚取佣金，和非法从事期货代理业务的个人恶意串通，约定佣金分成比例的，应当按照约定共同对客户的亏损承担责任。此外，期货公司应当为客户建立专项账户，专款专用，不得挪用客户的资金为自身从事相关交易行为。

（三）保底承诺条款引发的纠纷

期货经纪合同的主要内容系委托理财，该类理财合同中往往涉及保底条款，保底条款可谓委托理财合同中最为重要之内容，既是委托理财行为普遍吸引广大投资者投资的关键所在，也是引发委托理财纠纷的主要原因。保底条款基本划分为保证本息固定回报条款、保证本息最低回报条款和保证本金不受损失条款三种类型。[①] 对于约定保底条款的合同的效力，实践中法院判决不一，有的法院认定双方实际上构成借贷法律关系，因而根据借款法律关系进行审理；有的法院认为保底条款致使双方民事权利义务严重失衡，既不符合民商事法律关系中委托代理的法律制度构成，亦违背基本的公平原则，故保底条款应属无效。因保底条款属于委托理财合同之目的条款、核心条款，不能成为相对独立的合同无效部分，故保底条款无效应导致委托理财合同整体无效。合同无效后，双方根据各自的过错承担损失。[②]

《九民纪要》明确了信托公司、商业银行等金融机构作为资产管理产品的受托人与受益人订立的含有保证本息固定回报、保证本金不受损失等保底或者刚兑条款的合同，人民法院应当认定该条款无效。但对于期货交易中的保底条款效力问题尚未统一认识，我们认为，在期货交易中约定保底条款亦应当认定为无效。期货交易本身属于高风险的投资行为，投资者应当对交易的风险有所预见，如事先约定保底收益，以所谓的"意思自治"将投资风险完全分配给受托人显然违背了市场基本规律和资本市场规则，只能诱导投资非理性地将资金投入金融市场。虚拟经济须以实体经济为基础，脱离实体经济而盲目约定一定收益率的保底条款只会扭曲证券市场正常的资源配置功能，并且不断放大市场的波动风险，不符合资本市场的交易本质。

（四）强制平仓相关的损害赔偿纠纷

强制平仓制度是指当会员或客户的交易保证金不足且未在规定时间内补足，

---

① 高民尚：《关于审理证券、期货、国债市场中委托理财案件的若干法律问题》，载《人民司法》2006年第6期。

② 刘某娟与姚某群、阮某，陕西金辉投资管理有限公司期货交易纠纷案[（2018）陕民初911号]。

或者当会员或客户的持仓数量超出规定的限额时，交易所或期货公司为了防止风险进一步扩大，强制平掉会员或客户相应的持仓。《期货交易管理条例》明确禁止会员和客户透支交易，主要是由于在经纪公司不允许自营的情况下，如果允许透支交易则要占用其他客户的头寸，很可能最终损害其他客户的利益，或者损害其他会员或者交易所的利益。因此，在保证金不足时，交易所或者经纪公司必须使会员或者客户的保证金不能成为负数，故强行平仓是交易所或者经纪公司不能放弃、不能选择的义务。①

但强制平仓需符合特定条件，被强制平仓的合法情形有：一是客户保证金不足，又未能按照规定追加保证金或自行平仓，期货公司予以强制平仓的；二是期货公司因为客户违规超仓或其他违规行为而必须强制平仓的；三是因为市场异常情况，交易所必须对期货公司或客户合约实施强制平仓的。只有发生上述情形下，期货公司才有权强制平仓。如果期货公司不严格按照法律规定和合同约定执行强行平仓，应当承担赔偿责任。

在符合上述条件的情形下，期货公司可以强制平仓，但在操作中应当注意以下方面：(1)为投资者追加保证金预留合理时间。期货公司应当在期货经纪合同中约定合理的追加保证金的时间，如为投资者留存的自行处理时间过短，不具有合理性，则将被认定为需要对投资者的损失承担赔偿责任。至于如何认定时间的合理性，司法实践中一般认为“应当以通知的时间为基准点，结合是否具备追加保证金的客观条件以及客户是否具有入金的意愿等事实予以认定”。②

(2)期货公司应强化其强行平仓前的通知义务。根据《期货纠纷司法解释(一)》第三十二条的规定，对于期货公司未按约定通知客户追加保证金的，当行情向持仓不利的方向变化导致客户透支发生的扩大损失，期货公司应当承担主要赔偿责任。因此，强行平仓前的通知义务应为期货公司的法定义务。期货公司在遇上极端行情需要实施强行平仓的风险控制措施时，首先，应提前做好风险排查，进行风险压力测试，事先与客户进行沟通；其次，在时间允许的情况下，尽可能多次致电客户，做好电话录音、短信通知、客户交易端通知等相关证据的留痕。期货公司应当对其履行了通知义务承担举证责任。

---

① 刘敏：《强行平仓的法律属性及其条件探讨》，载《法律适用》2002 年第 11 期。

② 应某挺与华鑫期货有限公司期货强行平仓案[(2015)沪二中民六(商)初字第 163 号]。

(五)金融消费者参与期货投资活动时未尽适当性义务引发的赔偿责任纠纷

中国证监会2017年7月1日颁布实施的《证券期货投资者适当性管理办法》第三条规定:“向投资者销售证券期货产品或者提供证券期货服务的机构(以下简称经营机构)应当遵守法律、行政法规、本办法及其他有关规定,在销售产品或者提供服务的过程中,勤勉尽责,审慎履职,全面了解投资者情况,深入调查分析产品或者服务信息,科学有效评估,充分揭示风险,基于投资者的不同风险承受能力以及产品或者服务的不同风险等级等因素,提出明确的适当性匹配意见,将适当的产品或者服务销售或者提供给适合的投资者,并对违法违规行为承担法律责任。”该管理办法主要规定了经营机构未尽到投资者适当性审查义务时,行政监管机构将采取的行政监管措施。

此次发布的《九民纪要》不仅明确了金融产品的卖方机构及服务机构的适当性义务,同时还规定了未尽适当性义务时相关机构所应承担的民事赔偿责任:卖方机构在向金融消费者推介、销售银行理财产品、保险投资产品、信托理财产品、券商集合理财计划、杠杆基金份额、期权及其他场外衍生品等高风险等级金融产品,以及为金融消费者参与融资融券、新三板、创业板、科创板、期货等高风险等级投资活动提供服务的过程中,必须履行了解客户、了解产品、将适当的产品(或者服务)销售(或者提供)给适合的金融消费者等义务。卖方机构承担适当性义务的目的是确保金融消费者能够在充分了解相关金融产品、投资活动的性质及风险的基础上作出自主决定,并承受由此产生的收益和风险。在推介、销售高风险等级金融产品和提供高风险等级金融服务领域,适当性义务的履行是卖者尽责的主要内容,也是买者自负的前提和基础。

如金融产品发行人、销售者未尽适当性义务,导致金融消费者在购买金融产品过程中遭受损失的,金融消费者既可以请求金融产品的发行人承担赔偿责任,也可以请求金融产品的销售者承担赔偿责任,还可以根据《中华人民共和国民法总则》第一百六十七条①的规定,请求金融产品的发行人、销售者共同承担连带赔偿责任。发行人、销售者请求人民法院明确各自的责任份额的,人民法院可以在判决发行人、销售者对金融消费者承担连带赔偿责任的同时,明确发行人、销售者在实际承

① 本条将被《中华人民共和国民法典》(2021年1月1日起施行)第一百六十七条替代。

担了赔偿责任后，有权向责任方追偿其应当承担的赔偿份额；金融服务提供者未尽适当性义务，导致金融消费者在接受金融服务后参与高风险等级投资活动遭受损失的，金融消费者可以请求金融服务提供者承担赔偿责任。

关于在该类案件的举证责任分配问题，《九民纪要》明确了金融消费者应当对购买产品（或者接受服务）、遭受的损失等事实承担举证责任。卖方机构对其是否履行了适当性义务承担举证责任。卖方机构不能提供其已经建立了金融产品（或者服务）的风险评估及相应管理制度、对金融消费者的风险认知、风险偏好和风险承受能力进行了测试、向金融消费者告知产品（或者服务）的收益和主要风险因素等相关证据的，应当承担举证不能的法律后果。

三、期货纠纷案件的管辖

根据期货纠纷司法解释规定，期货纠纷案件由中级人民法院管辖。高级人民法院根据需要可以确定部分基层人民法院受理期货纠纷案件。以期货交易所为被告或者第三人的因期货交易所履行职责引起的商事案件，由期货交易所所在地的中级人民法院管辖。

对于实践中当事人以期货交易所和开户银行为共同被告，并以开户银行住所地为管辖连接点提起期货交易纠纷诉讼，存在刻意规避管辖之嫌，部分法院认为，因当事人与银行之间不存在期货交易法律关系，银行不是本案适格的被告，故不得以银行的住所地为管辖连接点确定管辖。①

四、多元纠纷化解机制在期货纠纷案件中的运用

随着我国资本市场的不断发展与成熟，保护投资者尤其是中小投资者合法权益依然是资本市场一切工作的出发点和落脚点。自 2015 年以来，监管部门、各交易所及行业自律组织以及相关证券投资者保护机构以保护投资者合法权益、维护证券期货市场稳定运行为核心，紧密结合实际，积极落实投资者保护相关制度。尤其是最高人民法院、中国证监会在 2018 年 11 月联合发布的《关于全面推进证券期货纠纷多元化解机制建设的意见》，其中公布了证券期货纠纷多元化解十大典型案例，意在加强和全面推进多元化解机制在证券期货纠纷案件中的运用。

在一起投资者因交易系统发生故障不能平仓，要求期货经纪公司赔偿其损失

---

① 北京市高级人民法院《关于立案审判适用法律若干问题的解答（二）》。

的纠纷案件中，中证中小投资者服务中心（以下简称投服中心）担任调解机构，投服中心在对双方争议焦点事实进行逐一核实后，认为在系统是否存在故障的问题上，按照“谁主张，谁举证”的原则，投资者因未及时妥善保留相应证据，承担比较大的责任；针对期货公司提出的交易系统为期货交易所提供，客户网络对接的也是交易所的接口，客户损失责任不应由公司承担的辩解，调解员参考类似案件的法院判决，指出交易系统是期货公司提供给投资者用于传达交易指令的工具，因此期货公司对投资者负有通知、协助、保护等合同附随义务，应当尽到善意勤勉的责任。即如果诉至法院，双方均存在一定的败诉风险。最后经投服中心协调，双方对损失金额基本达成共识，期货公司通过退还投资者账户部分留存手续费的形式，对投资者进行了补偿。

此外，实践中有许多金额不大、案情简单的纠纷久拖未决，既占用调解资源，又耗费双方时间精力。针对诉求金额较少（实践中主要为5000元以下，个别地方5万元以下）的证券期货纠纷，实行小额速调机制。小额速调机制是指，市场机构通过自律承诺、自愿加入、签署合作协议等方式，作出配合调解工作的承诺：一是只要投资者提出申请，机构积极配合调解工作；二是调解协议只需投资者同意，机构无条件接受并自觉履行；三是如投资者不同意调解结果，则调解协议对争议双方均无约束力，投资者可寻求其他救济途径。小额速调机制为纠纷解决和投资者快速获得赔偿提供了新的路径，提高了调解效率，对行政救济、司法救济等投资者维权途径起到有益补充作用。目前，该机制已在18个省（市）成功试点推广，实践中已有多起成功案例。①

对于金融领域的经济纠纷案件，尤其是在案件法律关系相对复杂、质证困难的情况下采用多元化的调解方式解决纠纷，既有利于保护个人隐私和商业秘密、提高纠纷解决的效率，缓和对立情绪，又能合理利用司法资源、节约公共成本。

五、期货纠纷案件数据观察

我国期货交易市场自设立以来，经历了乱象丛生到逐步规范的发展阶段，但与欧美国家成熟的期货市场相比仍存在较大差距。随着经济的发展，期货交易纠纷仍呈现不断增长的趋势，从大数据上观察，2015年到2016年经历了爆发式增长，从

---

① 《最高人民法院、中国证券监督管理委员会印发〈关于全面推进证券期货纠纷多元化解机制建设的意见〉的通知》，载中国证监会：http://www.csrc.gov.cn/pub/newsite/flb/flfg/sfjs_8249/201906/t20190627_358081.html，最后访问日期：2020年5月1日。

66起直接增加到261起,2018年已达到320多起;案由主要为期货经纪合同纠纷、期货欺诈责任纠纷、期货内幕交易责任纠纷、期货强行平仓纠纷以及期货交易代理合同纠纷;就案件标的额而言,该类案件多发生于个人投资者与期货公司之间,案件金额多为50万元以下的纠纷,个别也涉及上亿元金额的纠纷;上海市高级人民法院审理期货交易纠纷案件的数量处于全国领先地位,①上海地区的法院对于期货纠纷案件已积累了较多的审判经验,我们建议上海地区的法院可以出台相关案件的审判指南,向全国法院推广,便于司法裁判的统一。

期货纠纷案件中涉及的自然人投资者众多,法律法规总体上对于期货公司和期货交易所科以较重的法定义务,交易中一旦爆发问题,容易形成连锁反应。如2013年光大证券发生的乌龙指事件,中国证监会最后认定光大证券构成内幕交易行为,此后大量的投资者对光大证券提起了索赔的诉讼,此类案件的复杂程度和影响范围不亚于投资者对上市公司虚假陈述行为发起的索赔纠纷。随着期货交易中新问题的出现,如期货市场机构投资者准入、高频交易等技术创新市场双向开放等新时代背景下市场操纵等难题,②对于法律实务工作者而言,既是机遇亦是挑战。

第四节　结构化信托业务中受益人转让信托收益权相关法律问题

"结构化信托业务"一词最早出现在2010年发布的《中国银监会关于加强信托公司结构化信托业务监管有关问题的通知》,根据通知内容,其被定义为信托公司根据投资者不同的风险偏好对信托受益权进行分层配置,按照分层配置中的优先与劣后安排进行收益分配,使具有不同风险承担能力和意愿的投资者通过投资不同层级的受益权来获取不同的收益并承担相应风险的集合资金信托业务。其中,享有优先受益权的信托产品投资者为优先受益人,享有劣后受益权的为劣后受益人(次级受益人、一般受益人)。本节在探究信托受益权、收益权法律性质基础之上,结合相关案例,对结构化信托业务中受益人转让信托收益权相关法律问题进行分析。

---

① 数据来源于alpha系统。笔者不对该数据的准确性作保证,仅供读者参考。

② 胡光志、张美玲:《我国期货市场操纵立法之完善——基于英美的经验》,载《法学》2016年第1期。

一、信托受益权的法律性质

《中华人民共和国信托法》使用了“信托受益权”这一概念,该法第四十四条规定:“受益人自信托生效之日起享有信托受益权。”但对于信托受益权所包含的具体权利内容,信托法及其他法律法规等文件并未作出明确规定,由此也引发法学界、司法实务界有关信托受益权法律性质的不同观点。

法学界有关信托受益权法律性质的学说主要有三类:物权说、物权债权并行说以及债权说。物权说学者的观点大致可概括为四点:第一,受益人相对于受托人的债权人,对信托受益权对应的信托财产享有优先效力;第二,信托受益权基于信托法赋予的受益人撤销权而对信托财产具有物权的追及效力;第三,信托受益权在受托人不当处分信托财产时对该项财产具有可以经过撤销程序实现的直接支配力;第四,信托受益权在受托人不当处分或者不当毁损信托财产时具有以返还财产或者恢复原状为内容的物权请求权的效力[①]。物权债权并行说学者的论述主要体现为两方面:其债权属性“就是对受托人的债权,也可以说是对信托财产的债权(信托财产具有一定的主体性),包括对受托人的违反信托行为请求赔偿损失的权利”;其物权属性则是指“对信托财产(构成物)的物权性权利,对于信托财产强制执行的异议权、受托人破产时的取回权、对受托人违反信托处分信托财产的取消权以及返还信托财产、恢复信托财产原状的权利等都是受益权的物权性权利的表现[②]。债权说学者认为,由我国信托法授予受益人的信托受益权在性质上仅为单纯的、并不具有物权因素的债权,学说观点不应无视我国信托法对信托受益权内容的规定,主观武断地将依法规定由委托人享有但可以由受益人行使的权利纳入信托受益权权利范围内。[③]

司法实务界鲜有案例和规定对信托受益权法律性质作出认定,可查的案例和规定亦未展开论述且观点存在区别。在成都银行股份有限公司西安分行诉中体产业集团股份有限公司借款合同纠纷案[④]中,陕西省高级人民法院认为信托受益权是兼具物权和债权性质的财产性权利。最高人民法院《关于民事执行中财产调查若

---

① 徐卫:《信托受益权:物权? 债权? 抑或新权利?》,载《安徽大学学报》2006 年第 5 期。

② 唐义虎:《信托财产权利研究》,中国政法大学出版社 2005 年版。

③ 张淳:《关于信托受益权的性质——对有关国家法学界的有关研究的审视与检讨》,载《湖南大学学报》(社会科学版)2010 年第 5 期。

④ 成都银行股份有限公司西安分行诉中体产业集团股份有限公司借款合同纠纷案[(2014)陕民二初字第 00007 号]。

干问题的规定》（法释〔2017〕8号）第五条第一款第（四）项规定，被执行人应当在报告财产令载明的期限内向人民法院书面报告债权、股权、投资权益、基金份额、信托受益权、知识产权等财产性权利。该规定将信托受益权与债权并列，这说明最高人民法院认为信托受益权是与债权有所区别的其他财产性权利。

总的来说，尽管对于信托受益权的定性，在法律层面缺乏明确的界定，理论界仍有一定争议，但主流观点已对其有了一定的倾向性认可，即信托受益权作为财产权的一种，既有债权属性，又有物权属性，考虑信托受益权的行使只有通过向受托人请求给付的方式实现这一主要因素，其更多体现的是债权性质。

二、信托受益权与信托收益权

"信托收益权"并非严格意义上的法律概念，未在法律层面进行明确规定。《中华人民共和国信托法》中出现了可以参考的关于信托收益权的相关规定，第四十五条规定："共同受益人按照信托文件的规定享受信托利益。"除本条规定外，其余条款中出现的均是信托受益权。虽然法律法规没有对"信托受益权"和"信托收益权"作出明确的定义和区分，但通说认为，信托收益权是信托受益权的组成部分，是从信托受益权中剥离出的一种核心权能。[①] 在资管业务中这个概念运用得十分普遍，实践中，信托收益权通常由交易双方以合同方式对其内涵和外延加以约定，如将信托收益权约定为"信托收益权是指信托资产所对应的收益权，包括根据信托计划、信托合同和相关协议而获得分配资金的权利"，其法律性质争议不大，是一种约定的债权，依附于基础权利——信托受益权而存在。实践中，"信托收益权"经常与"信托受益权"混用，有时难免造成操作和理解上的障碍。

三、违反信托合同约定的信托受益权转让行为效力分析

《中华人民共和国信托法》第四十八条规定，受益人的信托受益权可以依法转让和继承，但信托文件有限制性规定的除外。据此，信托受益权的转让和继承原则上是自由的，但根据该条规定的但书内容，转让行为要受到信托文件约定的限制。那么，如信托文件约定，受益权的转让需经受托人同意或者劣后受益人转让受益权需经优先受益人同意，未经同意的情况下，转让行为效力又该如何？

在上海般诺电子科技有限公司（以下简称般诺公司）、中融国际信托有限公司

① 陈鼎庄、朱炎生：《信托受益权概念的再认识》，载《哈尔滨师范大学社会科学学报》2018年第5期。

(以下简称中融信托公司)与上海易融企业发展有限公司(以下简称易融公司)所有权确认纠纷案①中,上海市第一中级人民法院对《信托受益权转让协议》效力的认定意见为:“本院认为,信托受益权的转让属于信托法律关系,我国《信托法》第四十八条规定:‘受益人的信托受益权可以依法转让和继承,但信托文件有限制性规定的除外。’本案中,易融公司与中融信托公司签订的《资金信托合同》约定,易融公司如需转让受益权,由易融公司及新受益人书面通知中融信托公司,经中融信托公司书面确认后次日起,新受益人即享有信托受益权。《信托受益权转让协议》中亦作了相同约定。据此,信托合同允许受益权转让,转让生效条件是经中融信托公司书面确认。根据本案事实,易融公司与般诺公司于 2005 年 4 月 13 日签订受益权转让协议后,中融信托公司已在协议上盖章确认,并于 4 月 26 日出具了《受益权转让确认函》,故信托合同及受益权转让协议约定的受益权转让生效条件已经成就,易融公司与般诺公司间的《信托受益权转让协议》已生效,般诺公司自 2005 年 4 月 27 日起享有信托合同项下的受益权。”在汉口银行股份有限公司(以下简称汉口银行)与湖北君泰城市建筑工程有限公司、普提金集团有限公司金融借款合同纠纷案②中,陕西省高级人民法院认为:“甘肃银行、南充商业银行和原告汉口银行相互之间签订的《信托受益权转让协议书》均系各当事人真实意思表示,内容未违反法律、行政法规的强制性规定,应属合法有效合同,各合同当事人理应按合同约定履行各自的权利义务。依据《中华人民共和国信托法》第四十四条‘受益人自信托生效之日起享有信托受益权。信托文件另有规定的,从其规定’和第四十八条‘受益人的信托受益权可以依法转让和继承,但信托文件有限制性规定的除外’之规定,甘肃银行作为信托合同指定的信托受益权人,有权依法转让自己的信托受益权,且涉案信托受益权的历次转让均已被长安信托确认,应属合法有效。”

综上所述,根据《中华人民共和国信托法》第四十八条的规定,结合以上案例的裁判意见,在信托合同约定信托受益权转让需经一方同意的情况下,一方同意是信托受益权转让的生效条件,仅在生效条件得以满足的情况下,转让行为才能发生效力。

---

① 上海般诺电子科技有限公司、中融国际信托有限公司与上海易融企业发展有限公司所有权确认纠纷案[(2008)沪一中民三(商)初字第 25 号]。

② 汉口银行股份有限公司与湖北君泰城市建筑工程有限公司、普提金集团有限公司金融借款合同纠纷案[(2017)陕民初 3 号]。

四、信托收益权转让是否受信托受益权转让约定的限制

信托收益权转让是否受信托受益权转让约定的限制？回答此问题之前，需要明确的是，信托收益权能否单独拆分进行转让？在朱某文诉华宝信托有限责任公司营业信托纠纷案[①]中，关于信托收益权转让的效力问题，上海市第一中级人民法院认为："首先，《中华人民共和国信托法》第四十三条规定，受益人是在信托中享有信托受益权的人。受益人可以是自然人、法人或者依法成立的其他组织。委托人可以是受益人，也可以是同一信托的唯一受益人。受托人可以是受益人，但不得是同一信托的唯一受益人。本案《3－5期信托合同》中约定上诉人朱某文系委托人、受益人，被上诉人华宝公司系受托人，故该信托合同项下的受益人是上诉人朱某文。尽管双方在之后的《3－5期转让及回购合同》中约定上诉人朱某文将其持有的全部信托收益权转让给被上诉人华宝公司，但该约定系上诉人朱某文对其权益的处分，亦无证据证明该约定非其真实意思之表示，故《3－5期信托合同》并不存在违反法律的强制性规定之情形。同时，上诉人朱某文亦无证据佐证该合同存在恶意串通、损害第三人利益或以合法形式掩盖非法目的的情况。故朱建文关于《3－5期信托合同》无效，《3－5期转让及回购合同》亦无效的主张，于法无据，本院不予支持。"在浦江荣建置业有限公司、浙江稠州商业银行股份有限公司（以下简称稠州银行）金融借款合同纠纷案[②]中，浙江省高级人民法院认为："稠州银行依据其与长白山农村商业银行股份有限公司签订的《信托收益权转让合同》，享有渤海国际信托有限公司签订《信托贷款合同》项下3.6亿元信托资金所对应的信托收益权。"参考以上案例裁判意见可知信托收益权单独拆分进行转让不存在障碍。

另外，如前文内容所述，信托收益权是信托受益权的组成部分，是从信托受益权中剥离出的一种核心权能。实践中，"信托收益权"虽经常与"信托受益权"混用，但细究起来，二者区别较为明晰，收益权具有相对性，收益权的转移并不会造成基础权利所有者的改变，收益权限定在信托财产管理运用中产生的收益。这一点在信托关系中表现得尤为明显，收益权的转让无须履行信托受益人变更的手续，信托公司处登记的信托受益人未发生变化，仍由原信托受益人行使召开受益人大会，决定信托财产管理方法，变更受托人等权利，实质系信托受益人与第三人交易对其信

---

① 朱某文诉华宝信托有限责任公司营业信托纠纷案[（2018）沪01民终10601号]。

② 浦江荣建置业有限公司、浙江稠州商业银行股份有限公司金融借款合同纠纷案[（2016）浙民终501号]。

托受益权中的收益权权能进行处分的行为。因此,信托收益权转让当然不应受信托受益权转让约定的限制,即便未按照合同约定征得受托人或者优先受益人同意,亦不影响收益权转让行为效力。

主要参考文献

一、中文类

(一)著作类

1. 王国刚:《资本市场导论》(第2版),社会科学文献出版社2014年版。

2. 黄达:《黄发文集(1952-1998)》,中国人民大学出版社1999年版。

3. 中国证券监督管理委员会编:《中国资本市场发展报告》,中国金融出版社2008年版。

4. 张文显主编:《法理学》(第3版),高等教育出版社、北京大学出版社2007年版。

5. 陈金钊主编:《法理学》,北京大学出版社2002年版。

6. 梁启超:《梁启超全集》,北京出版社1999年版。

7. 李国光主编:《最高人民法院关于审理证券市场虚假陈述案件若干规定的理解与适用》,人民法院出版社2003年版。

8. 梁慧星:《民法总论》(第3版),法律出版社2007年版。

9. 江伟主编:《民事诉讼法学》(第3版),北京大学出版社2015年版。

10. [美]阿道夫·A.伯利等:《现代公司与私有财产》,甘华鸣、罗锐、蔡如海译,商务印书馆2005年版。

11. 钱德勒:《看得见的手——美国企业的管理革命》,商务印书馆1987年版。

12. 殷召良:《公司控制权法律问题研究》,法律出版社2001年版。

13. 王志鹏:《上市公司控制权的法律规制》,湖南师范大学出版社2016年版。

14. 甘培忠:《公司控制权的正当行使》,法律出版社2006年版。

15. 徐向艺:《公司治理——理论与实证研究》,经济科学出版社2008年版。

16. 杜万华主编:《最高人民法院公司法司法解释(四)理解与适用》,人民法院出版社2017年版。

17. 全国人民代表大会常务委员会法制工作委员会编:《中华人民共和国合伙

企业法释义》,法律出版社 2006 年版。

18. 全国人民代表大会常务委员会法制工作委员会编:《中华人民共和国公司法释义》,法律出版社 2013 年版。

19. 胡康生主编:《中华人民共和国合同法释义》(第 3 版),法律出版社 1999 年版。

20. 王利明、房绍坤、王轶:《合同法》(第 4 版),中国人民大学出版社 2013 年版。

21. 沈德咏:《最高人民法院合同法司法解释实例释解》,人民法院出版社 2015 年版。

22. [荷]洛德韦克 · 彼得拉:《全球首家交易所史话》,中国金融期货交易所期权小组译,东方出版中心 2016 年版。

23. 卢文道:《证券交易所自律管理论》,北京大学出版社 2008 年版。

24. [日]和田英夫:《现代行政法》,倪建民、潘世圣译,中国广播电视出版社 1993 年版。

25. 深圳证券交易所创业企业培训中心编著:《上市公司并购重组问答》(第 2 版),中国财政经济出版社 2016 年版。

26. 江苏省上市公司协会编:《上市公司并购重组流程及案例解析》(第 2 版),江苏人民出版社 2017 年版。

27. 缪因知:《中国证券法律实施机制研究》,北京大学出版社 2017 年版。

28. 美国法律研究院:《公司治理原则——分析与建议》(上卷),楼建波等译,法律出版社 2006 年版。

29. 王圣诵:《中国自治法研究》,中国法制出版社 2003 年版。

30. 杨桦、蔡建春主编:《全国流通时代上市公司并购与重组经典案例解析》,中国和平出版社 2011 年版。

31. 人民法院出版社编著:《最高人民法院民事案件案由适用要点与请求权规范指引》,人民法院出版社 2019 年版。

32. 唐义虎:《信托财产权利研究》,中国政法大学出版社 2005 年版。

33. 马栋梁编著:《债券发行与承销业务指引》(修订),法律出版社 2015 年版。

34. 祝红梅、王勇:《上市公司控制权市场功能研究》,中国金融出版社 2007 年版。

35. 姚志明:《侵权行为法研究:(一)》,元照出版有限公司 2002 年版。

36. 吕良彪:《控制公司——基业长青的大商之道》(第 2 版),北京大学出版社 2013 年版。

37. 柯芳枝:《公司法论》,中国政法大学出版社 2003 年版。

(二)文章类

38. 张春廷:《民国时期的中国证券市场》,载《证券市场导报》2001 年第 5 期。

39. 周旺生:《法的渊源与法的形式界分》,载《法制与社会发展》2005 年第 4 期。

40. 徐阳、尹苑生:《证券民事纠纷多元化解机制研究》,载《法制博览》2017 年第 32 期。

41. 赵振华、彭瑶:《论金融消费者的替代性纠纷解决机制》,载《中国矿业大学学报》(社会科学版)2013 年第 3 期。

42.《投服中心纠纷调解案例证券期货纠纷小额速调机制为中小投资者维权提供便捷通道》,载《上海证券报》2017 年 3 月 22 日。

43. 肖钢:《积极探索监管执法的行政和解新模式》,载《行政管理改革》2014 年第 1 期。

44. 陈宜、崔玉麒:《建立我国律师质量管理体系的构想》,载《中国司法》2004 年第 5 期。

45. 廖升:《虚假陈述侵权责任之侵权行为认定》,载《法学家》2017 年第 1 期。

46. 刘连煜:《内幕(线)交易之行为主体的理论与实务(上)——台湾最新案例研析》,载《证券法苑》2012 年第 1 期。

47. 张勇健:《论虚假陈述侵权行为的几个时间点》,载《法律适用》2003 年第 4 期。

48. 万苏春、禹良:《证券虚假陈述的民事责任及诉讼救济》,载《宜春学院学报》2010 年第 11 期。

49. 王利明、郭明龙:《民事责任归责原则新论——过错推定规则的演进:现代归责原则的发展》,载《法学论坛》2006 年第 6 期。

50. 赖武:《证券虚假陈述民事责任的认定》,载《法制与社会发展》(双月刊)2003 年第 2 期。

51. 陈朝阳:《我国证券侵权民事责任归责分析——原则:立法与司法的冲突与协调》,载《西南政法大学学报》2003 年第 5 期。

52. 王利明:《试论虚假陈述民事责任制度的完善》,载《证券法苑》2015 年第 1 期。

53. 张鸿霞:《媒体在证券市场虚假陈述的法律问题研究》,载《经济理论研究》2006 年第 1 期。

54. 凌然:《从损失计算看我国证券虚假陈述赔偿制度的不足》,载《区域金融研究》2018 年第 5 期。

55. 韩婧如、李岚:《从 * ST 九发虚假陈述案看我国证券民事诉讼的几点完善》,载《法制与社会》2012 年第 4 期。

56. 任静:《限售流通股质押的法律问题研究》,载《洛阳理工学院学报》(社会科学版)2016 年第 6 期。

57. 陈敦:《上市公司限售流通股质押的法律风险及效力》,载《区域金融研究》2010 年第 7 期。

58. 深交所:《2018 年度股票质押回购风险分析报告》,2019 年 1 月 18 日。

59. 莫壮弥:《试析违反权益披露义务的法律责任》,载《金融法苑》2016 年第 2 期。

60. 赵国富:《"蒙面收购"监管制度之适用与完善》,载顾功耘主编:《公司法律评论》(2017 年卷),上海人民出版社 2012 年版。

61. 陈一新:《违规举牌股东表决权效力分析及其违规责任构思》,载《河南广播电视大学学报》2017 年第 2 期。

62. 张华、胡海川、卢颖:《公司治理模式重构与控制权争夺——基于万科"控制权之争"的案例研究》,载《管理评论》2018 年第 8 期。

63. 肖金锋:《上市公司股东权制度研究》,载《江西行政学院学报》2013 年第 4 期。

64. [日]加藤贵仁、梁上上、朱大明:《中日股东提案权的剖析与借鉴——一种精细化比较的尝试》,载《清华法学》2019 年第 2 期。

65. 熊锦秋:《堵塞漏洞完善股东提案权制度》,载《证券时报》2014 年第 A08 版。

66. 徐浩:《董事会对于股东提案的审查权探讨》,载《安徽大学学报》(哲学社会科学版)2012 年第 2 期。

67. 陈运森:《强化监管问询增加信息披露违法违规成本》,载《中国证券报》2019 年 5 月 11 日,第 A07 版。

68. 杨德勇、张弘:《我国私募股权投资基金退出方式研究》,载《经贸实践》2018 年第 18 期。

69. 刘芳：《我国私募股权投资基金发展中存在的问题及对策》，载《中国市场》2019 年第 21 期。

70. 申林平：《论私募股权投资违约法律风险的防范与救济——由一例私募股权投资仲裁争议案件引发的思考》，载《菏泽学院学报》2013 年第 1 期。

71. 盛夏：《试论契约型投资基金法律关系》，载《沈阳干部学刊》2006 年第 5 期。

72. 熊继宁：《法律关系的综合集成系统——证券投资基金法律关系的系统分析》，载《比较法研究》2004 年第 6 期。

73. 谢增毅：《证券交易所自律监管的全球考察——困境与出路》，载《商事法论集》2006 年第 2 期。

74. 吴燕妮：《证券交易所一线监管的渊源、属性及应用》，载《金融与经济》2019 年第 5 期。

75. 孙昌兴、温云爱：《非政府组织在英美证券监管中的作用及对我国的启示》，载《江淮评论》2006 年第 4 期。

76. 冷静：《法定自律组织还是法律法规授权组织——新形势下证券交易所及其一线监管性质辩》，载《证券法苑》2017 年第 5 期。

77. 徐明、吴伟央：《论证券交易所自律管理正当程序的有限性》，载《证券法苑》2010 年第 2 期。

78. 黄正华、赵宇：《中国证券交易所自律监管发展对策研究》，载《海南金融》2017 年第 7 期。

79. 方流芳：《证券交易所的法律地位——反思"与国际惯例接轨"》，载《政法论坛》2007 年第 1 期。

80. 谭婧、邹思思：《证券交易所收取惩罚性违约金的法律问题探析》，载《证券法苑》2017 年第 5 期。

81. 方净植、徐小俊、方重：《并购重组助推实体经济发展之功效探析》，载《经济研究参考》2017 年第 21 期。

82. 张凤翔、王向前：《论上市公司要约收购制度的完善——以爱建集团要约收购案为视角》，载《证券法苑》2018 年第 1 期。

83. 郑彧：《上市公司股份代持法律问题研究——兼论股份代持对信息披露监管制度的挑战与完善》，载《证券法苑》2012 年第 2 期。

84. 蒋学跃：《上市公司表决权委托问题研究》，载《证券市场导报》2018 年第 5 期。

85. 刘浩、杨尔稼、麻樟城:《业绩承诺与上市公司盈余管理——以股权分置改革中的管制为例》,载《财经研究》2011 年第 10 期。

86. 董瑞:《论上市公司资产重组中规避监管行为之法律规制》,载《法治与社会》2016 年第 15 期。

87. 潘霞蓉:《论公司合并项下少数股东权利的保护》,载《宁波大学学报》(人文科学版)2003 年第 3 期。

88. 孙晓:《浅谈公司合并过程中职工利益的保护立法完善》,载《经济与法》2011 年第 233 期。

89. 尹颖、郭杰群:《资产证券化中"破产隔离"机制与中美之设置》(上),载《当代金融家》2019 年第 10 期。

90. 丁新朝:《对资产证券化破产隔离相关问题的思考》,载《晟典律师评论》2016 年第 8 期。

91. 顾权:《信托型资产证券化案件的司法审查标准》,载《福建金融管理干部学院学报》2009 年第 2 期。

92. 贺琪:《我国资产证券化 SPV 实体缺位与风险防控路径》,载《社会科学动态》2019 年第 8 期。

93. 刘敏:《强行平仓的法律属性及其条件探讨》,载《法律适用》2002 年第 11 期。

94. 胡光志、张美玲:《我国期货市场操纵立法之完善——基于英美的经验》,载《法学》2016 年第 1 期。

95. 徐卫:《信托受益权:物权? 债权? 抑或新权利?》,载《安徽大学学报》2006 年第 5 期。

96. 张淳:《关于信托受益权的性质——对有关国家法学界的有关研究的审视与检讨》,载《湖南大学学报》(社会科学版)2010 年第 5 期。

97. 陈鼎庄、朱炎生:《信托受益权概念的再认识》,载《哈尔滨师范大学社会科学学报》2018 年第 5 期。

98. 梁文飞:《违约来临时债市投资者的权益保护》,载《债券》2016 年第 5 期。

99. 曹明哲:《债券募集说明书的性质及其司法效应》,载《债券》2018 年第 11 期。

100. 张宁珊:《上市公司控制权争夺中独立董事的义务——以万华之争为例》,载《中山大学法律评论》2018 年第 1 期。

101. 孟令星:《独立董事法律责任问题研究》,载《司法改革论评》2015 年第 2 期。

102. 陈辉:《外国独立董事制度比较研究与中国实践》,西南财经大学 2005 年硕士学位论文。

103. 张婷婷:《独立董事勤勉义务的边界与追责标准——基于 15 件独立董事未尽勤勉义务行政处罚案的分析》,载《法律适用》2020 年第 2 期。

104. 彭文革、邱永红:《从证券交易所的视角看我国上市公司独立董事制度的完善》,载徐明主编:《上市公司独立董事理论和实证研究》,北京大学出版社 2007 年版。

105. 傅穹、曹理:《独立董事勤勉义务边界与免责路径》,载《社会科学》2011 年第 12 期。

106. 姜丽丽:《司法划转变更上市公司实际控制人的监管制度研究——基于不同标准的监管衔接》,载《证券法苑》2017 年第 4 期。

107. 余涛:《论美国证券法中"其他证券"的界定 ——规则演变及相互关系》,载《证券市场导报》2020 年第 2 期。

108. 邢会强:《国务院金融稳定发展委员会的目标定位与职能完善——以金融法中的"三足定理"为视角》,载《法学评论》2018 年第 3 期。

109. 吕成龙:《我国〈证券法〉需要什么样的证券定义》,载《政治与法律》2017 年第 2 期。

110. 宁萌:《证券法修改的应然方向、实然局限与路径修正——〈证券法(修订草案第三次审议稿)〉评析》,载《东北农业大学学报》(社会科学版)2019 年第 4 期。

111. 史际春、冯辉:《"问责制"研究——兼论问责制在中国经济法中的地位》,载《政治与法律》2009 年第 1 期。

112. 叶林、张辉、张昊:《证券执法和解制度的比较研究》,载《西部法学评论》2009 年第 4 期。

113. 李东方:《论证券行政执法和解制度——兼评中国证监会〈行政和解试点实施办法〉》,载《中国政法大学学报》2015 年第 3 期。

114. 郭雳:《美国证券监管执法中的调查与和解制度》,载杨紫烜编:《经济法研究》(第 5 卷),北京大学出版社 2007 年版。

115. 徐承志、于萍:《公司债券受托管理人制度的法理逻辑与完善——以债券投资者权益保护为视角》,载《上海政法学院学报》2016 年第 6 期。

116. 应京旭:《论我国公司债持有人会议制度》,载《山东行政学院学报》2017年第1期。

117. 解萌、王作全:《我国公司债券信用评级制度探析》,载《山西大同大学学报》(社会科学版)2019年第1期。

118. 洪玫:《完善信息披露制度,提升我国债券市场透明度》,载《上海金融》2018年第7期。

119. 周文渊:《化解债市风险应从进一步完善投资者保护机制着手》,载《清华金融评论》2016年第10期。

120. 阎维博:《债券交叉违约条款——溯源、演化及保护功能优化》,载《南方金融》2019年第4期。

121. 郭荣佑:《一则永续债案例的分析及思考》,载《中国城市金融》2019年第3期。

122. 蔡吉甫:《我国上市公司控制权配置现状与公司治理效率关系研究》,载《河北经贸大学学报》2005年第26卷第1期。

二、外文类

1. Adam C. Pritchard, "Self - regulation and Securities Markets", in *Regulation*, Spring 2003.

2. Model for Effective Regulation, Report of the SRO Consultative Committee of the IOSCO, May 2000.

3. World Federation of Exchange Cost & Revenue Survey 2003.

4. John W. Carson, Conflict of Interest in Self-regulation; Can Demutualized Exchanges successfully manage them? World Bank Policy Research Working Paper, December 2003.

后　记

随着我国资本市场的不断发展，抓紧建立起完善的资本市场争议解决机制、体系已经成为资本市场建设的应有之义和当务之急。律师，尤其是从事资本证券法律实务的律师，作为资本市场建设的重要参与主体，应积极、深入地参与到资本市场争议解决机制、体系的建设过程中，主动承担起新时代律师的责任和使命。感恩这个伟大的时代，让我这样一名普通的资本证券律师，在日常工作之余，还能对资本市场争议解决领域做些粗浅探索，并有机会为资本市场深化改革贡献绵薄之力，这着实是一件令人满足、倍感荣耀的事情。

在此衷心感谢在本书写作过程中给予帮助的专家学者及各位同事。首先，感谢中国著名民法学家梁慧星教授抽出宝贵时间为本书作序，并对本书出版寄予殷切希望。其次，感谢金宇、苏丹、彭新振、黄丹越律师在资料整理、案例搜集、法条检索等方面提供的大力帮助，以上诸位律师不仅具备扎实的法学基础理论功底，还拥有勤奋踏实的工作态度，必将成为我国资本市场及其争议解决领域的未来之星。再次，感谢贾兴鹏、王晓松两位律师在文章结构编排、具体法律问题探讨等方面提供宝贵的意见。最后，本书在写作过程中，参考了众多文献、案例和互联网上的资料和观点，受篇幅所限，不能悉数感谢，敬请相关作者谅解。

基于写作时间有限，法律更新及司法审判导向不断变化，资本市场新问题不断出现，加之个人能力有限，本书暂无法详尽地将资本市场争议解决所涉法律问题一一阐述。因此，本书难以避免出现一些纰漏，甚至错误。对此，我真诚地希望读者在阅读本书时以批判的态度多提宝贵意见及建议，以便日后再版时进行完善。

吴则涛

图书在版编目(CIP)数据

中国资本市场争议解决：前沿问题与法律实务 / 吴则涛著. -- 北京：法律出版社，2020
ISBN 978-7-5197-4696-4

Ⅰ. ①中… Ⅱ. ①吴… Ⅲ. ①资本市场-金融法-研究-中国 Ⅳ. ①D922.280.4

中国版本图书馆 CIP 数据核字(2020)第 111807 号

中国资本市场争议解决:前沿问题与法律实务
ZHONGGUO ZIBEN SHICHANG ZHENGYI JIEJUE: QIANYAN WENTI YU FALÜ SHIWU

吴则涛 著

责任编辑 慕雪丹 章 雯
装帧设计 汪奇峰

编辑统筹 法商出版分社
出版 法律出版社
总发行 中国法律图书有限公司
经销 新华书店
印刷 固安华明印业有限公司
责任印制 胡晓雅
开本 710 毫米×1000 毫米 1/16
印张 24.75
字数 443 千
版本 2020 年 10 月第 1 版
印次 2020 年 10 月第 1 次印刷

法律出版社/北京市丰台区莲花池西里 7 号(100073)
网址/www.lawpress.com.cn
投稿邮箱/info@lawpress.com.cn
举报维权邮箱/jbwq@lawpress.com.cn
销售热线/400-660-8393
咨询电话/010-63939796

中国法律图书有限公司/北京市丰台区莲花池西里 7 号(100073)
全国各地中法图分、子公司销售电话:
统一销售客服/400-660-8393/6393
第一法律书店/010-83938432/8433　西安分公司/029-85330678　重庆分公司/023-67453036
上海分公司/021-62071010/1636　深圳分公司/0755-83072995

书号:ISBN 978-7-5197-4696-4　**定价**:99.00 元